Arthur D Little

Management von Innovation und Wachstum

Arthur D. Little
(Herausgeber)

Management von Innovation und Wachstum

GABLER

Die Deutsche Bibliothek – CIP-Einheitsaufnahme

Management von Innovation und Wachstum /
Arthur D. Little (Hrsg.). – Wiesbaden : Gabler, 1997
ISBN 3-409-19637-4

Der Gabler Verlag ist ein Unternehmen der Bertelsmann Fachinformation.

Lektorat: Ulrike M. Vetter

Internetadresse: http://www.gabler-online.de

Umschlaggestaltung: Ausschnitt aus einem Gemälde von Otto Ritschl
(1885 Erfurt – 1976 Wiesbaden)
Satz: FROMM MediaDesign GmbH, Selters/Ts.
Druck und Bindung: Wilhelm & Adam, Heusenstamm
Printed in Germany

ISBN 3-409-19637-4

Vorwort

Es gehört zum Wesen des erfolgreichen Unternehmers, so erkannte schon der österreichische Nationalökonom Joseph Alois Schumpeter[1], daß er mit innovativem Drang immer wieder durch erfinderische Kombinationen von Ressourcen und Fähigkeiten Neues schafft und auf diese Weise Markt- und Wertschöpfungspotentiale erschließt. Auf tradierten Positionen auszuruhen und das Überholte zu verteidigen, gehört nicht zu seinen Wesenszügen. Denn das hieße, den eigenen Untergang zu programmieren, weil dann die neuen wirtschaftlichen und technologischen Initiativen außerhalb des eigenen Einflußbereiches und Wollens entstehen. Déjà vu?

Obwohl die Rolle der Innovation als Triebkraft der dynamischen Prozesse des Wirtschaftslebens mindestens seit Schumpeters Theorie der wirtschaftlichen Entwicklung aus dem Jahr 1911 erkannt ist,[2] müssen wir heute zum wiederholten Mal Innovationen als Voraussetzung von Wachstum und Wettbewerbsfähigkeit neu entdecken. Das gibt zu denken.

Was hat dazu geführt, daß in den letzten zehn Jahren namentlich in deutschen Unternehmen die Schumpeterschen Erkenntnisse und viele andere Ergebnisse der Innovationsforschung nahezu in Vergessenheit geraten sind? In dem Wechselspiel zwischen Trieb- und Trägheitskräften hat sich in vielen Unternehmen ein ausgeprägtes Beharrungsvermögen entwickelt. Der Widerstand des Etablierten gegen Neuerungen entsteht durch

- die Dominanz der bestehenden Geschäfte, deren Umsatzvolumen und Cash-flow das Denken bestimmt;
- die funktionalisierte Arbeitsteilung formalisierter Organisationen, die den Innovationsprozeß zerstückelt;
- die Qualifikationsstruktur der Mitarbeiter, die überwiegend an bestehenden Technologien und Leistungen orientiert ist;
- die Ferne der oberen Hierarchieebenen von den aktuellen Bedürfnissen der Kunden.

---

1 *8.2.1883 in Triesch (Südmähren), +8.1.1950 in Taconic (US-Bundesstaat Connecticut).

2 Vgl. Schumpeter, J.: Theorie der wirtschaftlichen Entwicklung, 1911; unv. Nachdruck der 1934 erschienenen vierten Auflage; Berlin 1964.

Arthur D. Little hat über Jahrzehnte hinweg intensiv die Bedingungen der Innovationstätigkeit in den Unternehmen durchleuchtet. Durch unsere kontinuierliche und weltweite Beratungstätigkeit für Wirtschaft und Regierungen können wir auf einen Erfahrungsschatz aufbauen, von dem aus das Innovationsmanagement unter den heute aktuellen Rahmenbedingungen weiterentwickelt werden muß. Nur so läßt sich das Schicksal von Unternehmen in einem schwieriger werdenden Umfeld auf Dauer besser meistern.

Für Unternehmensführer darf es also nicht beim „déjà-vu“ bleiben, sondern sie müssen die neue Dimension der Herausforderung erkennen, die Innovationen im heutigen Wettbewerb darstellen und der sie auf neue Weise gerecht werden müssen. Dieses Buch, in das zahlreiche Mitarbeiter von Arthur D. Little ihre langjährigen Erfahrungen eingebracht haben und zu dem namhafte externe Autoren Aufsätze beisteuerten, will dazu einen Beitrag leisten.

Doch wer sich auf die Suche nach den Quellen begibt, aus denen sich Innovationen speisen, der stößt schnell auf eine eigentümliche Paradoxie: Er sucht Regeln zu finden, wofür es keine Regeln gibt. Das Merkmal kreativer Lösungen ist ja gerade, daß sie abseits der ausgeschilderten Straßen auf Seitenpfaden und Umwegen entstehen, wie der bekannte Kreativitätsforscher Edward DeBono im ersten Kapitel darlegt. Weder Information (ein Massengut) noch Kompetenz (auch die ist allseits verfügbar), so sein bedenkenswertes Argument, sondern die Kreativität des Managements und der Mitarbeiter sind das Zukunftskapital des Unternehmens.

Das zweite Kapitel zeigt an ausgewählten Beispielmärkten die aktuellen Umbruchsituationen und die darin liegenden Chancen und Risiken auf. Es wird abgerundet durch Fallbeispiele, die zwei erfolgreiche Manager – Peter Littmann von Hugo Boss und Duncan Rooke von Ford – beisteuern und an denen sie darstellen, wie sie mit innovativen Ansätzen eine schwierige Markt- und Unternehmenssituation gemeistert haben.

Dieses Kapitel ist keineswegs allein für Branchenspezialisten geschrieben. Viele der angesprochenen Aspekte finden sich in anderen Industrien wieder – aus dem Ruder laufende F & E-Kosten gibt es nicht nur in der Pharmaindustrie, und der Strukturwandel unter dem Einfluß der Informations- und Kommunikationstechnik bleibt nicht auf die Touristikbranche beschränkt, obwohl diese mit am stärksten betroffen ist. Die Beiträge in diesem Teil können nur exemplarischen Charakter haben und naturgemäß unternehmerische Entscheidungen zur Wettbewerbsdifferenzierung nicht ersetzen. Denn das Innovationsmanagement bleibt die Kernleistung eines jeden Unternehmens, und welche Prozesse es dabei zu steuern gilt, ist Gegenstand des dritten Kapitels. Hier beleuchten die Autoren aus unterschiedlichen Blickwinkeln das Management von Projekten und Prozessen, und trotz der Vielfalt und der Spannbreite der sehr konkreten Ansätze in diesem Kapitel schält sich als Gemeinsamkeit immer wieder heraus, daß erfolgreiches Innovationsmanagement sich nicht auf Abteilungen und Geschäftsbereiche beschränken darf, sondern als eine Querschnittsaufgabe stets das gesamte Unternehmen erfaßt.

Die sich daraus ergebenden Konsequenzen für die moderne Unternehmensführung behandeln die beiden folgenden Kapitel. Namentlich Kapitel 5 richtet den Fokus auf den Kern des innovativen Unternehmens: die Fähigkeit zur kreativen Anpassung an ein sich ständig veränderndes Umfeld. Stand in den vorangegangenen Abschnitten das „Lernziel: Innovation" im Vordergrund der Betrachtung, so geht es hier um das „Innovationsziel: Lernen". Denn letztlich ist es die *Lernfähigkeit* einer Organisation, die zu neuem Wachstum führt und die über Erfolg oder Mißerfolg am Markt entscheidet.

Die Vision der *Lernenden Organisation* ist es, die bei aller Unterschiedlichkeit im einzelnen die Autoren verbindet – und die Hoffnung, den Leser von der Notwendigkeit *dieser* Innovation zu überzeugen. Trotz der sich daraus ergebenden logischen Abfolge sind die einzelnen Abschnitte weitgehend modular aufgebaut und können deshalb unabhängig voneinander gelesen werden. Dies machte einige Wiederholungen und Querverweise erforderlich, die jedoch bewußt in Kauf genommen wurden, um das Lesen zu erleichtern.

Ohne die aus zahlreichen Beratungsprojekten von Arthur D. Little gewonnenen Erkenntnisse wäre dieses Buch nicht möglich geworden. Daher danken wir allen unseren Klienten, die in vielen intensiven und offenen Diskussionen zu seinem Entstehen beigetragen haben.

Ganz besonders möchten wir aber den Ko-Autoren aus der Unternehmerwelt und aus Lehre und Forschung danken, die ihre praktische Erfahrung und ihre kühnen Gedanken beigesteuert haben.

Es war für dieses Buch ein „must“, die provozierenden Anregungen zum Thema Kreativität von Edward DeBono voranzustellen, denn was ist Innovation ohne Kreativität?

Ihm danken wir ebenso wie Gerhard Jochum, Vorsitzender des Vorstands der Stadtwerke Bremen AG, der Innovation und Wachstum aus der Sicht der Energieversorgung beleuchtet.

Prof. Dr. Littmann, zur Zeit der Entstehung dieses Buches Vorstandsvorsitzender der Hugo Boss AG, gebührt unser Dank für seinen Beitrag aus der hautnahen Unternehmenspraxis. Die aktuelle Praxis spricht auch aus dem Beitrag von Duncan Rooke, Marketing-Direktor der Ford-Werke AG, hierfür ebenfalls unseren herzlichen Dank. Daß wir die wissenschaftliche Absicherung haben, verdanken wir Prof. Dr. Christoph Loch vom Europäischen Institut für Unternehmensführung, INSEAD. Sein Spezialgebiet ist das Management des Innovationsprozesses.

Schließlich danken wir dem Autorenteam unserer eigenen Kollegen, die uns von der Planung bis zur Endredaktion die Stange gehalten haben und trotz der weiterlaufenden Tagesarbeit den neuesten Stand ihrer Innovationserfahrung einbrachten: Friedrich Bock, Grant Barker, Mathias Entenmann, Dr. Sigvald Harryson, Dr. Norbert Klapper, Wolfgang Knell, Dr. Werner Knetsch, Dr. Eberhard Kurz, Dr. Martin Kütz, Dr. Sabine Löbbe, Gernot Marquardt, Dr. Annette Oetzel, Jörg Schiele, Ulrich Schielein, Dr. Gregor Wick und Dr. Ralf Zeiner. Es war echte Teamarbeit.

Allerdings wäre das Ganze nicht so zügig und reibungslos gegangen, wenn nicht die Erfahrung, der Klarblick und die konsequente Ordnung von Karin Pfeiffer gewesen wären, die nunmehr auf das elfte Buch unserer Management-Serie zurückblicken kann, das unter ihrer redaktionellen Obhut entstand. Ihr gilt unsere ganze Bewunderung und hohe Anerkennung.

Und, last but not least, haben wir einen Verbündeten gefunden, der uns mit Nähe und Abstand zugleich, insbesondere aber mit Stil, auf die Sprünge geholfen hat: Herr Richard Sietmann, Fachjournalist mit Diplom in Mathematischer Physik und eigenen Veröffentlichungen in der Wirtschafts- und Wissenschaftspresse. Er übernahm mit Scharfsinn die Gesamtstrukturierung und die kritische Einpassung der einzelnen Beiträge. Auch ihm ausdrücklichen Dank!

Wir glauben, daß Sie – die Leser – den Nutzen dieser Gemeinschaftsleistung haben werden.

Wir wünschen Ihnen, daß dieses Buch „just in time“ kommt und Ihnen viele Impulse gibt, um Ihr Unternehmen mit Innovation und einer neuen Lernkultur auf den Wachstumspfad zu bringen.

Wiesbaden, im Mai 1997

Dr. Tom Sommerlatte
Chairman Management
Consulting Worldwide
Arthur D. Little, Inc.

Dipl.-Kfm. Michael Mollenhauer
Managing Director
Deutschland, Österreich, Schweiz
Arthur D. Little, Inc.

Die Autoren

Das vorliegende Buch ist aus einzelnen Fachbeiträgen der folgenden Autoren bzw. Teams entstanden:

1.1	Dr. Edward DeBono
1.2, 3.1, 3.5	Dr. Tom Sommerlatte*
2.1	Dr. Eberhard Kurz*, Mathias Entenmann*
2.2	Dr. Ralf Zeiner*
2.3	Dr. Sabine Löbbe*, Gerhard Jochum
2.4	Dr. Werner Knetsch*
2.5	Prof. Dr. Peter Littmann
2.6	Duncan Rooke
3.2	Gernot Marquardt*
3.3	Dr. Gregor Wick*
3.4	Prof. Dr. Christoph Loch
3.6	Wolfgang Knell*
3.7	Dr. Norbert Klapper*
3.8	Dr. Sigvald Harryson*
4	Dr. Annette Oetzel*
5.1, 5.2	Jörg Schiele*
5.3	Dr. Martin Kütz*, Grant Barker*, Ulrich Schielein*
5.4	Friedrich Bock*

Bei den mit * gekennzeichneten Namen handelt es sich um Mitarbeiter von Arthur D. Little.

Inhaltsverzeichnis

Fünftes Kapitel

Erstes Kapitel

Innovation tut not!

1. Steinzeit-Denken im Zeitalter des Computers

Edward DeBono

Was falsch läuft

In den kommenden 20 Jahren wird die europäische Wirtschaft in ernsthafte Schwierigkeiten geraten. Warum? Weil die Manager glauben, daß Kompetenz und Effizienz ausreichen; weil sich die demokratischen Politiker, die wiedergewählt werden wollen, an kurzfristigen Zielhorizonten orientieren müssen; und schließlich, weil der Ferne Osten, und ganz besonders China, sehr schnell vorankommen.

In Südostasien besteht ein viel ausgeprägteres und ernsthafteres Interesse an Kreativität. Die europäischen Manager hingegen haben die zentrale Rolle der Kreativität für ihr künftiges Geschäft noch immer nicht erkannt:[1] Informationen sind ein Massengut; ebenso wird Kompetenz allgemein verfügbar sein. Der Standortvorteil niedriger Produktionskosten aufgrund hoher Produktivität kehrt nicht mehr nach Europa zurück, denn die Kostenvorteile der Automatisierung kommen überall auf der Welt gleichermaßen zum Tragen. *Der Schlüsselbaustein der Zukunft ist die Kreativität.*

Daher sollte jedes Unternehmen meiner Ansicht nach mindestens 5 Prozent seines Umsatzes direkt für die kreative Entwicklung neuer Ideen und Konzepte einsetzen. Wohlgemerkt ist damit weder das altmodische Herummachen unter der Bezeichnung „Brainstorming" gemeint, noch enthält diese Zahl die altgediente Forschung und Entwicklung; die technische Forschung bringt nicht unbedingt kreative Konzepte hervor.

Wir bewegen uns inzwischen alle aus dem „Informationszeitalter" heraus und auf das „Zeitalter der Konzepte" zu, in dem die Herausforderung darin besteht, Informationen so aufzubereiten, daß daraus ein Mehrwert entsteht. Das erfordert Entwürfe und Kreativität. Analytisches Denken und Urteilsvermögen sind dazu völlig unzureichend.

---

1 In Malaysien und Singapur werde ich beispielsweise jedes Jahr zu Seminaren für Führungskräfte der öffentlichen Verwaltung und der Wirtschaft eingeladen, in denen es um Kreativität geht. In Europa geschieht das nie.

Doch erstaunlicherweise glauben viele Führungskräfte immer noch, daß die analytische Auswertung von Informationen zu neuen Ideen führt. Dem ist nicht so, denn das Gehirn kann immer nur erkennen, worauf es schon vorbereitet ist. Solange wir also unser Denken nicht durch neue Hypothesen öffnen, werden wir in den Informationen selbst nicht die Ansätze neuer Ideen finden können, und die Analyse wird uns nur in die Lage versetzen, sie anhand der etablierten Standardvorstellungen zu ordnen. Aus demselben Grunde kann „Data-Mining", die Suche nach Mustern und Korrelationen, nur einen kleinen Bruchteil vom Wert der Datensätze erschließen. Um daraus einen Mehrwert zu ziehen, braucht man Modelle; simple Korrelationen sind dagegen ziemlich einfältig.

In den letzten 20 Jahren haben sich die Unternehmen in den Industrieländern vor allem auf drei Spiele eingelassen:

Das erste beruht auf dem Glauben, daß der Zugang zu immer mehr Informationen die Voraussetzung zu Problemlösungen ist und neue Ideen sowie originelle Entwürfe liefert. Das ist, wie bereits ausgeführt, ein Irrtum.

Das zweite Spiel heißt „Haushalten". Es handelt von Kostenkontrolle und Kosteneinsparungen, Schrumpfung und Automatisierung. Und in der Tat resultiert daraus zunächst eine Verbesserung der Rendite. Das ist gut so und oft nötig, aber drei Dinge sollten wir im Auge behalten: Erstens ist das Kostensenken keine dauerhafte Strategie, und früher oder später beherrschen alle Konkurrenten dieses Spiel. Der zweite Punkt liegt darin, daß Steigerungen der Effizienz nur auf der Basis des Bestehenden möglich sind. Sie treffen keine Vorkehrungen für künftiges Wachstum, sondern beeinträchtigen es eher, indem die nicht unmittelbar zurechenbaren Ressourcen beschnitten werden. Und drittens wird das Kostendenken zur herrschenden Meinung und hemmt die aktive Verfolgung neuer Chancen und Ideen, wenn Manager die Führung übernehmen, die ihren Erfolg aus dem konsequenten und häufig rücksichtslosen Kostenabbau ableiten. Medikamente sind zwar gut, wenn eine Krankheit vorliegt, aber als Kost sind sie ungeeignet.

Das dritte Spiel schließlich ist das der Firmenübernahmen und -zusammenschlüsse: Wachstum durch Zukauf von Marktanteilen, neuen Ideen usw. Man muß dann nicht selbst entwickeln, sondern wartet ab und überläßt das anderen; anschließend kauft man sich ein.

Management

Das Wort „Management“ hat – jedenfalls im Englischen – eine recht unglückliche Bedeutung. Es meint, etwas zu steuern und zu optimieren, was bereits vorhanden ist, nicht aber, etwas zu verändern und Neues zu entwickeln und durchzusetzen. Manager steuern das operative Geschäft und dessen Kosten; sie sind nicht dazu da, innovativ zu sein.

Daher werden sie befördert, wenn der Betrieb reibungs- und problemlos läuft und wächst. Kompetenz für das laufende Geschäft zählt, nicht innovativer Mut. Aber diese Kompetenz kann delegiert werden, und die Verantwortung für Innovationen muß in der Unternehmensspitze angesiedelt bleiben. Doch heutzutage sind die Führungskräfte aufgrund ihrer Kompetenz für die Wahrung und den Ausbau des laufenden Geschäfts an die Spitze gelangt, weniger wegen ihrer Fähigkeit zu innovieren.

Über viele Jahre hinweg waren „Effizienz“ und „Problemlösen“ die beiden einzigen verlangten Eigenschaften. Schließlich stimmten die Bilanzen, so daß Effizienz im Einsatz von Kapital, Arbeit und Ressourcen ausreichten. Wenn es ein Problem gab, wurde es gelöst, und weiter ging es auf dem Wachstumspfad. Doch heute haben wir ein Überangebot an Gütern und Diensten, und „Effizienz“ und „Problemlösen“ können wenig mehr tun, als einen effizient auf dem Abwärtstrend zu halten. Wenn man hungert, kann man das zwar sehr effizient tun, aber Hungern bleibt es trotzdem.

Was ist Kreativität?

Die Olympischen Spiele gibt es heute nur deshalb noch, weil der Organisator der 1984er Spiele in Los Angeles, Peter Ueberroth, laterales Denken anwandte, um den Charakter der Veranstaltung nachhaltig zu verändern. Er hatte die Technik des lateralen Denkens bei einer Sitzung 1975 in Florida kennengelernt, auf der ich für die „Young Presidents Organization“ einen Vortrag hielt. So war er in der Lage, spontan die Idee zeitgemäßer Olympischer Spiele zu kreieren.

Ebenso könnten die Gedanken von zwei Minuten der Luftfahrtindustrie viele Milliarden Dollar an Betriebskosten einsparen, und die Zweiminuten-Idee das Problem der Reichweite elektrischer Autos lösen. Doch die meisten Menschen verstehen recht wenig von der Macht der Gedanken.

Traditionell ist das Gebiet der Kreativität recht verwirrend. Kreativität wird häufig mit „Kunst“ in Verbindung gebracht. Doch nur wenige Künstler sind wirklich kreativ darin, Konzepte und Wahrnehmungen zu verändern. Sie sind modisch und haben ein Talent, sich ästhetisch auszudrücken. Der wirklich entscheidende Aspekt von Kreativität aber liegt darin, Konzepte und Sichtweisen zu verändern. Heute gibt es in der Gesellschaft einen lange aufgestauten Bedarf an neuen Konzepten und veränderten Sichtweisen – in der Politik, in der Industrie, im Bildungswesen, im Rechtssystem usw. Die alten Konzepte sind ausgelaugt, und ihre souveräne Handhabung reicht zur Bewältigung der Zukunft nicht mehr aus.

Wir wissen heute, daß jedes sich selbst organisierende System Kreativität benötigt, um aus Deutungsmustern auszubrechen, mit denen Informationen aufgenommen und verarbeitet werden. Ohne Kreativität wird man zum Gefangenen seiner Klischees, und nur sie ermöglicht, uns aus der Falle zu befreien. Die Sprache ist ebenfalls solch eine Falle; sie ist ein „Wörterbuch der Ignoranz“: Jedes sprachlich beschriebene Konzept wurde da zu einer Zeit relativen Unwissens aufgenommen, und sobald ein Konzept in Gestalt der Sprache eingefroren ist, blicken wir gezwungenermaßen durch diese Brille von gestern auf die Welt. So war unsere Sprache sicher eine große Hilfe für den Fortschritt, doch im Moment ist sie wahrscheinlich eines der größten Hindernisse. Aus diesem Grunde arbeite ich zur Zeit an einer neuen Sprache des Denkens, die es uns erlauben wird, neue Konzepte zu schaffen.

Traditionell betrachten wir Kreativität als eine Fähigkeit, die einige Menschen besitzen und worum andere sie nur beneiden können. Das ist jedoch eine überholte Sicht der Dinge, denn heute wissen wir, daß man Kreativität erlernen kann wie Tennisspielen, Skilaufen oder Kochen. Manche erreichen einen höheren Grad der Perfektion, aber alle können ihre Befähigung noch beträchtlich steigern.

Das Vorgehen des Brainstorming hat der Suche nach Kreativität mehr Schaden zugefügt als genützt. Diese Technik wurde für die Werbebranche entwikkelt, wo sie wahrscheinlich auch ihren Platz hat. Aber in anderen Bereichen stellt Brainstorming nur eine dürftige Lösung dar. Denn es ist naiv zu glauben, daß Kreativität bereits zustande kommt, wenn jeder uneingeschränkt sagen darf, was ihm in den Sinn kommt. So etwas als Kreativitätsübung zu bezeichnen, hat das Gebiet insgesamt in Verruf gebracht. Wenn jemand gefesselt ist, kann er nicht Geige spielen; das versteht jeder. Aber die Fesseln durchzuschneiden reicht nicht aus, um aus dem Gefesselten einen Geigenspieler zu machen, und ebenso beseitigt es nicht die Barrieren gegen kreatives Denken. Brainstorming führt lediglich dazu, daß die Beteiligten ihren kindlichen Spaß haben – nur für wirkliche Kreativität ist das nicht genug.

Die Frage bleibt also: Was ist Kreativität?

Das menschliche Gehirn ist von Natur aus nicht kreativ. Seine Stärke besteht darin, gesammelte Erfahrungen in *Routine*muster der Erkenntnis und des Verhaltens umzuwandeln. Man stelle sich jemanden vor, der seinen Personal Computer programmiert, um herauszufinden, auf wie viele verschiedene Weisen er sich morgens mit insgesamt elf Kleidungsstücken ankleiden kann. Ein Computer arbeitet stundenlang, um die Antwort zu finden – das ist nicht erstaunlich, wenn man bedenkt, daß es 39 916 800 verschiedene Weisen gibt (= 11! = 11 x 10 x 9 x … x 1). Aber nur eine kleine Teilmenge davon ist brauchbar, denn bekanntlich kann man nicht zuerst die Schuhe und dann die Socken anziehen. Wenn unser Gehirn auf diese Weise arbeitete, dann wäre Leben unmöglich. Leben ist aber möglich, gerade weil unser Gehirn in der Lage ist, sinnvolle Routinen zu bilden, denen wir ohne detailliertes Analysieren folgen können.

Analytisches und konstruktives Denken

Die Renaissance brachte Europa das klassische griechische und römische Denken zurück. Es erlaubte der Menschheit, sich von Logik und Vernunft leiten zu lassen, statt in allen Dingen auf göttliche Gebote zu vertrauen. Die Erfolge dieses „neuen“ Denkens waren so überwältigend, daß es zur zentralen „Software“ der europäischen Kultur wurde und dies bis zum heutigen Tag blieb.

Woher kommt dieses Denken? Wir müssen bis in die Zeit um 400 bis 300 vor Christus und zur „Dreier-Bande“ zurückgehen. Da war zunächst Sokrates: Er entwickelte die Obsession der Dialektik und des Dialogs. Er wollte vor allen Dingen aufzeigen, was falsch war. Denn er glaubte, daß man „das Richtige“ herausfinden könnte, indem man alles, was falsch ist, eliminiert. Sokrates war ein sehr unkonstruktiver Denker. In 80 Prozent seiner Dialoge wird kein konstruktives Ergebnis erzielt.

Dann gehört Platon dazu, der von dem Mathematiker Pythagoras beeinflußt worden war. Er glaubte, daß nach dem Vorbild der Mathematik für alles eine endgültige Wahrheit existiere, die man nur herausfinden müsse. Platon verachtete die Sophisten, die viel fortschrittlichere Systemdenker waren als er.

Schließlich war da Aristoteles, der die Logik von der „Teilmenge/Obermenge“ einführte. Aus vergangener Erfahrung bilden wir nach Aristoteles Kategorien, die wie Fächer sind, mit denen wir jede neue Situation und Erfahrung analysieren und zerlegen können. Dabei beurteilen wir, welche Teile in welches Fach gehören: Etwas muß entweder in eine Kategorie einzubeziehen oder daraus ausgeschlossen sein – beides zugleich geht nicht, weil das ein Widerspruch wäre.

So entwickelte die westliche Zivilisation eine Denkkultur, die auf Analyse, Urteil und Vernunft beruht. Sie funktioniert gut in einem stabilen Umfeld, aber nur unzureichend in einer Welt, die einem starken Wandel unterworfen ist. Wenn alles sich verändert, sind kategoriales Verständnis und feste Regeln nicht von großem Nutzen.

Es ist schon erstaunlich, daß die westliche Zivilisation niemals eine Logik für „konstruktives Denken“ entwickelt hat, sondern immer nur für die Wahrheitssuche; wir haben nichts Gleichwertiges für all das, was Entwurf und Konstruktion erfordern. Wir sind besessen von dem, „was ist“, und kümmern uns zu wenig um das, „was sein kann“. Genau um diese Schwäche zu überwinden, habe ich die Methode des „parallelen Denkens“ entwickelt. Anstatt miteinander zu argumentieren, denken dabei alle Beteiligten parallel und in der gleichen Richtung – kooperativ und konstruktiv.

Die Methode der sechs Hüte ist eine praktische Übung, um paralleles Denken zu üben: Jeder Hut steht für eine Denkweise. Zu jedem Zeitpunkt trägt jeder der Teilnehmer einen der sechs Hüte und übernimmt damit eine von sechs komplementären Denkweisen:

- weißer Hut: Informationsverarbeitung,
- roter Hut: Intuition, emotionale Verarbeitung,

- schwarzer Hut: Vorsicht und Risikobewertung,
- gelber Hut: Vorteils- und Wertevergleich,
- grüner Hut: Kreativität,
- blauer Hut: Organisation des Denkens.

Diese Methode ist so überzeugend und einfach, daß die Führungskräfte einiger großer Konzerne – Siemens, IBM, Prudential, NTT, Mars, Motorola, Texas Instruments, NASA, Statoil u. a. – sie inzwischen einsetzen. Mit ihr läßt sich die für Meetings benötigte Zeit um bis zu 75 Prozent verringern. In einem Fall konnte ein Problem, das seit 15 Jahren einer Lösung harrte, innerhalb von 90 Minuten gelöst werden. Die Methode befreit die Teilnehmer von Streit und Egotrips und erlaubt den vollen Gebrauch von Intelligenz, Erfahrung und Wissen in den Meetings.

Wir wissen heute nämlich, daß je nachdem, ob wir vorsichtig von einer Ausgangsposition aus weiterdenken, ob wir grundsätzlich positiv eingestellt sind oder ob wir kreativ denken, die Neurochemie im Gehirn verschieden ist. Es ist deswegen absolut notwendig, diese Denkweisen zu unterscheiden und auseinanderzuhalten.

Zwar ist es unmöglich, immer die optimalen Bedingungen für alle diese Denkweisen vorzufinden oder zu schaffen; die Methode der sechs Hüte erlaubt es aber, die jeweils passende Kombination der Denkweisen zur Geltung kommen zu lassen. Sie liefert damit die „Konstruktionslogik“, die der westlichen Kultur (u. a.) bisher fehlte. Bislang beschränkt sich das Denken zumeist darauf zu erkennen, wie die Welt ist – statt eine bessere zu entwerfen.

Selbstorganisation

In meinem 1969 erschienenen Buch „The Mechanism of Mind“ beschrieb ich, wie die neuronale Vernetzung des Gehirns es ermöglicht, daß sich aufgenommene Informationen von selbst bestimmten entstehenden Strukturen zuordnen. Damals war das ein ungewöhnlicher Gedanke; heute ist es allgemein akzeptiert. Einer der führenden Physiker unserer Zeit, Professor Murray Gell-Mann vom California Institute of Technology (Pasadena), sagte mir, daß die Konzepte in meinem Buch ihrer Zeit um zehn Jahre voraus waren. Denn sie bereiteten schon vor, was später in der Mathematik mit der Chaostheorie und der Theorie der stabilen und instabilen Systeme entwickelt wurde.

Unsere Wahrnehmungen und Konzepte sind von der Abfolge unserer Erfahrungen bestimmt. Sie bilden den Hauptstrom der Strukturbildung. Aber es gibt immer auch Seitenlinien, die vom Hauptstrom aus nicht zugänglich sind, und sie bilden gerade die im wesentlichen asymmetrische Natur sich selbst organisierender Systeme.

Solch eine Asymmetrie liegt auch dem Humor zugrunde – eine der wichtigsten Eigenschaften des menschlichen Gehirns, die uns mehr als alles andere Aufschluß über die Funktionsweise des Gehirns gibt. Nach den Begriffen der Informationsverarbeitung ist Verstehen ein simpler Vorgang. Wenn wir aber mit Hilfe des Humors die Hauptlinie des simplen Verstehens verlassen und uns auf einen Seitenpfad begeben, dann kann es passieren, daß wir die Logik einer Situation sehr viel deutlicher erkennen. Der Weg von A zu B mag sehr umständlich sein, während der Weg von B zu A sehr direkt sein kann. Genauso verhält es sich mit der Kreativität.

Im nachhinein erscheint jede wertvolle kreative Idee logisch. Deswegen haben wir uns angewöhnt zu glauben, daß man stets durch Logik zu solchen kreativen Ideen gelangen kann. Dies widerspricht jedoch völlig den Prinzipien sich selbst organisierender Informationssysteme. Was im nachhinein offensichtlich erscheint, kann im Vorfeld völlig unkenntlich und undurchsichtig sein. Wir haben Kreativität solange nicht verstehen und eigentlich auch nicht ernst nehmen können, wie wir passive Informationssysteme betrachteten anstelle von selbstorganisierenden.

Nur auf der Basis selbstorganisierender Informationssysteme können wir beginnen, ein wirkliches Verständnis für Kreativität und entsprechende Denktechniken zu entwickeln. Wir wissen heute, welche wichtige Rolle Provokationen hierbei spielen: Sie verhindern, daß wir in lokalen Optima gefangen bleiben und das globale Optimum nicht erreichen können.

Auf dieser Basis können wir zu praktischen Ansätzen des lateralen Denkens gelangen, die einfach und leicht zu handhaben, aber gleichzeitig wirkungsvoll sind. So können wir uns von der Destabilisierung durch Provokationen zu einer zunächst instabilen neuen Idee bewegen, bis wir eine neue Struktur erkennen. Es gibt eine Technik, um Provokationen gezielt auszulösen. Das Wort „PO“ signalisiert, wann eine Provokation benötigt wird, um uns in den gedanklichen Zustand der „Bewegung“ zu versetzen. Bewegung ist ein aktiver mentaler Vorgang der Loslösung und nicht nur das Suspendieren der gedanklichen Kontrolle. Ebenso gibt es eine Technik, um „Bewegung“ auszuführen, die geübt und allmählich immer besser beherrscht werden kann.

Daneben gibt es den äußerst einfachen Prozeß der Zufallsprovokationen, um Bewegung zu stimulieren. In einem passiven Informationssystem wären Zufallsprovokationen völlig unsinnig. In einem sich selbst organisierenden System dagegen sind sie sinnvoll und notwendig, denn wenn wir keine Hauptstruktur vorgegeben haben, können neue Strukturen sowohl aus dem Zentrum heraus als auch irgendwo an der Peripherie des Systems entstehen.

Die Versicherungsgesellschaft Prudential fand auf diese Weise zum Beispiel zu einer völlig neuen Form der Lebensversicherung. Ihr Präsident Ron Barbaro nutzte laterales Denken, als er die Provokation aussprach: „Du stirbst, bevor du stirbst!“ Daraus entwickelte sich die Lebensbedarfsversicherung, bei der im ernsthaften Krankheitsfall bereits bis zu 75 Prozent der Todesfall-Versicherungssumme ausbezahlt werden können. Diese Versicherungsform ist insbesondere für alleinstehende Personen attraktiv, deren Zahl immer mehr zunimmt.

Weitere Techniken des lateralen Denkens in selbstorganisierenden Systemen sind die der „Herausforderung“ und des „Konzeptventilators“. Sie können systematisch erlernt und bewußt eingesetzt werden, das hat nichts mit Magie zu tun.

Wie geht es weiter?

In Zukunft wird Kreativität wieder ein wesentlicher Bestandteil der Unternehmensaktivitäten werden müssen. Alles andere wird zum Massengut und reicht nicht mehr aus, um sich zu differenzieren. Kreativität ist nötig, um neue Produkt-, Leistungs- und Marktkonzepte zu entwickeln. Ohne solche Konzepte hat Information allein wenig Wert.

Unser Verständnis von Kreativität ist noch sehr veraltet. Insbesondere Brainstorming ist ein veralteter und ineffizienter Ansatz. Wir können Kreativität nur von der Funktionsweise des menschlichen Gehirns als ein sich selbst organisierendes Informationssystem her verstehen. Auf dieser Grundlage lassen sich formale Denkmethoden entwerfen, die erlernt und eingesetzt werden können.

Das wird um so dringlicher, als unsere traditionellen Denkweisen als Antwort auf eine stabile Umwelt entstanden, in der wir Standard-Situationen erkennen und auf die wir mit Standard-Lösungen antworten. Streit und logisches Analysieren sind sehr ineffiziente Verfahren auf dem Weg zu konstruktiven Lösungen. Dagegen ist die Methode des parallelen Denkens in unterschiedlichen Bahnen, wie sie sich in der Methode der sechs Hüte konkretisiert, sehr viel mächtiger. Wir müssen unsere „Software" entsprechend umschreiben.

Das Management unserer Unternehmen muß sich der zentralen Bedeutung von Kreativität bewußt werden. Zu viele Unternehmensführer operieren noch in einem mentalen Modell, in dem sich die Effizienzsteigerung des Vorhandenen und das Problemlösen als der normale „Betriebsmodus" darstellen, während Kreativität als eine Art peripherer Luxus gilt.

Die Unternehmen jedoch, die sich ernsthaft mit den Methoden der Kreativitätssteigerung auseinandersetzen, werden sich im Innovationswettbewerb schnell in Führung bringen. Wer hingegen Kreativität nicht zu seiner zentralen Leistung macht, den wird früher oder später ein Computer ersetzen.

2. Zwischen Fortschritt und Beharrung

Die Aufklärung der Zusammenhänge zwischen Kreativität, Innovation und Wachstum in Wirtschaft und Gesellschaft ist vor allem dem österreichischen Nationalökonom Joseph Schumpeter sowie, in jüngerer Zeit, Gerhard Mensch und Cesare Marchetti zu verdanken. Nach Schumpeter[2] ist das Wesen des erfolgreichen Unternehmers, daß er mit innovativem Drang Bestehendes immer wieder durch neue erfinderische Kombinationen von Ressourcen und Fähigkeiten substituiert und dadurch neue Markt- und Wertschöpfungspotentiale erschließt. Das Bestehende zu verteidigen und an traditionellen Positionen festzuhalten sind nach Joseph Schumpeter die Verhaltensweisen des Anti-Unternehmers, der seinen eigenen Untergang vorprogrammiert, weil er zuläßt, daß die neuen wirtschaftlichen und technologischen Initiativen außerhalb des eigenen Einflußbereichs und Wollens entstehen.

Der Wirtschaftsforscher Gerhard Mensch[3] wies durch eingehende empirische Untersuchungen nach, daß die Innovationszyklen in der Wirtschaft jeweils durch Schübe von neuartigen Entwicklungsergebnissen vorbereitet werden. Sie bilden den Fundus, aus dem kreative Unternehmerpersönlichkeiten schöpfen, und die Basis, auf der innovative Unternehmungen entstehen.

Der Gründer und langjährige Leiter des Internationalen Instituts für Angewandte Systemanalyse (IIASA) in Laxenburg bei Wien, Cesare Marchetti[4], schließlich zeigte auf, daß es *Lernprozesse* sind, die den von Mensch identifizierten Innovationszyklen zugrunde liegen und ihre charakteristischen Abläufe prägen.

---

2 Vgl. Schumpeter, J.: Theorie der wirtschaftlichen Entwicklung, 1911; unveränderter Nachdruck der 1934 erschienenen vierten Auflage; Berlin 1964.

3 Vgl. Mensch, G.: Das technologische Patt – Innovationen überwinden Depressionen; Frankfurt am Main 1975.

4 Vgl. Marchetti, C.: „Die magische Entwicklungskurve", in: Bild der Wissenschaft, 10 (1982), S. 114–128.

Von Konjunkturzyklen und Lernkurven

Der volkswirtschaftliche Strukturwandel verläuft in „langen Wellen" oder Zyklen, die sich – wie der russische Wirtschaftswissenschaftler Nikolaj Kondratieff[5] nachwies – jeweils über einen Zeitraum von rund 50 Jahren erstrecken (Abbildung 1-1). Stets sind es, wie später Gerhard Mensch aufzeigte, folgeträchtige Erfindungen, die zu neuartigen Techniken führen und die lang andauernde Aufschwungphasen einleiten:

- Die erste lange Welle dauerte etwa von 1790 bis 1848; in ihr kamen der mechanische Webstuhl und die Dampfmaschine zum Einsatz.
- Der zweite Zyklus, etwa zwischen 1848 und 1895, wurde vom Eisenbahnbau und der Entwicklung der Stahlindustrie getragen.
- In der dritten langen Welle, 1895 bis 1945, bildeten die Elektrifizierung und neue Entwicklungen in der Chemie, vor allem von Düngemitteln, die Aufschwungfaktoren; hinzu kam die erste wirtschaftliche Nutzung des Verbrennungsmotors.
- Die tragenden Faktoren der vierten langen Welle waren die allgemeine Motorisierung und Verkehrstechnik, die Kunststoffindustrien sowie Funk und Fernsehen.

Die treibenden Kräfte hinter diesem langwelligen[6] Auf und Ab der volkswirtschaftlichen Konjunktur, so hatte schon Joseph Schumpeter erkannt, sind Unternehmer – Neuerer, die andere Produkte, Herstellungsverfahren und Dienstleistungen konzipieren und auf dem Markt durchsetzen. Innovationen sind, so Schumpeter, ein „Prozeß der schöpferischen Zerstörung", in dem das Neue, Bessere das Bestehende und Etablierte entwertet und ersetzt (vgl. Abbildung 1-1).

„Wir lassen hierunter die Einführung neuer Güter fallen ... technologische Veränderungen in der Produktion von Gütern, die schon auf dem Markt sind, die Erschließung neuer Märkte oder neuer Hilfsquellen, durch Taylorisierung

---

5 Vgl. Kondratieff, Nikolaj: Die langen Wellen der Konjunktur, in: Archiv für Sozialwissenschaft und Sozialpolitik, Bd. 56 (1926).

6 Kurzwellige Konjunkturschwankungen, die sich den „langen Wellen" überlagern, bleiben hier außer Betracht, da sie nicht auf Innovationsaktivitäten zurückgehen, sondern andere Ursachen (zum Beispiel die Geldpolitik) haben.

der Arbeit verbesserte Materialbehandlung, die Einrichtung neuer Geschäftsorganisationen ... – kurz, jedes ‚Andersmachen' im Gesamtbereich des Wirtschaftslebens."

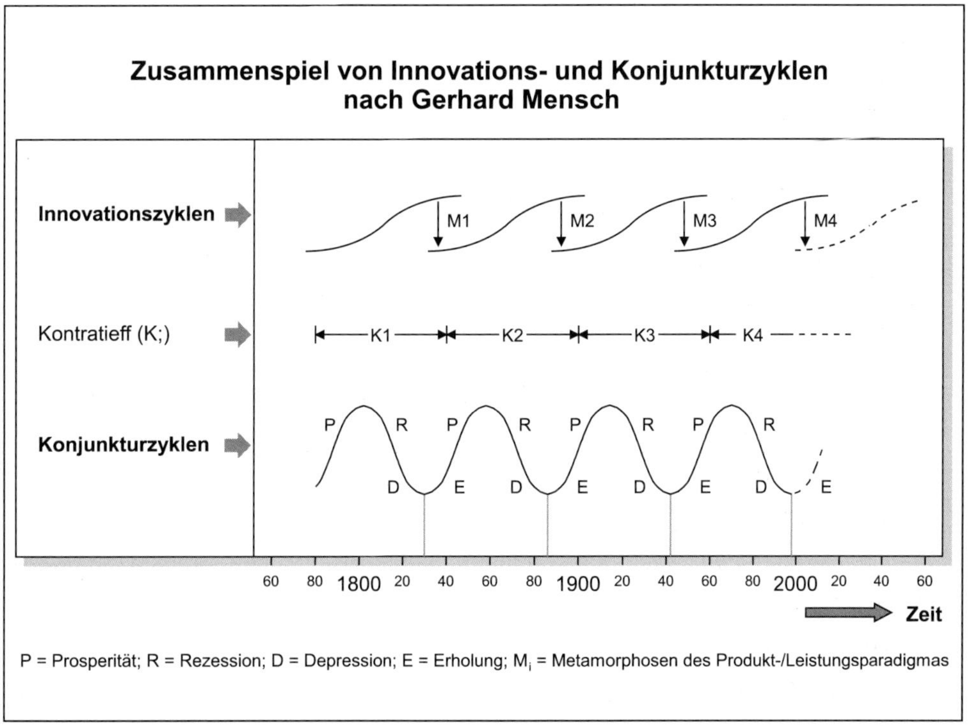

Abbildung 1-1

Der Gegenstand der Betrachtung sind demnach fünf Arten von Innovationen:

- die Einführung einer neuen Produktionsmethode,
- die Herstellung eines neuen Gutes oder die qualitative Verbesserung eines bestehenden Gutes,
- die Erschließung eines neuen Absatzmarktes,
- die Eroberung neuer Bezugsquellen,
- die Durchführung einer Neuorganisation.

Schumpeters Beschreibung der wirtschaftlichen Entwicklung hat nichts an Aktualität verloren. In ihr hat er aufgezeigt, wie einzelne Innovationsaktivitäten andere nach sich ziehen und sich gegenseitig verstärken – „weil das

Auftreten eines oder einiger Unternehmer das Auftreten anderer und dieses das Auftreten weiterer und immer zahlreicherer erleichtert und eben dadurch bewirkt". So erklärt sich die Synergiewirkung von Aufschwungphasen, denn wenn, so Schumpeter, „einer oder einige mit Erfolg vorangegangen sind, so fallen manche ... Schwierigkeiten weg. Es können diesen Ersten dann andere folgen". Der plötzlich anschwellende Prozeß schafft mit vielen Durchbrüchen günstige Rahmenbedingungen, mit denen sich die Volkswirtschaft an die neue Situation anpaßt.

In der Summe münden diese unternehmerischen Innovationsaktivitäten – im Unterschied zur reinen Geschäftsführung des laufenden Betriebs – demnach in eine Wachstums- und Prosperitätsphase, die aber nicht unbegrenzt andauert, weil Kredite teuer werden, sich nicht alle Erwartungen erfüllen oder Sättigungseffekte eintreten und Anpassungsprozesse erzwingen. In der nun eintretenden Rezession werden kaum mehr neue Unternehmen gegründet, weil die in weitere Innovationen gesetzten Gewinnerwartungen nicht mehr verläßlich zu kalkulieren sind. Und wie ein Pendel nicht zum Stillstand kommt, sondern beim Zurückschwingen über die Ruhelage hinausschwingt, so schlägt die Rezession in eine Depression um: Fehlplanungen und Überkapazitäten in der Prosperität rächen sich, unrentabel arbeitende Betriebe können dem Druck des Wettbewerbs nicht standhalten, Firmenschließungen und Zusammenbrüche häufen sich.

„Das braucht alles noch nicht die Ausmaße einer Panik oder Krise anzunehmen ... aber es induziert sehr leicht Paniken oder Krisen ... Jetzt können wir verstehen, daß unter dem Druck des Zusammenbruchs ... unser Prozeß im allgemeinen ... über die angestrebte Gleichgewichtsnähe hinausschießen (sie in der Regel auch verfehlen) und damit in eine neue Phase eintreten wird."

Doch auch die zunehmenden Insolvenzen, der Zusammenbruch einzelner Märkte und Branchen, setzen sich nicht endlos fort. „Es läßt sich leicht einsehen, daß jedes dieser Ereignisse an Triebkraft in dem Maße verliert, wie sich seine Wirkungen ausbreiten. Der Zusammenbruch eines Unternehmens kann den Zusammenbruch anderer Unternehmen verursachen, aber ein Teil seiner Verbindlichkeiten wird gegenüber Unternehmungen bestehen, die den Verlust ertragen können und daher als Puffer wirken."

Das Reißen der Kreditketten kommt zum Erliegen, und in das Vakuum, das die fallierenden Betriebe hinterlassen, drängen andere. „Dies läßt sich am

Falle der Betriebseinstellung einer Unternehmung zeigen, die Arbeitslosigkeit induziert, durch die ihrerseits der Bankrott eines Lebensmittelhändlers herbeigeführt wird ... Der Markt dieses Lebensmittelhändlers verschwindet indessen nicht völlig, und mit seinem Ausscheiden entsteht ein Raum, in den hinein andere Lebensmittelhändler sich ausdehnen können."

Das Vierphasenmodell aus Prosperität, Rezession, Depression und Erholung ist ein makroökonomisches Modell, bei dem sich der Konjunkturverlauf als Summenwirkung des einzelunternehmerischen Handelns ergibt. Der Wirtschaftswissenschaftler Gerhard Mensch wies Mitte der siebziger Jahre anhand des historischen Datenmaterials nach, daß mit den langen Zyklen der *Konjunktur* seit Beginn des 19. Jahrhunderts weltweit vier große Zyklen der *Innovation* einhergingen, deren Kumulationspunkte ebenfalls jeweils im Abstand von etwa 50 Jahren liegen (Abbildung 1-2).

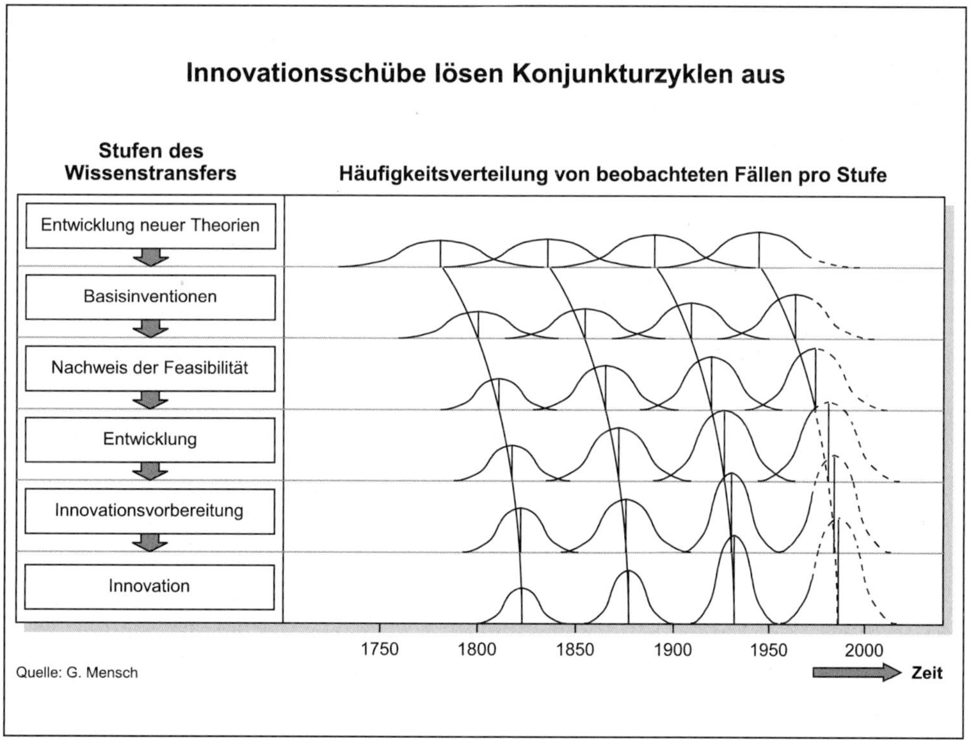

Abbildung 1-2

Die technologischen Innovationsschübe gehen im Rhythmus der langen Wellen auf Basisinnovationen zurück, für die bereits Beispiele genannt wurden: mechanischer Webstuhl, Dampfmaschine, Eisenbahn, Elektrotechnik, Kraftfahrzeuge, Mikroelektronik usw. Diese „Basisinnovationen" unterscheidet Mensch von den „Verbesserungsinnovationen" und schließlich „Scheininnovationen".

Der Innovationszyklus nach Mensch besteht ebenfalls aus vier Phasen:

- In der Phase der Basis-Produkt-Innovation ist die Aufmerksamkeit nach außen auf den Markt gerichtet: Junge Unternehmenszweige bemühen sich, neuartige Produkte in nutzbarer Form anzubieten und bei steigenden Stückzahlen oder Umsätzen im Gleichschritt mit dem sich langsam entwickelnden Bedarf zu produzieren.

- Unter dem Druck des Wettbewerbs werden die Produkte zunehmend verbessert, umgestaltet und weiteren Nutzungsmöglichkeiten angepaßt. Die Verbesserungsinnovationen erhöhen die Qualität oder erschließen durch einfachere Handhabung neue Käuferkreise, stiften jedoch keinen neuartigen Nutzen mehr.

- Die stagnierenden Verkaufszahlen können nur durch Senkung der Herstellungskosten ausgeglichen werden. Zwangsläufig richten die Unternehmensführungen jetzt den Blick nach innen auf die Herstellungsprozesse: Produktionsabläufe werden gestrafft, Fertigungslinien mit niedrigerer Produktivität stillgelegt, unrentable Beteiligungen abgestoßen, Lagerbestände abgebaut – die Unternehmen rationalisieren und verschlanken sich.

- Weiter anhaltender Kostendruck bei schwindenden Aufträgen nötigt schließlich zu massiven, grundsätzlichen Umstellungen der Produktionsprozesse. In dieser Phase setzen die Basis-Prozeßinnovationen zur Produktivitätssteigerung ein, neue Automatisierungs- und Fertigungskonzepte werden erprobt.

Die Innovationszyklen von Mensch haben die Gestalt der logistischen S-Kurven, die die Marktdurchdringung (zum Beispiel einer Basisinnovation) beschreiben und bei denen auf eine langsam verlaufende Anfangsphase eine Periode raschen Anstiegs folgt und sich dann langsam der maximal möglichen Marktdurchdringung annähert.

Nur selten werden die entscheidenden Erfindungen für Basisinnovationen in den Firmen gemacht, die am stärksten davon betroffen sind, bzw. überhaupt in eingesessenen Unternehmen. Selbst die Umsetzung in Innovationen stößt zunächst auf Widerstand, so daß sich ein Stau bildet. In den etablierten Unternehmen entsteht der Widerstand, so Mensch, durch

- die Dominanz der bestehenden Geschäfte, deren Umsatzvolumen und Cash-flow das Denken der Unternehmen bestimmt,
- die funktionale Arbeitsteilung formalisierter Organisationen, die den Innovationsprozeß zerstückelt,
- die Qualifikationsstruktur der Mitarbeiter, die überwiegend an bestehenden Technologien und Leistungen orientiert ist, sowie
- die Ferne der oberen Hierarchieebenen von den aktuellen Bedürfnissen der Kunden.

Erst wenn schwerwiegende Stagnationserscheinungen auftreten, wenn Qualitäts- und Preisdifferenzierungen in den bestehenden Geschäften immer schwieriger werden, wächst die Innovationsbereitschaft und wird der Durchbruch möglich. Die Analysen zeigen, daß die Innovationswiderstände zunächst anwachsen, so daß der Durchbruch sich verzögert; wenn er dann erfolgt, verläuft die Dynamik jedoch um so stürmischer. Die Abfolge dieser S-förmigen Innovationsschübe führt zu Diskontinuitäten der Entwicklung, die Mensch Metamorphose[7] nennt (Abbildung 1-1 oben).

Über die relativ gleichbleibende Zeitdauer von 50 Jahren der Konjunkturzyklen von Schumpeter und Kondratieff und der Innovationszyklen von Mensch ist viel spekuliert worden. Der Systemanalytiker Cesare Marchetti hat als einer der ersten diese Zeitkonstante mit komplexen gesellschaftlichen und organisationalen Lernprozessen erklärt und die S-förmige Gestalt der Innovationszyklen als „Lernkurven" interpretiert.

„Die Verdrängungsprozesse bis zur Dominanz der sich emporschiebenden Innovationen dauerten jeweils ziemlich genau ein halbes Jahrhundert. Das ist offensichtlich die konstante Zeitdauer, die eine große Gruppe von Menschen benötigt, um zu lernen, neue Möglichkeiten restlos auszunutzen." Die

7 (gr.-lat.) Umgestaltung, Verwandlung im Zuge eines Reifungsprozesses.

den Zyklus tragenden Technologien – Dampfmaschine, Eisenbahn, Elektrotechnik, Mikroelektronik – ziehen Investoren auf sich und binden zunehmend Kapital, das nachfolgenden Basisinnovationen, die riskant sind und zunächst keine naheliegenden Bedürfnisse decken, nicht zur Verfügung steht. Im Verlauf aber erschöpft sich die Lernfähigkeit der entstandenen Industrien, „weil das auf dem jeweiligen Gebiet Erlernbare allmählich gelernt ist".

Knapp zwei Generationen beträgt demnach die Zeitspanne, die eine Basisinnovation zur Durchdringung des Marktes braucht. Wohlgemerkt ist dies nicht die Zeit, die zwischen Invention und Innovation, zwischen Erfindung und Markteinführung vergeht. Tatsächlich waren die Erfindungen, die den neuen Aufschwung trugen, oft schon lange zuvor gemacht worden und stets in der Depression schon vorhanden, welche der Erholung voranging. Beispielsweise vergingen zwischen der Erfindung der isolierten Stromleitung (1744) und ihrer Anwendung als Produkt (1820) 76 Jahre; 54 Jahre standen zwischen Erfindung (1831) und Innovation (1885) beim Transformator. Doch diese „Inkubationszeiten" werden immer kürzer: Beim Nylon (1927 bzw. 1938) und beim Transistor (1947 bzw. 1957) betrugen sie nur noch zehn, beim Mikroprozessor (1970) und beim Worldwide Web (1991) gar nur noch zwei Jahre.

Folgerungen

Wenn historische Erfahrung einen Leitfaden für die Zukunft bieten kann, dann lassen sich aus den Analysen von Schumpeter, Mensch und Marchetti vier grundsätzliche Folgerungen ableiten:

Folgerung 1
Ein nachhaltiger wirtschaftlicher Aufschwung kann nur auf einem völlig neuen Sockel von Ressourcen- und Fähigkeitskombinationen erfolgen – auf der Basis eines visionären Paradigmas von neuen Produkten, Leistungen und Märkten. Das gilt auf makro- wie auf mikroökonomischer Ebene. Wirtschaftsbelebungsspritzen (wie Leitzinssenkungen und Steuersenkungen) und die Subventionierung alter Branchen verzögern und verschlimmern nur den Absturz der „alten Welt"; sie können sogar der Metamorphose zu neuen Strukturen schaden, indem sie Investitionen fehlleiten und notwendige Ressourcen aus Wachstumsbereichen abziehen.

Folgerung 2
Reine Rationalisierungs- und Reorganisationsmaßnahmen sind nur eine Fortschreibung des Status quo und versetzen Unternehmen lediglich in die Lage, sich mit etablierten Produkten und Leistungen am Markt zu halten. Sie verlängern das Überleben, sichern aber nicht die Zukunft. Wachstum und neue Dynamik müssen vielmehr auf Innovationen aufbauen.

Folgerung 3
Innovationen sind die größte unternehmerische Herausforderung überhaupt. Während Investitionen und Optimierungen des laufenden Geschäfts mit „üblichen" Managemententscheidungen gesteuert werden können, müssen Innovationen häufig antizyklisch zum Konjunkturverlauf und substitutiv zum bestehenden Geschäft durchgesetzt werden. Sie erfordern nicht nur Leistungssteigerung, sondern die Metamorphose des gesamten Unternehmens.

Folgerung 4
Innovationsprozesse lassen sich nur in einer Lernenden Organisation dauerhaft in Gang halten, die in der Ausschöpfung sich bietender Gelegenheiten und Chancen mit jedem neuen Vorhaben bewußt die eigenen Fähigkeiten ausbaut und entwickelt.

Innovationsmanagement heute

Die Innovationsforschung hat demnach eine lange Tradition, und sie ist seither nicht stehengeblieben, sondern hat viele Einsichten in die Natur und die Bedingungen des Innovationsmanagements hervorgebracht.[8] [9] Wenn jetzt, in den späten neunziger Jahren, wieder ein steigendes Interesse an Innovationsprozessen zu verzeichnen ist, so verbinden sich damit zwei nicht-triviale Fragen:

---

8 Arthur D. Little hat Wesentliches dazu beigetragen, vgl. zum Beispiel:
- Arthur D. Little International (Hrsg.), Management der Geschäfte von morgen; Wiesbaden 1986.
- Arthur D. Little International (Hrsg.), Management des geordneten Wandels; Wiesbaden 1988.
- Arthur D. Little International (Hrsg.), Innovation als Führungsaufgabe; Frankfurt am Main/New York 1988.

9 Vgl. Kapitel 3.1.

- Würde es nicht ausreichen, alle bekannten und erforschten Ergebnisse über das Phänomen Innovation wieder ins Bewußtsein zu rufen, um mit neuem Elan das Innovationsmanagement heranzugehen? Mit anderen Worten: Besteht nicht die Gefahr, daß diejenigen, die heute die Notwendigkeit des Innovationsmanagements propagieren, den enormen Wissensstand ignorieren und das Rad unnötigerweise neu erfinden?

- Wenn die Ergebnisse der Innovationsforschung aber bisher nicht ausreichten, um dem Innovationsmanagement in den Unternehmen den nötigen Stellenwert und Umsetzungserfolg zu verschaffen – besteht dann überhaupt Grund zu der Annahme, daß wir durch einen erneuten Vorstoß erfolgreich Einfluß auf Wachstum und Ertrag der Unternehmen ausüben können? Mit anderen Worten: Besteht nicht die Gefahr, daß etwas handhabbar gemacht werden soll, das nicht handhabbar ist?

Obwohl die erste Frage teilweise bejaht werden muß – mitunter werden bereits gewonnene Erkenntnisse verschüttet und ignoriert –, so reichen die Analysen von Schumpeter, Mensch und Marchetti allein jedoch nicht aus, um die heutigen Herausforderungen zu meistern. In der Tat sind nicht nur die Werkzeuge des Innovationsmanagements beträchtlich verfeinert und dadurch wirksamer geworden; jüngste Entwicklungen, die in einem späteren Kapitel ausführlich dargestellt werden,[10] zeigen überdies, daß sich diese zumeist punktuell eingesetzten Werkzeuge jetzt erstmals in einen Gesamtzusammenhang stellen lassen, für den Peter Senge den Begriff der Lernenden Organisation geprägt hat.[11] Innovationsmanagement ist kein Teilbereich für Spezialisten, die neben dem operativen Geschäft herlaufen und Zukunftsvorsorge betreiben, sondern erfaßt das *gesamte* Unternehmen und hebt die Trennung von Verwalten und Gestalten auf; jeder Mitarbeiter weiß, auf welchem Punkt des Innovationszyklus und der Lernkurve sich sein Tätigkeitsfeld befindet, und kann die daraus sich ergebenden Notwendigkeiten ableiten. Damit ist nicht nur ein Wechsel der Perspektive, sondern ein Paradigmenwechsel verbunden.

Das Dilemma, das die zweite Frage aufwirft – ob Innovationen überhaupt steuerbar sind, und wenn ja, wie –, wird sich wie ein roter Faden durch die folgenden Kapitel ziehen. Die Erfahrung zeigt, daß die zyklische Natur der

---

10 Vgl. Kapitel 5.
11 Vgl. Senge, P.: Die fünfte Disziplin; Stuttgart 1996.

Wirtschaftsprozesse *makroökonomisch* durch Innovationsmanagement offenbar nicht aufgehoben werden kann; die Erfahrung zeigt aber auch, daß *mikroökonomisch* einige Unternehmen in den Wellen der Konjunktur erfolgreich wachsen, während andere vom Markt verschwinden. Die Schlußfolgerung daraus kann nur lauten: Innovationsmanagement ist nicht nur machbar, sondern tut not!

Die Herausforderung

Den Schumpeterschen Unternehmer gibt es auch heute noch. Ein außergewöhnliches Beispiel der jüngsten Zeit ist James Clark, der Gründer der Internet-Firma Netscape Communications Corp. Clark hatte bereits mit anderen Anfang der achtziger Jahre die Computerfirma Silicon Graphics gegründet und sie zu einem führenden Hersteller von Hochleistungs-Workstations gemacht, als er 1993 nach Differenzen im Kreis der Gesellschafter über den weiteren Kurs ausschied. Den Erlös aus dem Verkauf seiner Anteile steckte er sofort in eine neue Unternehmung, als er das enorme Potential in einer Software erkannte, die eine Gruppe um den 22jährigen Student Marc Andreesen am National Center for Supercomputing Applications (NCSA) entwickelt hatte. Die Gruppe hatte den ersten Prototyp der Internet-Browser für PCs erstellt, die heute millionenfach von Unternehmen und Privatleuten zum Surfen im Worldwide Web verwendet werden und denen das Internet seinen phänomenalen Aufschwung verdankt. Clark machte Andreesen zum Teilhaber, und der größte Teil der Entwickler wechselte vom NCSA in die im April 1994 gegründete Netscape Communications Corporation. Für den rasanten Aufstieg, den das junge Unternehmen sofort nahm, sorgte eine innovative Marketingstrategie. Die Browser selbst waren nicht nur technologisch führend, sondern wurden obendrein kostenlos abgegeben – jeder Interessent konnte (und kann immer noch) sich die neueste Version über das Internet auf seinen Computer laden; die eigentlichen Umsätze wurden mit dem Verkauf der dazugehörigen Internet-Server generiert, die ein Anbieter von Informationen im Internet braucht, um seine Kunden und Interessenten erreichen zu können.[12] Die kostenlose Abgabe und massenhafte Verteilung

---

12 Eine ähnliche Marketing-Strategie gab es im Mobilfunk, als einige Anbieter Handys zu symbolischen Preisen von teilweise einer Mark abgaben, wenn der Kunde einen langfristigen Vertrag abschloß.

der Browser erzeugte so den nötigen Sog für das eigentliche (Hochpreis-)Produkt. Im Handumdrehen dominierte Netscape mit einem Anteil von 80 Prozent den neu entstehenden Markt für Internet-Software, den ein gestandenes Weltunternehmen wie Microsoft nicht erkannt hatte. Als Netscape im August 1995 an die Börse ging, war die Firma von einem Tag auf den anderen 300 Millionen Dollar wert. Es ist heute Marktführer für Internet- und Intranet-Server.

Ein Beispiel von vielen. Doch so markant sie häufig sind, spiegeln sie doch nur einen Teil der Realität wider. In etablierten Unternehmen stellt sich die Lage anders dar. Sie müssen den Innovationsprozeß organisieren. Während junge Unternehmen sich auf ein innovatives Leitprodukt stützen können und ihre Lernkurve bedingt durch die Persönlichkeit des Gründers stark biographisch geprägt ist – was in der Startphase meist ein Vorteil, auf dem ausklingenden Ast der S-Kurve jedoch regelmäßig Probleme bereitet –, haben gestandene Firmen ein Portfolio aus Produkten in unterschiedlichen Reifestadien zu gestalten; bei ihnen geht es um das *organisationale* Lernen. Jedes innovative Projekt ist mit einem Lernprozeß sämtlicher Beteiligten verbunden, und je deutlicher das Management erkennt, daß die Gestaltung und Beschleunigung dieser Lernprozesse auf allen Ebenen seine ureigenste Aufgabe ist, desto eher wird sich das Unternehmen auf Märkten, die wieder einmal im Umbruch sind, behaupten können.

In großen Firmen kann der Vorstand nicht mehr automatisch darauf bauen, daß mutige, unternehmerische Persönlichkeiten Ideen, Fähigkeiten und Ressourcen aufgreifen und zu neuen erfinderischen Kombinationen zusammensetzen. Denn ein einzelner Manager kann angesichts der Komplexität der Innovations-Herausforderung nicht mehr allein entscheiden, welche Kombination von welchen Ideen, Fähigkeiten und Ressourcen die geeignetste für sein Unternehmen ist. Und – noch problematischer – das Management kann Innovationen nicht einfach per Dekret verordnen, sondern es muß die Imagination, Intuition und Motivation der Mitarbeiter wecken und auf diese Weise kreative Leistungen stimulieren. *Darin* liegt heute die wichtigste Innovation.

Zweites Kapitel

Märkte im Umbruch

1. Touristikindustrie – wie eine Branche durch innovative Informations- und Kommunikationstechnologien revolutioniert wird

Die Ausgangssituation

Die Zeit der großen Wachstumsraten ist auch im Reisemarkt vorbei. Für die nächsten fünf bis zehn Jahre werden nur noch geringe Zuwächse erwartet. Allerdings verläuft die Entwicklung der Teilmärkte sehr unterschiedlich: Während der touristische Bereich nahezu stagniert, kann bei der Flug-Touristik mit Steigerungen von 1,5 bis 2 Prozent jährlich gerechnet werden. Die Branche ist gekennzeichnet durch erhöhte Wettbewerbsintensität, zu hohe Kapazitäten, ein Auseinanderbrechen der klassischen Aufgabenteilung zwischen Leistungsträgern, Veranstaltern und Reisemittlern aufgrund von Last-Minute-Reisen und Direktvertrieb, und schließlich durch einen erheblichen Kostendruck, der auf die Erosion der Verbraucherpreise und die Anstrengungen von Veranstaltern und Leistungsträgern zur Senkung der Vertriebskosten zurückgeht.

Die Leistungserstellung in der Touristik beruht auf der wertschöpfenden Kombination von materiellen Gütern mit personenbezogenen, immateriellen Diensten;[1] die additive Komponente der Dienstleistung transformiert ein materielles Gut, wie den Flugzeugsitz oder die Hotelunterkunft, in ein verwertbares Produkt. Als Dienstleistungsindustrie läßt sich die Tourismusbranche durch mehrere Charakteristika beschreiben:[2]

- Die Leistung wird gleichzeitig erstellt und konsumiert; sie ist nicht lagerbar.
- Das Produkt ist individuell und personengebunden.

---

1 Vgl. Rohte, S.: Neue Distributionsstrategien im Tourismus – am Beispiel der Reiseveranstalter und Reisebüros, in: Tourismus als Informationsgeschäft; Wien 1994.

2 Vgl. Schertler, W.: Dienstleistungseigenschaften begründen Informationsgeschäfte – dargestellt an Tourismusdienstleistungen, in: Tourismus als Informationsgeschäft; Wien 1994.

- Die Leistung ist mit einem hohen Informations- und Erklärungsbedarf gekoppelt; trotz der Fülle verfügbarer Details bleibt beim Kaufentschluß ein Maß an Ungewißheit über Produktinhalte und -qualität.

In der Regel ist die Information zwischen Kunde und Reiseanbieter ungleich verteilt: Beim Kunden besteht Ungewißheit über die Qualität der versprochenen Leistungen und dem Anbieter fehlen Informationen – etwa über das Buchungsverhalten der Kunden in der aktuellen Saison. Informationen sind aber die Grundlage für Beziehungen und Austauschverhältnisse zwischen Anbietern und Nachfragern;[3] ihre Qualität beeinflußt die Qualität der Beziehung. Damit ist Information eine der wichtigsten Grundlagen des Tourismus: Sie ist der strategische Erfolgsfaktor für das Geschäft. Die Unternehmen benötigen Informationen über den Markt (Kundenwünsche, -bedürfnisse, -erwartungen, Entwicklung von Kundenbeziehungen), und der Markt muß mit Informationen über die Unternehmen und ihre Produkte versorgt werden. Die Tourismusindustrie ist daher nicht ohne leistungsfähige und moderne Informations- und Kommunikationstechnologien (IT) denkbar. Dies sind insbesondere computergestützte Reservierungssysteme (CRS) sowie nationale und internationale Distributionssysteme (NDS bzw. GDS) für Verfügbarkeitsabfragen, Buchungen und Zahlungsabwicklung in den Reisebüros. Darüber hinaus schaffen

- die Preisdegression von Hardware, Software und Übertragungsraten,
- die Verfügbarkeit von hohen Speicher-, Übertragungs- und Verarbeitungskapazitäten,
- die Vernetzung (Internet),
- Multimedia-Anwendungen in Firmen und Haushaltungen und
- elektronische Zahlungsmittel („Cybergeld“)

eine völlig neue Situation. Die gewachsenen Beziehungen zwischen Leistungsträgern, Veranstaltern, Reservierungssystemen, Reisebüros und Kunden werden sich von Grund auf verändern. Der Markt wird vom IT-Einsatz geradezu abhängig. Die Auswirkungen auf das Kerngeschäft und die Organisationsstrukturen in der Branche sind gravierend – und durchaus vergleichbar mit dem Fall der Uhrenindustrie unter dem Einfluß der Mikroelektronik in den siebziger Jahren. Nichts wird bleiben, wie es war.

---

3 Vgl. Fußnote 2.

Market Pull

Das Verbraucher- und Nachfrageverhalten hat sich in den letzten Jahren stark geändert und zu einem verstärkten Bedarf an Angeboten geführt, die schnell an sich rasch ändernde Konsumpräferenzen angepaßt werden können. Im einzelnen lassen sich folgende Tendenzen des Konsumentenverhaltens feststellen:

- Geschäfts- und Privatreisende (zum Beispiel Urlaubsreisende) werden in Zukunft noch stärker als heute mit völlig unterschiedlichen Produkten und Dienstleistungen bedient werden. Bei der Geschäftsreise müssen die Interessen des Reisenden selbst (Service, Schnelligkeit, Pünktlichkeit etc.) und des Firmenkunden (möglichst günstige Reisepreise, einfache Buchungsprozesse etc.) berücksichtigt werden. Ebenso unterscheiden sich die Dienstleistungen: Während beim Geschäftsreisenden häufig einfache Buchungsvorgänge (zum Beispiel Flüge) benötigt werden, stehen beim Privatreisenden die Zielauswahl oder die ausführliche Beratung über Zielgebiete im Vordergrund.

- Der Konsument verfügt über mehr freie Zeit („Freizeit"), möchte diese aber möglichst gezielt und effektiv einsetzen. Bei Routinekäufen achtet er in erster Linie auf Zeit und Geld und möchte möglichst bequem bedient werden („hohe Convenience") – im touristischen Bereich betrifft dies etwa „Last-Minute-Reisen" oder Bahnfahrkarten.
  Dagegen beschäftigt er sich bei exklusiven und imagebeladenen Dienstleistungen wie dem Jahresurlaub ausgiebig mit der Informationsbeschaffung und Produktauswahl und akzeptiert auch höhere Preise.

- Die Kunden legen zunehmend ein hybrides Verbraucherverhalten an den Tag: Derselbe Reisende wird sowohl spontan „last minute" auf der Basis des günstigsten Preises buchen, wie er auch bereit ist, für hochwertige Produkte einen adäquaten Preis zu entrichten. Dabei erfolgt die Auswahl der Vertriebskanäle selektiv nach Problemstellung, Kosten, Interesse, Erfolgserlebnis, Verfügbarkeit an Freizeit, Intellekt, Technologieaffinität und Einkommen. Auch künftig bleibt das Reisen ein hochgradig emotionales Produkt, besonders bei nicht alltäglichen Reisen, bei denen die Mensch-zu-Mensch-Beziehung und die Beratung im Kaufprozeß eine wesentliche Rolle spielen.

- Die Produkt-, Marken- und Geschäftstreue wird in den kommenden Jahren abnehmen. Insbesondere bei „Standardreisen“, bei denen die Entscheidung aufgrund des Preises fällt, wird sich diese Entwicklung wesentlich verstärken. Ein Wechsel der Geschäftsbeziehung wird aber auch im Geschäftsreiseverkehr künftig schneller erfolgen, wenn Wettbewerber bessere Konditionen anbieten.

- Die Nachfrage nach neuen Produkten für bestimmte Zielgruppen – Junioren, Senioren, Familien, Singles – verstärkt sich, begleitet von einem Trend zu immer kurzfristigerem Buchungsverhalten.

- Die Ansprüche gehen vermehrt in die Richtung zu höherer Qualität bei sinkendem Preis. Da bei den gegebenen Preisstrukturen in der Beförderung und Beherbergung nur noch wenig verbessert werden kann, werden in Zukunft Zusatzdienstleistungen zur umfassenden Erfüllung individueller Kundenwünsche (unter Berücksichtigung persönlicher Interessen und Vorzüge mittels „customer profiles“) sowie zu Information und Angeboten von Aktivitäten im Zielgebiet („special interest tours“) im Vordergrund stehen.

- Die Ansprüche werden vielfältiger; der einzelne Kunde möchte unter Betonung von „Erleben“, „Spontaneität“, „Freiheit und Unabhängigkeit“ und „Genuß“ ein „individuelles Reisedienstleistungspaket“ angeboten bekommen und wird künftig in den Herstellungs- und Gestaltungsprozeß (zum Beispiel in das Packaging der Urlaubsreise) aktiv einbezogen.

- Die Konsumerfahrung des Reisenden wird weiter zunehmen, und sein Entscheidungsverhalten wird sich durch die verstärkte Nutzung der neuen Medien zur Informationsgewinnung („Infotainment“) professionalisieren. Gleichzeitig verstärkt sich aber die Nachfrage nach „herstellerneutraler“ Produktinformation und wird durch neuartige Softwareprogramme für Preis- und Anbietervergleiche befriedigt.
  Trotz der Fülle an Informationen, die dem Konsumenten zur Verfügung steht, wird aber der Informationsbedarf durch die Produktvielfalt weiter zunehmen. Der Verbraucher ist überfordert und benötigt Information Broker zur Filterung und Bewertung dieser Informationsflut, und dies auch künftig durch ein Reisebüro.[4]

---

4 Vgl. Tourismusmarkt der Zukunft, Deutscher Reisebüro Verband e. V.; Frankfurt/Main 1995.

Diesen Aufgaben und Anforderungen kommen die innovativen IT-Produkte und -dienstleistungen entgegen.

Verschiebungen in der Distribution

Heute werden die Reise- und Tourismusprodukte fast ausschließlich über Reisemittler (Reisebüros) vertrieben. In der Wertschöpfungskette bringen die Leistungsträger (wie zum Beispiel Fluggesellschaften, Hotels, Bahnen) ihre Produkte ein; gegebenenfalls werden sie durch einen Veranstalter zu einer Pauschalreise gebündelt („Packaging"). Die elektronische Distribution zum Reisebüro erfolgt über internationale Computerreservierungssysteme (CRS) wie AMADEUS oder Galileo, die in der Regel Leistungsträger wie Flüge, Hotels und Mietwagen anbieten. In Ergänzung dazu gibt es häufig nationale Vertriebssysteme (NDS), so etwa START in Deutschland, die dem Reisebüro Komplett- und Zusatzangebote sowie die Unterstützung administrativer Tätigkeiten zur Verfügung stellen. Abbildung 2-1 zeigt schematisch die Bedeutung und Formen der heutigen Distributionswege.

Der sogenannte Direktvertrieb, also die Distribution unter Umgehung der Reisebüros, hat noch keine große Bedeutung; bei den Flugscheinverkäufen der Lufthansa in Deutschland zum Beispiel beträgt dieser Anteil heute weniger als 5 Prozent des Gesamtumsatzes. Der konsequente Einsatz moderner IuK-Technologien wird aber zum einen die deutliche Ausweitung des Direktvertriebs und zum zweiten die Unterstützung von Geschäftsprozessen bei allen Playern und Vertriebswegen der Touristikindustrie zur Folge haben, wie aus Abbildung 2-2 hervorgeht. Sie zeigt die Formen des zukünftigen Direktvertriebs von Reise- und Touristikdienstleistungen. Kennzeichnend sind die Umgehung des klassischen Vertriebswegs „Reisebüro" und der massive IT-Einsatz. Durch den Direktvertrieb lassen sich die Vertriebskosten deutlich reduzieren.

Im Mittelpunkt des Interesses stehen hierbei Internet, Online-Dienste, Verkaufsautomaten und das interaktive Fernsehen, weil sie das Potential zur Abwicklung der kompletten Prozeßkette „Informieren/Angebotsdarstellung, Buchen/Reservieren und Bezahlen" bieten; herkömmliche Technologien wie etwa die CD-ROM, das Telefon oder das Telefax hingegen realisieren nur Teilprozesse (siehe Abbildung 2-3).

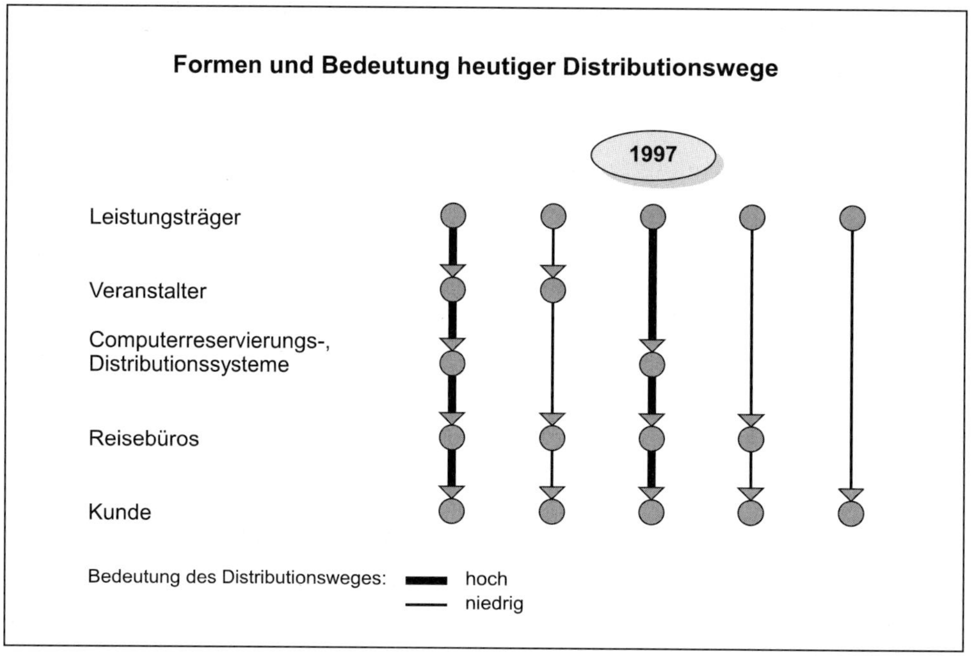

Abbildung 2-1

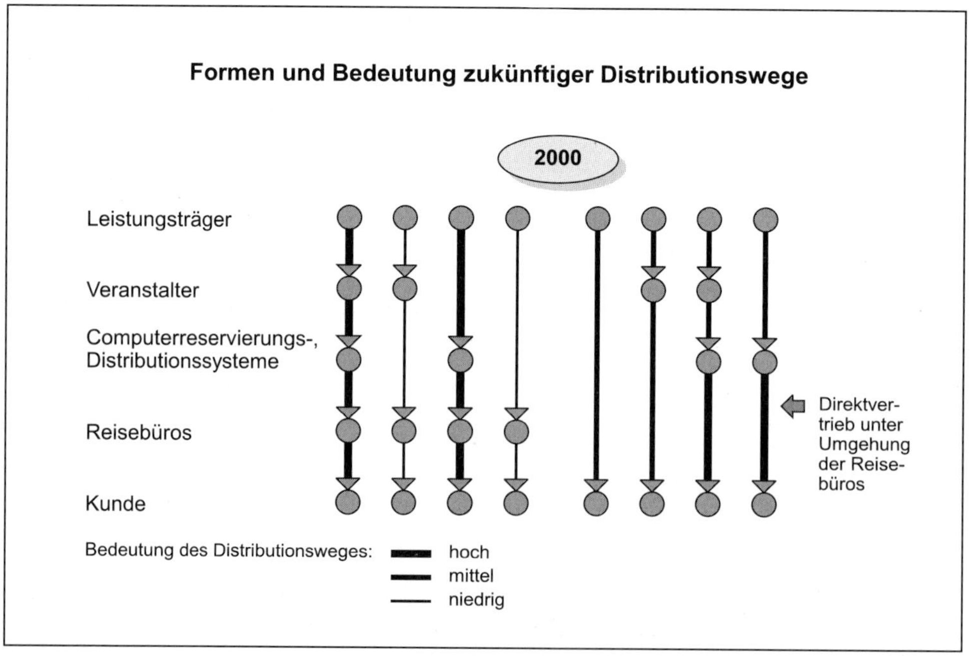

Abbildung 2-2

Abdeckung der touristischen Leistungsprozesse durch Distributionstechnologien

Distributionstechnologie / Prozeßschritt	Internet/ Online-Dienst	Telefon Telefax	Fernsehen	Verkaufsautomaten	CD-ROM
Information, Angebotsdarstellung	● (hoch)	○ (gering)	● (hoch)	◐ (mittel)	● (hoch)
Buchung/ Reservierung	● (hoch)	● (hoch) 1)	● (hoch)	● (hoch)	○ (gering)
Bezahlung, Abwicklung	● (hoch)	○ (gering) 1)	● (hoch)	● (hoch)	○ (gering)

Grad der Eignung: ● hoch ◐ mittel ○ gering

1) Interaktives Fernsehen

Abbildung 2-3

Sie lassen sich jedoch ergänzend nutzen. So kombiniert beispielsweise das Produkt „InfoFlyway" der Lufthansa „Online"- und „Offline"-Technologien für den Vertrieb (Internet, Online-Dienste bzw. CD-ROM), und setzt zur Beschleunigung des Check-In Chipkarten als „Elektronisches Ticket" und Automaten auf den Flughäfen ein.

Natürlich eignet sich der Direktvertrieb (Information, Reservierung/Buchung, Bezahlung) über innovative Technologien nicht für sämtliche touristischen Produkte, sondern dazu müssen einige Voraussetzungen erfüllt sein:

- Der Erklärungsbedarf und die Beratungsintensität der Reise ist niedrig.
- Der Kunde verfügt über Reiseerfahrung und grundsätzliches Produktwissen.
- Der Kunde besitzt eine gewisse Technologieaffinität und ist gewillt, die Informationsbeschaffung und Buchungsabwicklung über die elektronischen Medien abzuwickeln.

Dabei sind die zwei Segmente „Privatreisende“ und „Geschäftsreisende“ differenziert zu betrachten. Abbildung 2-4 beschreibt die Kriterien und geeigneten Produkte für den Direktvertrieb mit neuen Medien. Bei beratungsintensiven Reiseangeboten kann etwa die Vorabinformation und Selektion der Angebote über Online-Dienste oder das Internet erfolgen, während die detaillierte Beratung und eigentliche Buchung weiterhin im Reisebüro stattfindet.

Eignung touristischer Produkte für neue Medien

Kriterien	Privatreisende	Geschäftsreisende
Geeignete Produkte: **- einfach** **- wenig erklärungsbedürftig**	• Flüge • Last Minute • Fahrkarten • Events	• Flüge • Mietwagen • Übernachtungen • Fahrkarten
Zugriff, Benutzung	• Spontan • Kurzfristig	• Regelmäßig
Typische Benutzer	• Technologieaffine und progressive "Life-style-Generation"	• Progressive Reisende: Außendienst, Telearbeiter, freie Berufe, . . .
Reiseerfahrung/Produktwissen des Konsumenten	• mittel-hoch	• hoch
Reisehäufigkeit	• niedrig-hoch	• hoch
Bedingung für Akzeptanz	• Attraktivität, Umfang der Inhalte	• Sicherheit, Zuverlässigkeit
Geforderte Zusatzdienstleistungen	• Add-On Produkte, Shopping Mall	• Unterstützung Administration (z.B. Reisekostenmanagement)

Abbildung 2-4

Die Auswirkungen des IT-Einsatzes auf den Vertrieb sind bereits spürbar, und die sich mittelfristig ergebenden Veränderungen deutlich abzusehen:

Direktvertrieb über Internet und Online-Dienste

Die größten Zuwachsraten im Direktvertrieb weisen in jüngster Zeit die Angebote der touristischen Player im Internet und in den Online-Diensten auf. Als erste gingen Leistungsträger wie Fluggesellschaften, Hotels und Mietwagenfirmen „online“, und die bisher vorliegenden Erfahrungen zeigen, daß sich diese Vertriebswege noch in der Lebenszyklusphase „Entwicklung“

befinden. So verzeichnet British Midland mit seinem Internet-Produkt „Cyberseat“ rund 10 000 Zugriffe pro Monat, aus denen aber nur 100 Buchungen über das Internet resultieren – von insgesamt 600 000 Buchungen monatlich.[5] Andere Fluggesellschaften wie American Airlines, USAir, Northwest oder Cathay Pacific führen Auktionen im Internet („Cyber Fares“) für bis zu 70 Prozent verbilligte Last-Minute-Tickets durch.

Bei der Einführung dieser Dienstleistungen 1996 stand zunächst die Information und Darstellung von Angeboten wie Flugplan, Suche von optimalen Verbindungen etc. im Vordergrund; bei mehreren Anbietern kann bereits gebucht und mit Kreditkarte bezahlt werden. Sobald die Bezahlung mit „Cyber-Geld“ möglich und etabliert sein wird, womit in Kürze zu rechnen ist,[6] werden alle Prozesse abgewickelt werden können. Abbildung 2-5 gibt einen Überblick über die Vielfalt der Möglichkeiten.

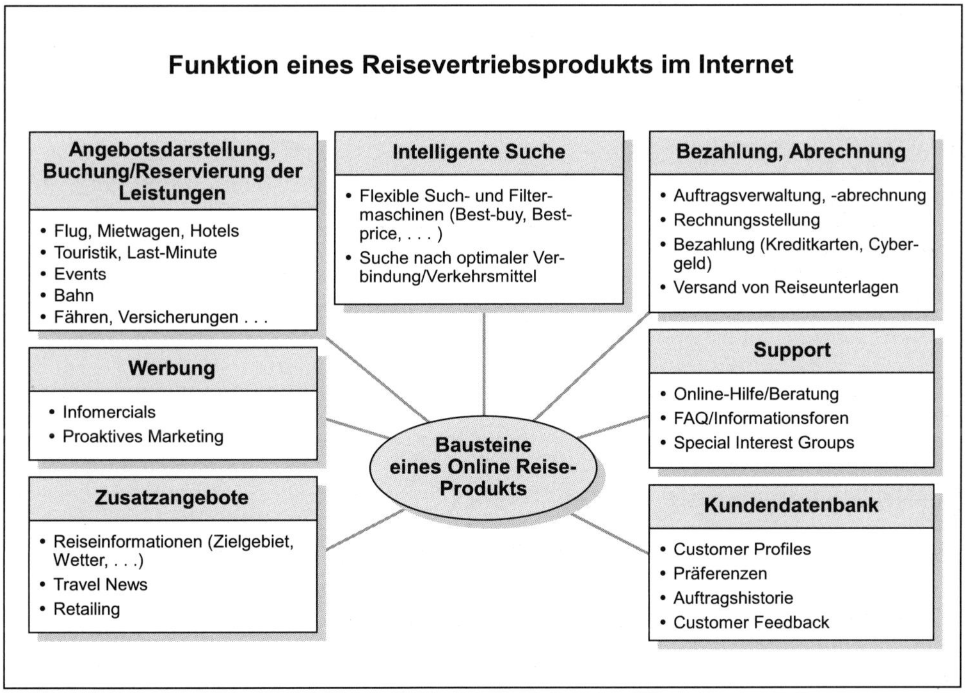

Abbildung 2-5

5 Vgl. Wirtschaftswoche, 12. September 1996; S. 121.
6 Vgl. Sietmann, R.: Electronic Cash. Der Zahlungsverkehr im Internet; Stuttgart 1997.

Die Individualisierung unterstützen „intelligente Agenten", die mit wissensbasierten Verfahren aus Daten und Modellen des Verhaltens und der Präferenzen der Reiseinteressenten Abfragen unter vielen Anbietern im Internet durchführen, die Angebote nach dem Preis-/Leistungsverhältnis bewerten und optimale „Packages" zusammenstellen[7] (siehe Abbildung 2-6).

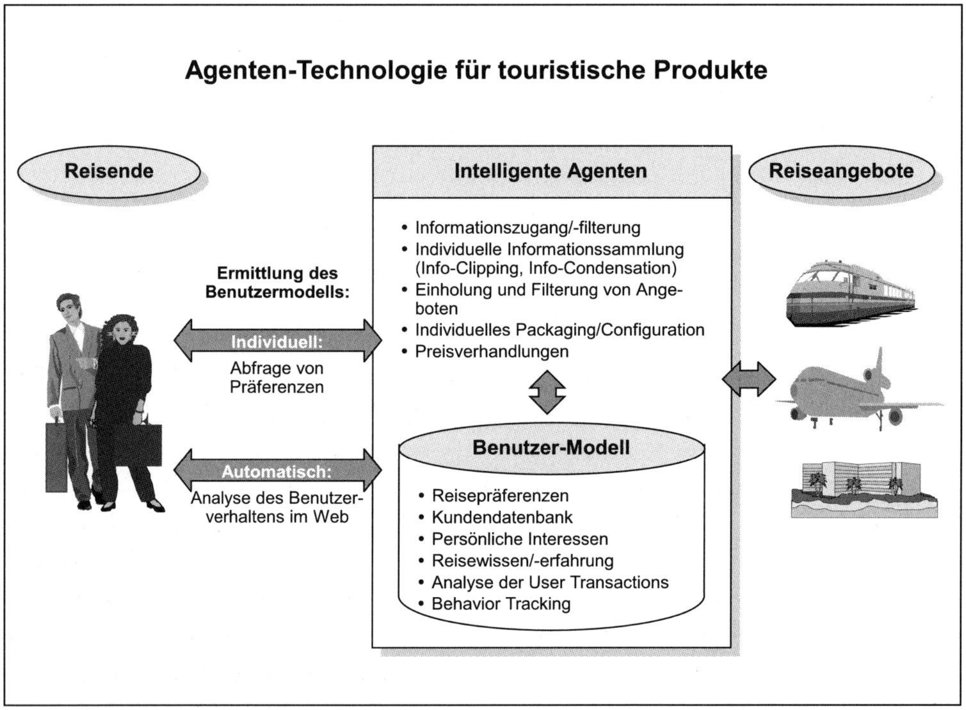

Abbildung 2-6

Direktvertrieb über Telefon/Telefax

Telefon und Telefax werden heute bereits für die Buchung von einfachen, standardisierten Leistungen wie „Last-Minute-Reisen" oder Geschäftsreisen eingesetzt; häufig dienen sie auch als „Rückkanal" zwischen Kunde und Anbieter. Mit der Einführung von automatisierten Call-Center-Lösungen wird der Vertrieb über Telefon/Telefax mittelfristig noch zunehmen.

---

7 Vgl. Guilfoyle, C., Jeffcoate, J., Heather, St.: Agents on the Web. Catalyst for E-commerce; London 1997.

In den USA gibt es schon seit Jahren Fluggesellschaften, wie etwa die Southwest Airlines, die „ticketloses“ Fliegen anbieten und die in keinem Reservierungssystem vertreten sind. Sie reduzieren auf diese Weise ihre Vertriebskosten erheblich und können die Flugscheine günstiger anbieten. Der Verkauf erfolgt über das Telefon und die Bezahlung per Kreditkarte.

Direktvertrieb über Fernsehen

Das Fernsehen wird weiterhin ein primäres Medium für Werbung und Information sein. Zur Zeit können Informationen auch mit dem Videotext-System abgefragt werden; die Buchung findet anschließend im Reisebüro oder per Telefon statt. Mit der bevorstehenden Einführung des interaktiven Fernsehens mittels „Set-Top-Boxen“ werden für Buchungen und individuelle Auskünfte in Kürze auch Rückkanäle zur Verfügung stehen.[8]

Direktvertrieb über Automaten

Noch stärker als bisher werden Automaten zum Informations- und Vertriebsmedium für einfache und wenig erklärungsbedürftige Produkte an stark frequentierten Standorten (Bahnhöfe, Flughäfen, öffentliche Plätze etc.). Die Voraussetzung solcher Points-of-Information (POI) und Points-of-Sale (POS) sind die Vernetzung der Automaten mit den Buchungs-, Reservierungs- und Abrechnungssystemen sowie die enge Verzahnung mit Zahlungssystemen auf der Basis von Multifunktionskarten, die Geld-, Kunden- und Kreditkartenfunktionen auf einer Chipkarte vereinen. Die Automaten können dann als integraler Bestandteil eines Servicekonzepts eingesetzt werden, zum Beispiel in Verbindung mit dem elektronischen Ticketing und der Multifunktionskarte zum vereinfachten Check-In auf Flughäfen.

Direktvertrieb über CD-ROM

Die CD-ROM ist ein Medium für Offline-Informationen und wird als Ersatz gedruckter Kataloge zunehmend an Attraktivität gewinnen: Bei vergleichbaren Stückzahlen ist sie kostengünstiger als ein Papierkatalog zu produzieren und kann darüber hinaus noch Zusatzfunktionen wie Such- und Auswahlhilfen oder Videosequenzen enthalten. Wie bei Katalogen erfordert sie jedoch

---

8 In der Telekommunikation werden Online-Dienste, Internet und interaktives Fernsehen längerfristig ohnehin zu einem einheitlichen Medium verschmelzen.

in bestimmten zeitlichen Abständen das Verschicken aktualisierter Versionen, und für den eigentlichen Kauf muß der Kunde auf ein anderes Medium ausweichen. Im Internet hingegen lassen sich Angebot und Kauf ohne Systembruch über dasselbe Medium abwickeln und die Informationen stets aktuell dem Interessenten zur Verfügung stellen. Mittelfristig wird daher die Bedeutung der CD-ROM wieder abnehmen.

Unterstützung der Geschäftsprozesse

In allen Teilprozessen des Vertriebs von Reise- und Touristikleistungen erschließt der IT-Einsatz zusätzliche Geschäftspotentiale (siehe Abbildung 2-7). Die multimedial aufbereiteten Informationen über Produkte, Zielgebiete oder auch Unternehmen können nicht nur im Direktvertrieb Verwendung finden, sondern natürlich auch als Entscheidungshilfe im Reisebüro eingesetzt werden und dort bei der Vorinformation und Vorauswahl dem Kunden dienen. In gleicher Weise unterstützen innovative Angebotssysteme,

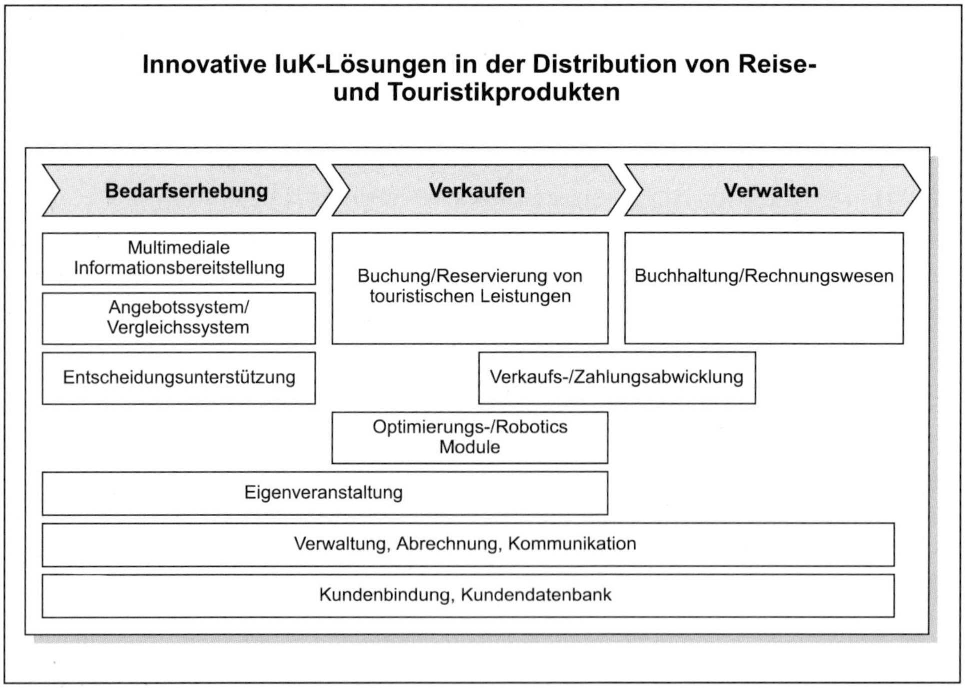

Abbildung 2-7

die direkt mit den Reservierungssystemen verbunden sind, den Reisebürovertrieb. Im Preis- und Leistungsvergleich, der insbesondere anbieterübergreifend bisher schwerlich möglich war, erleichtern solche Systeme die Beratung des Kunden erheblich. Die heute eingesetzten Vertriebssysteme erlauben die schnelle und zuverlässige, computergestützte Durchführung von Buchungen und Reservierungen touristischer Leistungen im Reisebüro. Diese Systeme werden laufend ausgebaut und weiter entwickelt. Zusätzlich gibt es ergänzende Produkte zur Optimierung der Buchung und Reservierung. So verfügt zum Beispiel die Robotics Software – sie dient zur Qualitätssicherung im Reisebüro und wird direkt an ein oder mehrere CRS angeschlossen – über die folgenden Funktionen:

- Überprüfung auf Vollständigkeit und Plausibilität der Buchung,
- Unterstützung bei der Buchung des vom Kunden präferierten Sitzplatzes,
- Sicherung optimaler Konditionen für die Kunden.[9]

Die Nachfrage nach individuell zusammengestellten Reisen (Individual-, Minigruppen-, Gruppen-, Incentive-Reisen) wird sich in den nächsten Jahren verstärken. Reisebüros werden, unterstützt durch geeignete Softwareprogramme, daher vermehrt entsprechende Angebote und Eigenveranstaltungen aus Einzelbausteinen wie Flug, Übernachtungen und Teilnahme an Events zu einem individuellen Leistungspaket bündeln. Programme, die Kundenbindung und Feedback verbessern, ermöglichen den Reise- und Touristikunternehmen, ihre Leistungen den Nachfragen und Wünschen der Kunden anzupassen und ihnen maßgeschneiderte Produkte anzubieten – Vielfliegerprogramme beispielsweise dienen diesem Zweck. Zusätzlich lassen sich über die Reservierungssysteme aktuelle Marktdaten auswerten (verkaufte Tickets, Buchungsdaten, Regionen, Marktanteile; wo haben wie viele Kunden auf welchen Strecken diesen oder jenen Carrier gebucht? Wie verhalten sich Reisebüros? Welches Reisebüro nimmt welche Airline?) und auf diese Weise das Marketing hinsichtlich Produktkonzeption, Pricing, Promotion und Plazierung effektiv und effizient steuern.

Moderne Datenbankkonzepte, insbesondere der Einsatz von Data-Warehousing-Systemen, ermöglichen diese Auswertungen. Hierbei lassen sich die Abfragekriterien beliebig kombinieren und flexibel anwenden und so die

---

9 Best Seat: Überwachung von Wartelisten auf Stornierungen; Best Price/Buy: Überprüfung, ob günstigere Tarife möglich sind.

Auswertung zeitnah und aktuell vornehmen. Solche Systeme sind auch in Reisebüros zur Optimierung der Verkaufssteuerung von Vorteil, so zum Beispiel bei der Berücksichtigung des Kunden-Feedback oder der Optimierung von Reisebüroprovisionen.

Viele Firmen haben die Funktionen der Reisestelle vollständig ausgelagert und das Vertragsreisebüro übernimmt softwaregestützt zusätzliche Aufgaben der Verwaltung/Abrechnung/Kommunikation, etwa die automatische Prüfung der Reiserichtlinien oder die Durchführung integrierter Reisekostenabrechnungen. In diesen Fällen sind Schnittstellen zur Standardsoftware des Finanz- und Rechnungswesens, wie das in vielen Unternehmen eingesetzte SAP R/3, einzurichten. Die Kopplung erlaubt eine papierlose Vorgangsbearbeitung (Workflow) von der Reiseerfassung bis zur Reservierung und Bestätigung. Von Vorteil für das Reisebüro ist, daß diese Firmendienste weitgehend unabhängig vom Standort erbracht werden können. Überdies läßt sich (bei mehreren Filialen) die Auftragslast im Reisebüro optimal verteilen und eine bessere Auslastung der Mitarbeiter erzielen.

Veränderung der Markt- und Wettbewerbsstrukturen

Durch die vom Direktvertrieb verursachten Marktanteilsverluste wird die Intensität des Wettbewerbs verschärft, denn diese Verluste lassen sich nicht durch anhaltendes Wachstum des Gesamtmarktes ausgleichen. Der Druck zur Senkung der Vertriebskosten, der heute einen Anteil von etwa 25 Prozent an den Gesamtkosten ausmacht, wird zu Strukturveränderungen und Konzentrationsprozessen in der Reisebüro-Branche führen. Die Folge ist ein verschärfter Wettbewerb hinsichtlich Preis, Angebotsflexibilität und Service zwischen den Reisemittlern und den neuen Vertriebswegen, der zu Überschneidungen im Rollenverhalten der einzelnen Marktteilnehmer führt. Veranstalter übernehmen durch Direktvertrieb auch Reisemittler-Funktionen, und Reisemittler treten mit der Zusammenstellung und dem Angebot eigener „Packages“ als Veranstalter auf.

Auf diese Weise bildet sich in den neuen Medien ein virtueller Markt, der ein Abbild des realen Reisemarktes mit deutlich vielfältigeren Such-, Auswahl-, Identifikations- und Vernetzungsmöglichkeiten darstellt. Dieser Markt ist global – das heißt zeit-, orts- und raumungebunden – und ergänzt oder ersetzt

Teilbereiche des heutigen Marktes. Gleichzeitig kann der virtuelle Markt jedoch auch den lokalen Gegebenheiten und Anforderungen genügen.[10]

Daraus ergeben sich gravierende Konsequenzen für die Marktteilnehmer. Die starke Veränderung der klassischen Vertriebswege, -strukturen und Marktpositionen eröffnen durch die fragmentierte Marktstruktur neue Potentiale, für deren Erschließung der massive IT-Einsatz eine wesentliche Rolle spielt. Mitbewerber, die durch IT ihre Kostensituation optimieren oder ihre Auslastung verbessern, werden einen deutlichen Wettbewerbsvorsprung erlangen. Die Konzentration bei den Anbietern und den Reisemittlern wird weiter zunehmen und ein ähnliches Ausmaß wie im Einzelhandel annehmen, denn nur die großen Unternehmen werden in der Lage sein, die für den Aufbau innovativer IT-Systeme nötigen Investitionen aufzubringen.

Leistungsträger

Die Leistungsträger (Fluggesellschaften, Hotels, Mietwagen) haben bereits mit der verstärkten Direktvermarktung ihrer Produkte begonnen. Der Vertrieb erfolgt über eigene Content-Angebote in Online-Diensten, dem Internet oder durch das Eingehen strategischer Allianzen. Beispielsweise können große Hotelketten als bisherige Lieferanten der CRS ihre Leistungen im Direktvertrieb über das Internet und Online-Dienste günstiger anbieten als über das CRS. Daraus resultiert ein Kostendruck auf die CRS, weil die Kundentreue abnimmt und Buchungen „am CRS vorbei" erfolgen. Produkte wie etwa Eisenbahnfahrkarten werden künftig noch stärker über Automaten verkauft werden als bisher.

Reiseveranstalter

Den Reiseveranstaltern werden Verluste im klassischen Vertriebskanal „Reisebüro" entstehen; sie werden deshalb versuchen, diese Tendenzen durch den Aufbau des Direktvertriebs (unter Umständen mit Kooperationspartnern) auszugleichen. Zusätzliche negative Einflüsse drohen seitens der Luftverkehrsgesellschaften und anderer Leistungsträger, die mit dem Einstieg in den Verkauf touristischer Gesamtpakete zu Veranstaltern werden.

---

10 Es ist ein charakteristisches Merkmal der Touristik, daß sie global und lokal zugleich ist: all travel is/starts local.

Die Veranstalter werden mit bestehenden und neuen Produkten durch Internationalisierung und Globalisierung auf neuen Märkten die „Economies of Scale" ausnutzen. Mit Hilfe von Kundenbindungsprogrammen und neuen Produkten sowie verbessertem Service sollen auch bestehende Märkte gesichert werden, wobei die bekannten und renommierten Marken der großen Unternehmen eine wichtige Rolle spielen: Im Direktvertrieb ist die Marke eine entscheidende Voraussetzung für den Erfolg und läßt sich auch in Kooperationen mit anderen Marktteilnehmern vorteilhaft als „Asset" einbringen.

Computergestützte Reservierungs- und Distributionssysteme (CRS/DS)

Angesichts des Wettbewerbs öffnen sich die CRS/DS dem Direktvertrieb – mehrere CRS sind bereits heute im Internet für den Endkunden vertreten. Sie werden sich über Kooperationen mit Medienunternehmen, Software- und Systemhäusern oder Netzbetreibern neue Vertriebswege für ihre Leistungen suchen, wobei sie als Content Broker auftreten und virtuelle Reisemärkte wie ein „Reise-Einkaufszentrum" aufbauen, das sie unter ihrem eigenen Namen und den einer anderen bekannten Marke betreiben.

Reisemittler/Reisebüros

Die Chancen der Reisemittler ergeben sich durch die Differenzierung im Wettbewerb und durch Ergänzungen im Produkt- und Dienstleistungsportfolio. Die Rolle des Reisebüros wandelt sich in die eines Beraters und Information Brokers für Reisen, Erlebnisse und Freizeit, der sich auf die Beschaffung und die „Customization" hochwertiger Information konzentriert: Es wird zum persönlichen Navigator des Kunden angesichts des „Information Overkill". Abbildung 2-8 gibt einen Überblick über neue Produkte in bestehenden und neuen Märkten der Reisemittler.

Die Kundenorientierung muß verstärkt werden durch die Pflege des Kundenstammes, Schaffung von Kundenbindung über Service, Flexibilität und persönliche Kontakte, die für das emotionale Produkt „Reise" weiterhin von wesentlicher Bedeutung sind. Für Geschäftskunden kann das Reisebüro Wettbewerbsvorteile durch Zusatzprodukte wie Organisation von Incentive-Reisen oder Travel Management (Reisekosten-Controlling und -Abrechnung, Discount-Verhandlungen mit Leistungsträgern) erzielen.

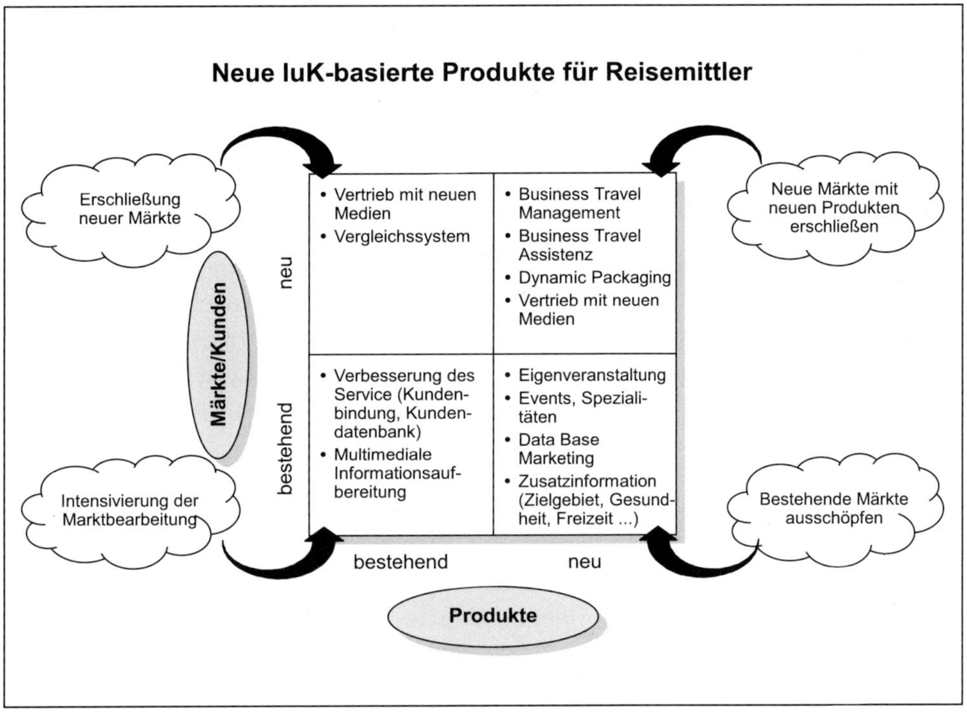

Abbildung 2-8

Mit der Einführung von Data-Warehousing-Systemen müssen Reisebüros die Kenntnis über ihre Kunden verbessern, die Individualität der Ansprüche in Erfahrung bringen und mit „konfektionierten Lösungen“ eine differenzierte Vertriebspolitik betreiben. Darüber hinaus müssen sie durch neue Produkte Mehrwert schaffen, etwa indem sie mit Hilfe von Eigenveranstaltungsmodulen ein „Dynamic Packaging“, das heißt die fallweise Zusammenstellung der Reise auf Anfrage des Kunden, anbieten.

Wahrscheinlich werden die Reisebüros in einigen Jahren von den Leistungsträgern und Veranstaltern nicht mehr über pauschale Vertriebsprovisionen, sondern über leistungsbezogene Dienstleistungskriterien vergütet werden, indem zum Beispiel Qualitäts- und Zufriedenheitsmaßstäbe, die Akquisition von Neukunden oder ein im Vergleich zu anderen Reisebüros steigender Marktanteil dem Benchmarking zugrunde gelegt werden.

Durch IT-gestützte Angebots- und Vergleichssysteme wird das Preis-/Leistungsverhältnis für die Nachfrager auf globaler Ebene transparenter. Künftig wird es spezialisierte Information Broker geben, die im Auftrag der Reisenden aus dem überwältigenden Angebot gezielt die optimale Reise suchen. Damit kommen insbesondere auf Business Travel Reisebüros steigende Anforderungen ihrer Kunden hinsichtlich des Kostenmanagements zu, und sie werden als Reisebüro-Partner großer Unternehmen mittels ausgeklügelter Softwarelösungen Best-buy- und Best-seat-Dienste anbieten.

Die Reisemittler sind die Hauptbetroffenen der Veränderungen in der Reise- und Touristikbranche. Aber auch in Zukunft wird der Vertriebsweg über die Reisebüros eine dominante Stellung einnehmen. Die Lufthansa schätzt zum Beispiel, daß im Jahr 2005 zwischen 70 und 80 Prozent ihres Umsatzes über Reisebüros entsteht.[11]

Doch die bisherige Monopolstellung der Reisemittler im Vertrieb von Reise- und Touristikdienstleistungen wird deutlich zurückgehen. Die Zunahme des Direktvertriebs erfolgt unter Umgehung oder Ausschluß nachgelagerter, vorgelagerter oder paralleler Prozeßfunktionen. Dabei geht eine besondere Bedrohung von branchenfremden neuen Wettbewerbern aus.

Branchenfremde Spezialisten mit Kernkompetenzen in der Distribution oder im Telefon-Verkauf können durch die neuen Distributionsmöglichkeiten des Direktvertriebs mit ihren Kundendatenbanken erfolgreich in den attraktiven Touristikmarkt eindringen. Netzdienstleister beispielsweise suchen nach Inhalten für ihre Übertragungsleistungen, weil diese sich zur Handelsware entwickeln. Dabei gehen diese finanz- und leistungsstarken „Mega-Player“ in der Regel Kooperationen und gegenseitige Verflechtungen mit eingesessenen Marktteilnehmern – beispielsweise Leistungsträgern oder Reisemittlern – ein. Die neuen Player kommen aus den Bereichen:

- Versandhäuser/Warenhäuser/Konsumgüterindustrie,
- Medienunternehmer (Verlage etc.),
- Telekommunikationsunternehmen,
- Banken/Versicherungen,
- Software- und Systemhäuser.

Microsoft beispielsweise ergänzt seine Office-Pakete für die Zielgruppe Geschäftskunden um Funktionen zur Administration von Reisen – Buchungen über das Internet unter Berücksichtigung interner Reiserichtlinien und

11 Vgl. FVW, Zeitung für die Deutsche Tourismuswirtschaft; Heft 22/1996, S. 17.

firmenspezifischer Sondertarife – und kooperiert dabei mit dem Reisemittler American Express Corp. Im Hinblick auf die Zielgruppe Privatkunden arbeitet Microsoft mit mehreren CRS zusammen, mit denen es einen Direktvertriebskanal für Reiseleistungen im Internet offeriert.

Konsequenzen für das Management

Märkte entwickeln sich nicht von heute auf morgen. Die Einführung der neuen IT-Systeme in die Geschäftsprozesse und Distribution braucht Zeit, bis die neuen Anwendungen zum Tragen kommen und zu der im ersten Kapitel beschriebenen Metamorphose der Unternehmen und Märkte in der Touristik führen. Auch die Kunden betreten Neuland, wenn sie über einen Online-Dienst Informationen einholen und Reisen buchen; die Produktplanung muß deshalb langfristig angelegt sein. Aber das Zeitfenster für die Entwicklung und Einführung der neuen Produkte ist sehr begrenzt. Mit dem Aufbau der neuen Systeme muß sofort begonnen werden, um bereits in einem frühen Stadium des Technologielebenszyklus und der Lernkurve Erfahrungen sammeln zu können.

In Abbildung 2-9 sind die Treiber und Unsicherheitsfaktoren für den Vertrieb von Reiseprodukten über das Internet oder Online-Dienste dargestellt. Der Entwicklungspfad „Revolution" ist durch eine kurze Explorationsphase gekennzeichnet, auf die eine lawinenartige Verbreitung („Stampede") bis zur Marktsättigung folgt. Welchen Verlauf die Entwicklung tatsächlich nimmt, hängt von einer Reihe exogener Faktoren außerhalb der Touristikbranche ab, insbesondere wie schnell aufgrund anderer Mehrwertdienste und komfortablerer Endgeräte als den heutigen PCs die Konsumenten generell Online-Angebote nutzen werden.

Nach heutigem Kenntnisstand kann man von einem eher evolutionären Entwicklungspfad ausgehen. Dazu müssen in der Einführungsphase Pilotkunden und „Early Adopters" in die Produktentwicklung sowie die Gestaltung der Vertriebssysteme einbezogen werden; nur so läßt sich sicherstellen, daß die Angebote bedarfsgerecht und die Vertriebsformen nutzerfreundlich sind. Die Erschließung des Marktes über diesen zunächst relativ kleinen Kreis hinaus macht dann den intensiven Einsatz von Marketing- und PR-Werkzeugen notwendig, die den Mehrwert gegenüber den herkömmlichen

Produkt- und Vertriebsstrukturen verdeutlichen. Die PR-Strategien werden je nach Zielgruppe unterschiedlich sein; während bei den Geschäftskunden Produktivitätsgewinne im Vordergrund stehen, spielen bei Privatkunden Komfort, Kostenvergleich und soziales Prestige eine große Rolle.

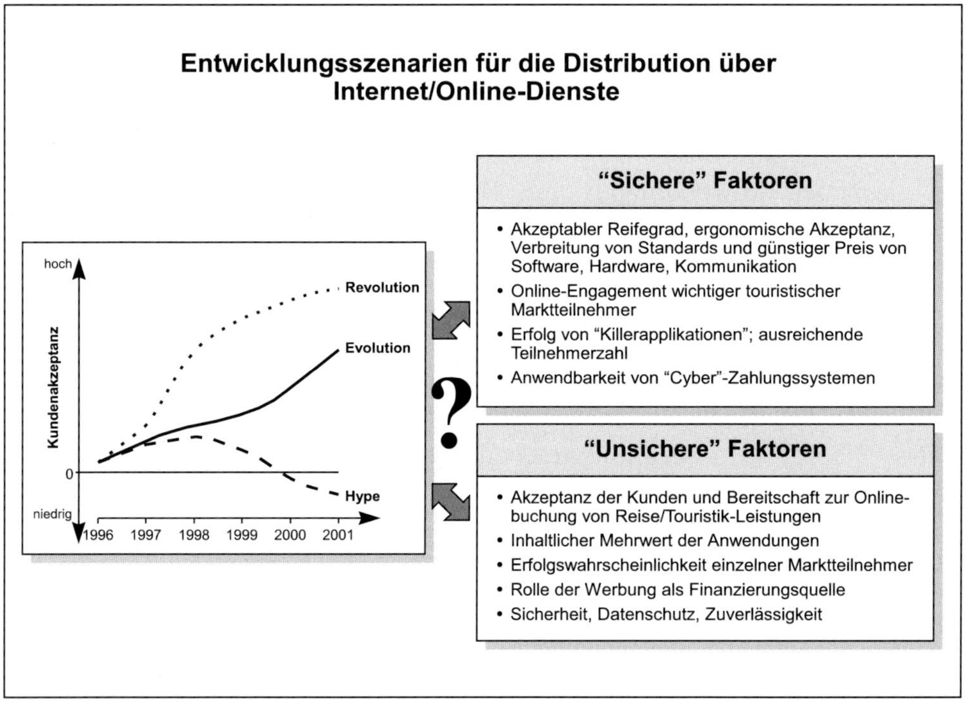

Abbildung 2-9

Für Konsumenten liegt der Zusatznutzen von Online-Angeboten daher vor allem in den aktuellen Informationen, der individuell an seine Fragen und Wünsche angepaßten Beratung und der bequemen Vorauswahl der Reise mit der ganzen Familie vom häuslichen Wohnzimmer aus – die Distribution über das Internet oder das interaktive Fernsehen kennt keine Beschränkung durch Ladenöffnungszeiten, sondern ist rund um die Uhr verfügbar und kann sich regionalen und saisonalen Gegebenheiten sehr rasch anpassen. Darüber hinaus können die touristischen Produkte multimedial und erlebnisorientiert dargeboten und mit „Infotainment", „Infomercials" und „Edutainment" angereichert werden. Attraktive Zusatzgeschäfte versprechen Online-Reiseshops mit dem Verkauf von Accessoires und Sportartikeln.

Generell liegt der Kundennutzen in einem aktuellen, informativen, interessanten, preis- und leistungsstarken Angebot. Die Präsentation einschließlich der Zugriffs- und Auswahlmöglichkeiten werden weiterhin kostenlos sein. Es kann aber davon ausgegangen werden, daß der Kunde bereit sein wird, für individuelle Auskunftswünsche – wie etwa Routeninfos – kleinere Beträge zu bezahlen.

Besonderes Augenmerk ist auf Agenten- und Filtertechnologien zu richten, denn diese Vergleichssysteme sorgen für eine hohe Transparenz der Preis-Leistungsverhältnisse, erlauben rationale Plankäufe und stärken somit grundsätzlich die Position des Kunden. Potentiell verringern sie die Kundenbindung und ziehen sie möglicherweise sogar auf sich, wenn neue Wettbewerber in der Gestalt von Information Brokern ihre Dienste als ,,vertrauenswürdiger Dritter“ vermarkten.

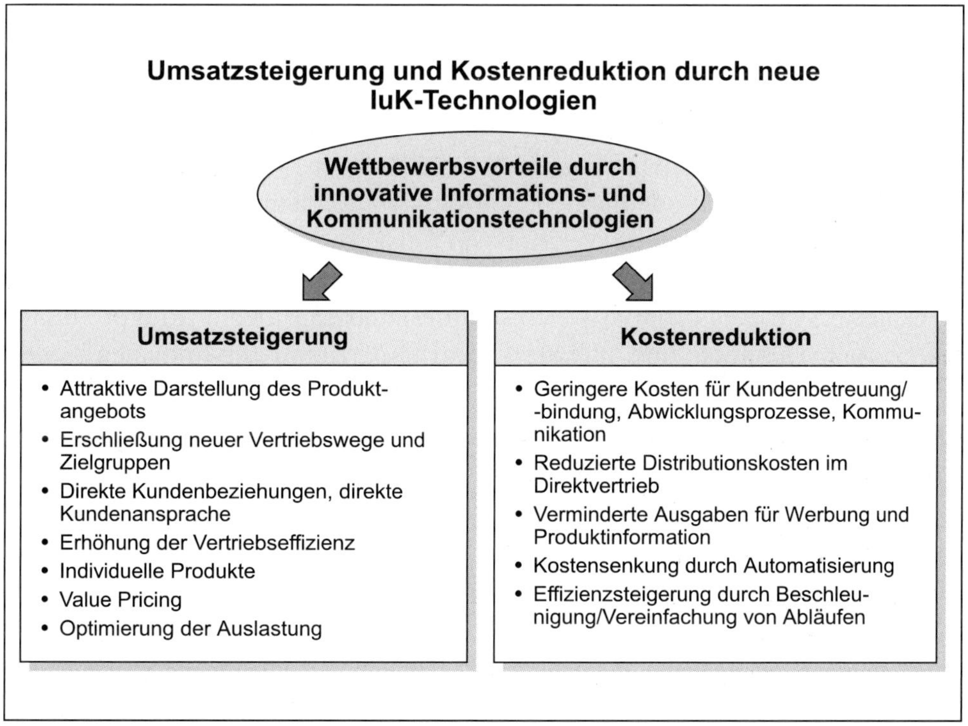

Abbildung 2-10

Die Akzeptanz von IT-Vertriebsformen in der Touristikindustrie wird sich demnach über das angebotene Dienstleistungsspektrum, aber auch sehr stark über Preise und Kosten entscheiden. Die Marktteilnehmer erwarten von Automatisierung und Technologieeinsatz vor allem Kosteneinsparungen, doch ein Teil dieser Einsparungen wird an den Kunden weitergegeben werden müssen, um Anreize zu schaffen, den Wochenendtrip oder die Geschäftsreise über das Internet zu buchen. In Abbildung 2-10 sind die Wettbewerbsvorteile der Erschließung neuer Umsatzpotentiale und der Realisierung von Kostensenkungspotentialen dargestellt.

Aus all dem wird ersichtlich: Die Reise- und Touristikindustrie wird sich in den nächsten fünf bis zehn Jahren dramatisch verändern. Information ist *der* strategische Erfolgsfaktor für die gesamte Branche. Ohne leistungsfähige und zeitgemäße Informations- und Kommunikationssysteme wird kein Marktteilnehmer überlebensfähig sein. Die Bedeutung der herkömmlichen Distributionskanäle – die Dreiteilung in Produzent einer Reiseleistung, Veranstalter und Vertreiber/Reisebüro – nimmt ab, denn die einzelnen Stufen der Wertschöpfung werden mit den neuen IT-Systemen austausch- und vergleichbar.

Traditionelle Marktteilnehmer werden neue Vertriebs- und Distributionsmethoden, neues Know-how und neue Partnerschaften überdenken und einführen müssen. Der Multimedia-Vertrieb von Reiseprodukten über Online-Dienste, Internet und interaktives Fernsehen wird bis zum Jahr 2005 einen Anteil zwischen 15 Prozent (Touristische Produkte) und 25 Prozent (Flugprodukte) einnehmen. Dennoch sind die Markteintrittsbarrieren für branchenfremde Wettbewerber relativ hoch, selbst wenn diese über deutliche Technologievorsprünge verfügen. Langfristig erfolgreich werden jedoch diejenigen Unternehmen sein, die über das notwendige Kunden-Know-how verfügen *und* die Technologie wettbewerbsfähig einsetzen können. Die Strategie, die zum Erfolg führt, sind Kooperationen von Unternehmen der Reise- und Touristikindustrie mit Partnern aus der Medienbranche und der Telekommunikation sowie mit Software- und Systemhäusern.

2. Perspektiven der pharmazeutischen Industrie

Das Marktumfeld

Das Gesundheitssystem in Deutschland steht vor gewaltigen Veränderungen (siehe Abbildung 2-11). Vor dem Hintergrund beängstigender demographischer Prognosen ist die Kostenexplosion[12] im Rahmen bestehender Strukturen allein durch regulative Maßnahmen nicht zu verhindern; staatliche Deregulierung und mehr Marktwirtschaft werden nötig sein.[13]

Abbildung 2-11

---

12 Vgl. Oberender, P.: „Arzneimittel: Kostentreiber oder Kostensenker?“; Lehrstuhl VWL (Januar 1996), Universität Bayreuth.

13 Vgl. Sachverständigenrat Gesundheitswesen: Gesundheitsversorgung und Krankenversicherung 2000; Sondergutachten des Bundesministeriums für Gesundheit (1995); Bonn.

Besonders für den Arzneimittelsektor gilt: Ein bislang friedlicher Verteilermarkt wird sich in einen kosten- und effizienzorientierten, wettbewerbsintensiven Nachfragemarkt verwandeln. Vier von fünf Präparaten sind austauschbar, und wer seine Kunden nicht bindet, der verschwindet. Neben dem Preis werden zunehmend Serviceangebote den Wettbewerb um bestehende und neue Kunden entscheiden.

Wie kaum eine andere Branche steht daher die pharmazeutische Industrie in Deutschland im Spannungsfeld wirtschafts-, gesellschafts-, sozial- und gesundheitspolitischer Ziele. Diese bilden einen Rahmen von außerordentlich hoher Komplexität und extremen Zielkonflikten von politischer Brisanz, in dem sich die Marktteilnehmer bewegen und auf den sich das Management der Firmen einzustellen hat (siehe Abbildung 2-12). Es sieht sich einer zunehmenden Kostenexplosion im Entstehungszyklus eines Arzneimittels ausgesetzt, und das bei einem zugleich drastisch sinkendem Return-on-Investment in einem vom Gesetzgeber „gedeckelten“ GKV-Markt.

Abbildung 2-12

Eine erfolgsverwöhnte Branche ist damit gezwungen, ihr Selbstverständnis tiefgreifend zu verändern. Abbildung 2-12 verdeutlicht im Zeitvergleich die Faktoren, die zur überdurchschnittlich hohen Attraktivität der Pharmaindustrie beigetragen haben:

- Eine hohe Innovationsrate sicherte Marktprofilierung und Umsatzzuwächse bei zugleich fehlender Kosten-Nutzen-Abwägung.
- Ein intransparentes Verteilungssystem mit fehlenden Marktregulatorien beschränkte den Wettbewerbsdruck.

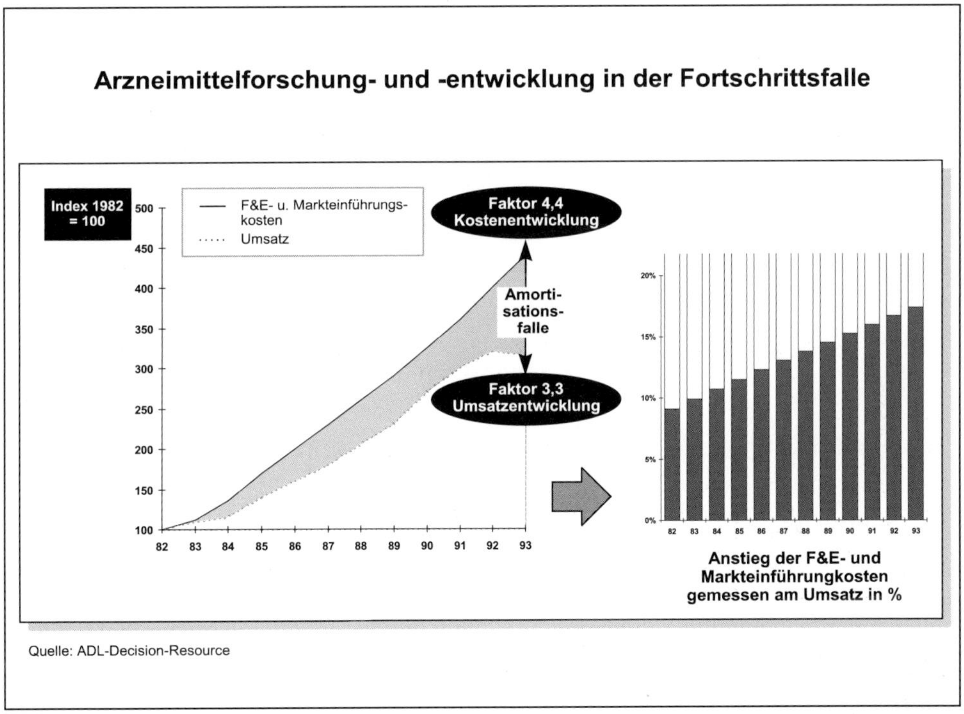

Abbildung 2-13

Die Abbildung 2-13 dokumentiert im Zeitverlauf die Geschwindigkeit, mit der sich die Rahmenbedingungen verändert haben, und verdeutlicht die Gefahr der „Amortisationsfalle“, auf die die Branche zusteuert. Während der Umsatz im Zeitraum von 1982 bis 1993 um einen Faktor 3,3 stieg, sind in den Unternehmen die entscheidenden Blöcke der F & E- und Markteinführungskosten mit einem Faktor 4,4 deutlich überproportional angestiegen.[14]

Und dieser Trend wird weiter anhalten. Berechnungen ergaben, daß die 95 größten „Global Player" mit F & E-Aufwendungen in Höhe von insgesamt 22,7 Milliarden Dollar in 1993 im Jahre 2003 einen Umsatz von ca. 226 Milliarden Dollar erzielen müßten; sie hätten also um 10 Prozent jährlich zu wachsen, um weiterhin mindestens eine Rendite von 10 Prozent zu erreichen.[15] Vor dem Hintergrund weltweiter Maßnahmen zur Kostendämpfung dürfte dies ein außerordentlich schwieriges Unterfangen sein. Sollten also die Unternehmen weniger als 10 Prozent Umsatzwachstum erreichen – Arthur D. Little prognostiziert ein Wachstum von durchschnittlich 5 Prozent p. a. –, dann liegen die aktuellen F & E-Ausgaben um 50 Prozent zu hoch.

Eine Analyse des drastisch zunehmenden Cash-flow-Ungleichgewichts führt zu dem Ergebnis, daß die Ursachen nicht allein auf der politischen Seite mit ihren diversen Reformbemühungen liegen, sondern auch in den Unternehmen selbst. Die marktlichen Restriktionen trugen wesentlich zur teils falschen Ressourcenallokation bei, die durch eine zu einseitige (Me-too-)Technologieorientierung vieler Pharmaunternehmen induziert wurde und die nun transparent wird.

Die Fortschrittsfalle im Gesundheitswesen

Es gibt eine Vielzahl von Gründen für die Kostenexplosion im Entstehungszyklus von Arzneimitteln, die bei näherer Betrachtung keineswegs überraschend eintritt. Bekanntermaßen ist für die Mehrzahl der „populären Krankheiten" heute eine kausale medikamentöse Therapie möglich. Deshalb muß bei den forschenden Pharmaunternehmen der Fokus künftig auf wesentlich komplexeren Therapiekonzepten oder in Nischen liegen, wie zum Beispiel AIDS und Alzheimer, für die allerdings häufig klinische Erfolgsmaßstäbe und klar definierte Forschungsziele fehlen. Der Aufbau einer wissenschaftlichen Datenbasis und der Transfer von Erkenntnissen aus der Grundlagen-

---

14 Vgl. Frerk, V. et al.: Life-Cycle-Management in der pharmazeutischen Industrie, in: Pharmazeutische Industrie 05/1996.

15 Vgl. Lehmann Brothers: Implications of Structural Change for Returns on Pharmaceuticals R & D; in: Research/Pharma Pipelines; London 1994.

forschung in Therapiekonzepte läßt Entwicklungszeiten und -kosten in bisher ungeahnte Dimensionen wachsen.

Denn bedingt durch den Eintritt der klassischen Wirkstoffsynthese in ihre Reife-, teilweise sogar Alterungsphase, liegt der F & E-Aufwand, der für eine signifikante Produktleistungssteigerung bei der „klassischen" Technologie notwendig wäre, um ein Vielfaches höher als bei den „jungen" Technologien wie der Bio- und der Gentechnologie (siehe Abbildung 2-14).

Erhöhung der F&E-Produktivität: Von der klassischen Wirkstoffsynthese zu innovativeren Technologien (Beispiel Gentechnologie)

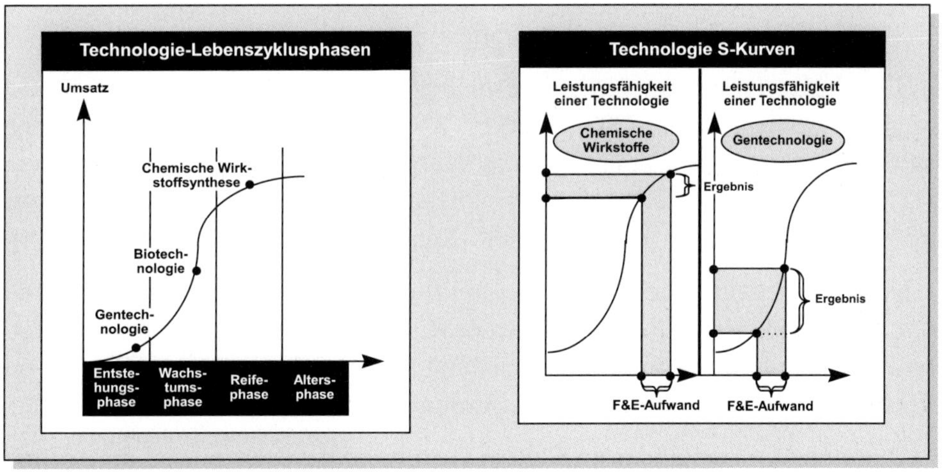

Quelle: Arthur D. Little

Abbildung 2-14

Da die meisten Pharmaunternehmen ihre Forschung nach wie vor auf die „klassische Wirkstoffsynthese" fokussiert haben, nähern sie sich mit ihrem Know-how auf der „Lernkurve" dem Grenznutzen der Technologie und dem entsprechend ungünstigen Input-Output-Verhältnis bei den F & E-Investitionen. Zusammengefaßt haben sich in den letzten 15 Jahren die durchschnittlichen F & E-Aufwendungen pro Medikament nahezu verdreifacht, ohne daß der F & E-Output auch nur annähernd eine solche Größenordnung erreicht.[16] Eine ähnliche Entwicklung ist bei den Marketingkosten festzustellen, nachdem auch die Vermarktungskomplexität für Arzneimittel immer höher wird. Diese ist vornehmlich auf die Heterogenität der Kundenstruktur und die wachsende Bedeutung der Publikumswerbung bei gleichzeitig steigender Wettbewerbsintensität zurückzuführen.

Perspektiven der klassischen Pharma-F & E

Die gewohnt hohen Arzneimittelpreise werden, zumal im Zeitalter von „Managed Care“, wohl nur noch bei solchen Medikamenten durchgesetzt werden können, die einen echten therapeutischen Fortschritt oder einen gesundheitsökonomischen Nutzen mit sich bringen. Bio- und gentechnologische Produkte scheinen hierfür prädestiniert.

Parallel dazu werden zunehmend Bereiche des klassischen ethischen Marktes auf den Generika- bzw. OTC-Markt[17] übergehen. Somit müssen künftige F & E-Ausgaben verstärkt über knapp kalkulierte, sich in der Generika- oder OTC-Phase befindliche Produkte finanziert werden anstatt über hochpreisige, patentgeschützte „Block Buster“-Substanzen (siehe Abbildung 2-15).

Im Ergebnis bedeutet diese Entwicklung für die pharmazeutischen Unternehmen, daß die bisherige F & E-Politik der Risiko-Diversifikation als der intern dominierende Kostentreiber – mit bislang staatlich garantiertem Return-on-Investment – völlig neu überdacht werden muß.

Im Zeitalter der Kostendämpfung im Gesundheitswesen gilt es daher, über einen effizienten Einsatz der Ressourcen im Entstehungs- und Vermarktungszyklus eines Produktes ausreichende Rendite zur Sicherstellung der zukünftigen Innovationskraft zu erzielen. Aus diesem Primat lassen sich drei Handlungsfelder ableiten:

- in der F & E gezielt Metamorphosen zum rechtzeitigen Übergang auf neue Technologiekurven zur Erhöhung der F & E-Produktivität planen;

---

16 Vgl. Frerk, V.: Referat „Strategieoptionen für den Mittelstand – post-patent“, Arthur D. Little Konferenz „Vom Produkt zur Marke“; Düsseldorf 1995.

17 Generika: patentfreie Nachahmer-Präparate; OTC steht für „Over the Counter“: freiverkäufliche Pharmaka zur Selbstmedikation (SM).

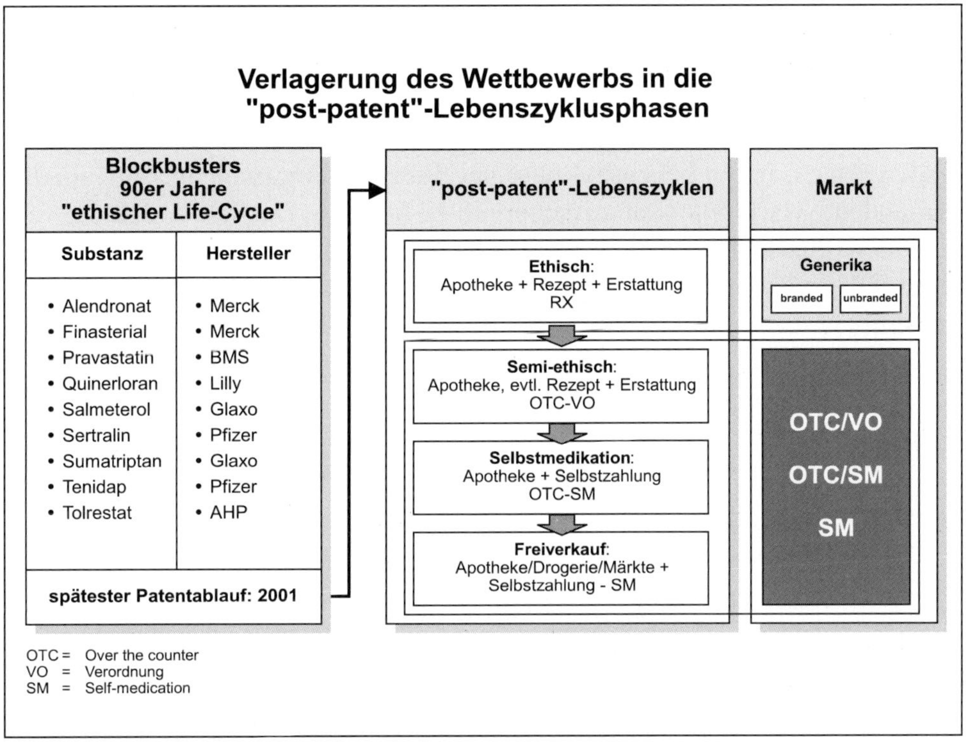

Abbildung 2-15

- auf Marktsegmente konzentrieren und sich fokussiert mit Technologie-, Therapie- und Produkt-Strategien positionieren;
- die Ökonomie des bestehenden Produktportfolios im Rahmen des gesamten Substanz- bzw. Lebenszyklus optimieren.[18]

Management von Arzneimittel-Lebenszyklen

War bisher der permanente Nachschub an Entwicklungsprodukten (meist) aus der eigenen Pipeline die Quelle für eine ausreichende Marktprofilierung und somit Garant der notwendigen Finanzmittel, so führen heute sinkende Innovationsraten einerseits und steigender Generika- und OTC-Wettbewerb

---

18 Vgl. Fußnote 16.

andererseits dazu, daß das Potential des bestehenden Produktportfolios künftig wesentlich besser ausgeschöpft werden muß. Erfolgte bislang die strategische Produktpositionierung hauptsächlich im Rahmen der patentgeschützten Phase des Produktlebenszyklus, so werden in Zukunft die Planungsaktivitäten den gesamten Lebenszyklus einer Substanz umfassen müssen, um das vorhandene Marktpotential ausschöpfen zu können. Das heißt, daß die forschenden Pharmaunternehmen künftig einen wesentlich konzentrierteren und auf die einzelnen Lebenszyklen adaptierten Vermarktungsansatz verfolgen müssen.

Der spezifische Lebenszyklus eines Produktes dient somit als Plattform für die Vermarktungsstrategie:

- Aufbau neuer Wertschöpfungskompetenz (Markenbildung/Kundenbindung),
- Verwendung von Markentechniken zum erfolgreichen Imagetransfer zwischen einzelnen Lebenszyklusphasen (siehe Abbildung 2-16).

Ein geändertes Managementverhalten in bezug auf die Planung und Steuerung der F&E[19] sowie der Vermarktungsphase – das integrierte Lebenszyklusmanagement – wird daher zum entscheidenden Erfolgsfaktor.

Die strategische Zielsetzung des Lebenszyklusmanagements liegt nicht nur in der Vorherbestimmung des weiteren Absatzverlaufs, sondern zugleich in der Nutzung als Instrument für die weitere Marketingplanung. Denn zu jeder Phase eines Produktlebenszyklus gibt es eine ganz spezifische Wettbewerbssituation, eine darauf abgestimmte Marketingstrategie und eine entsprechende Mittelverteilung; der Lebenszyklus eines Arzneimittels birgt also in jeder Phase Chancen- und Risikopotentiale und kann durchaus aktiv von den Unternehmen beeinflußt werden.

Ein integriertes Life-Cycle-Management als Rahmenkonzept für die strategische Planung erfordert die vorausschauende Entwicklung entsprechender Produkt- und Marktstrategien für unterschiedliche Kunden und Märkte als Antwort auf zukünftige Produkt- bzw. Markenevolutionsprozesse, deren Ergebnis die „Diffusion" eines Wirkstoffes in unterschiedliche Teilmärkte

---

19 Frerk, V., Schäfer, H.: Paradigmenwechsel in der pharmazeutischen Industrie – Markt- und Kundenorientierung als Ausgangspunkt für eine Neudefinition von F&E-Zielrichtung und -Inhalten; Loseblatt-Sammlung „Marketing"; Landsberg/Lech 1996.

sein kann. Im Extremfall kann der Lebenszyklus eines Arzneimittels alle Entwicklungsphasen von dem patentgeschützten Arzneimittel im verschreibungspflichtigen Bereich (RX) und den Generika über mögliche Zwischenphasen[20] bis hin zum Arzneimittel als Konsumgut (OTC zur Selbstindikation) umfassen. Diese unterschiedlichen Phasen sind durch zum Teil völlig konträre Marktmechanismen und Erfolgsfaktoren gekennzeichnet (siehe Abbildung 2-16).

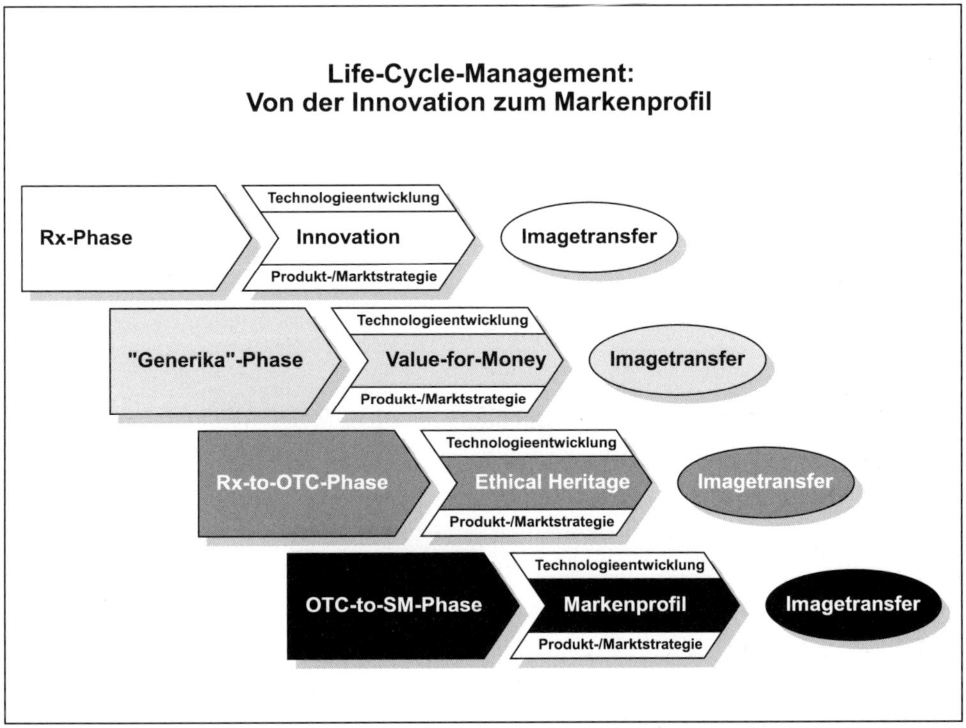

Abbildung 2-16

Das Ziel des integrierten Lebenszyklusmanagements ist es somit aus der Sicht des Originalherstellers, den kommerziellen Verlauf des Lebenszyklus eines Produktes über strategische (antizipatorische) Markenbildung und -positionierung sowie „first-to-market"-Strategien zu seinem Vorteil zu beeinflussen (siehe Abbildung 2-17).

20 Hybridphasen wären zum Beispiel verordnungsfähige, nicht verschreibungspflichtige OTCs.

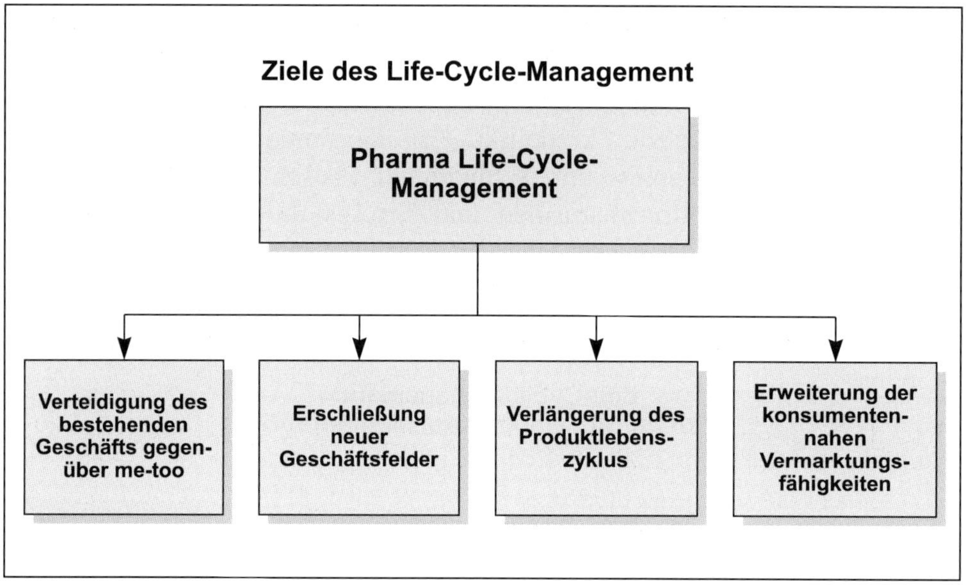

Abbildung 2-17

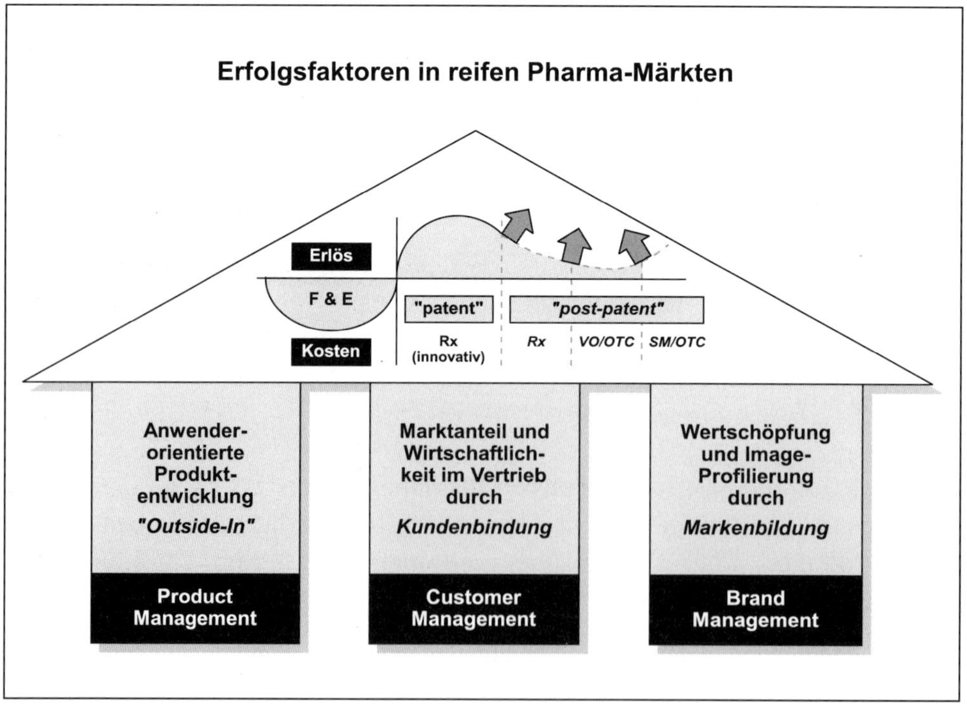

Abbildung 2-18

Eine Möglichkeit liegt im Aufbau von Marktbarrieren, die eine adäquate Verzinsung des Mitteleinsatzes für Arzneimittel auch nach dem Ablauf des Patentschutzes erlauben und dadurch einen hinreichenden Mittelrückfluß für neue Innovationsvorhaben erzielen. Dabei ist zu berücksichtigen, daß entlang des Lebenszyklus eines Arzneimittels grundsätzlich unterschiedliche Kernkompetenzen wettbewerbsentscheidend sind (siehe Abbildung 2-18).

Wenn sich die Markteintrittsbarrieren für Wettbewerber, insbesondere die nicht-forschenden, erheblich erhöhen und der fehlende Substanznachschub im ethischen Bereich zunehmend zu einer Verlagerung des Wettbewerbs von den „patent“- hin zu den „post-patent“-Lebenszyklusphasen erzwingt, kann sich daraus insgesamt eine grundlegende Strukturveränderung der Pharmabranche ergeben. Das gezielte Lebenszyklusmanagement sollte daher für jedes forschende Unternehmen der pharmazeutischen Industrie zum integralen Bestandteil der strategischen Führung werden.

Marketing im „post-patent“-Verdrängungswettbewerb

Für die meisten klassischen Arzneimittelhersteller ist die Vermarktung von Produkten im „post-patent“-Bereich allerdings schwierig, weil sie nicht über die notwendigen Kernkompetenzen und organisatorischen Voraussetzungen verfügen, um im Verdrängungswettbewerb mit kompromißlos fokussierten Spezialisten mithalten zu können (siehe Abbildung 2-19).

Insbesondere in den Bereichen „Markenführung“ und „Kundenmanagement“ sind bei fast allen traditionellen Pharmahäusern (den „Triathleten“) erhebliche Defizite zu konstatieren. Erfahrungsgemäß kann die Konkurrenzfähigkeit im „post-patent“-Geschäft von diversifizierten Unternehmen auch nur dann erreicht werden, wenn – wie etwa im Beispiel Zyma – einer strategisch klaren Mission auch eine kompromißlose organisatorische Fokussierung folgt. Gelingt dies nicht, können mit dem Produktkapital kaum nennenswerte Markterfolge im Generika- oder OTC-Geschäft erzielt werden.

Kernkompetenzen von Pharmatriathleten, Markenartiklern und Generikaspezialisten

	Geschäftsmodell Pharmatriathlet[1] (Typ BASF)	Geschäftsmodell Generika (Typ Hexal)	Geschäftsmodell Markenartikel (Typ Zyma)
Produktportfolio			
• Rx patent • Rx Generika • VO/OTC • SM/OTC	– – – –	– – – –	– – – –
Kernkompetenzen			
• F & E • Z & R • Markenführung • Vertrieb	– – – –	(–)[2] – (–) –	(–)[2] – – –
Organisation			
• Innovationsqualität • Innovationstempo • "Outside-In"	(–) – –	– – (–)	– – –

1) mit Lebenszyklusmanagement 2) Anwenderorientierte Produktentwicklung

Abbildung 2-19

Das neue Innovationsverständnis

Um mit dem Lebenszyklusmanagement die Überlebensfähigkeit in den hochkompetitiven „post-patent"-Märkten sicherzustellen, werden sich die Pharmaunternehmen in ihrem gesamten Innovationsverständnis den Spielregeln dieser Märkte anpassen müssen. Letztlich wird nicht mehr die Suche nach neuen Wirkstoffen bzw. Wirkmechanismen, sondern vielmehr die zeitkritische, „kundenorientierte" Innovation die Inhalte der F&E-Bemühungen bestimmen (siehe Abbildung 2-20).

Deshalb muß jedes Unternehmen gemäß den individuellen strategischen Zielen „seinen" Innovationsbegriff neu definieren. Kundenorientierung im Sinne einer kundengerechten Problemlösung (Innovationsqualität) und die Geschwindigkeit, die „time-to-market" (Innovationstempo), mit der solche Kundeninnovationen zur Marktreife gelangen, werden zu den entscheidenden Erfolgsparametern.

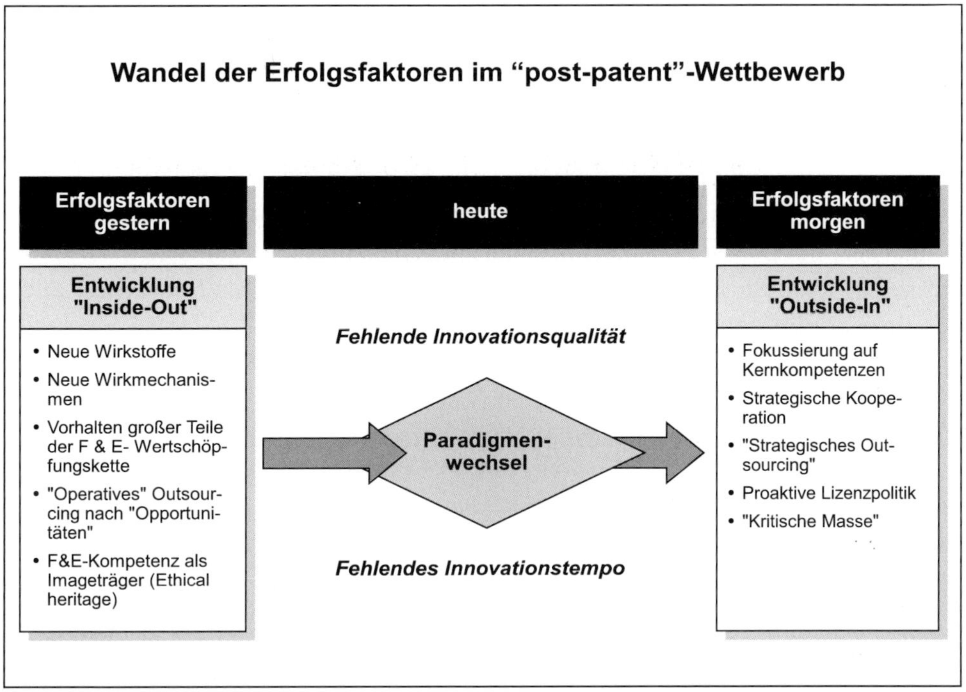

Abbildung 2-20

Die Grenzen zwischen „tatsächlicher" und „ausgelobter" Innovation weichen im Zeitalter des „marktorientierten" Verdrängungswettbewerbs immer weiter auf: Eine gute „Story" kann die „echte" Wirkstoffinnovation durchaus ersetzen, wie Bayer mit der Erweiterung seiner Produktlinie „Aspirin direkt" bewiesen hat. Die Kombination von zwei lange erprobten und bewährten Komponenten, dem Wirkstoff Acetylsalicylsäure (ASS) und der galenischen[21] Form der Kautablette stellte für die Verbraucher eine echte „Innovation" im Sinne einer Problemlösung dar.[22]

Originalität wird demnach vom Verbraucher durchaus als Innovation aufgenommen. Innovationen in den „post-patent"-Märkten sollten deshalb künftig viel mehr als in der Vergangenheit auf die Wahrnehmung des Verbrauchers

21 Galenik: Zubereitung pharmazeutischer Substanzen in einer für die Verabreichung geeigneten Form (zum Beispiel Tabletten, Tinkturen, Salben).

22 Vgl. Frerk, V., Schäfer, H. und Zeiner, R.: Markt- und kundenorientierte Forschung und Entwicklung im pharmazeutischen Mittelstand, Pharmazeutische Industrie (Ausgabe 09/1996).

hin ausgerichtet werden; rein wissenschaftliche Kriterien als Meßgröße werden in diesem Bereich zunehmend an Bedeutung verlieren. Dies hat zur Folge, daß das Verständnis von Innovation sich von der reinen „Hardware", dem Arzneimittelwirkstoff, lösen und weiter gefaßt werden muß:[23] Innovative Serviceangebote können ebenso zur Differenzierung jenseits der Produktebene beitragen wie zusätzliche Leistungen rund um die Arzneimittel-Hardware, denn das „Denken in Therapiekonzepten" spielt nicht nur beim ethischen Disease-Management eine wesentliche Rolle, es beeinflußt auch zunehmend die „post-patent"-Märkte.

Kritische Erfolgsfaktoren in der Pharma-F&E

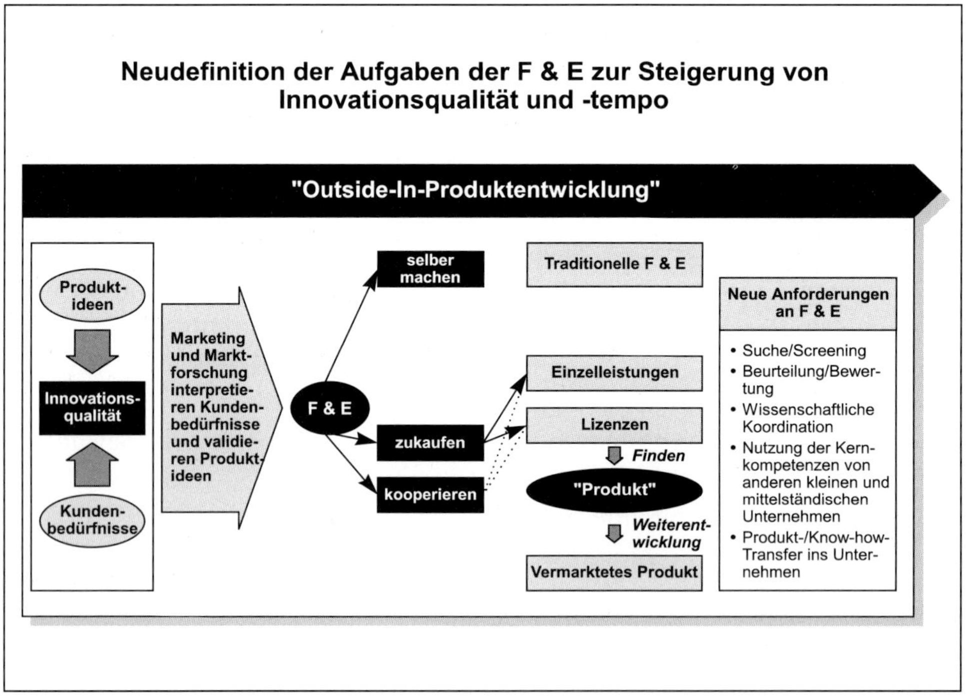

Abbildung 2-21

23 Vgl. Frerk, V.; Referat „Markt- und kundenorientierte F&E und Outsourcing – zwei Schlüsselerfolgsfaktoren im pharmazeutischen Mittelstand"; F&E Ausschuß des BPI; Frankfurt am Main 1996.

Der beschriebene Paradigmenwechsel im Pharmamarkt hat naturgemäß auch Auswirkungen auf die pharmazeutischen F & E-Bereiche. Ein Überblick der Schlüsselfaktoren im Zeitvergleich verdeutlicht die rapiden Veränderungen: Absatzmittler-, Kostenträger- und Patientenorientierung werden erfolgsentscheidend; die Belange des Arztes verlieren relativ an Bedeutung.

Während sich bei den meisten Pharmaunternehmen bis in die neunziger Jahre hinein die Produktentwicklung von innen nach außen, als „Inside-Out-Prozeß", vollzog, wird morgen die Produktentwicklung „Outside-In" in den „post-patent"-Märkten zur unerläßlichen Voraussetzung des Markterfolgs (siehe Abbildung 2-21). Das bedeutet nichts anderes, als daß sich die Produktentwicklung künftig stärker markt-, also verbraucherorientiert, vollziehen muß. Die Nachfrage des Kunden wird somit zur wesentlichen Bestimmungsgröße für die Inhalte und Erfolge der F & E-Aktivitäten. Dabei kann es für traditionelle Pharmahäuser durchaus sinnvoll sein, in Teilbereichen der Wertschöpfung mit externen Spezialisten zusammenzuarbeiten (siehe Abbildung 2-21).

Die Kundennachfrage sollte mit aller Konsequenz ermittelt und in eine adäquate Projektstruktur für den F & E-Bereich übersetzt werden. Die F & E wird dann im Rahmen einer Projektbewertung entscheiden müssen, welche internen und externen Wertschöpfungsstufen in diesem „Outside-In"-Produktentwicklungsprozeß einzubeziehen sind. Am Ende dieses Prozesses sollte schließlich ein Produkt stehen, das ein anwenderrelevantes Alleinstellungsmerkmal, die *Unique Selling Proposition* (USP), aufweist und das dann, auf der Grundlage entsprechender Akzeptanzforschung zur Positionierung bei Apothekern und Anwendern sowie einer „Rückversicherung" beim meinungsbildenden Arzt, in den Markt geht. Insbesondere OTC-Produkte müssen künftig – und mit steigender Individualisierungstendenz zunehmend zielgruppenspezifisch – zwischen F & E und Marketing integriert (weiter-) entwickelt werden (siehe Abbildung 2-22).[24]

Die geänderten Marktanforderungen führen schließlich, zumindest partiell, zu einer Neubestimmung der F & E-Aktivitäten unter den Aspekten Zeit,

---

24 Vgl. Zeiner; R.: Referat „Geschäfts- und Kompetenzportfolio zur Deckung bringen: Erfolg durch Profil!"; Arthur D. Little Konferenz „Vom Produkt zur Marke" (Oktober 1995); Düsseldorf.

Qualität und Kosten.[25] Die hierfür maßgeblichen Erfolgsfaktoren werden im folgenden noch einmal einer gesonderten Betrachtung unterzogen.

Anwenderorientierte Produktentwicklung von OTC-Produkten

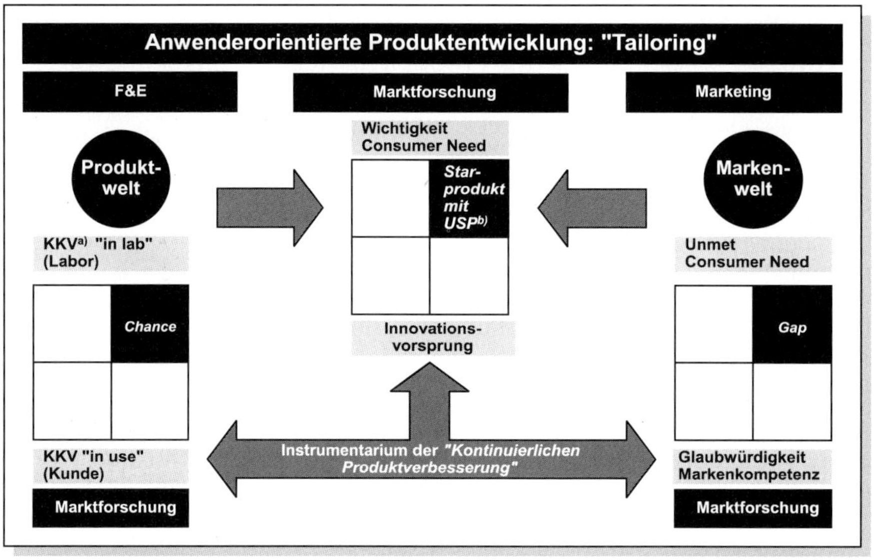

a) KKV = Komparativer Konkurrenzvorteil b) Unique Selling Proposition

Abbildung 2-22

- Kritische Masse in Marketing und Vertrieb von „post-patent"-Produkten erfordert Augenmaß für den Mitteleinsatz in Forschung und Entwicklung.

Je weiter sich die Produkt-Portfolien von Pharmaunternehmen in die „post-patent"-Lebenszyklusphasen verschieben, desto entscheidender wird die Fokussierung des Mitteleinsatzes Dies gilt besonders für den wachsenden Selbstmedikationsmarkt, wo die Anforderungen für die Entwicklung in direkter Konkurrenz zu solchen für Marketing und Vertrieb stehen; doch gerade

25 Vgl. Wurche, S.: Kooperationen von Mittelbetrieben in der Pharmabranche – Möglichkeiten und Grenzen der Anpassung an veränderte Wettbewerbsbedingungen; in: Gomez/Hahn/Müller-Stewens/Wunderer (Hrsg.): Unternehmerischer Wandel; Wiesbaden 1994.

sie werden für den Markenaufbau bzw. Markenerhalt immer wichtiger – mit der Folge, daß der Spielraum für Entwicklungsaktivitäten immer weiter eingeschränkt wird (siehe Abbildung 2-23). Die Entwicklungsabteilungen sowie die Marketing- und Vertriebsbereiche müssen deshalb einmal mehr „an einem Strang ziehen“, um die Trefferquote an ökonomisch vertretbaren Produktinnovationen so hoch wie möglich zu halten.

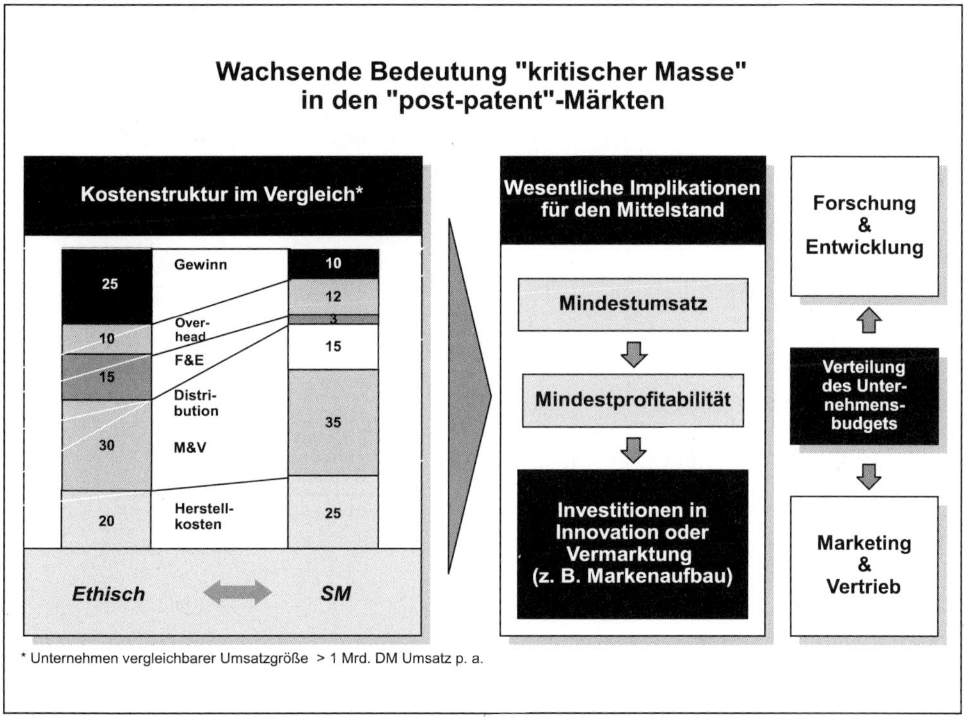

Abbildung 2-23

- F & E Kernkompetenzen bündeln Best Practices so, daß aus Kundensicht ein klarer Nutzen sichtbar wird.

Auf der Basis einer getrennten Bewertung der eigenen Fähigkeiten und denen der direkten Wettbewerber – vorzugsweise des im jeweiligen Segment „Best-in-Class“-Wettbewerbers – läßt sich für den F & E-Bereich ein Kernkompetenzprofil entwickeln. Dabei ist darauf zu achten, daß nur solche Fähigkeiten als Kernkompetenzen gewertet werden dürfen, die über eine nachhaltige Markthebelwirkung die langfristige Differenzierung zum Wettbewerb gewährleisten. Oberstes Primat und Bewertungskriterium ist auch hier der Kunde, denn Kernkompetenzen können nur dann als solche bezeichnet werden, wenn der Kunde auch bereit ist, die entstandene Leistung entsprechend zu honorieren (siehe Abbildung 2-24).

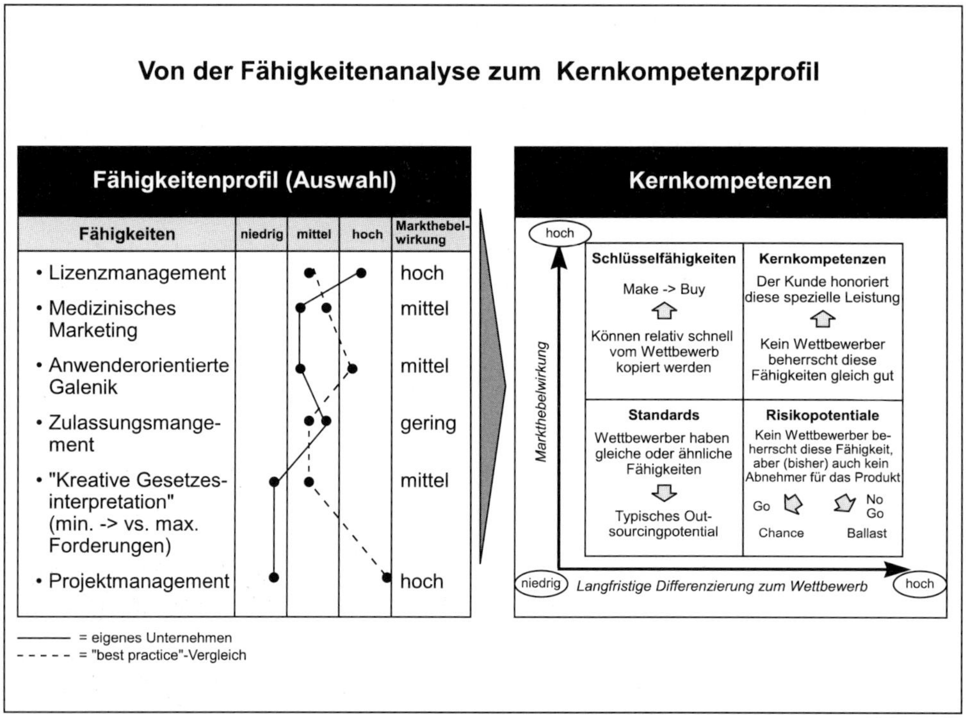

Abbildung 2-24

Das Ziel jedes Unternehmens muß es also sein, seine Ressourcen gezielt einzusetzen, sich auf die auf der Fähigkeitenanalyse basierenden Kernkompetenzen zu fokussieren und so die anwenderorientierte Positionierung weiter auszubauen. Welche dieser Kernkompetenzen neu auf- oder ausgebaut werden müssen, wird sich dabei aus der Analyse der marktstrategischen Ausrichtung des Unternehmens und dem daraus abgeleiteten Kernkompetenzprofil ergeben. Die Frage, wie die extrahierten Kernkompetenzen entwickelt werden, also ob aus eigener Kraft oder mit Hilfe Dritter (Lizenzen, Kooperationen etc.), wird jeder F & E-Bereich individuell für sich beantworten müssen.

- Eine proaktive Lizenzpolitik kann das Innovationstempo steigern.

Im Rahmen einer kundenorientierten Produktentwicklung können ganze Produkte oder auch Teilentwicklungen in Lizenz zugekauft werden. Die sinnvolle Erweiterung des Produktportfolios stellt höchste Anforderungen an Lizenz- und Entwicklungsabteilungen, sowohl im Hinblick auf das systematische Angebotsscreening als auch auf die Preis- und Angebotsbeurteilung unter wissenschaftlichen und regulatorischen Gesichtspunkten. Während die Lizenzabteilungen mit einer proaktiven Akquisitionspolitik – unter Aufgabe des „Opportunity Picking" – die relevanten Lücken im Produktportfolio schließen sollen, kommt dem F & E-Bereich die zentrale Funktion der Angebotsbewertung zu. Die Qualität der Produkte und ihren regulatorischen Status kompetent zu beurteilen, wird integraler Bestandteil jedes F & E-Bereiches werden, soweit die Lizenzabteilungen aus eigener Kraft nicht dazu in der Lage sind.

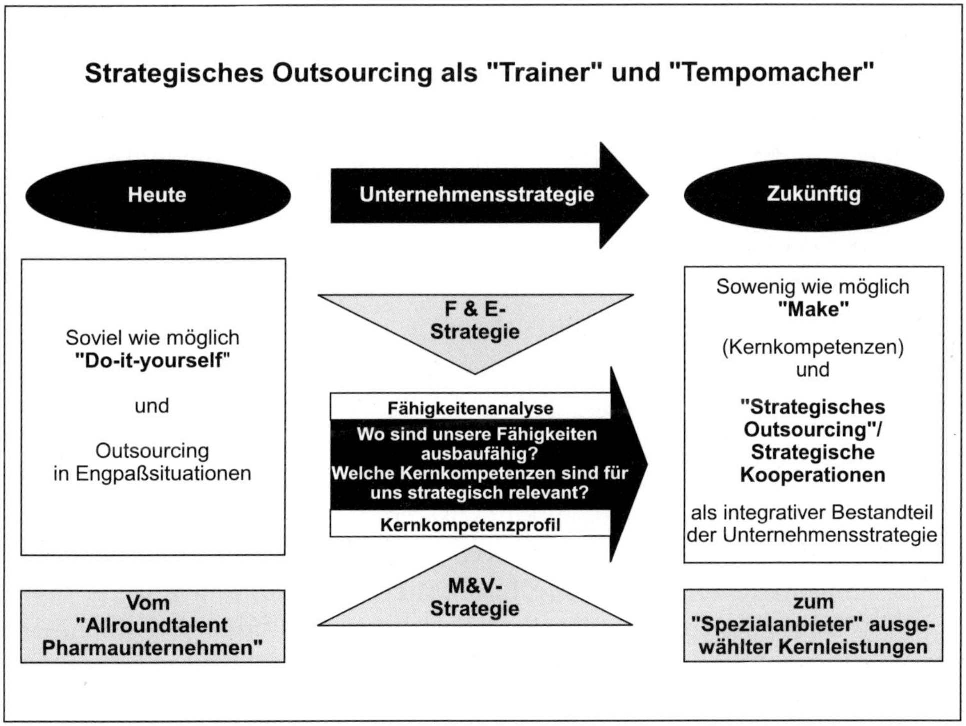

Abbildung 2-25

- Strategisches Outsourcing schließt qualitative Lücken und bringt Tempo.

Das Outsourcing bestimmter F & E-Teilleistungen entsprechend dem Kernkompetenzprofil spielt eine wachsende Rolle für jedes Pharmaunternehmen (siehe Abbildung 2-25). Gerade unter den Aspekten „Zeit“ und „Kosten“ liegt der Nutzen einer Verringerung der Entwicklungstiefe in der besseren Kalkulierbarkeit der Innovationsaktivitäten.

Neudefinition der F & E-Wertschöpfungskette

Die beschriebenen Erfolgsfaktoren, die sich aus den geänderten Rahmenbedingungen des Pharmamarktes ableiten, bringen völlig neue Herausforderungen mit sich, insbesondere für die F & E-Abteilungen von Pharmaunternehmen, die im „post-patent“-Wettbewerb tätig sind. Unter der Prämisse, daß es entscheidend auf die „time-to-market“ ankommt, gilt es, die klassische F & E-Wertschöpfungskette zu „revolutionieren“. Die Aufgaben der einzelnen Glieder in der Kette werden sich grundsätzlich verändern. Betroffen sind in erster Linie die klinische F & E sowie die pharmazeutische Entwicklung, geht es hier doch wesentlich um Maßnahmen zur Produktabsicherung, das Abstecken neuer Claims mittels klinischer Studien und die Entwicklung neuer Verabreichungsformen als Problemlösung für den Verbraucher.

Gerade der pharmazeutischen Entwicklung muß in vielen Unternehmen eine zentralere Rolle als in der Vergangenheit eingeräumt werden. Denn viele Innovationen, die vom Verbraucher als solche wahrgenommen werden, kommen mit steigender Tendenz schon heute aus diesem F & E-Teilbereich. Über die Ausbietung einer altbekannten Substanz in einem neuen, „pfiffigen“ galenischen Gewand haben inzwischen viele Unternehmen im „post-patent“-Bereich mehr bewirkt als durch eine nochmalige Ausweitung der Indikation. Hinzu kommt, daß die Entwicklungsrisiken in der Galenik bei weitem überschaubarer sind als die in anderen F & E-Teilbereichen. Auch hier kann die Zusammenarbeit mit externen Dienstleistern äußerst wichtig und gewinnbringend sein. Die Rolle der F & E wird sich insofern erheblich verändern, als sie nun zum hochkompetenten Gutachter interner und externer Angebote und zu einem anspruchsvollen Projektkoordinator wird. Sie übernimmt zudem die Funktion des Übersetzers bei der Transformation der Kundenwünsche in die Terminologie der F & E (siehe Abbildung 2-26).

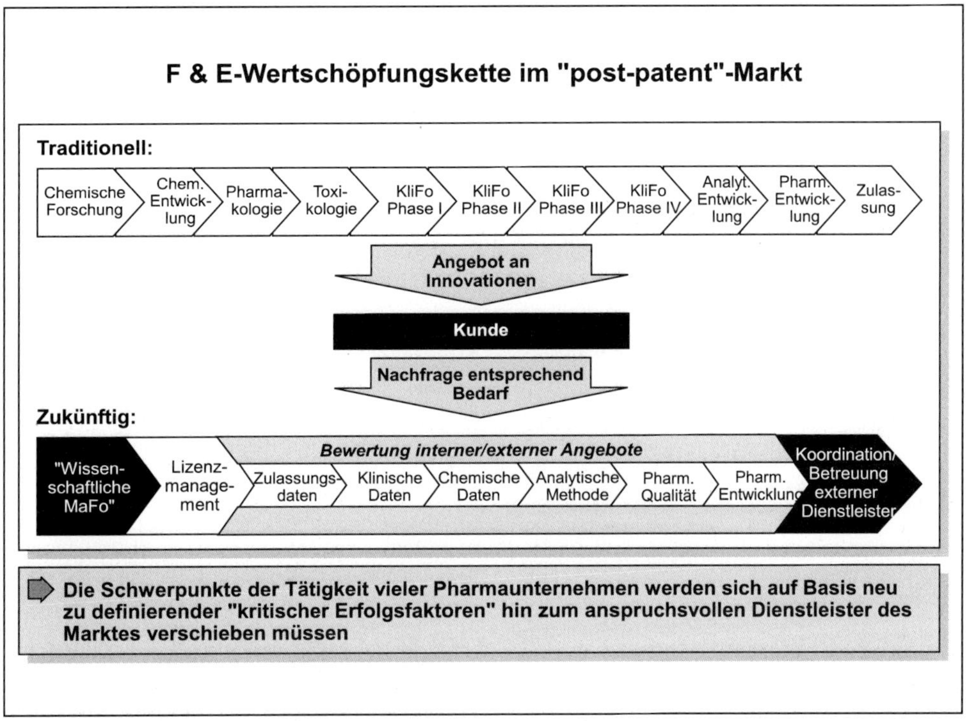

Abbildung 2-26

Die Kombination aus internem und externem Projektmanagement stellt demnach künftig ein Schlüsselelement des F & E-Leistungsspektrums dar.

Das Marktgefüge im Gesundheitswesen 2000 plus

Die in Deutschland traditionell stark sektoral ausgeprägte Gesundheitsversorgung – klinisch/stationär, ärztlich/ambulant, Selbstmedikation, Pflege/Nachsorge/Hauspflege – wird sich unter dem Druck weiterhin dramatisch steigender Gesundheitsabgaben sektorübergreifend kostenorientiert organisieren müssen. Gewaltige strukturelle Umbrüche sind unabdingbar; andernfalls droht der Sozialversicherung der Kollaps. In Anbetracht der beängstigenden demographischen Prognosen geraten die Eckpfeiler der Sozialversicherung, Solidarprinzip und Generationenvertrag ins Wanken. Das Gesundheitswesen braucht neue, übergreifende Strukturen, welche die therapeutische Effektivität und die wirtschaftliche Effizienz des gesamten Systems durchgängig optimieren (siehe Abbildung 2-27).

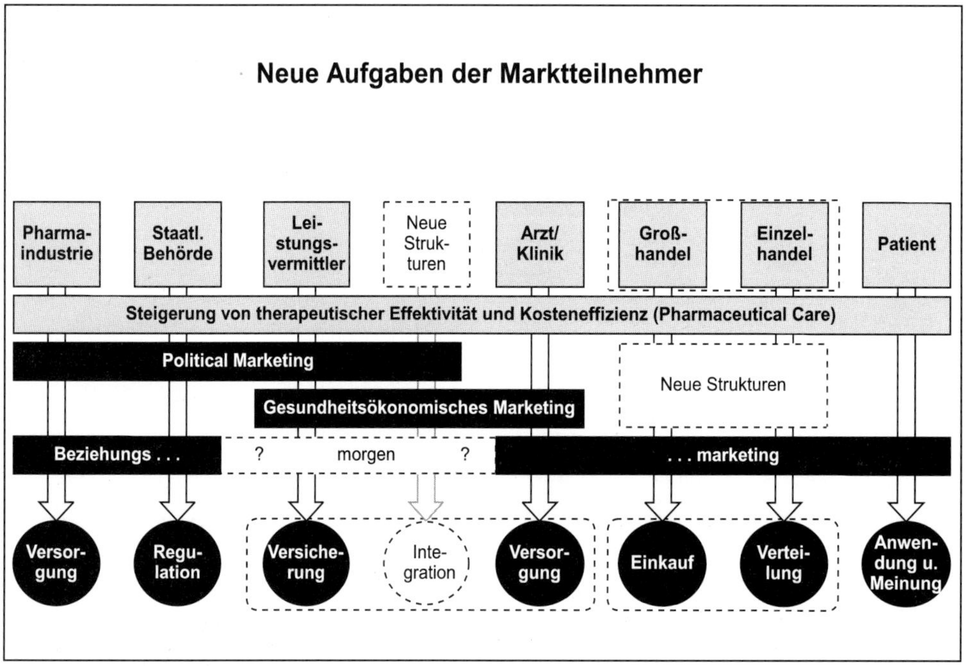

Abbildung 2-27

Im Rahmen einer folgerichtigen, allmählichen Lockerung der gesetzlichen Rahmenbedingungen im Gesundheitssystem entstehen für Leistungsvermittler wie Kassen und Krankenversicherungen neue Gestaltungsspielräume, die in stärker marktwirtschaftlich orientierte Versorgungsstrukturen münden. Pilotformen wie das Hausarztmodell (AOK) oder die vernetzte Praxis (BKK) zeigen die Richtung auf. In den hierbei weiter vorangeschrittenen angelsächsischen Ländern werden solche auf die Aktivierung von strukturellen Leistungsreserven und marktwirtschaftliche Ausgabenkontrolle ausgerichteten gesundheitsökonomischen Ansätze[26] unter Schlagworten wie „Managed Care“[27] (Versicherungsformen, die auf eine risikoselektive Versicherung und

26 Vgl. Schulz, U.: Referat „Gesundheitsökonomie als strategisches Marketing-Instrument“; IIR Conferences; Sulzbach 1994.

27 Vgl. Mac Arthur, D.: Managed Care in Europe; FT Manangement Report; London 1996.

integrierte Versorgung zielen) oder „Disease Management“[28] (ganzheitlich integrierte Versorgung chronischer oder intensivmedizinischer Erkrankungen) subsumiert.

In entsprechender Weise wird sich das traditionelle Marktteilnehmergefüge auch in Deutschland drastisch verändern. Neue Nachfrage-, Provider- und Distributionsstrukturen entstehen, in denen sich unter Ausnutzung von Einkaufsvorteilen Nachfragemacht mit dem übergeordneten Ziel einer Ausgabenbegrenzung bündelt: Vernetzungen von Ärzten/Kliniken/Kassen, Benefit Manager, Apothekenketten in der Art einer Health Maintenance Organization (HMO) sind aus der Sicht der Pharmaindustrie nicht unbedingt ein ansprechendes Szenario. Doch die traditionell lineare, vertikale Distributionskette Hersteller-Arzt-Handel-Patient ist überholt (siehe Abbildung 2-28).

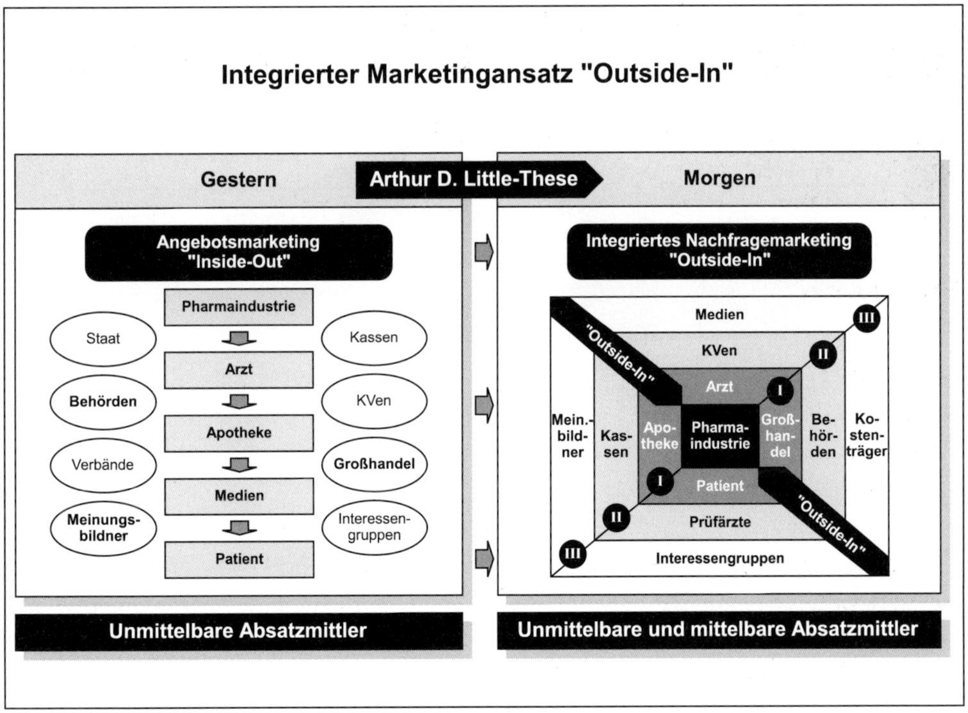

Abbildung 2-28

28 Vgl. Neugebauer, G.: Referat „Disease Management“; Zeno Executive Conference „Disease Management aus Sicht der Krankenkassen“; Sulzbach 1996.

Das Pharmamarketing der nächsten Generation wird von einem sukzessive übergreifend vernetzten Marktteilnehmergefüge (siehe Abbildung 2-29) mit integrierten kunden- und nachfrageorientierten Vertriebs- bzw. Kommunikationskonzepten ausgehen müssen.

Abbildung 2-29

Ein Ausblick:

- *Vernetzte Praxen* als erste Ansätze von Managed Care;[29]
- *Vertragsärzte* und *-apotheker* werden „vertikal" organisiert (über KV zur Kasse);
- *HMO*-analoge Versicherungsmodelle transformieren die gesetzliche Krankenversicherung;

29 Schulz, U.: Referat „Vernetzte Praxen – Pilotversuch KV Konstanz"; AiC Konferenz „Managed Care in Deutschland"; Frankfurt am Main 1996.

- Großhandelsstrukturen wie „Preferred Provider Organizations“ (PPOs) bilden sich auf dem deutschen Markt;
- Neue Distributionsformen für Arzneimittel wie *Apothekenketten, Hausversorgung, Versandhandel*, entstehen in punktuellen, teils experimentellen Ansätzen:
- *Informationsmanager* übernehmen als Marktteilnehmer die Organisation der Datenverarbeitungsschnittstellen und der gesundheitsökonomischen Versorgungsdaten.[30]

In einem grosso modo „gedeckelten“ Arzneimittelmarkt geht es dann im harten Verdrängungswettbewerb, besonders im „post-patent“-Bereich, um die Erreichung relativer Vorteilspositionen durch Services und Beziehungsmanagement rund um das Produkt (Abbildung 2-28).

Der Pharmamarkt 2000 plus

Sicherlich kann heute niemand die vielschichtigen und vermutlich gewaltigen Veränderungen im Gesundheitswesen präzise prognostizieren. Deutschland wird sich den Megatrends der Health Care jedenfalls nicht völlig entziehen können. Das politische Umdenken in Richtung Selbstverwaltung wird ein Experimentieren mit marktwirtschaftlichen Ansätzen ermöglichen. Steigende Umsätze der Arzneimittelversorgung entfallen auf die Selbstmedikation und werden in einem markengeführten Konsumgütergeschäft erzielt. Der semi-ethische Teilmarkt wird zwischen Managed Care und Selbstmedikation allmählich aufgerieben. Die Spielregeln in den beiden großen Teilmärkten der verschreibungspflichtigen (RX) und der rezeptfreien Arzneimittel (SM) divergieren und sind in ständigem Fluß.

Deshalb wird zu Beginn des neuen Millenniums Lernfähigkeit[31] zum entscheidenden Wettbewerbsfaktor für Arzneimittelhersteller. Lernen vom Kunden, somit innovatives Brand und Customer Management auf den SM- bzw. RX-Märkten, wird der Schlüssel zum Erfolg im Verdrängungswettbewerb.

---

30 Vgl. Preuß, K. J.: Referat „Perspektiven im Informations- und Kommunikationsmanagement im Gesundheitswesen“; AiC Konferenz „Managed Care in Deutschland“; Frankfurt am Main 1996.

31 Vgl. Senge, P.: Die fünfte Disziplin; Stuttgart 1996.

Den zunehmend konzentrierten Nachfrageverbünden läßt sich erfolgreich mit einer Doppelstrategie aus Markenbildung und Kundenbindung begegnen. Der Begriff „Kunde“ ist in diesem Zusammenhang vielschichtig zu verstehen: Er umfaßt Patienten, Apotheker, Großhandel, Apothekenketten, Hausärzte, Fachärzte, vernetzte Praxen, KVen, Kassen, Regulatoren, Kostenträger, Home Care Organisationen, Altenheime, Pflegeheime, Kliniken ...

Um in einem Gesamtmarkt für Arzneimittel mit einem Volumen von über 50 Milliarden DM im Jahr 2000 als Pharmahersteller noch konkurrenzfähig zu sein, werden sich selbst führende Hersteller konsequent auf Kernkompetenzfelder fokussieren müssen: Wirkstoffe, Produkte, Indikationen und Marken. Die Erfolgsfaktoren sind kritische Größe, Wettbewerbsvorsprung sowie die Fähigkeit, in strategischen Markt- und Kundensegmenten[32] materielle und immaterielle Werte zu schaffen.

Bisher haben sich die Differenzierungsstrategien der Industrie, wie eingangs beschrieben, im wesentlichen auf die Primärleistung, also auf die Bereitstellung eines innovativen, möglichst umfassenden Produktangebotes oder auf den Aufbau von starken Marken konzentriert. Bei deutlich abnehmendem Grenznutzen der Investitionen in die Produktentwicklung (klinische Forschung, medizinische Wissenschaft und galenische Entwicklung) und in die Markenbildung (Werbekosten) lassen sich jedoch mit marginalen Erhöhungen des Innovationsgrades und durch Werbung allenfalls noch kurzfristige Wettbewerbsvorteile erzielen.

In den „post-patent“-Pharmamärkten verlagert sich der Wettbewerb um Kunden vom Produkt- und Markenwettbewerb auf die präferenzbildenden Serviceleistungen. Diese Verlagerung wird durch differenzierende, sektorübergreifende Zusatzleistungen flankiert, deren Kern innovatives Therapie-/Informations-/Kommunikations- und Distributionsmanagement bilden. Die klassischen Positionierungserfolge auf der eindimensionalen Qualitäts-/Preisschiene lassen sich kaum noch realisieren, so daß ein Angebot an produktbegleitenden und werterhöhenden Dienstleistungen[33] die einzige Möglichkeit darstellt, sich an die neuen Marktanforderungen anzupassen und

---

32 Vgl. Norman, R.: Werte schaffen mit Kunden und Lieferanten; in: Harvard Manager, Januar 1994.

33 Vgl. Tietz, B.: Auf dem Weg zur Handels- und Dienstleistungsgesellschaft, in: Absatzwirtschaft, Januar 1995.

diese im Rahmen einer strategischen Neuorientierung am Kunden in langfristige Wettbewerbsvorteile umzusetzen.

So zieht im Pharmageschäft ein neues Wettbewerbszeitalter herauf. Es verlangt vom Anbieter kundenorientierter „integrierter Problemlösungen" neue Formen und Methodiken der Strategieentwicklung: Das Marketing von Therapiekonzepten mit einem hohen Anteil an Dienstleistungen um den Nukleus eines Markenproduktes herum erfolgt „Outside-In".

Die Steuerung eines Marken- bzw. Dienstleistungsportfolios unterscheidet sich grundsätzlich von den bisher schwerpunktmäßig produktorientierten Strategieansätzen.[34] Je höher der Dienstleistungsanteil an der Gesamtleistung ist, desto intensiver müssen die Prozeßverzahnung und der direkte Informationsaustausch zwischen Pharmaunternehmen und Kunden werden. Kundenzufriedenheit wird somit zum Schlüssel des zukünftigen Unternehmenserfolgs.[35] Die Pharmaindustrie benötigt hierfür eine Methodik zur Operationalisierung der Kundenorientierung in den Produkt-, Service- und Prozeßleistungen. Deren wesentliche Elemente sind:

- die Profilierung im Bewußtsein der Kunden über Primär- (Produkt/Marke) und Sekundärleistungen (Service) durch die Konzentration auf werterhöhende Merkmale mit Alleinstellung im Wettbewerb (Kundennutzen);
- die Reduktion der Komplexität der Marktstruktur und der wirtschaftliche Mitteleinsatz durch wertgesteuerte Kundenselektion (Profitabilität);
- die Kundenorientierung durch wertschöpfende Zielführung von Aufbauorganisation, Schnittstellen und Prozessen nach dem Leitsatz „Structure follows Strategy" (Prozeßdurchgängigkeit „Outside-In").

Das „Customer Value Management" als übergreifender Strategieansatz setzt damit direkt an den erfolgsentscheidenden Hebelpunkten im Health-Care-Geschäft an: der Kundenzufriedenheit. Sie ist die epochale Management-Herausforderung in der Pharmabranche.

---

34 Vgl. Griffin, A.: Die besten Methoden zu mehr Kundenzufriedenheit, in: Harvard Business Manager, Mai 1995.

35 Vgl. Homburg, C.: Weiche Wende, in: manager magazin, Januar 1996.

3. Diversifizieren – ein Baustein des Modells der kooperativen Energiewirtschaft

Sabine Löbbe und Gerhard Jochum

Diversifikation – Strategie gegen den Trend

Die Diversifikation als erfolgversprechende Wachstumsstrategie ist heute kein Thema mehr, nachdem sich eine Reihe der in den achtziger Jahren vollzogenen Akquisitionen und Beteiligungen auf neuen Geschäftsfeldern später als Fehlschlag erwiesen hatte – das Beispiel eines spektakulären Flops ruft Abbildung 2-30 in Erinnerung.

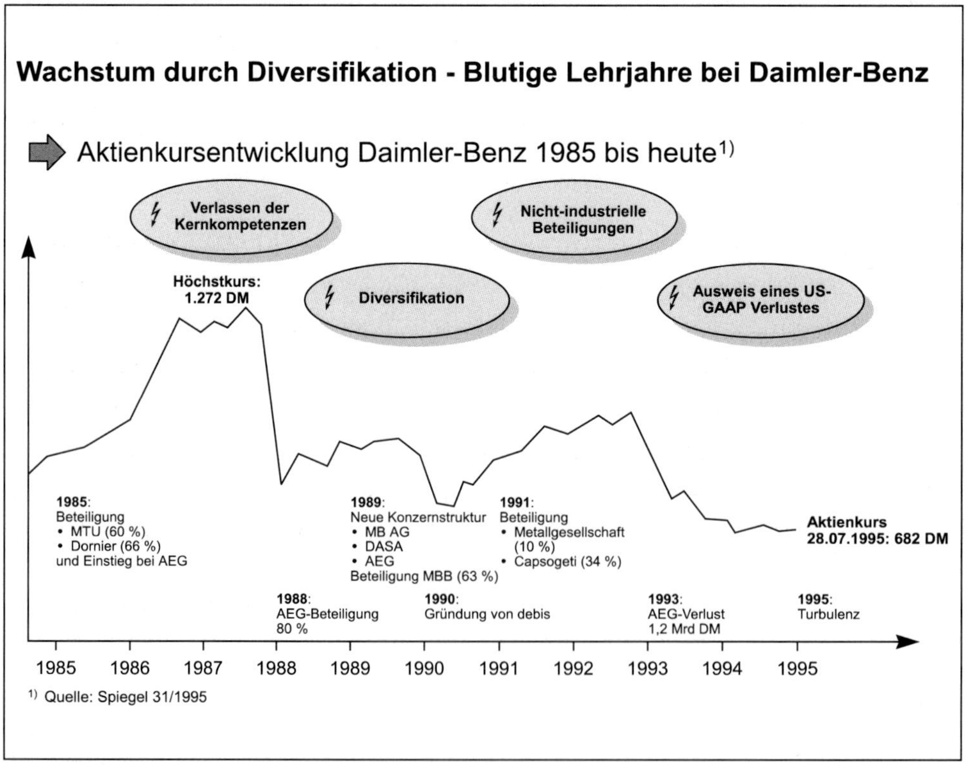

Abbildung 2-30

Statt dessen beherrschen Lean Management und die Konzentration auf Kernkompetenzen das Denken und Handeln des Managements. Zur Sicherung der Wettbewerbsfähigkeit einzelner Unternehmen und schließlich des Standortes Deutschland war dies eine strategisch richtige Weichenstellung. In der Folge ist die Zahl der branchenübergreifenden Unternehmenszusammenschlüsse in der deutschen Wirtschaft allein von 1993 auf 1994 um 8 Prozent gesunken.[36]

Als dominierendes Leitkonzept war das Diversifizieren, ähnlich wie heute das „Shareholder-Value"-Konzept, völlig überschätzt und in die Nähe eines Patentrezeptes gerückt worden. Die totale Kehrtwendung, die seither vollzogen wurde, hilft zwar, die Gefahr zu vermeiden, mit Diversifikation zu scheitern – sie birgt jedoch das Risiko, Wachstumsmöglichkeiten zu übersehen oder zu verpassen. Denn:

- Diversifikation ist weiterhin ein Instrument, um in reifen Märkten Wachstum und damit eine langfristige Steigerung des Wertes des Unternehmens zu generieren. Kurzfristige Wertsteigerungspolitik, wie mancherorts der „Shareholder-Value"-Ansatz ausgelegt wird, kann Diversifikation behindern. Aber parallel zur (kurzfristig notwendigen) Magerkur muß mit Innovation und Wachstum die langfristige unternehmerische Zukunft gesichert werden, indem eine ausgeglichene Bilanz von Profitabilität, Wachstum, Kapitalbindung und Absatzsicherung erhalten wird.
- Diversifikation ist ein wesentlicher Ansatz, um die Geschäfte von morgen vorzubereiten. Sie ist kein Selbstzweck, sondern ein Hilfsmittel, um dem Unternehmen zukünftige Kerngeschäfte zu erschließen.

Eine der wenigen Branchen, die heute verstärkt diversizifiert, ist die Energiewirtschaft. Anhand der Erfahrungen in diesem Sektor werden im folgenden die angesichts der heutigen Rahmenbedingungen gültigen Erfolgsfaktoren analysiert. Was geht mit Hilfe der Diversifikation, und was geht nicht? Wie ist Diversifikation als Chance und als Instrument einer kooperativen Energiewirtschaft zu sehen? Welchen Beitrag kann Diversifikation heute zur Unternehmensentwicklung und schließlich zur Steigerung des Unternehmenswertes leisten?

---

36 Vgl. Deutscher Bundestag (Hrsg.): Unterrichtung durch die Bundesregierung, Bericht des Bundeskartellamtes über seine Tätigkeit in den Jahren 1993/4 sowie über die Lage und Entwicklung auf seinem Aufgabengebiet, Bundeskartellamt; in: Drucksache 13/1660, 14.6.1995, 13. Wahlperiode, S. 156–161.

Das Beispiel Energiewirtschaft

Betrachtet man die Anzahl der im nationalen Maßstab kartellrechtlich relevanten Übernahmen von Unternehmen anderer Branchen als einen Indikator für externes Wachstum, so haben die Unternehmen der Energie- und Wasserversorgung 1994 mit 49 Übernahmen (1993 : 51) ihre Geschäftsfelder diversifiziert. Die Zielmärkte liegen primär im Bereich „sonstige Dienstleistungen" (45 Prozent, im wesentlichen Entsorgungsunternehmen) und „Verkehr/ Fernmeldewesen" (14 Prozent, vor allem Telekommunikation).[37] Aufgrund der standortgebundenen Absatzmärkte der Energie- und Wasserversorger sind darüber hinaus die regionalen Übernahmen und Zusammenschlüsse „diversifikations-relevant". Dabei handelt es sich unternehmensindividuell entweder um Konzentration – oder eben die Ausweitung der Geschäftsfelder in der betreffenden Region.

Seit dem Ende der achtziger Jahre stehen die deutschen Energieunternehmen in einem umfassenden Wandlungsprozeß, der durch neue Umfeldbedingungen, wie sinkenden Strom- und Wasserabsatz oder die mit der 4. und 5. GWB-Novelle drohende Gefahr des Verlustes von Versorgungsgebieten, ausgelöst wurde. Heute findet die Absatzmarktbedrohung ihre Fortsetzung und Verschärfung in Form der EU-Binnenmarkt-Deregulierung vom 1. Januar 1997 und der seit geraumer Zeit diskutierten nationalen Energierechtsnovelle. So ist letztendlich damit zu rechnen, daß alle Kunden deutscher Energieunternehmen ihren Lieferanten frei wählen können, was eine radikale Kehrtwendung gegenüber den bisherigen Rahmenbedingungen in Gestalt geschlossener Versorgungsgebiete bedeutet. Das ohnehin schon stagnierende Basisgeschäft wird durch solche Szenarien des Kundenverlustes unmittelbar und substantiell bedroht.

Eine simple Rechnung verdeutlicht das Bedrohungspotential und damit auch die Gefahr des Werteverzehrs der Unternehmen in der Energiewirtschaft: Angenommen dem Energieunternehmen gelingt es, den Kundenstamm zu halten – etwa mittels einer Preisreduktion um durchschnittlich 15 Prozent, (zum Beispiel 10 Prozent Reduktion des Stromtarifes für Privatkunden, 20 Prozent Reduktion des Strompreises für Industriekunden). Bei bestenfalls stagnierenden Absatzmengen entspräche dies einem Umsatz- und gleichzei-

37 Datenbasis 1994. Vgl. Fußnote 47.

tig Deckungsbeitragseinbruch von 15 Prozent, und einem mittelgroßen deutschen Energieversorger mit einem typischen Jahresumsatz von einer Milliarde DM gingen damit auf Dauer 150 Millionen DM/a verloren.

Da der Wandel seit einigen Jahren absehbar war, haben sich eine Reihe von Unternehmen bereits darauf vorbereitet. Branchenweit sind Rationalisierungs- und Restrukturierungsmaßnahmen eingeleitet, um die dringend notwendige Wettbewerbsfähigkeit im Basisgeschäft zu verbessern. Gleichzeitig wird die Kundenorientierung gestärkt. Prozesse werden optimiert, Produkte und Dienstleistungen kreativ und nachfragegerecht weiterentwickelt (etwa durch eine radikale Neustrukturierung der Vertragsbeziehungen, Produktdifferenzierung oder maßgeschneiderte Konditionenpolitik) und Zusatzdienstleistungen eingeführt, (wie beispielsweise die Erschließung des Geschäftes hinter dem Zähler).[38]

Die mit den Diversifikationsbestrebungen verfolgte Intention ist klar erkennbar: Um dem Werteverzehr vorzubeugen und die unternehmerische Basis langfristig zu sichern und auszubauen, suchen die Unternehmen der Energiewirtschaft alternative Wachstumschancen. Der Weg zur Diversifikation dient unter anderem der

- Kundenbindung und Absatzsicherung im Stammgeschäft,
- Risikostreuung durch mehrere „Standbeine",
- Sicherung der unternehmerischen Eigenständigkeit,
- langfristigen Wertsteigerung im Interesse der Anteilseigner,
- Beschäftigungssicherung und der Standortsicherungspolitik

durch die Entwicklung eines sich ergänzenden Geschäftsfeld-Portfolios. Es gilt, langfristig tragfähige, ambitiöse und gleichzeitig erreichbare Visionen zu entwickeln. So lassen sich heute unterschiedliche Diversifikationsintensitäten im Markt beobachten:

- **Option 1:** Der Wandel vom Energieversorgungsunternehmen (EVU) zum Energie- und Wasser-Dienstleister:
  Mit dem Angebot von angrenzenden Energiedienstleistungen (Nahwärme, Contracting, Anlagenbau-, -betrieb) erfolgt die Produktdifferenzierung im wesentlichen durch interne Weiterentwicklung.

---

38 Vgl. auch Jochum, G., Löbbe, S.: Prozeßorientierte Unternehmensentwickung – eine Chance für die Energiewirtschaft, in: Energiewirtschaftliche Tagesfragen, Nr. 5, 1995, S. 300–306.

- **Option 2:** Wandel vom Energieversorgungsunternehmen zum umfassenden Infrastruktur-Dienstleister:
  Durch vertikale und horizontale Diversifikation wird externes Wachstum generiert; Beispiele sind die Stadtwerke Bremen AG, Stadtwerke Würzburg AG, VSE AG, EWE AG, EAM, bei denen die Umsatzanteile des Neugeschäfts zwischen 2 und 15 Prozent des Altgeschäfts schwanken.[39]
- **Option 3:** Wandel vom EVU zum diversifizierten Mischkonzern:
  Er stützt sich auf, bzw. mündet in Konzernstrukturen, bei denen Energie mit häufig ca. 20 bis 25 Prozent nur noch einen geringen Anteil am Gesamtumsatz ausmacht (RWE AG/RWE Energie AG, VEW AG/VEW Energie AG, VEBA AG/PreussenElektra AG).

Schlüsselfaktoren – Was geht, und was geht nicht?

Das Leitmotiv der Diversifikation ist die Wertsteigerung des Gesamtunternehmens durch den risikominimierenden Einsatz des erwirtschafteten Cashflows mit Hilfe des Auf- oder Ausbaus mehrerer „Standbeine" sowie die Erlangung von Wettbewerbsvorteilen in einzelnen Geschäftsfeldern oder Marktsegmenten. Für den Erfolg dieser Strategie lassen sich eine Reihe von Schlüsselerfolgsfaktoren identifizieren.

Die Definition der richtigen Zielmärkte

Die Regel lautet: „Orientiere Dich an den Kernkompetenzen des eigenen Unternehmens". Denn bei relativ bekannten Spielregeln im neuen Markt ist das Management im Zielmarkt am risikoärmsten. Um sich methodisch der Definition verwandter Märkte für die Energiewirtschaft zu nähern, hat sich eine klassische Differenzierung bewährt, die in Abbildung 2-31, für die Stadtwerke Bremen AG entwickelt, zum Ausdruck kommt:

- Horizontale Diversifikation dient der Leistungs*bündelung*: Der Einstieg in thematisch neue Märkte entlang der eigenen Kernkompetenzen führt zu neuen Produkten oder Dienstleistungen, die in der Energiewirtschaft unter dem Leitthema „Infrastruktur-Dienstleistungen" subsumiert werden können.

---

39 Quelle: Expertenschätzung; ADL Energy.

- Vertikale Diversifikation dient der Leistungs*verdichtung*: Durch die Rückwärts- oder Vorwärtsintegration werden neue Produkte entwickelt oder ausdifferenziert – in der Energiewirtschaft etwa mit dem Angebot von Dienstleistungen „hinter dem Zähler“ (Wärme- oder Lichtlieferungen, Contracting, Bau oder Betrieb von Erzeugungs- und Versorgungsanlagen für industrielle Großkunden, Gebäudedienstleistungen).
- Regionale Diversifikation dient der *Ausdehnung* des bestehenden oder auch erweiterten, veränderten oder eingegrenzten Leistungsangebotes in der Fläche. Angesichts der im internationalen Vergleich häufig unterkritischen Größe der deutschen Energieversorger hat diese Strategie im Sinne der Ausbreitung des historisch gewachsenen „Ölflecks“ eine nicht nur wachstumsfördernde, sondern auch eine existenzsichernde Funktion.
- Laterale Diversifikation dient dem Einstieg in Märkte ohne Bezug zur bisherigen Angebotspalette.

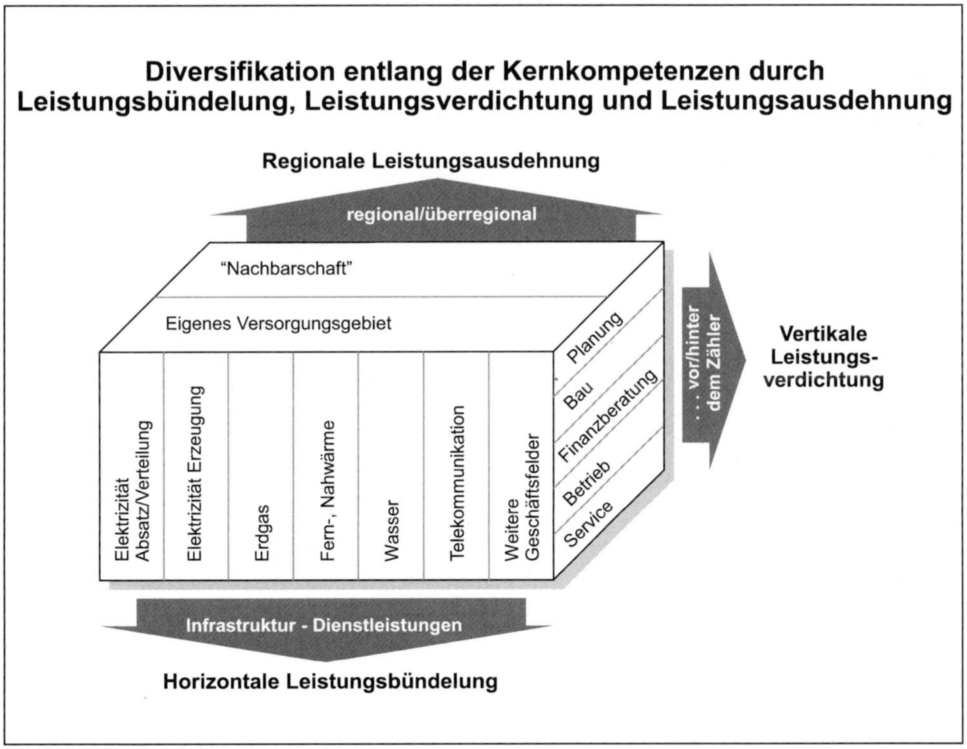

Abbildung 2-31

Die laterale Diversifizierung betreiben Holdings in der Regel zur Optimierung des Finanz-Portfolios, wobei lukrative Zielmärkte mit hohem Marktpotential und geringen Wettbewerbsbarrieren im Mittelpunkt des Interesses stehen. Auf diese Art des Investments wird im folgenden nicht näher eingegangen,[40] sondern die Problematik der strategischen Diversifikation beleuchtet.

Entsprechend den oben aufgezählten Optionen diversifizieren deutsche Energieversorger heute, empirisch betrachtet, in die in Abbildung 2-32 zusammengestellten Geschäftsfelder.

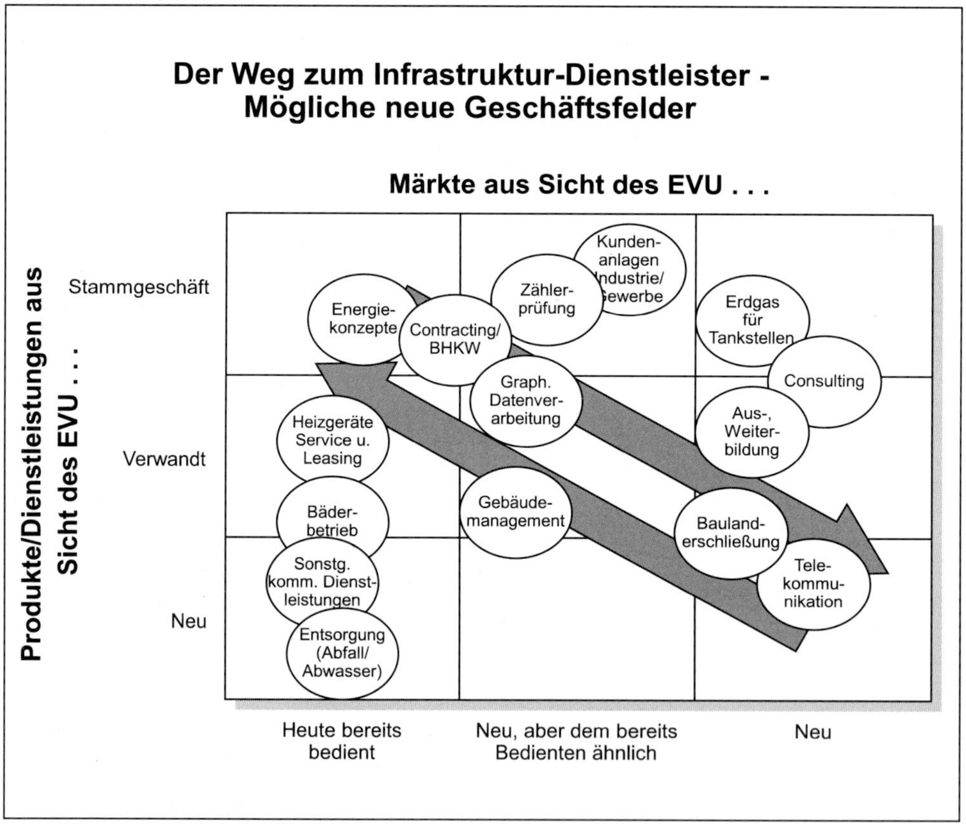

Abbildung 2-32

40 Vgl. hierzu Kapitel 2.4, „Chancen und Risiken in der Telekommunikation“.

Internes oder externes Wachstum

Von gleicher Tragweite wie die Festlegung der Zielmärkte ist die Entscheidung über den Weg des Markteinstiegs. Ob er mit Hilfe internen oder externen Wachstums erfolgen sollte, hängt unter anderem ab von

- den eigenen personellen, finanziellen, organisatorischen und kulturellen Ressourcen, auch im zeitlichen Verlauf, und den unternehmerischen Zielen;
- externen – beispielweise rechtlichen – Rahmenbedingungen (in der Energiewirtschaft etwa die Begrenzung der wirtschaftlichen Tätigkeit kommunaler Unternehmen durch die Kommunalaufsicht bei vertikaler Diversifikation oder kartellrechtliche Restriktionen bei der regionalen Diversifikation);
- der Marktdynamik, der Konkurrenzsituation und der Risikoaversion des diversifizierenden Unternehmens.

Alle Variablen sind, je nach Zielmarkt, individuell und im Zeitablauf unterschiedlich zu beurteilen. In einer komplexen Diversifikationsstrategie kann auch die Kombination von Komponenten des internen und externen Wachstums zum Erfolg führen.

Dementsprechend lassen sich die Vor- und Nachteile[41] des internen und externen Wachstums wie folgt angeben:

	Vorteile	**Nachteile**
Internes Wachstum – im eigenen Haus – Spin-off	optimale Nutzung vorhandener Ressourcen, Entwicklung von internem Unternehmertum, in der Regel begrenzter finanzieller Einsatz, hoher Lerneffekt	lange Anlaufzeiträume, schwierig in dynamischen Zielmärkten, hoher interner Kraftakt, Reibungsverluste möglich
Externes Wachstum – Strategische Allianz – Akquisition	schneller Markteinstieg möglich, Überwindung hoher Eintrittsbarrieren	u. U. hohe (strategische) Akquisitionskosten, mangelnde Marktkenntnis, Gefahr von Kulturkonflikten

41 Vgl. auch Gomez, P., Ganz, M.: Diversifikation mit Konzept – den Unternehmenswert steigern; in: Harvard Manager, Nr. 1, 1992, S. 44–55.

Untersucht man die Diversifikationsaktivitäten deutscher Energieversorgungsunternehmen, so wird deutlich, daß die Schnelligkeit und die Überwindung hoher Eintritttsbarrieren wesentliche Argumente für die Wahl der Vorgehensweise sind: Heute werden de facto rund 95 Prozent des neu generierten Umsatzes der EVUs aufgrund von externem Wachstum erzielt.

Erfolgsfaktoren bei internem Wachstum

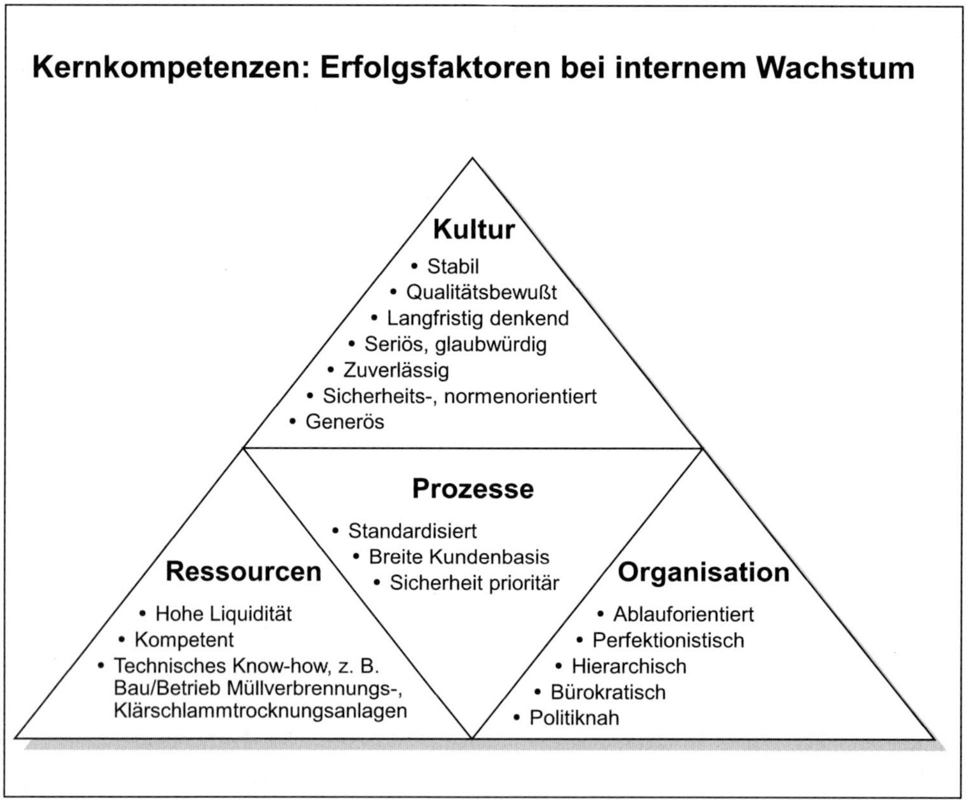

Abbildung 2-33

Erfolgsfaktor Nr. 1: Kernkompetenz-Orientierung

Mit dem Ziel, operative Synergien zu erschließen, werden die Diversifikationsmärkte entsprechend den Kernkompetenzen im Stammgeschäft gesucht. Dies führt zu Geschäftsfeldern, wie sie für ein Unternehmen der Energiewirtschaft in Abbildung 2-32 in den oberen Quadranten zusammengestellt sind.

Sie entsprechen den Kernkompetenzen, die in der Kultur, den (finanziellen, personellen und anlagenbezogenen) Ressourcen, den Prozessen und der Organisation angelegt sind. Solche ressourcenbezogenen Kernkompetenzen, die bisher der Schlüssel zum Erfolg im eigenen Markt waren, sind in Abbildung 2-33 zusammengestellt.[42]

Kernkompetenzen und Randkompetenzen eines Unternehmens sind als Ausgangspunkt der Diversifizierung deutlich zu unterscheiden: Die externe Vermarktung von Randkompetenzen (zum Beispiel die Unterhaltsreinigung oder die Lohn- und Gehaltsabrechnung) birgt die Gefahr des „Verzettelns" und kann zu falscher Ressourcenbindung und damit mangelnder Wirtschaftlichkeit führen. Erfolgversprechender ist in der Regel das konsequente Outsourcing dieser Nebengeschäfte; dabei kann das Outsourcing auch den Kristallisationspunkt einer „Wachstums-Mitnahme" unter Führung anderer Partner bilden.

Erfolgsfaktor Nr. 2: Schnelligkeit und Marktnähe

Der Marktbezug muß schnell hergestellt werden. Der Perfektionsdrang gerade deutscher Energieunternehmen braucht die begleitende „Hemdsärmeligkeit" nach dem Motto: „Tu's, und rede auch im Markt darüber!"[43]

Erfolgsfaktor Nr. 3: Kundenpotential-Ausschöpfung

Im Rahmen horizontaler und vertikaler Diversifikation werden neue Umsatz- und Ergebnisbeiträge bei bestehenden Kunden angestrebt. Da die wenigsten Produkte und Dienstleistungen im technischen Sinne innovativen Charakter haben und eine Niedrigpreisstrategie für Unternehmen der Energiewirtschaft aufgrund hoher Strukturkosten zu nicht ausreichenden Deckungsbeiträgen führen wird, muß eine individuelle Differenzierung im Wettbewerb entwikkelt werden. Dies kann beipielsweise die organisatorische Innovation sein:[44] Gemeinsam mit dem Kunden werden langfristig angelegte, kooperative Lösungen der Leistungsverdichtung zu einer ausgereiften Konditionenpoli-

---

42 Vgl. auch: Löbbe, S.: Marktdynamik und Dienstleistungsstrategien für EVU; Gräfelfing/München 1993, S. 15–17.

43 Vgl. auch: Ito, K.: Japanese Spinoffs: Unexplored Survival Strategies, in: Strategic Management Journal, Nr. 16, 1995, S. 431–446.

44 Vgl. auch: Normann, R.: Werte schaffen mit Kunden und Lieferanten; in: Harvard Business Manager, Nr. 1, 1994.

tik entwickelt. Hierunter fallen etwa die Zusammenarbeit bei der Planung, dem Bau und dem Betrieb dezentraler Energieerzeugungs- oder Versorgungsanlagen, Kooperationen zur Geschäftsbesorgung oder Betriebsführung sowie Joint-Ventures mit individuell zu vereinbarenden Liefer- und Leistungsbeziehungen. Eines von vielen Beispielen ist die von den Stadtwerken Düsseldorf speziell für zwei industrielle Kunden gemeinsam errichtete, auf die spezifischen Kundenbedürfnisse ausgelegte dezentrale Erzeugungsanlage.[45]

Erfolgsfaktor Nr. 4: Machen

Das Top-Management muß den Prozeß der internen Diversifikation vorantreiben und durch die Entwicklung und Etablierung von (weiteren) Promotoren „demokratisieren". Diese Persönlichkeiten müssen die notwendige Überzeugungsenergie und auch die fachlichen und integrativen Fähigkeiten mit- und einbringen (können).

Erfolgsfaktor Nr. 5: Team-Training

Internes Wachstum kann die Unternehmensentwicklung insgesamt beflügeln, wenn der interne Arbeitsmarkt konsequent genutzt und seine Potentiale auf- und ausgebaut werden. Durch die neuen Arbeitsmethoden und durch das in den neuen Märkten vorgelegte Tempo werden der kulturelle Wandel vorangetrieben und so die Mitarbeiter auch für den Wettbewerb im Stammgeschäft befähigt. Kommt gleichzeitig externes Wachstum hinzu, ergibt sich ein zusätzlicher Ansporn.

Erfolgsfaktoren bei externem Wachstum: Partnerwahl

Die Auswahl des richtigen Partners stellt die entscheidende Voraussetzung zur Realisierung gemeinsamer Wertsteigerungspotentiale dar. Die maßgeblichen Kriterien sind:

Erfolgsfaktor Nr. 1: Finanz-Portfolio

Die finanziellen Ressourcen des diversifizierenden Unternehmens müssen nicht nur die Akquisition, sondern auch die Entwicklung des übernommenen Unternehmens im Sinne des neuen Eigners erlauben, wie beispielsweise die

---

45 Vgl. „Erfolg mit Contracting"; in: Zeitschrift für Kommunale Wirtschaft; Nr. 9, 1996.

Überbrückung möglicherweise entstehender Durststrecken bei einem Turnaround.

Erfolgsfaktor Nr. 2: Entscheidungsträger

Das Management des diversifizierenden Unternehmens muß in der Lage sein, in dem zu übernehmenden Unternehmen die wesentlichen Erfolgsbedingungen zu identifizieren und die notwendigen Entscheidungen zu treffen und umzusetzen, gleichzeitig aber auch im eigenen Unternehmen Führungsfähigkeit zu entwickeln und zuzulassen.

Erfolgsfaktor Nr. 3: Integration

Die Partner müssen unterschiedliche Funktionsweisen, Abläufe, Entscheidungskriterien etc. erkennen und mögliche Kulturkonflikte abbauen. Je intensiver die Kooperation beider Unternehmen sein soll und je stärker die operativen Synergien genutzt werden sollen, um so größer ist das Gewicht, das dem Risiko solcher Konflikte beigemessen werden sollte. Doch selbst bei „Stimmigkeit" kann eine Diversifikation scheitern, wenn die Integration aufgrund dynamischer Zielmärkte und unterschiedlicher Ausgangslage der beteiligten Unternehmen eine zu große Distanz in zu kurzer Zeit überwinden müßte. Vor diesem Risiko stehen beispielsweise Energieunternehmen, die sich in mittelständisch strukturierte Branchen wie die Entsorgung oder in die internationalen Geschäftsfelder der Telekommunikation begeben.

Erfolgsfaktor Nr. 4: Profil

Das Profil der Kernkompetenzen des Diversifizierers muß weitgehend dekkungsgleich mit dem Handlungsbedarf in dem zu akquirierenden Unternehmen sein.

Am Beispiel des Einstiegs der Energiewirtschaft in die Entsorgungsbranche werden folgende Übereinstimmungen festgestellt (siehe Abbildung 2-34):

- Die Energieversorger arbeiten in einem „ähnlichen" Markt von kommunal geprägten Infrastrukturdienstleistungen (strategische Synergien), die darüber hinaus aufeinander zu entwickelt werden können (dynamische Synergien).

Voraussetzung zur gelungenen externen Kooperation: Notwendige Schlüsselerfolgsfaktoren im zu akquirierenden Unternehmen entsprechen Kernkompetenzen des Diversifizierers

Energie Entsorgungsmarkt (Beispiel)

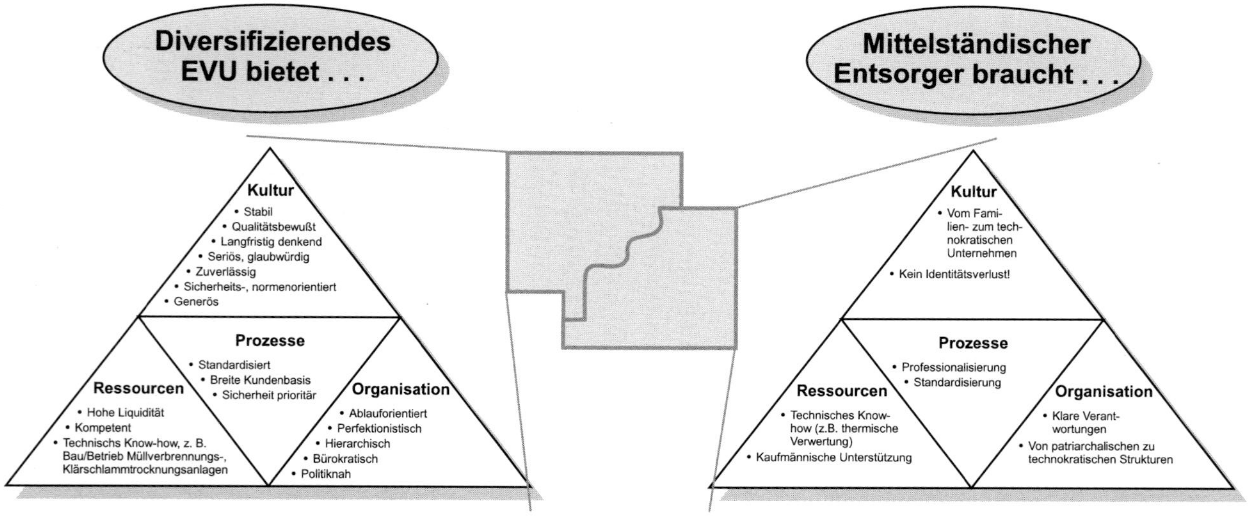

Neue Schlüsselerfolgsfaktoren im Entsorgungsmarkt (Kreislaufwirtschaftsgesetz), z.B.:
- finanzielle Ressourcen für "längeren Atem" nötig
- Prozeßoptimierung (techn., kfm.), Professionalisierung der Strukturen gefordert

Abbildung 2-34

- Die heute noch weitgehend mittelständisch organisierte und Eigentümer-geführte Entsorgungsbranche muß aufgrund neuer Rahmenbedingungen (Kreislaufwirtschaftsgesetz) zu einer Professionalisierung vieler Unternehmensfunktionen (kaufmännische Funktionen, Ablauforganisation, Kontrollsysteme etc.) gelangen. Die teilweise übermäßig technokratischen Unternehmen der Energiewirtschaft können hier die notwendigen Unternehmensfunktionen einbringen (operative Synergien).
- Die veränderten Rahmenbedingungen erfordern aufgrund der Technisierung der Branche und der steigenden Anlagenintensität die Erweiterung der finanziellen Basis der Entsorger mit Mitteln, über die die Versorgungsunternehmen in aller Regel verfügen.

Die Energieversorger werden beim Einstieg in den Entsorgungsmarkt jedoch auch mit Problemen konfrontiert, da die notwendigen Synergien sich nicht immer einstellen. Das kann verschiedene Ursachen haben:

- Der Markteinstieg wurde bzw. wird von der Energiewirtschaft häufig mit einem Akquisitionspreis über Wert bezahlt; dies führt zu Konflikten, wenn die Rentabilitätserwartung nicht erreicht wird.
- Es gibt Diskrepanzen in der Definition des Geschäftes und keine gemeinsame Vision hinsichtlich der künftigen Entwicklung.
- Unterschiede und Gemeinsamkeiten zwischen den Partnern werden nicht gezielt genutzt und Kulturkonflikte nicht aufgearbeitet, sondern die Friktionen führen im laufenden Geschäft zur Ineffizienz.

Erfolgsfaktor Nr. 5: Vermeidung politischer Sonderlasten

Der Aspekt der notwendigen Synergien weist auf ein besonderes Problem hin: Die attraktiv erscheinenden Möglichkeiten in den einzelnen Zielmärkten müssen objektiv bewertet werden. Kooperationen, Beteiligungen und Akquisitionen stehen oft unter dem erheblichen Einfluß situativer Faktoren und Gegebenheiten, wie etwa der persönlichen Motivation einzelner Führungskräfte oder – ein Spezifikum der kommunalen Wirtschaft – den Interessen der Kommune in ihrer mehrfachen Funktion als Anteilseigner, als Kunde und als „Politik“. Der Einstieg der kommunalen Energieversorger in bisher kommunal und nicht selten defizitär geführte Eigenbetriebe – wie etwa Bäder, kommunale Fuhrparks, Parkhausbewirtschaftung etc. – wird häufig unter politischem Druck entschieden, weil er die oft prekäre Finanzlage vieler Städte und Gemeinden erleichtert. Demgegenüber wird der Einstieg in andere, aus Unternehmenssicht zukunftsträchtige Geschäftsfelder – wie beispielsweise das Gebäudemanagement (Facility Management) oder die Telekommunikation – mit kommunalrechtlichen Bedenken erschwert.

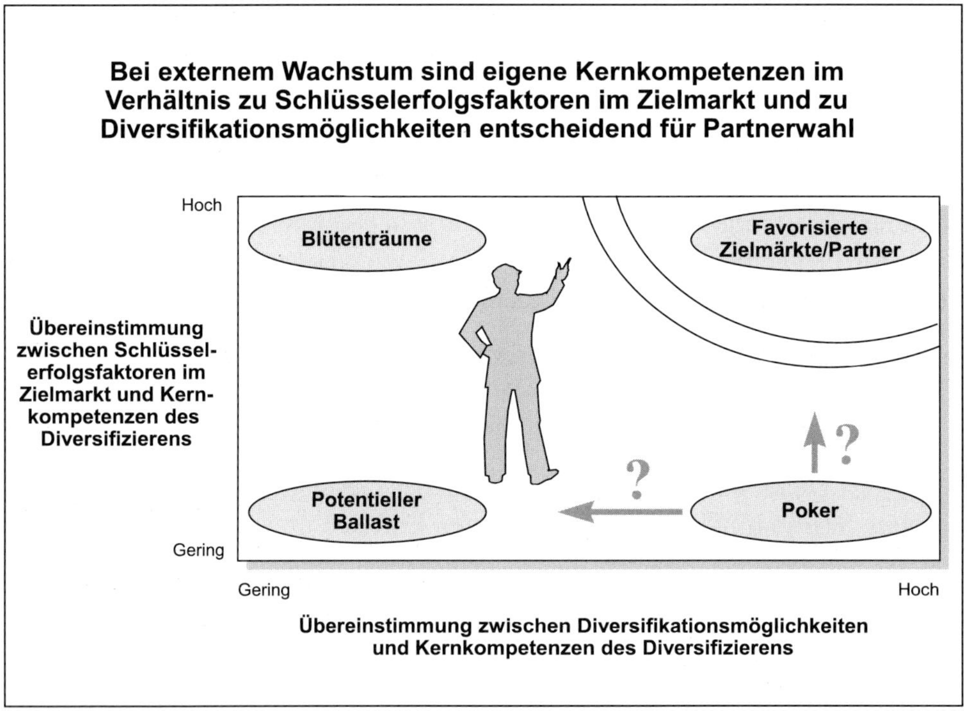

Abbildung 2-35

Abbildung 2-35 faßt diese Überlegungen in der Form einer Entscheidungsmatrix zusammen.[46] Unter den verfügbaren Optionen zu Partnerschaften kommt es darauf an, jene Kooperationen zu identifizieren und systematisch zu erschließen, in denen sich Wertsteigerungspotentiale für beide Seiten realisieren lassen:

46 Vgl. auch Campbell, A., Goold, M., Alexander, M.: Corporate Strategy: The Question for Parenting Advantage; in: Harvard Business Review, Nr. 3/4, 1995, S. 120–132.

- Favorisierte Zielmärkte und Partner finden sich dort, wo die Kernkompetenzen des Diversifizierers mit den Schlüsselfaktoren des Erfolgs im Zielmarkt stark übereinstimmen und gleichzeitig die Möglichkeit zu Partnerschaften mit solchen Unternehmen besteht, in denen der Handlungsbedarf dem eigenen Kompetenzprofil entspricht.

- Potentieller Ballast, also weit vom eigenen Geschäft entfernte Nebengeschäfte ohne strategische Bedeutung, die überdurchschnittlich viele Ressourcen binden, sind als „Wertevernichter" zu vermeiden bzw. aufzugeben.

- „Blütenträume" – also Partnerschaften, die aufgrund zu großer Unterschiedlichkeit zwischen den Fähigkeiten des diversifizierenden Unternehmens und der Problemlage beim Partner wenig chancenreich erscheinen – drohen zu einem Schrecken ohne Ende zu werden; hierzu können auch persönlich motivierte Partnerschaften gehören.

- Besondere Aufmerksamkeit kommt dem „Poker" bei *Potentialen* des externen Wachstums zu, wenn zwar Chancen zur Kooperation existieren, aber große Unterschiede zwischen den Erfolgsfaktoren des neuen Marktes und den Kernkompetenzen des diversifizierenden Unternehmens bestehen. Hier droht die Gefahr, beim „Schnäppchen" zuzulangen, während die Management-Fähigkeit, um die Kooperation zum Erfolg zu führen, nicht vorhanden ist. Ein extremes Beispiel, bei dem für die Energiewirtschaft Chance und Risiko der Diversifikation nah beieinander liegen, ist die Telekommunikation.[47]

Erfolgsfaktor Nr. 6: Kooperationsphilosophie

Hinsichtlich der angestrebten Rolle in der neuen Beziehung ist die gezielte Entwicklung einer Kooperationsphilosophie unabdingbar: Im Falle mehrerer Zielmärkte liegt die Alternative entweder in der Wahl eines Fachpartners pro Diversifikationsfeld oder in der Zusammenarbeit mit einem Systemanbieter. Die Entscheidung hängt vom Selbstverständnis des diversifizierenden Unternehmens, von der gewünschten Kooperationsintensität und den angestrebten (Macht-)Beziehungen ab:

---

47 Vgl. Kapitel 2.4.

- Für die Zusammenarbeit mit einem Fachpartner pro Diversifikationsfeld werden sich Unternehmen entscheiden, die selbst die Systemführerschaft, die Führungsrolle gegenüber dem Kunden und die Dominanz in der Beziehung anstreben.
- Der Einstieg mit einem Kooperationspartner für unterschiedliche Themen und Märkte reduziert die Anzahl der Schnittstellen im Gefüge und kann – je nach Stellung des Partners – den Markteinstieg erleichtern; die Kooperation kann als Dach(marke) für unterschiedliche Themen auf der Grundlage einer im Innenverhältnis entwickelten Vertrauensbasis genutzt werden.

Wenn beispielsweise EVUs in das *Facility Management* einsteigen, so kann dies mit dem in Abbildung 2-36 formulierten Anspruch der strategischen und operativen Führungsrolle verbunden sein.

Facility-Management: wachsender, im Leistungsspektrum heterogener Markt mit Potential der Systemführerschaft für Energieversorger

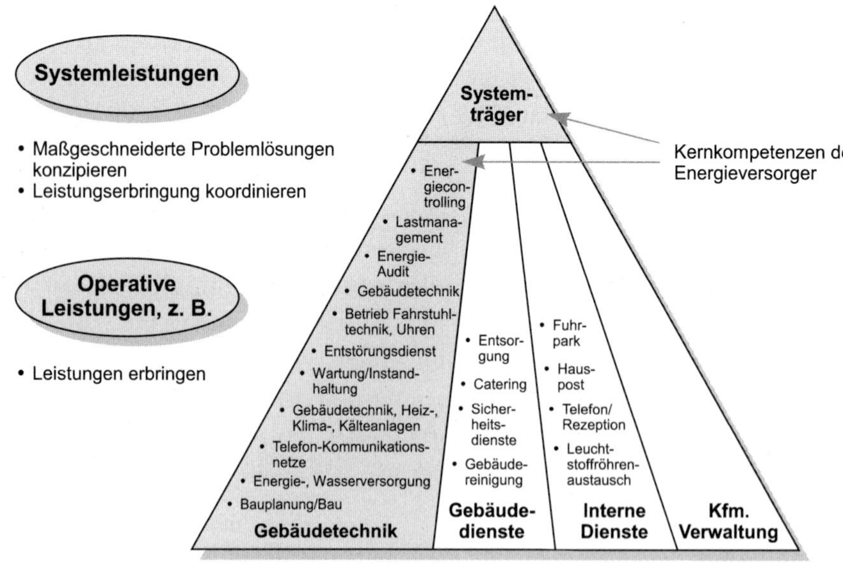

Abbildung 2-36

Diese Überlegungen zur Kooperationsintensität und -entwicklung bilden den Ausgangspunkt für das im folgenden Abschnitt dargestellte Zusammenspiel von internem und externem Wachstum.

Wachstum durch dynamische Synergien

Die Abbildung 2-36 stellt ein Beispiel für einen Zielmarkt dar, das Facility Management, das für Energieversorger unter Umständen ein zeitlich wie inhaltlich weit entfernt liegendes und nur in Bausteinen aufzubauendes Geschäftsfeld sein kann. Es erscheint mit Blick auf die Rentabilitätserwartungen, das Wachstumspotential und die Übereinstimmung mit der strategischen Vision des Unternehmens attraktiv, aber das Gesamtprodukt ist hochkomplex. Um die Erfolgschancen des Markteinstiegs zu steigern, werden systematisch dynamische Synergien aufgebaut, indem zunächst der Einstieg in einen den eigenen Kernkompetenzen näher liegenden (Teil-)Markt als Ausgangsbasis dient und erst dann der Sprung in den eigentlichen Zielmarkt vorbereitet wird, der beispielsweise von der Energieversorgung über Ingenieurdienstleistungen zum Anlagenbau führt.

Im Zeitablauf werden interne Wachstumspotentiale und Partnerschaften genutzt, um die Bausteine des Gesamtangebotes durch gezielte Koordination der eigenen Ressourcen mit denjenigen der Partner zu optimieren. Dabei spielt die vorerwähnte Kooperationsphilosophie eine wichtige Rolle: Diversifikation betrifft dann nicht mehr die Rollenverteilung zwischen einem diversifizierenden und einem übernommenen Unternehmen, sondern erstreckt sich auf die zielgerichtete Entwicklung von Kooperationen unterschiedlichen Bindungsgrades. Je nach Zielmarkt und Art des Geschäftes können Rollen wie die Federführung bei Joint-Ventures, der sichtbare Marktauftritt oder die Leistungserbringung unterschiedlich ausfallen und im Zeitablauf wechseln.

Der Prozeß der Akquisition, der Integration und des internen Aufbaus von Potentialen bringt nicht nur ein neues Produkt oder eine neue Dienstleistung hervor, sondern er berührt die Weiterentwicklung des Unternehmens selbst: Die systematisch gesteuerte Diversifikation fördert das organisationale Lernen und wird zum Motor der Entwicklung von Wachstumspotentialen für das Gesamtunternehmen; sie führt zur Erneuerung der Strukturen und Ressourcen, der Organisation und schließlich der Kultur des Unternehmens (siehe

Abbildung 2-37). Diese Weiterentwicklung des Gesamtunternehmens durch den gezielten Einsatz der Diversifikation stellt die moderne „4-Felder-Wirtschaft der Unternehmensentwicklung“ dar: Interne Ressourcen und externes Potential werden im Sinne einer Portfolio-Planung im Zeitablauf optimiert und miteinander kombiniert.

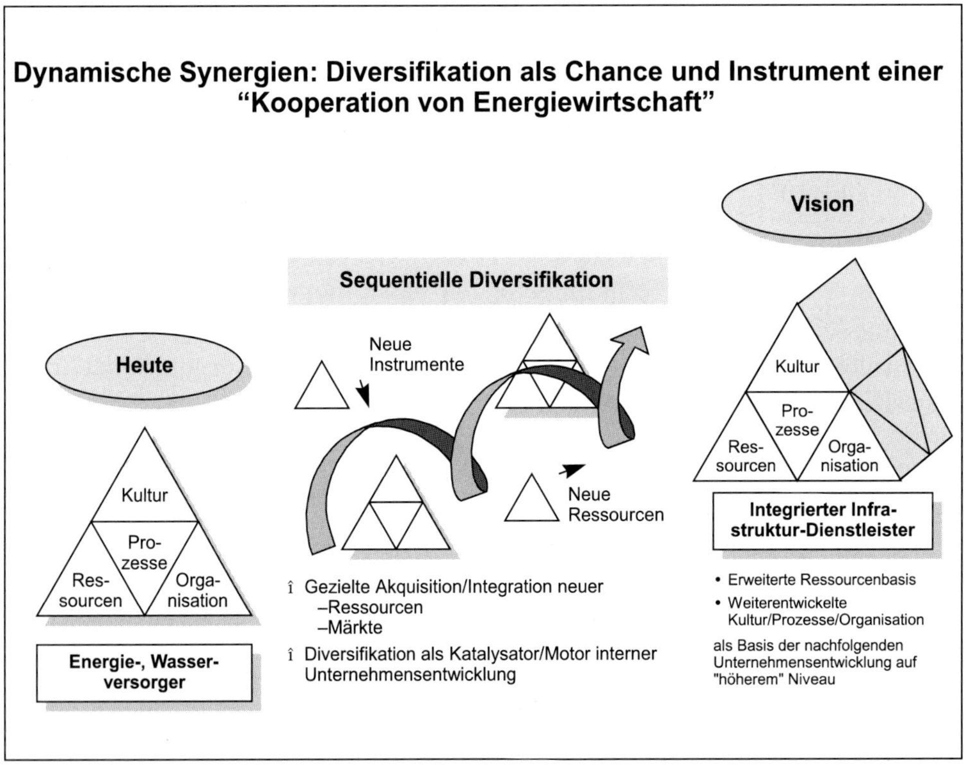

Abbildung 2-37

Ausblick

Diversifikation ist demnach ein Instrument der Unternehmensentwicklung, das im Einklang mit anderen Strategieinstrumenten und unter Beachtung der Ansprüche, wie sie etwa das wertorientierte Management fordert, stehen muß. Sie ist – auf die hier betrachtete Branche bezogen – ein Instrument der kooperativen Energiewirtschaft: Sie hilft, dynamische Synergien in spiralförmigen Phasen zu erschließen, und erzeugt damit nicht nur wachstums-, sondern auch ressourcen-, kultur- und prozeßbezogene Impulse für das eigene Unternehmen.

Das wesentliche Element dieser Strategie ist ihre zeitliche Dimension: Auf Wachstumsphasen, in denen Diversifikation die herausragende Rolle spielt, können und müssen Schritte der Konsolidierung auf höherem Niveau folgen, in denen die Impulse durch organisationales Lernen verarbeitet und internalisiert werden.

Und schließlich bleibt festzuhalten: Diversifikation ist nach wie vor volkswirtschaftlich ein Instrument, die Innovationskraft der Wirtschaft zu fördern – Innovation braucht risikobereite, finanzstarke Marktpartner, die in Wachstumsmärkte investieren.

4. Chancen und Risiken in der Telekommunikation

Basisinnovation und Metamorphose

Die Telekommunikation ist selbst ein Opfer des radikalen Wandels, mit dem sie über die eingangs beschriebene Touristikindustrie hinaus viele Branchen zum Strukturwandel zwingt.[48] Denn anders als es auf den ersten Blick erscheint, ist sie keine reife Industrie mehr, wie die Energiewirtschaft oder Pharmazeutik, sondern nach mehr als einem Jahrhundert klassischer Telefonie wird sie gegenwärtig von einer neuen Basisinnovation erfaßt: der Konvergenz von Computer- und Kommunikationstechnik, in der zahlreiche Faktoren zusammenwirken und die vor allem durch die massenhafte Verbreitung des PC und die Digitalisierung der Übertragung vorangetrieben wird.

Betrachtet man die gegenwärtige Situation der internationalen Telekommunikation als eine Momentaufnahme, so stellt sie sich wie ein Dammbruch dar. Die gesamte Industrie befindet sich in einem Umbruch, der alle Akteure von den Content Providern bis zu den Konsumenten, von den Ausrüstern bis zu den Netzbetreibern, den Diensteanbietern bis zu den Unternehmen gleichermaßen erfaßt. Die Träger des Strukturwandels sind die sogenannten TIME-Industrien: *T*elekommunikation, *I*nformationstechnik, *M*edien und *E*ntertainment.

Die treibenden Faktoren sind zwar hinreichend bekannt, doch vielfach weder in der Tragweite ihrer Auswirkungen verstanden noch gar beherrscht. Zu nennen sind vor allem

- Deregulierung und Liberalisierung,
- Privatisierung und Wettbewerb,
- Globalisierung und Internationalisierung der Märkte,
- Wandel vom Verkäufer- zum Käufermarkt.

48 Vgl. Arthur D. Little (Hrsg.): Management im vernetzten Unternehmen; Wiesbaden 1996.

Diesen treibenden Faktoren stehen bei den etablierten Netzbetreibern retardierende Momente gegenüber: sklerotische Strukturen, politische Auflagen und Verpflichtungen, die unter anderen wirtschaftlichen und gesellschaftlichen Randbedingungen entstanden waren. Und selbst wenn es diese Altlasten nicht gäbe, könnten sich die vormals staatlichen Monopolisten (PTTs)[49] keineswegs frei am Markt bewegen. Denn auch die Investitionsentscheidungen von gestern stellen sich heute zum Teil als Altlasten dar. Und während produzierende Unternehmen seit jeher daran gewöhnt sind, in kurzen Produktlebenszyklen zu denken und diese überdies als Variable anzusehen, die von vielen Faktoren abhängt, muß sich das Management der PTTs erst noch daran gewöhnen, daß sich die Netzlebenszyklen dramatisch verkürzen und die Generationenfolge sich eher den Zeitkonstanten der Computerindustrie angleicht. Dieses Trägheitsmoment, obwohl bekannt, wird gleichwohl weniger offen diskutiert. Niemand schreibt gern vorschnell getätigte Investitionen ab, und dennoch zwingt die rapide technische Entwicklung genau dazu. Die Geschäftsfelder von gestern, teilweise noch die Cash-Cows von heute, drohen schon morgen obsolet zu werden.

Genau hierin liegt auch die Chance der Newcomer gegenüber den früheren Monopolbetreibern. Sie können trotz der ungleichen Ausgangslage erfolgreich in den Wettbewerb treten, weil sie nicht auf die Amortisierung von Altlasten in der Form hybrider Dienstnetze warten müssen, sondern Sprach- und Datendienste sowie Virtual Private Networks von vornherein auf einer einheitliche Plattform aufbauen und anbieten können. Das ist zumindest die positive Sicht der Dinge; denn auch sie sind nicht davor gefeit, in eine Investitionsfalle zu geraten. Den Mischkonzernen, deren Kapitalanlagen oft hinter den Neuankömmlingen stehen, fehlen vielfach über die finanztechnische Abwicklung von Mergers & Acquisitions hinaus das operativ-strategische Know-how und auch die – erfahrungbildenden – Fehlentscheidungen der alteingesessenen Wettbewerber in diesem überaus komplexen Markt. Erfolgreich werden aus dem Strukturwandel nicht unbedingt die finanzkräftigsten unter den Akteuren hervorgehen, sondern diejenigen, die ein Geschäftsmodell über die technischen Hürden bringen können.

---

49 PTT = Post, Telegraph and Telephone, Abkürzung für die früheren Postgesellschaften.

Der globale Markt

Die Telekommunikationsindustrie spielt in der Globalisierung der Wirtschaft eine zweifache Rolle. Sie wird nicht nur wie die anderen Branchen von der zunehmenden weltweiten Verflechtung erfaßt, sondern ist deren Voraussetzung und Folge zugleich. Auf der Basis ihrer weltumspannenden Infrastruktur bildet sie das zentrale Nervensystem der globalisierten Wirtschaft: Sie ist eine *Enabling Technology*.

Die auf den Kommunikationsnetzen aufsetzenden Anwendungen – wie Groupware, Workflow, Data Mining – stellen Schlüsseltechnologien für die Effektivität und Effizienz multinational operierender Unternehmen dar. Umgekehrt profitiert die Telekommunikation von der Globalisierung, da durch die weltweite Verflechtung der Märkte und Produktionsfaktoren das Kommunikationsaufkommen steigt. Als Folge der Deregulierung befindet sie sich daher in einer Win-Win-Situation, in der sie zusammen mit ihren Kunden von der Verflechtung der Geld-, Waren- und Dienstleistungsströme nur gewinnen kann.

Doch es ist absehbar, daß sich auf dem Weltmarkt nur wenige Carrier als Global Player etablieren können. Es zeichnet sich ab, daß diese sich aus den globalen TK-Allianzen um Global One (Deutsche Telekom, France Telecom und Sprint), Concert (BT, MCI) und aus der von AT & T weltweit vorangetriebenen Allianz um World Partners, UniWorld und UniSource herausbilden werden (siehe Abbildung 2-38).

Von den Markterfordernissen her zielen sie mit dem Betrieb globaler Netze und Verbindungen auf dasselbe Geschäftsfeld von Sprach- und Datendiensten im Wholesale-Bereich, mit Wiederverkäufern oder international tätigen Großunternehmen als Endkunden, denen nahtlose TK-Leistungen „aus einer Hand“ angeboten werden sollen. Das Leistungsspektrum ist dabei weitgehend ähnlich und erstreckt sich von der Einrichtung Virtueller Privatnetze (PVNs) in Festnetzen bis zu Internet- und satellitengestützten Diensten (siehe Abbildungen 2-39, 2-40, 2-41). Der Wettbewerb wird sich vor allem über den richtigen Mix, im Service und über den Preis abspielen. Concert bietet schon heute ein umfassendes Produkt-Portfolio, Global One ist die finanzkräftigste Allianz, während World Partners das Bündnis mit der weltweit größten Abdeckung ist.

Nur wenige Carrier werden sich als globale "Player" etablieren können

Globale Telekommunikations-Allianzen

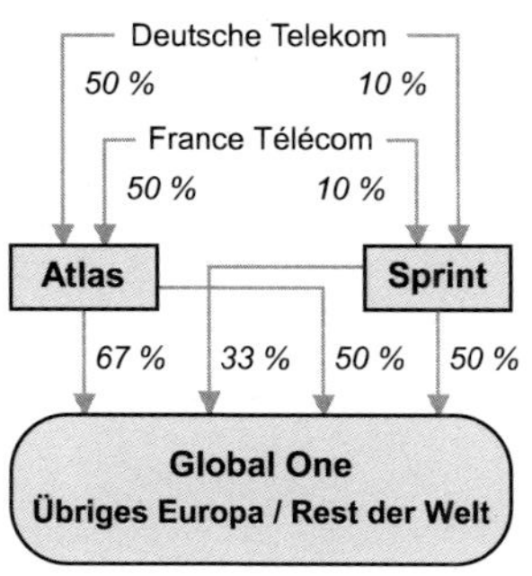

Gründung: 1996

- Bündnis finanzstarker Netzbetreiber (DT AG Nr. 1 in Europa mit 66,1 Mrd. DM Umsatz in 1995) zur weltweiten Vermarktung von Sprach- und Datendiensten
- Sprint zwar nicht stärkster US-Partner, aber gute Ausgangsposition in China
- Kulturprobleme DT und FT

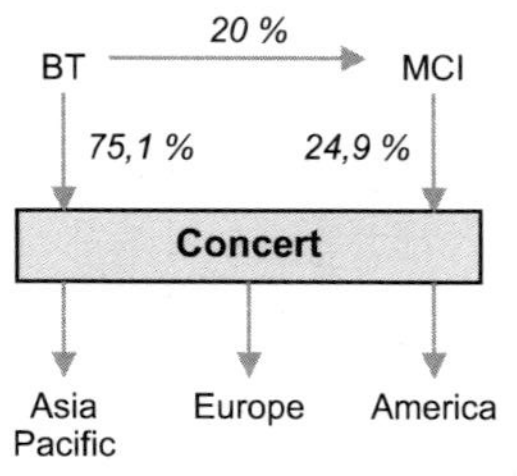

Einigung über Fusion erzielt

Gründung: 1993

- Etablierte Partnerschaft ("12 bis 18 Monate Vorsprung vor Rivalen") mit weltweit einheitlichem Diensteangebot
- Strategische Lücke in Asien
- Fusion: BT will restliche 80 % von MCI übernehmen; Genehmigung der Europäischen Kommission und der FCC notwendig

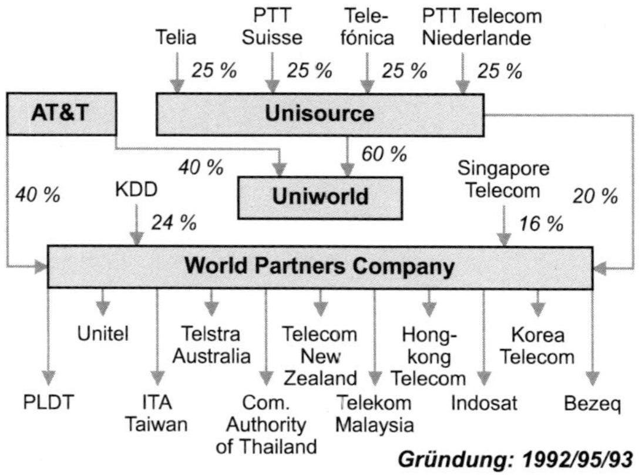

Gründung: 1992/95/93

- Unisource: Komplexe Entscheidungsprozesse infolge hoher Anzahl strategischer Partner
- Unisource: Zusammenarbeit mit SITA (repräsentiert ca. 550 Unternehmen der Luftfahrtbranche) als wichtigem Kunden
- Uniworld: Gute weltweite Abdeckung, aber schwache Stellung in Asien
- World Partners: eher "lose" geführte Allianz zum weltweiten Angebot von TK-Diensten

Quelle: FT, ADL-Analyse

Abbildung 2-38

Global One ist die finanzkräftigste Allianz, Concert bietet schon heute ein umfassendes Produktportfolio

	Anteilseigner	Kennzahlen	Strategische Zielsetzung	Produkte & Dienste
Global One	• Europa (ohne D und F): 2/3 Atlas (1/3 DT, 1/3 FT), 1/3 Sprint • ROW (ohne USA): 50 % Atlas (25 % DT, 25 % FT), 50 % Sprint	• Planumsatz im ersten Geschäftsjahr 1996: 1,2 Mrd. DM • Derzeit 2.900 Mitarbeiter in über 60 Ländern • Planumsatz 2000: 5 Mrd. US$	• Global One soll den größten Teil des multinationalen TK-Geschäfts der drei Mütter übernehmen (Ausnahme, z. B. Mobilfunk) • Primäre Zielkundengruppe: weltweit tätige Großunternehmen • Es werden "nahtlose TK-Leistungen aus einer Hand" angeboten	• Sprach- und Datendienste, z. B.: –Global VPN –Global X.25 –Global Frame Relay –Global Internet –Global VSAT –"Away-from-home services" für Reisende
Concert Plc	• BT: 75,1 % • MCI: 24,9 %	• Umsatz 1996: 43 Mrd. US $ • Ca. 700 Mitarbeiter in neun Ländern • 1996 insgesamt > 3.000 Kunden weltweit • Auftragsvolumen 1,5 Mrd. US $	• Behaupten der Position als Nummer Eins im Markt für globale TK-Dienste für Großunternehmen • Produktmarketing für BT und MCI • Netzumbau und -betrieb • Vertrieb durch MCI (Amerika) und BT (ROW)	• Weltweit einheitliches Diensteangebot, z. B.: –Daten-, Video- und Sprachkommunikation –Virtual Network Service –Packet Services –Frame Relay Service

Abbildung 2-39

World Partners ist das Bündnis mit der weltweit größten Abdeckung, Unisource will führender TK-Anbieter in Europa werden

	Anteilseigner	Kennzahlen	Strategische Zielsetzung	Produkte & Dienste
World Partners	• AT&T: 40 % • KDD: 24 % • Singapore Telecom: 16 % • Unisource: 20 % • Zahlreiche assoziierte Unternehmen weltweit	• Anfangsinvestitionen von 100 Mio. US$, um das Worldsource-Servicespektrum anbieten zu können	• Globale Allianz zur Bereitstellung von internationalen, weltweit einheitlichen TK-Diensten für multinationale Konzerne	• Sprach- und Datendienste, z. B.: –Virtual Network Service –Private Line Data Service –Frame Relay
Unisource	• Telia: 25 % • PTT Swiss: 25 % • PTT Telecom Niederlande: 25 % • Telefonica: 25 %	• 2.000 Mitarbeiter • 300 führende Industrieunternehmen als Kunden	• Ziel, führender Anbieter für TK-Dienste in Europa zu werden • Bereitstellung von paneuropäischen, einheitlichen Diensten aus einer Hand (one local contact) • Betrieb eines pan-europäischen Netzes • Zielgruppe: –große und mittelgroße multinationale Unternehmen - Reisende -	• Sprach-, Daten- und Satellitendienste, z. B.: –Private Network Provision –Frame Relay –Packet Switched (X.25) –Internet Services –LAN Interconnect etc. –Value Added Services für Reisende: Telephone-Cards, Mobilfunkdienste

Abbildung 2-40

Uniworld bindet AT&T in die europäische Partnerschaft Unisource ein

	Anteilseigner	Kennzahlen	Strategische Zielsetzung	Produkte & Dienste
Uniworld	• AT&T: 40 % • Unisource: 60 %	• Kapital: 200 Mio US$ • Mitarbeiter: > 2000 • 300 multinationale Unternehmen als Kunden • Geplante Investitionen: > 1 Mrd. $, vor allem in Infrastruktur	• Bereitstellung von TK-Diensten für multinationale Unternehmen in Europa • Zusammenlegung von AT&Ts und Unisources Daten- und (Business) Sprachdiensten in Europa • Angebot von verbessertem Zugang nach Nordamerika und Asien	• Business Network Services • Satellite Services • Voice Services • Vertrieb von World-Source Services (siehe World Partners) in Europa

Abbildung 2-41

Allen diesen Allianzen ist bislang eine gewisse schwache Stellung in Asien und damit eine strategische Lücke in diesem wichtigen Wachstumsmarkt zu attestieren. In dieser Hinsicht wird von Bedeutung sein, mit welcher der globalen Allianzen sich die japanische NTT verbündet. Offen ist des weiteren, welche strategische Richtung Cable & Wireless nach dem Scheitern der Gespräche mit BT einschlagen wird; C & W hat in Asien eine recht starke Position.

Der deutsche Markt

Auch im nationalen Kontext ist derzeit völlig offen, wer sich von den Herausforderern der Deutschen Telekom AG in dem dynamischen Telekommunikationsmarkt behaupten wird. Die Wettbewerbslandschaft ist nicht schon so festgelegt, wie es häufig dargestellt wird, und das derzeitige Setup an Allianzen ist nicht als gefestigt anzusehen: Alles ist in Bewegung, jeder redet mit jedem, und nach wie vor sind weitere Partnerwechsel und neue Konstellationen denkbar.

Der nach weit gediehenen Verhandlungen Ende 1996 überraschend erfolgte Schwenk der RWE Telliance vom Bündnis mit der Viag und BT in die

Partnerschaft mit Veba und Cable & Wireless, aus der dann – wiederum überraschend – Anfang 1997 C & W ausschied, ist dafür nur ein Symptom. Der Zuschlag der Telekommunikationsaktivitäten der Deutschen Bahn AG (DBKom) hat die Position von Mannesmann zweifellos gestärkt. Demgegenüber hat die Thyssen Telecom AG, die bei der Vergabe der DBKom-Beteiligung das Nachsehen hatte, bisher nicht die notwendige kritische Masse erreicht, um aktiv das Marktgeschehen gestalten zu können und zu einem Full Service Provider mit eigener Netzinfrastruktur zu werden. Definitiv geschwächt hat der Ausstieg der RWE die Stellung der Viag Interkom, die hierzulande zwar als Retailer der internationalen Concert-Dienste zweier gestandener Netzbetreiber, BT und MCI, auftritt, wobei aber fraglich ist, ob ihr die Muttergesellschaft, ein Mischkonzern ohne Managementerfahrung auf dem TK-Markt, die nötige Unterstützung bieten kann (siehe Abbildung 2-42).

Wer wird sich gegenüber der Deutschen Telekom behaupten?

	Umsatz	Beschäftigte
ARCOR		
Mannesmann	**34,9 Mrd. DM**	**123.000**
Unternehmensbereich Telekommunikation Mannesmann Mobilfunk GmbH Mannesmann Eurocom GmbH Communications Network International GmbH	2,7 Mrd. DM	3.204
DBKom GmbH		**6.500**
AT&T	**114,2 Mrd. DM**	**302.000**
VIAG Interkom		
VIAG	**41,9 Mrd. DM**	**84.000**
Viag Interkom GmbH	k. A.*	290
BT	**32,4 Mrd. DM**	**135.000**
o.tel.o		
RWE	**63,6 Mrd. DM**	**137.000**
RWE Telliance AG	320 Mio. DM	700
VEBA	**72,4 Mrd. DM**	**125.000**
Vebacom GmbH	370 Mio. DM	1.500
Thyssen Telecom		
Thyssen	**39,1 Mrd. DM**	**97.000**
Thyssen Telecom AG	66,0 Mio. DM	230
BellSouth	**25,6 Mrd. DM**	**87.000**

jeweils Geschäftsjahr 1994/95 bzw 1995

* 1995 nur Rumpfgeschäft Mai - Dezember

Abbildung 2-42

Die neuen Rahmenbedingungen, wie sie in Deutschland mit dem Telekommunikationsgesetz (TKG) als vorerst letztem Meilenstein bis zur Freigabe der Telefondienste ab 1998 geschaffen wurden, bewirken eine Dekonsolidierung der Marktmacht der Deutschen Telekom AG, die auf dem Gebietsmonopol beruhte. Die Deregulierung führt zu einer asymmetrischen Risikoverteilung. Es ist einfache Mathematik, daß selbst bei optimaler Strategie in den verschiedensten Geschäftsfeldern, der bisherige Monopolbetreiber mit dem Auftreten potenter Konkurrenten nur Marktanteile verlieren kann, während diese unter der gleichen Voraussetzung nur gewinnen können. Da der Kommunikationsmarkt insgesamt wächst, handelt es sich zwar nicht um ein Nullsummenspiel, doch ob das Marktwachstum ausreichen wird, den Schrumpfungsprozessen zu entgehen und die Anteilsverluste auszugleichen, bleibt abzuwarten.

Alle "New Entrants" möchten gegen die Telekom mit breitem Service-Spektrum antreten - Haupt-"Battlefield" werden Telefondienst und Geschäftskunden sein

Wettbewerbs-dimension	ARCOR	o.tel.o	VIAG Interkom	Thyssen Telecom
Where to compete?	• Mobilfunk (D2) (nat./int.) • Corporate Networks (CNI) • Bid für DB Kom Ý'98: Massenmarkt	• Mobilfunk (E-Plus) • Festnetz-Angebote (Meganet) • VAS; Multi-Media • Kabel-TV • Satelliten (Iridium) • Ausgewählte Kunden/ Regionen • National/Europ.	• Festnetz (national) • Corporate Networks (TB&D) • Datenfunk und Funkruf (GfD, Miniruf) • E2	• Mobilfunk (E-Plus) • CN, VANS Multimedia • Telefondienst ab '98 • GK und PK
How to compete?	• Preiswettbewerb • Value Added Services • Kombi-Angebote (Festnetz - D2)	• Preiswettbewerb • Full Service Range • Kunden-/branchen-orientiert • E-Plus?	• Preiswettbewerb • Full Service Range • Internationale Services • E2	• Excellence in Service Provision/Customer Care • Preiswettbewerb • VAS • E1
How to enter market?	• Gründung Eurokom/ Vebacom Netzgesellschaft • Ausbau D2-Marktposition in Verbindung mit Festnetzangeboten	• Vereinbarungen mit DB Kom; Mannesmann zur gemeinsamen Infrastrukturnutzung	• Gemeinsame Netzgesellschaft • Vertriebsgesellschaft Talkline	• TSO (Telecom Service Operator, ohne eigene Infrastruktur) • Intelligent Services

Abbildung 2-43

Bisher ist eine Positionierung der Newcomer auf dem Telekommunikationsmarkt nur in Ansätzen erkennbar. Sie wollen gegen die Telekom mit einem ähnlich breiten Dienstespektrum antreten (siehe Abbildung 2-43); die hauptsächlichen Geschäftsfelder sind erklärtermaßen die lukrativen Geschäftskunden, der Telefondienst und die erwarteten Multimedia-Dienste über das Internet. Die Wettbewerbslandschaft begünstigt zwar Unternehmen, die über die nötige Finanzkraft und einen ausgeprägten kommerziellen Ansatz verfügen, doch es ist zweifellos leichter, von mehreren Milliarden Investitionsabsichten zu sprechen, als diese tatsächlich operativ umzusetzen und dabei dem Risiko wirtschaftlicher Fehlengagements zu entgehen.

Die kritischen Faktoren und Schauplätze

Die gesamte Industrie – insbesondere die alten und neuen Netzbetreiber – wird sich auf geringere Gewinnmargen ausrichten müssen. Ein eindrucksvolles Beispiel liefern die Luftfahrtunternehmen, deren Deregulierung der Telekommunikation ein Jahrzehnt voraus ist; Schätzungen zufolge haben sie durch die Liberalisierung seit 1990 insgesamt 16 Milliarden Dollar Umsatzeinbußen hinnehmen müssen. Dem Kommunikationsmarkt steht ähnliches bevor, denn erstens müssen sich mehr Betreiber das Marktvolumen teilen; zweitens entwickelt sich die Nachfrage nach neuen Diensten, wie zum Beispiel Bildtelefonie und Videokonferenzen, sehr viel langsamer als erwartet; und drittens besteht ein großer Teil der Zuwächse in einigen Geschäftsfeldern auf Substitutionseffekten etablierter Dienste. Hierfür sind die wesentlich preisgünstigeren Sprachdienste über Datennetze und insbesondere die Telefon- und Faxdienste über das Internet markante Beispiele.

Kurzfristig – und darin liegt das Problem – kann nicht davon ausgegangen werden, daß die Nachfrage nach neuen Diensten automatisch das Angebot übersteigt, eine Situation, die sonst für monopolartige Strukturen im allgemeinen typisch ist. Die Telekommunikation wandelt sich vom Verkäufer- zum Käufermarkt. Um den Kunden muß gekämpft werden. Marketing, Vertrieb, Flexibilität, Service und Support sind die Operationsfelder des Managements von Innovation und Wachstum.

Die weitere Entwicklung des Weltmarkts läßt sich nicht von dem Geschehen auf den nationalen Märkten trennen. Die erste Phase der Globalisierung – die

Einkaufstour in der ersten Hälfte der neunziger Jahre, als viele Netzbetreiber sich finanziell auf den Märkten Osteuropas, Asiens und Lateinamerikas engagierten und dabei nicht unbedingt einer strategischen Logik folgten – ist vorüber. Die Dekonsolidierung der Heimatmärkte durch neue Wettbewerber bindet Management-Kapazität und wird wiederum viele Carrier veranlassen, ihre Direktinvestitionen zu überprüfen. Kurzfristig wird sich zeigen, welche der Auslandsaktivitäten vom Return on Investment her tragfähig sind und welche allzu opportunistisch mehr vom Anlagewunsch getragen als von den Realitäten des Marktes gedeckt waren. Die Prioritäten vieler Carrier werden im Zweifel eher auf dem Heimatmarkt liegen als in der Beteiligung an einem schlecht geführten früheren Staatsbetrieb, der selbst im Begriff ist, sein Telefonmonopol zu verlieren. Es hat sich gezeigt, daß die limitierende Größe des Wachstums die begrenzte Zahl von Know-how-Trägern ist, die solche Investments operativ zum Erfolg führen können.

Globalisierung bedeutete des weiteren Direktinvestitionen in euphorisch so genannte „Strategische Allianzen". Doch nur in wenigen Fällen gehen sie bisher über finanztechnische Operationen hinaus und integrieren tatsächlich die Erfolgsfaktoren, die für weltweit operierende Telekommunikationsunternehmen bestimmend sind: technologische Kompetenz und deren Übersetzung in am Kunden orientierte Geschäftsmodelle. Das Beispiel Daimler-Benz hat die Gefahren einer M & A-Strategie deutlich aufgezeigt, wenn die Anlageentscheidungen nicht substantiell aus dem operativen Geschäft untermauert sind und dann im ungünstigen Zeitpunkt auf veränderte wirtschaftliche Rahmenbedingungen stoßen.[50]

Die Globalisierung ist mit enormen Investitionsrisiken verbunden. Die Investitions*zwänge* sind offensichtlich, denn die Öffnung der IuK-Märkte ist ein irreversibler Prozeß. Die Kunst, unter Zwang *richtig* zu investieren, beherrscht nur, wer die Prozesse der Strukturbildung in dieser Übergangsphase verstanden hat.

Dabei haben es die global operierenden Unternehmen der Telekommunikation zwangsläufig mit vielen Kulturen zu tun, und dies nach innen wie nach außen. Die Vielfalt der durch Akquisition erworbenen oder in ausländischen Kulturkreisen gegründeten Firmen muß in die eigene Corporate Identity

50 Vgl. Abbildung 2-30.

integriert werden und gleichwohl die örtlichen Gegebenheiten achten: „Think globally, act locally". Cross-Cultural Management ist eine gewaltige Herausforderung. Sie zu bewältigen markiert den entscheidenden Schritt von der Repräsentanz zur Präsenz auf den Zielmärkten.

Durch die Globalisierung entstehen – im organisatorischen Sinne – Subnetze im Unternehmen, deren Struktur es zu optimieren gilt. Eine Balance muß gefunden werden zwischen den notwendigen strategischen Entscheidungen, die in aller Regel zentral getroffen werden, und einer gewissen Autonomie des operativen Geschäfts vor Ort. Die Verlagerung der Entscheidungsebene auf lokale und regionale Einheiten wirkt nicht nur motivierend und damit leistungssteigernd, sie sichert auch die erforderliche Flexibilität im Umfeld der örtlichen Unternehmenskulturen.

Die Hemmnisse sind mentale Barrieren, monolithische Sozialisation und mangelnde Aufgeschlossenheit. Abhilfe kann nur Cross-Cultural Hiring schaffen – auf allen Ebenen von der Werksleitung bis zur Vorstands- und Aufsichtsratsbesetzung. Der erfolgreiche Global-Manager bringt ein neuartiges Sozialisationsprofil mit; mehrsprachig und kosmopolitisch, Auslandserfahrung als Bürger und als Entscheider in einem Unternehmen sind die notwendigen Attribute. Ein Prüfstein des Wandels wird es sein, wenn die Berufung eines *Gaijin* an die Spitze eines japanischen, oder eines Japaners zum Vorstand eines deutschen Unternehmens keine Schlagzeilen mehr macht, weil ein solcher Vorgang für die Kultur des betreffenden Unternehmens zum Normalfall geworden ist.

Wettbewerb im Ortsnetz

Der neuralgische Punkt des Wettbewerbs im Volumengeschäft mit Privatkunden sowie kleinen und mittelständischen Unternehmen bleiben die Ortsnetze, der Local Loop oder das Access Network. Etwa 70 Prozent der Infrastrukturkosten eines Full Service Networks entfallen auf den Teilnehmerbereich. Hier hängt alles von der Zugangstechnik ab. Die Alternativen sind:

- ISDN,
- höherratige Digitalanschlüsse auf Telefonleitungen (ADSL),
- hochratige Digitalanschlüsse über das Breitband-Kabelnetz (CATV),
- hybride Glasfaser/Koaxialkabel-Netze (HFC),

- Glasfaser-Teilnehmeranschlüsse (FTTH),
- drahtlose Ortsanschlußtechnik (WLL).

Wenngleich noch längst nicht alle Teilnehmer ihre Endgeräte umgerüstet haben, so ist das ISDN-Netz (in Deutschland) heute Standard. Es hat die richtige Architektur und ermöglicht Punkt-zu-Punkt-Verbindungen für die interaktive Kommunikation mit Übertragungsraten bis zu 2 x 64 kbit/s. Für Multimedia-Anwendungen reicht das jedoch nicht aus. Das Kabelnetz zur Fernsehverteilung (CATV) ist zwar breitbandiger, doch gestattet seine Architektur (bisher) keine interaktiven Dienste. Schier unbegrenzte Übertragungskapazität bietet der Teilnehmeranschluß per Glasfaser (fiber to the home, FTTH); diese Technik ist damit zwar zukunftssicher, doch dieser Vorteil wird durch die deutlich höheren Kosten aufgewogen (siehe Abbildung 2-44).

Die technischen Optionen und ihre Kosten[1)]

Anschlußtechnik	Kosten[2)]
fiber-to-the-home (ftth)	2.050
ADSL	1.800
WLL (DECT)	1.000
WLL (GSM/DCS 1800)	800
ISDN	1.000

1) Ovum Ltd./Communications Week International, eigene Zusammenstellung
2) Installationskosten pro Anschluß in US $, unter der Voraussetzung eines Produktionsvolumens von mindestens einer Million Anschlüsse

Abbildung 2-44

Angesichts der ungewissen Nachfrage (siehe Abbildung 2-45) haben daher praktisch alle Netzbetreiber ihre Pläne aufgegeben, oder zumindest vertagt, die Haushalte und Geschäfte mit der Glasfaser zu verkabeln; so auch die japanische NTT, die noch Anfang der neunziger Jahre angekündigt hatte, bis zum Jahre 2010 das Teilnehmernetz vollständig auf die optische Übertragung umzustellen – ein Programm, dessen Kosten sie auf 340 Milliarden Dollar veranschlagte.

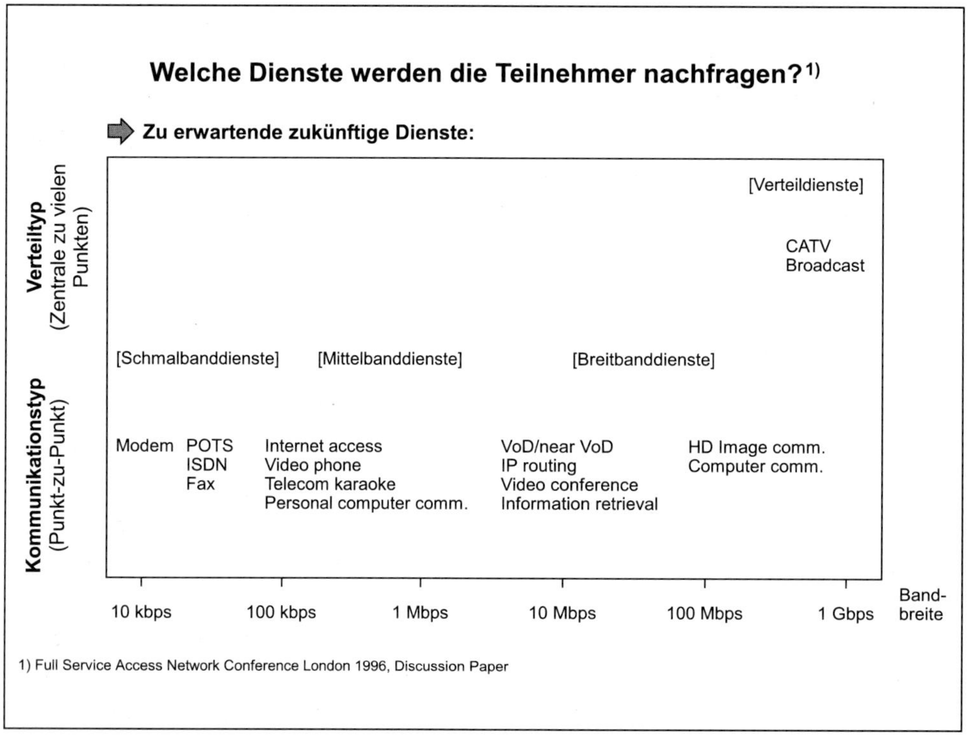

Abbildung 2-45

Ganz aus dem Rennen ist die Glasfaser jedoch nicht; sie dringt nur langsamer zum Teilnehmer vor. Ausrüster und teilweise auch Netzbetreiber propagieren derzeit hybride Glasfaser/Koaxialkabel-Netze (hybrid fiber-coax, HFC), bei denen die Lichtwellenleiter im Zubringernetz – teils bis zur Straßenkante – eingesetzt und die Teilnehmer von dort aus über die herkömmlichen Breitband-Kupferkabel versorgt werden. Wenn bei steigenden Anschlußzahlen oder seitens der Dienste und Endgeräte eine größere Übertragungskapazität gefordert ist, kann der optische Teil des Anschlußnetzes sukzessive zu den Teilnehmern hin ausgedehnt werden und es wird auf diese Weise ein „gleitender" Ausbau bis zu FTTH möglich. Allerdings sind HFC-Netzarchitekturen und -Systemkomponenten bisher nicht standardisiert, und ihre Wirtschaftlichkeit – auch im Vergleich zur „großen" Lösung FTTH – ist umstritten.

Als Einstiegsfenster der neuen Netzbetreiber in den Wettbewerb wurde bisher der „Wireless Local Loop" (WLL) angesehen, bei dem Funksysteme für die Verbindung zur Ortsvermittlungsstelle sorgen. Hierfür bieten sich mit DECT, GSM und CDMA drei verschiedene Techniken an. Mit dem Mobilfunksystem GSM ließe sich die erforderliche Kapazität hinsichtlich Qualität und Bandbreite (64 kbit/s) nur schwerlich schaffen; das DECT-System der schnurlosen Telefonie wurde von der Thyssen Telecom erprobt und lieferte hinsichtlich der Kosten ebenfalls ernüchternde Ergebnisse.[51] Bei beiden Techniken liegt das Problem darin, daß sich mit 64 kbit/s keine Wettbewerbsvorteile gegenüber dem ISDN-Festnetz erzielen lassen. Sobald der Trend zu mehreren Hausanschlüssen und zum komfortableren Surfen im Internet anhält, wird die fehlende Ausbaufähigkeit zu größerer Übertragungskapazität ein gravierender Nachteil im Wettbewerb.

Die CDMA-Technik verspricht zwar größere Bandbreiten auf der Funkschnittstelle (144 kbit/s – 2 Mbit/s und mehr), doch bisher sind die Systeme proprietär, und über die Teilnehmeranschlußkosten liegen noch keine Erkenntnisse vor. Ob demnach die drahtlose gegenüber der drahtgebundenen Anschlußtechnik eine auf Dauer tragfähige Alternative bietet, erscheint eher zweifelhaft. Die Gefahr, zum jetzigen Zeitpunkt in eine Investitionsfalle zu geraten, ist beträchtlich. Sie dürfte sich erst verringern, wenn im Zuge der Standardisierungsarbeiten des Universal Mobile Telephone System (UMTS) zur angestrebten Konvergenz von Fest- und Mobilfunknetzen konkretere Vorstellungen vorliegen, womit vor dem Ende des Jahrzehnts allerdings kaum zu rechnen ist.[52]

In technischer Hinsicht „Zwischenlösungen" vor der Einführung optischer Teilnehmeranschlüsse (FTTH) stellen ADSL und Kabelmodems dar. Bei ADSL (Asymmetric Digital Subscriber Line) handelt es sich um eine fortgeschrittene Digitaltechnik, die auf den herkömmlichen Telefonleitungen des Fernsprechnetzes Bitraten bis ca. 6 Mbit/s – also das 50fache im Vergleich zu ISDN – erzielt. Mit Kabelmodems lassen sich ungenutzte Frequenzreser-

51 Vgl. Funkschau, 7/1997.
52 Vgl. Funkschau, 4/1997.

ven der CATV-Verteilnetze mit mehr als 300facher ISDN-Kapazität (ca. 40 Mbit/s) für die interaktive Sprach- und Datenkommunikation verwenden.

In England, dem mit der Liberalisierung der Telekommunikation am weitesten fortgeschrittenen Land in Europa, sind die beiden größten Kabelnetzbetreiber Telewest und Nynex bereits 1991 in den Telefonmarkt eingestiegen und haben seither 3,5 Millionen Telefonkunden gewonnen, deren Zahl sich monatlich um 60 000 vergrößert, wobei der Wettbewerb vor allem über den Preis stattfindet. Hierzulande befindet sich das Kabelnetz[53] mit Ausnahme von Hausverteilanlagen fest in der Hand der Deutschen Telekom. Im politischen Raum mehren sich daher die Stimmen – sicherlich auch unter dem Einfluß der Wettbewerber –, die eine Aufspaltung der Telefon- und Kabelnetz-Aktivitäten in unabhängige Unternehmen verlangen.

Tatsache ist, daß die Bündelung den Wettbewerb ausschließt und von der Telekom in der Tat niemand erwarten kann, daß sie freiwillig in die Kabeltelefonie investiert, womit sie nur Umsatzverlagerungen, aber keine Umsatzsteigerungen erzielen könnte. Der angelsächsische Telekommunikationsmarkt befindet sich in dieser Hinsicht in einer günstigeren Position; in den USA werden bereits Kabelmodems für interaktive Breitband-Internet-Anwendungen angeboten. Die Dynamik, die von dieser Entwicklung ausgehen wird, sollte nicht unterschätzt werden. Im Dezember 1996 haben Nokia und Hewlett-Packard eine Vereinbarung über den Vertrieb des HP Quickburst Kabelmodems in Europa getroffen.

Kurz- und mittelfristig wird für die neuen Wettbewerber im Ortsnetz viel von der praktischen Durchführung des Zugangs zu den bestehenden Festnetzen abhängen. In der Netzzugangsverordnung (NZV), die am 1.10.1996 in Kraft trat, werden marktbeherrschende Unternehmen – praktisch die Deutsche Telekom AG – verpflichtet, Wettbewerbern einen diskriminierungsfreien Zugang zu ihren Einrichtungen zu ermöglichen. Diese haben einen Anspruch auf einen allgemeinen Netzzugang über Anschlüsse, die für sämtliche Nutzer bereitstehen (Ortsanschlußnetz), auf besondere Anschlüsse (zum Beispiel Breitbandzugänge), wobei diese „entbündelt“ zur Verfügung gestellt werden müssen; und auf die Zusammenschaltung von Netzen. Dabei wird ausdrücklich die Möglichkeit vorgesehen, daß zum Zwecke der Netzzusammenschal-

53 16,7 Millionen Teilnehmer bei 24,9 Millionen anschließbaren Haushalten (von 37,4 Millionen insgesamt).

tung technische Einrichtungen des einen Betreibers in den Räumlichkeiten des anderen Betreibers untergebracht werden (physische Kollokation).

Darüber hinaus führt das TKG die freie Wahl des Verbindungsnetzbetreibers ein. Alle Betreiber öffentlicher TK-Netze werden verpflichtet, bis zum 1.1.1998 die notwendigen Voraussetzungen zu schaffen, daß die Kunden in Deutschland ihren Verbindungsnetzbetreiber frei wählen können. Sie sollen sich dabei grundsätzlich auf einen bevorzugten Betreiber festlegen, können für einzelne Verbindungen aber auch auf einen anderen Anbieter umsteigen – einfach durch die Wahl einer entsprechenden Kennzahl (Call-by-Call Selection).

Die bisherige Handhabung durch die Telekom läßt nicht darauf schließen, daß es in der nächsten Zeit zu fairen Wettbewerbsbedingungen im Ortsanschlußbereich kommen wird. Namentlich im Kabelfernsehnetz ist das Entbündeln nach der NZV auch ungleich schwieriger als im Telefonnetz und läßt sich aufgrund der Architektur nicht teilnehmerspezifisch, sondern allenfalls nach Versorgungsgebieten bewerkstelligen. Der Netzzugang ist jedoch eine entscheidende Voraussetzung für die Implementierung alternativer Techniken und damit der Differenzierung im Leistungsangebot.

Die neuen Strukturen

Charakteristisch für die gegenwärtige Situation ist die unglaubliche Dynamik, mit der sich der Markt auf vielen Ebenen gleichzeitig entwickelt. Betroffen sind

- Endgeräte (Terminal Equipment),
- Ausrüster Hardware,
- Ausrüster Software,
- Zugangsnetze (Access Networks),
- Transportnetze und globale Backbones (Core Networks, Global Backbones),
- Anwendungsdienste (Application Services),
- Substanzanbieter (Content Provider).

In dieser multiplen Dynamik haben dedizierte und fokussierte Unternehmen die besten Aussichten. Modularität und Flexibilität sind die Erfolgsparameter. Hybrid-Konzepte, etwa als Hersteller von Endgeräten und Systemtechnik, mögen in Einzelfällen Märkte abstützen und hilfreich sein.[54] Da jedoch Cross-Ownerships und Kreuzverflechtungen, soweit sie sich auf die operative Geschäftsführung erstrecken, generell eher hinderlich sind und keine Marktvorteile bieten, bedarf das Produktportfolio der ständigen Überprüfung.

Denn statt Synergien stellt sich häufig eine Inhouse-Konkurrenz ein und wird zum Innovationshemmnis, weil intern kein Geschäftsbereich den anderen kannibalisieren darf und die mögliche Wertschöpfung aufgrund alternativer und verbesserter Kundenangebote deshalb unterbleibt. Dafür gibt es zahlreiche Beispiele. Die Öffnung von T-Online (vormals Btx bzw. Datex-J) zum Internet entwertet die Angebote des eigenen Online-Dienstes; sie wurde daher nur defensiv auf Druck des Marktes betrieben. Desgleichen ist nicht zu erwarten, daß die Deutsche Telekom aus eigenem Antrieb das Kabelnetz für Sprach- und Datendienste öffnen wird, zieht sie doch damit nur Kunden aus dem ISDN-Netz ab.

Die Ausrichtung auf den Markt, und die Erkenntnis, daß allzu disparate Geschäftsfelder auch zu Managementproblemen in der Realisierung von Wachstumspotentialen führen, sowie die Erfahrung, daß die doppelte Funktion als Netzbetreiber und als Ausrüster von den Kunden nicht honoriert wird und zu Zielkonflikten führt, bewog AT & T 1995, das Unternehmen aus freien Stücken einer Zellteilung zu unterziehen. Der Name AT & T steht seither nurmehr für den weltweit operierenden Netzbetreiber; die Hardware-Aktivitäten wurden zusammen mit den Bell Labs in die „Lucent Technologies" überführt, und die vormalige AT & T Global Information Systems tritt wieder unter dem alten Namen NCR als unabhängiges Computer- und Systemhaus an den Markt. Unterm Strich war mit der Operation eine Verschlankung um 40 000 Mitarbeiter verbunden.

Dagegen ist die Deutsche Telekom AG geradezu das Gegenmodell eines vertikal und horizontal integrierten Unternehmens. Ganz in der Tradition des staatlichen Monopolisten ist die Diversifizierung im Zuge der Privatisierung eher noch verstärkt betrieben worden. Anders als in den USA ist hierzulande auch das Kabelnetz in der Hand des ehemaligen Staatsbetriebs und (Noch-)

54 Ein Beispiel ist die Firma Motorola, die Chips, Handys sowie Mobilfunksysteme herstellt und derzeit ein Satellitenfunknetz (Iridium) aufbaut.

Monopolisten, und mit zahlreichen Beteiligungen und Tochterunternehmen ist er auf allen Ebenen tätig: von Global One bis zum Online-Dienst (T-Online), von der Software-Entwicklung (Multimedia Software GmbH) über den Dekoder-Markt für digitales Fernsehen (Multimedia-Betriebsgesellschaft) bis zum Content (Klassik Radio). Ein weiterer Baustein in dem Mosaik ist die 40 Prozent-Beteiligung an dem Pay-TV-Dienstleister Digital Broadcasting Service (DBS), gemeinsam mit Bertelsmann (40 Prozent) und debis (20 Prozent). Allein die Tochter DeTe-Immobilien beschäftigt 11 000 Mitarbeiter, die 32 000 Liegenschaften bewirtschaften. Synergiegewinne werden sich aus solch einer Struktur schwerlich ableiten lassen; sie sind bisher nicht einmal zwischen Mobil- und Festnetzen erkennbar.

Im Strukturwandel wird heute jedes Unternehmen auf dem Telekommunikationsmarkt mit der Frage konfrontiert: „What business are we actually in?" Die Antwort, und damit Positionierung, wird sich an den Dimensionen

- Marktdefinition (international, national),
- Kundendefinition (Massenmarkt, Named Accounts/High Profile Accounts/ Multinationals),
- Vertriebsansatz (branchenfokussiert, branchenneutral, Wholesaler, Retailer),
- Wertschöpfung (Ausrüster, Systemtechnik/Infrastruktur, Netzbetrieb, Mehrwertdienst),
- Produkt- und Dienstespektrum

orientieren müssen.

Auf der Ebene der Netz- und Mehrwertdienste wird der Wettbewerb durch die neuen Anbieter zu einer Flurbereinigung der historisch gewachsenen vertikalen und horizontalen Integration führen und neue Formen der Funktionsteilung am Markt hervorbringen:

- Global Mega Carrier,
- Service Provider,
- Access Provider,
- Content Provider.

Die *Content Provider* – die klassischen Fernsehsender, Filmgesellschaften, Verlagshäuser, Nachrichtenagenturen – sind nur insofern betroffen, als eigene Distributionskanäle und der Besitz an Leitungsnetzen keinen Marktvorteil verschaffen. Proprietäre Netze sind kein Alleinstellungsmerkmal.[55] Umgekehrt macht es für Netzbetreiber keinen Sinn, selbst als Content Provider aufzutreten. Die Gesetze auf diesem Teilmarkt sind andere, und der Wettbewerb ist groß genug, als daß Großkonzerne als Newcomer gegen die spezialisierten Anbieter eine Chance hätten oder eine Nische füllen könnten.

Unter den Content Providern werden sich neben den großen Konzernen der Medienindustrie die kleinen Anbieter behaupten – sowohl als Vorproduzenten der großen Unternehmen wie auch auf dem Endkundenmarkt. Die differenzierten Vertriebsmöglichkeiten der elektronischen Netze – Broadcast, Multicast, Pointcast – verflachen die Distribution zu Lasten des Zwischenhandels. Die marktbeherrschende Stellung der Medienimperien wird sich weniger aus der Kontrolle der Vertriebswege und des Zugangs zu einem Massenpublikum ableiten, sondern die komparativen Vorteile liegen künftig eher in den Möglichkeiten teurer Produktionen sowie des Marketing im großen Stil und der Bedienung des Massengeschmacks. Daß „die monolithischen Imperien der Massenmedien in eine Vielzahl von Heimindustrien zerfallen", wie dies Nicholas Negroponte annimmt,[56] ist kaum zu erwarten. Die Nischenprovider aber können – im Prinzip – ihr globales Publikum auch direkt erreichen; anders als über die nicht-elektronischen Produktionsstufen und Vertriebswege können sie künftig bei entsprechender Nachfrage die Vorteile einer „Economy of Scale" sehr viel leichter realisieren.

Im Bereich der Transportnetze werden wenige *Global Mega Carrier* das Marktgeschehen bestimmen. Ihre Kernkompetenz liegt im weltweiten Betrieb von Fernnetzen hoher Kapazität, die sich auf terrestrische und maritime Glasfaserkabel sowie Satellitenfunkstrecken für den internationalen Fernverkehr stützen. Diese Wholesale-Carrier, insgesamt werden es wohl kaum mehr als ein halbes Dutzend sein, kristallisieren sich bereits aus den Allianzen mehrerer leistungsstarker PTTs heraus.

Daneben wird es eine Reihe international operierender *Service Provider* geben, deren Kerngeschäft im Betrieb großer Corporate Networks und in Systemlösungen aus einer Hand besteht. Im Kern bilden sie sich um die heute neu in den Telekommunikationsmarkt drängenden Investoren herum. Enge

---

55 Für den Burda-Verlag war das Engagement bei Europe Online in dieser Hinsicht eine schmerzliche Erfahrung.

56 Vgl. Negroponte, N.: Being Digital; New York 1995.

Bindungen, Allianzen und Cross-Ownerships mit einem Megacarrier zur Absicherung des internationalen Geschäfts sind nicht ungewöhnlich.

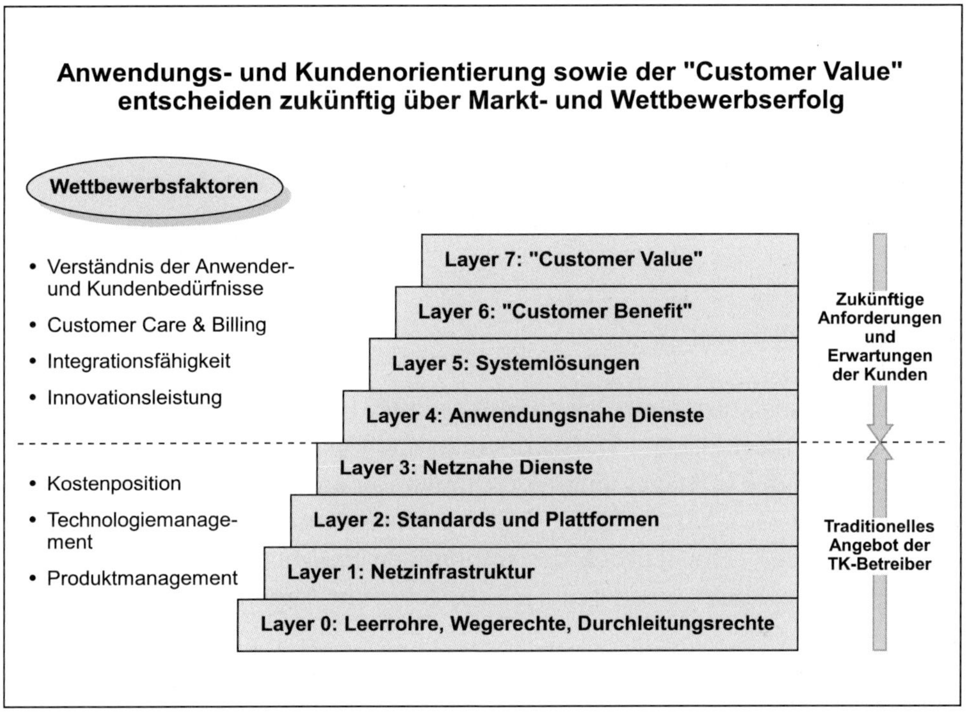

Abbildung 2-46

Auf nationaler und regionaler Ebene wiederholt sich diese Aufspaltung von Transport- und Dienstfunktionen, wobei es auch hier in der Anfangsphase zu Überlappungen kommen kann. Es wird *Access Provider* geben, deren Kompetenz im Betrieb der unterschiedlichen Ortsnetz-Infrastrukturen liegen wird, wobei möglicherweise unterschiedliche Unternehmen mit dem Zugang über Wireless Local Loops, die klassischen Zwei-Draht-Anschlußnetze und die Kabelnetze um den Endteilnehmer konkurrieren werden. Daß die „letzte Meile" aus den nationalen PTT-Netzen abgespalten und eigenständigen Betreibern übertragen werden soll, ist den Regulierern bereits vorgeschlagen worden;[57] möglicherweise wird sich diese Funktionsteilung jedoch ohnehin

57 Vgl. Economist Intelligence Unit, Report P512: Telecoms Regulation in Europe – a Barrier to Building the Information Superhighway; London 1996.

am Markt einstellen, und teilweise existiert sie ja schon in Gestalt der privaten Betreiber von Hauskabelanlagen und Telefon-Nebenstellenanlagen.

Die weitgehende vertikale und horizontale Integration in der Telekommunikation ist eine Altlast, die sich nur historisch erklären läßt, und wird im Wettbewerb zunehmend dysfunktional. Die Welt von morgen sieht anders aus: Die komparativen Wettbewerbsvorteile werden sich aus der Entbündelung des Produktspektrums und der Optimierung der Wertschöpfung durch den Bezug der kostengünstigsten Vorleistung am Markt ergeben (siehe Abbildung 2-46).

Kundenorientierung

Das sich neu strukturierende Wettbewerbsumfeld und die im Abschnitt zuvor beschriebenen technischen Determinanten und Optionen sind aber lediglich die Bausteine des Managements von Innovation und Wachstum. Die daraus abzuleitenden Geschäftsmodelle müssen letztlich die Frage klären: „Was will der Kunde?" Hinsichtlich des Endkunden im Massengeschäft fällt die Antwort relativ leicht, wenn man sich zunächst vor Augen führt, was er nicht will:

- technische Einstiegshürden überwinden oder Bedienungsanleitungen studieren,
- Ausfallzeiten und Warteschlangen,
- für jeden Dienst einen anderen Anbieter vorfinden,
- unüberschaubare Tarifstrukturen und Gebührenzähler im Sekundentakt,
- mit komplizierten Abrechnungsmechanismen oder Rechnungen unterschiedlicher Betreiber konfrontiert werden,
- sich unzählige Geheimnummern merken müssen.

Positiv ausgedrückt: Die Kommunikation soll reibungslos funktionieren, überschaubar preisgünstig sein, jeden Dienst zu jeder Zeit an jedem Ort ermöglichen, und der Zugang soll nach Möglichkeit in einer vertrauten Systemumgebung (Virtual Home Environment) erfolgen.

Für Mobil- und Festnetzbetreiber gilt gleichermaßen, daß mit anspruchsvolleren Diensten die Transaktionskosten der Komplexität steigen. Im Umkehrschluß heißt das, je einfacher die Netzarchitektur, desto größer ist der komparative Wettbewerbsvorteil für den Betreiber. Die Ultima Ratio bildet die völlige Aufhebung der Kundenbindung an einen bestimmten Netzbetreiber.

Denn die Einführung von Electronic Cash[58] – etwa in Form einer Prepaid-Card oder auch von Netzgeld – wird den Point-of-Sale in der Telekommunikation drastisch verändern. Wo mit Electronic Cash bezahlt wird, brauchen keine Nutzerkonten geführt zu werden, und insbesondere im Mobilfunk kann der gewaltige administrative Overhead zur weltweiten Authentisierung der Teilnehmer entfallen: keine Rechnungen, also auch kein Rechnungswesen; keine Außenstände, und folglich auch keine schlechten Kunden. Mit Electronic Cash wird die Abwicklung in die Hände der Dienstleister gelegt, die seit fünfhundert Jahren Erfahrung mit Zahlungsrisiken haben, den Banken.

Doch einfache Lösungen haben ihren Preis. Heute schon haben die Mobilfunkbetreiber mit einer hohen Kundenfluktuation (Customer Churn) zu kämpfen; die Kunden sind auch mobiler in der Wahl ihres Betreibers geworden. Die Fluktuationsraten steigen; in den USA belaufen sie sich derzeit *monatlich* auf 2 bis 4 Prozent. Für den Wettbewerb im Festnetz sind ähnliche Tendenzen zu erwarten, und mit Electronic Cash wird es möglicherweise überhaupt keinen Churn mehr geben, sondern nur noch „Laufkundschaft", weil die Kundenbindung dann nicht mehr auf dem Abonnementmodell beruht. Der Teilnehmer hat *jederzeit* die freie Wahl, und er wird sie nach dem Maß seiner Zufriedenheit treffen – eine Herausforderung für jeden Betreiber.

Das Dilemma: Halten die Telekoms am Abonnement-Modell mit den entsprechend höheren Transaktionskosten fest, wird der Markt Wettbewerber hervorbringen, die dieselbe Leistung aufgrund günstigerer Kostenstrukturen preiswerter anbieten können. Langfristig ist der Trend zu einfacheren Netzstrukturen nicht aufzuhalten. Wo Angebot und Nachfrage dem freien Spiel der Kräfte überlassen sind, konvergieren sie ins Optimum.

---

58 Vgl. Sietmann, R.: Electronic Cash. Der Zahlungsverkehr im Internet; Stuttgart 1997.

5. Vom Ein- zum Dreiteiler – Globalisierung in der Textilindustrie

Peter Littmann

Dreimal Herrenkonfektion: Boss, Hugo und Baldessarini; darüber hinaus Lizenzprodukte wie Schuhe, Bodywear, Brillen, Kosmetika und jetzt Uhren; Engagement in der Formel 1, im Tennis, im Golf, aber auch in der Kunst – kein Zweifel, Hugo Boss hat in den letzten Jahren seine weltweite Präsenz massiv verstärkt. Mehr noch: Hugo Boss war der erste deutsche Hersteller für Herrenmoden überhaupt, der sich auf den Laufsteg in Mailand wagte. Und dieser Premiere im Januar 1996 folgten im Laufe des Jahres weitere in New York und Hongkong.

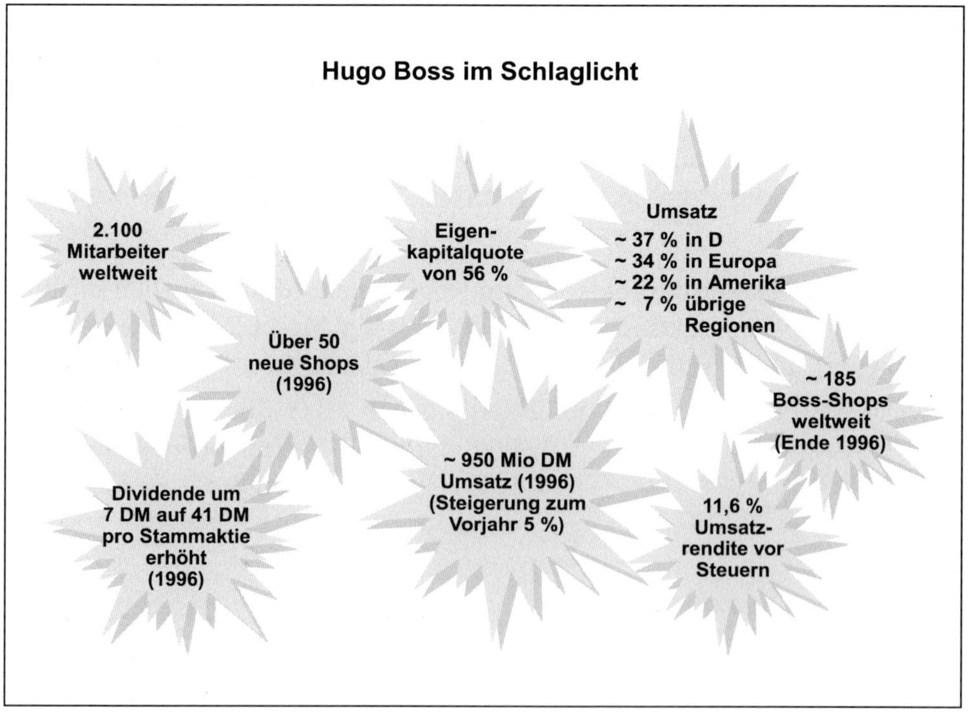

Abbildung 2-47

Hugo Boss hat sich auf den Weg gemacht, zu Weltmarken wie Armani, Jil Sander oder Calvin Klein aufzuschließen. Lebensgefühl und Marketing sind hierbei die Erfolgsfaktoren. Und wie die Zahlen belegen, ist Boss im Gegensatz zu vielen anderen Textilherstellern hierfür bestens ausgestattet (siehe Abbildung 2-47).

Die jüngste Erfolgsgeschichte des ursprünglich auf die Herstellung von Arbeitskleidung spezialisierten Unternehmens begann 1993, initiiert durch eine neue Geschäftsleitung, mit dem neuen Markenkonzept.

Ein neues Markenkonzept

In den achtziger Jahren reflektierte das Hugo-Boss-Image den damaligen Zeitgeist: Grenzenloser Hedonismus regierte die Yuppie-Generation, allein die Kenntnis von Preisen war schon ausgesprochen imageschädigend. Über Geld sprach man nicht, man hatte es einfach – und wer es hatte, trug Boss. So ungefähr sah damals das Weltbild der Boss-Träger aus. Dieses Image vertrug sich nicht mehr mit dem Wertewandel in den neunziger Jahren. Denn plötzlich waren Karriere und Geld nicht mehr alles, Individualität nahm einen höheren Stellenwert ein, und die Konsumenten entwickelten auch wieder Preisbewußtsein. Hugo Boss mußte darauf reagieren. Ein neues „Schnittmuster", nämlich die Dreiteilung der Marke Hugo Boss, war die Folge. In nur zwei Monaten entwickelten wir Boss, Hugo und Baldessarini. Was die drei Marken vornehmlich voneinander unterscheidet, ist primär das Lebensgefühl, das sie verkörpern (siehe Abbildung 2-48).

Diese Differenzierung nach Lebensgefühl bzw. nach Zielgruppen verhindert, daß es zu einer Kannibalisierung im eigenen Hause kommt – eine Gefahr, die vor allem dann droht, wenn das Hauptunterscheidungsmerkmal der Preis ist. In der Hugo-Boss-Strategie spielt der Preis eine weniger relevante Rolle; billige Produkte gibt es nicht, Exklusivität ist das herausragende Produktmerkmal, und demzufolge steht Massenfertigung nicht zur Diskussion.

Heute klingt das alles einleuchtend. Doch damals, 1993, verabschiedete sich Hugo Boss radikal von einem mehr als 20 Jahre alten Erfolgsrezept, nämlich dem der einen Marke. Darüber hinaus ging es dem Unternehmen – noch – nicht schlecht, auch wenn es höchste Zeit zum Handeln war, denn die ersten Anzeichen der Abwanderung von Kunden tauchten bereits am Horizont auf.

Jetzt im Dreiteiler

BOSS
HUGO BOSS

- Mode für den Business-Mann
- 800 Mio DM Umsatz 1995
- + 7 % Zuwachs im 1. HJ 1996
- Vertreten in über 80 Märkten

HUGO
HUGO BOSS

- Selbstbewußte, ausgefallene Mode für Individualisten
- 29 Mio DM Umsatz 1995
- + 67 % Zuwachs im 1. HJ 1996
- Vertreten in 30 Märkten

Baldessarini
HUGO BOSS

- Exklusive Männermode für höchste Ansprüche
- 14 Mio DM Umsatz 1995
- + 32 % Zuwachs im 1. HJ 1996
- Vertreten in 27 Märkten

Abbildung 2-48

An drei Fäden in der Boss-Strategie gezogen

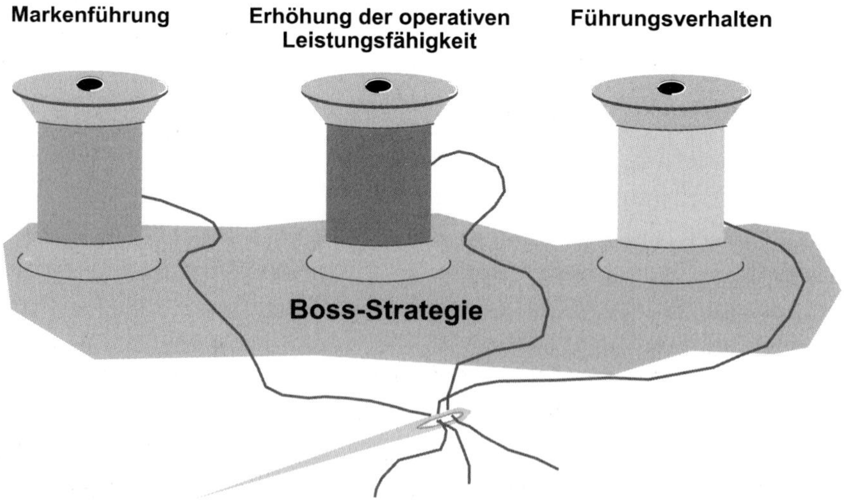

Abbildung 2-49

Des weiteren war der Zeitpunkt für einen Wandel auch insofern günstig, da die italienische Marzotto-Gruppe gerade die Aktienmehrheit der Hugo Boss AG erworben hatte. Rückblickend ist hier festzuhalten, daß das Splitting von einer in drei Marken nur deshalb so gut gelang, weil wir es *ganzheitlich* angingen. Das heißt, daß wir in der Boss-Strategie an drei Fäden zogen (siehe Abbildung 2-49)

Markenführung

„Wer Boss trägt, ist Boss“, so war das Image von Boss in den achtziger Jahren, das sich direkt an den erfolgreichen und karriereorientierten Geschäftsmann adressierte. Nicht angesprochen fühlte sich hingegen die junge Generation – und diese wollten wir gewinnen, wenn auch nicht auf Kosten der bisherigen Kundengruppe. Was also tun? Eine Marke für drei Zielgruppen hielten wir für keine glückliche Lösung. Es kann nicht gut gehen, wenn unter einer Marke die Preise für ein Sakko zwischen 490 DM und 2 000 DM liegen: Zu groß ist das Risiko, daß der Neukunde zum Boss-Schnäppchenjäger wird, daß sich das gesamte Kaufverhalten nur noch am Preis orientiert, daß dadurch unsere bisherigen Kunden nicht mehr das Gefühl der Exklusivität haben und zur Konkurrenz abwandern.

Um dieser Entwicklung konsequent vorzubeugen, ist Hugo Boss in *drei Marken* aufgeteilt, die wiederum auf je eine Zielgruppe zugeschnitten sind:

- Die Hauptmarke *Boss* für Geschäftsmann, der in puncto Mode up to date sein will, ohne sich dabei auf trendbedingte Experimente einzulassen.
- *Hugo* für die jüngere, trendbewußte Generation.
- *Baldessarini* – benannt nach dem Chefdesigner aller drei Marken – für den kaufkräftigen Mann, der Wert auf Exklusivität legt.

Hieran wird deutlich, daß die Kundensegmentierung nach dem *Lebensgefühl* erfolgt und eben nicht nach dem Preis. Letzteres ist die Strategie, die man beispielsweise bei italienischen Designern findet: Giorgio Armani als Nobelmarke und Emporio Armani – um eine der mittlerweile fünf Submarken zu nennen – für jene, die sich Giorgio nicht leisten können oder wollen; Versace im Hochpreissegment, Versus im – vergleichsweise – Niedrigpreissegment.

Die Markenführung ist so ausgerichtet, daß wir vermeiden, uns auf einen ganz bestimmten, eindeutig definierten Lifestyle festzulegen. Denn wenn dieser sich ändert, entstehen die Probleme. Insofern ist für Hugo Boss weniger der Lifestyle als vielmehr das vermittelte Lebensgefühl wichtig. Dabei setzen wir auf eine *globale Kommunikationsstrategie*, die einerseits auf dem gefestigten Image der Dachmarke Hugo Boss und andererseits auf der langjährigen Firmentradition aufbaut.

Die *Werbekampagne* separiert die drei Marken. Zunächst in Zusammenarbeit mit einer Werbeagentur (Bartle, Bogle, Hegarty), jetzt in Eigenregie, transportieren Starfotografen und Starmodels das jeweilige Lebensgefühl. Mit unseren *Sponsoraktivitäten* sind wir in Sport und Kunst präsent: im Tennis, in der Formel 1 und im Golf. Dadurch erreichte die Marke Hugo Boss weltweit einen hohen Bekanntheitsgrad und war in Schanghai beispielsweise schon ein Begriff, bevor dort das erste Geschäft eröffnete. Auch in unserer Partnerschaft mit dem Guggenheim-Museum sollen die Werte symbolisiert werden, mit denen wir uns identifizieren – Exklusivität, Dynamik, Erfolg und Leistung.

Erhöhung der operativen Leistungsfähigkeit

Um die Leistungsfähigkeit zu steigern, galt es zunächst, Ineffizienzen auszuräumen. Hierzu haben wir alle Zulieferer überprüft, durch Auslagerungen nach Osteuropa Kosten gesenkt und auch – das war unvermeidbar – Stellen abgebaut. In Zahlen ausgedrückt: 1992 erwirtschafteten 3 072 Mitarbeiter einen Nettogewinn von mehr als 44,2 Millionen DM; demgegenüber erzielten 1995 nur noch 2 100 Mitarbeiter einen Nettogewinn von 58 Millionen DM. Heute werden bei Boss täglich ca. 10 000 Hosen und Sakkos angeliefert und auf Qualität überprüft. Absolute Lieferzuverlässigkeit gegenüber unseren Händlern ist hierbei ein unantastbares Gesetz.

Führungsverhalten

Wer sich von einer über 20 Jahre währenden Strategie verabschiedet, muß bei der Belegschaft mit Widerständen rechnen. Um hier von vornherein gegenzusteuern, setzten wir auf die unternehmensweite *aktive Einbindung* der Belegschaft. Nachdem wir zwei Monate mit den Holy-Brüdern zusammengearbeitet und mit drei Vorstandskollegen ein Grobkonzept für die Marktsegmentierung entwickelt hatten, luden wir am 2. Dezember 1993 ca. 80 Mitarbeiter zu einem eintägigen Workshop ein. Ihnen stellten wir das neue Konzept vor und forderten sie auf, es zu detaillieren. Das hieß, ein Profil für die drei Marken zu erarbeiten, die Distribution zu gestalten, drei (!) Kollektionen bereitzustellen, eine Werbekampagne zu entwickeln usw. – also schlicht, den drei Marken Leben einzuhauchen und das Erarbeitete dann umzusetzen. Die hierfür gebildeten Teams vertraten die Auffassung, für diese Aufgaben bräuchten sie mindestens ein Jahr. Soviel Zeit stand definitiv nicht zur Verfügung. Sie schafften es dann in nur 90 Tagen, so daß wir bereits im Sommer 1993 für jede Marke eine Kollektion vorstellen konnten.

Der wesentliche Motor, um diese unglaubliche Leistung zu erreichen, war die *Motivation* der Mitarbeiter. War die Belegschaft zunächst überrascht, als sie von dem Dreimarkenkonzept erfuhr, wandelte sich diese Überraschung schnell in Begeisterung. Hierfür gab es zwei Hauptgründe: Erstens hatten sie die Meinung der gesamten Branche gegen sich, in der niemand glaubte, daß uns dieser „Coup“ gelingen würde: das erzeugte ein großes „Wir“-Gefühl in der Belegschaft. Zweitens konnten die Mitarbeiter die neuen Marken aktiv mitgestalten, das heißt, ihre Ideen, Vorstellungen und Wünsche in die Teamarbeit einbringen und das Design der Marken selbst übernehmen.

Gerade der zweite Punkt setzt ein verändertes Führungs- und Rollenverhalten voraus. So etwas funktioniert nur, wenn man auch „loslassen“ kann und zuläßt, daß die Mitarbeiter selbständig arbeiten. Das ist wesentlich leichter gesagt als getan: So glaubt die Führungskraft vielfach, sie könne und wisse viel, und ein guter Rat hier und da beschleunige einfach die Arbeit – zumal wenn man, wie wir, unter großem Zeitdruck steht. Andererseits suchen die Mitarbeiter auch oft die Hilfe „von oben“; bisher wenig oder gar nicht gewohnt, eigene Entscheidungen zu fällen, neigen sie dazu, entsprechende Aufgaben zurückzudelegieren. Hier wiederum ist die Führungskraft gefordert: Sie muß dies durchschauen, die Rückdelegation vermeiden, aber ohne den Mitarbeitern das Gefühl zu geben, sie mit ihren Problemen allein zu lassen.

Heute dem Einbruch trotzen

Die deutsche Textilindustrie macht seit einigen Jahren hauptsächlich durch negative Schlagzeilen auf sich aufmerksam (siehe Abbildung 2-50). Magere Umsätze, flaue Konjunktur und eine starke D-Mark haben die Branche in ernste Schwierigkeiten gebracht.

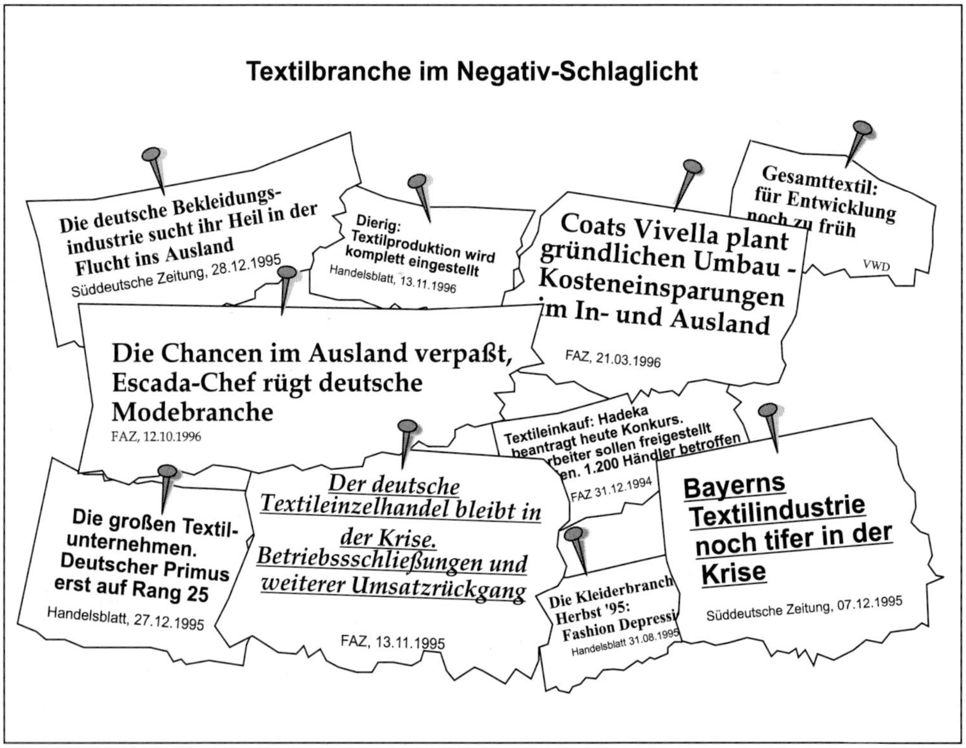

Abbildung 2-50

Bei Boss ist von all dem nichts zu spüren. Im Gegenteil: Die Aktie steht über dem Dax (siehe Abbildung 2-51).

Inzwischen steht Boss für mehr als Herrenkonfektion. Lizenzprodukte wie Kosmetik, Schuhe, Brillen und Uhren erfreuen sich einer hohen Nachfrage und tragen dazu bei, daß Hugo Boss zu einem Synonym für Exklusivität geworden ist.

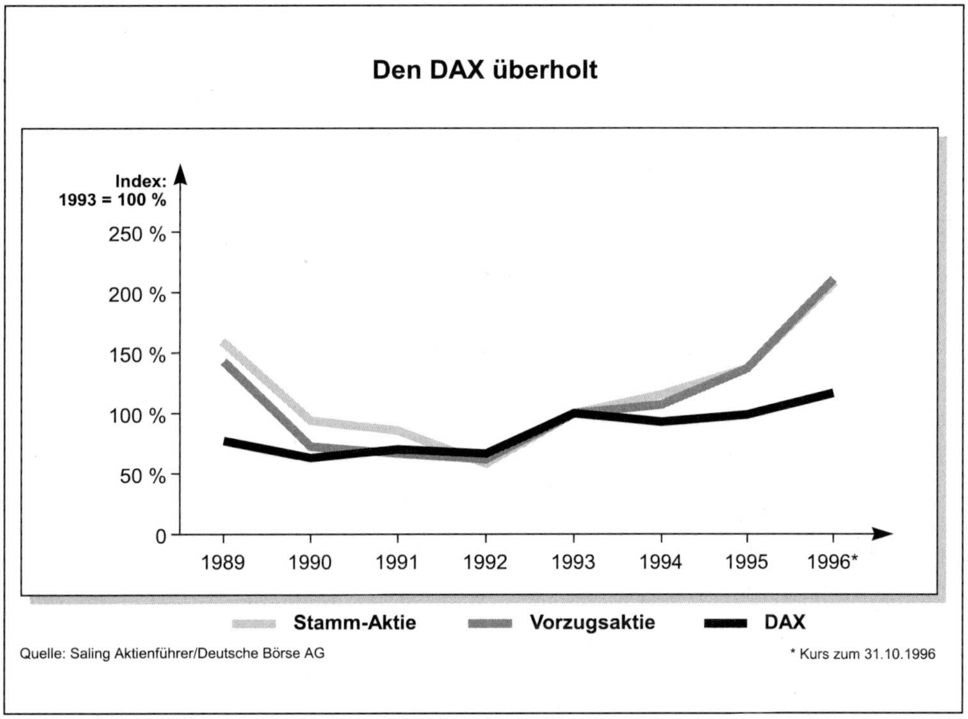

Abbildung 2-51

„Don't imitate, innovate"

Unser Werbeslogan für Hugo verkörpert die Hugo-Boss-Philosophie. Derjenige, der das Altbekannte, Vertraute hinter sich läßt, um neue, unbekannte Wege zu gehen, muß zwei Hürden nehmen, um Erfolg zu haben: Er muß seine eigene Angst vor dem Risiko überwinden, und er muß die Unsicherheit und Angst seiner Mannschaft ausräumen können – in dieser Reihenfolge.

Die eigene Angst überwinden

In den wenigsten Unternehmen mangelt es an innovativen Ideen – ganz im Gegenteil: Über das, was man ändern könnte, haben nicht nur die meisten Führungskräfte, sondern auch die Mitarbeiter gute und oft recht konkrete Vorstellungen, ganz gleich, ob es sich hierbei um Markenkonzepte, Qualitätsmanagement oder um neue Organisationsstrukturen handelt. Eine wesentlich größere Unsicherheit als beim „Was" besteht hingegen beim „Wie": Wie sollen Veränderungen umgesetzt werden, wie ist sicherzustellen, daß die

Neuausrichtung auch greift? Die Frage „Was wäre, wenn ...?" kann helfen, die Entscheidung abzusichern. Aber hier lauert eine große Gefahr: Diese Frage kann dazu führen, daß der Entscheidungsprozeß verzögert, manchmal sogar regelrecht verschleppt wird.

Auf der Suche nach der perfekten Lösung wird die Vorstellung des Nichtfunktionierens zum Alptraum, und das Ausmalen der möglichen negativen Konsequenzen führt bisweilen zum gänzlichen „Stop". Dann ist ein Projekt begraben, bevor es überhaupt das Licht der Welt erblickte. Sicherlich ist dies in vielen Fällen berechtigt, doch nicht selten spielen hierbei weniger sachlich-fachliche Gründe als vielmehr der emotionale Faktor der Angst vor dem Versagen eine Rolle. Doch das Suchen nach Absicherung, der Ehrgeiz, jedes Risiko ausschalten zu wollen, wirkt wenig innovationsförderlich. Es begünstigt allenfalls die Imitation, mit der man von den Erfahrungen eines anderen profitieren will. Doch ohne Risiko gibt es kaum Erfolg. Deshalb ist zu überlegen, welcher Denkansatz sich langfristig mehr auszahlt: Sich darauf zu konzentrieren, wie sich die Risiken ausschalten lassen, oder aber abzuwägen, ob die Chance das Risiko rechtfertigt.

Das letztere Prinzip haben wir bei Boss angewandt. Wir bauten darauf, daß unser Dreimarkenkonzept sich durchsetzen würde. Wissen konnten wir das freilich nicht. Garantien hatten wir natürlich auch keine, aber wir hatten den Mut, das Risiko einzugehen – und wurden belohnt; das Risiko hat sich ausgezahlt. Doch was, wenn es schief gegangen wäre? Die Angst davor konnten wir nicht komplett ausschalten; aber wir haben sie überwunden.

Die Angst vor dem Versagen ist hier in Deutschland stark ausgeprägt und eines der größten Innovationshemmnisse. Als Versager gilt derjenige, dessen Vorhaben mißglückt. Er muß befürchten, gebrandmarkt und ausgestoßen zu werden, falls es ihm nicht gelungen ist, für sein Vorhaben die notwendige Unterstützung zu gewinnen. Im schlimmsten Fall wird er gefeuert, und nicht selten droht dann gesellschaftliche Diskriminierung und das Ende der Karriere. Angesichts solcher Perspektiven werden wohl die wenigsten auf der Durchsetzung einer Innovation ohne weiteren Rückhalt im Unternehmen beharren. Doch stehen dann oftmals die unternehmerischen Interessen hinter den persönlichen zurück. Andererseits sind die Neuerungen, für deren Umsetzung im Unternehmen Konsens besteht, vielfach keine echten Innovationen, sondern führen das Gestern und Heute nur leicht modifiziert weiter fort.

Hieran wird deutlich, daß das Überwinden der eigenen Angst eng mit der Reaktion des Umfeldes verknüpft ist.

Die Angst der Mannschaft ausräumen

Versteht man Innovation als echte Neuerung und nicht als bloße Imitation oder marginale Veränderung, liegt eine der schwersten Herausforderungen darin, seine Mannschaft für sie zu begeistern. Unter „Mannschaft" ist dabei nicht nur die Unternehmensführung, sondern auch das mittlere Management und die Mitarbeiter zu verstehen. Sie zu überzeugen, daß das Risiko den Einsatz lohnt, daß der bisherige Kurs geändert werden muß – und zwar radikal –, ist Schwerstarbeit, wenn es sich um echte Innovationen handelt.

Die Menschen hängen an Vertrautem, an dem, was sie kennen, weil sie glauben, dies besser berechnen zu können als das Neue, Unbekannte. Dementsprechend sind bei Innovationen die Widerstände – und damit die Zahl der mahnend erhobenen Zeigefinger – groß. Prinzipiell gibt es vier Möglichkeiten zu agieren, die wiederum nicht nur das unternehmerische, sondern direkt auch das persönliche Umfeld beeinflussen:

- Es gelingt, die Mannschaft für seine Innovation zu gewinnen, ihre Ängste auszuräumen, aber auch die Risikobereitschaft zu forcieren.
- Man einigt sich auf einen von allen vertretenen Konsens.
- Man begräbt die Pläne völlig.
- Man setzt sich über alle Widerstände rigoros hinweg und beharrt auf seinem Vorhaben.

In den drei ersten Fällen ist das persönliche Risiko relativ gut abgesichert. Wenn man das Unternehmen „hinter sich hat", kann nicht viel passieren – jedenfalls kaum eine Kündigung. Anders sieht es mit dem unternehmerischen Umfeld aus: Es ist fraglich, ob im zweiten und dritten Fall tatsächlich das „Wohl des Unternehmens" die persönlichen Interessen dominiert. Was hier zumeist dominiert, ist wiederum die Angst. Am heikelsten ist der vierte Fall. Geht es gut, wird man als Held gefeiert. Geht es schief, werden diejenigen, die es ohnehin schon immer besser wußten, lautstark Anklage erheben und sich distanzieren. Hier steht der Chance also ein hohes persönliches Risiko gegenüber, welches zu tragen begreiflicherweise nicht viele bereit sind.

Zweifelsfrei die ideale Lösung ist die erste. Sie erfordert aber auch ein hohes Maß an Kommunikation und Vertrauen sowie die Fähigkeit zu motivieren. Bei Hugo Boss hatten wir erreicht, daß Vorstand und Mitarbeiter von Anfang an voller Begeisterung hinter der Idee standen, so daß wir keine Widerstände überwinden mußten. Viele Manager sind aber auch davon überzeugt, daß selbst der Versuch, Innovationen zu propagieren, sich erst gar nicht lohnt: Zu verkrustet seien die Strukturen, zu traditionsorientiert das Wertebewußtsein, zu erstarrt die Unternehmenskultur. Doch dient dies nicht allzuoft nur als Entschuldigung dafür, keine Entscheidung treffen zu müssen? Dabei ist es in Wirklichkeit ganz anders: Selbst im erstarrtesten Umfeld gibt es Mitarbeiter und Manager mit Visionen, Ideen und Kreativität, die nur darauf warten, aktiviert zu werden.

Boss hat Mut zur Innovation. Und damit Mut zum Risiko. Wir wollen diejenigen, die etwas wagen und einen Fehler begehen, nicht ausstoßen, sondern ihnen eine neue Chance geben. Oder anders ausgedrückt: Wir glauben, daß wer nichts wagt, auch nichts gewinnen kann. Und Boss will gewinnen.

Die Herausforderungen für die Zukunft angehen

Globalisierung ist die Herausforderung, der sich Hugo Boss in den nächsten Jahren stellen wird. Dafür gibt es drei Gründe:

- Erstens ist der heimische deutsche Markt so gut von Boss erschlossen, daß er kaum noch Wachstumspotentiale birgt.
- Zweitens eröffnet die hiesige Krise des Textilmarkts keine rosigen Aussichten für steigende Umsätze und Erträge.
- Drittens wollen wir weiter an unserem Ziel arbeiten, zu den Top Ten der weltweit imagestärksten Marken zu gehören.

Und Boss ist bereits auf dem besten Weg dorthin: Wir sind auf internationalen Modeschauen präsent, haben 1996 mehr als 50 neue Shops eröffnet, sind in fast 90 Ländern vor Ort und haben 60 Prozent des Umsatzes außerhalb Deutschlands erzielt – das sind Signale, die die Konkurrenz ernst nimmt.

Ferner wird das weltweite Netz der *Boss-Franchise-Geschäfte* immer weiter und engmaschiger gespannt. Es konzentriert sich einerseits auf die Metropolen und andererseits auf die Märkte im Osten. Dabei achten wir streng darauf, daß alle Geschäfte die Boss-eigene Corporate Identity haben: Das betrifft nicht nur das Interieur, die Präsentation der Ware sowie die verkaufsfördernden Maßnahmen, sondern auch die Kollektion: Der deutsche Anzug ist genauso geschneidert wie der, der in Bijang oder Los Angeles angeboten wird.

Im *Kunstsponsoring* arbeiten wir zunächst weiter mit dem Guggenheim-Museum in New York zusammen. Moderne Kunst paßt zu Hugo Boss, sie ist prestigeträchtig und ein Zeichen unserer Zeit – zwei Merkmale, die wir für unsere Produkte auch in Anspruch nehmen. Aber Kunst ist nicht nur ein Signal, das wir nach außen setzen; angesichts unserer Sammlung und Ausstellung im eigenen Haus wirkt sie auch nach innen – sie ist Teil unserer Unternehmenskultur. Beim *Sportsponsoring* bleibt unser Engagement in der Formel 1 unverändert. Demgegenüber haben wir unsere Aktivitäten im Tennis zugunsten von Golf verlagert: So wird es ab 1998 auch eine *Golfkollektion* von Boss geben. Dieser Sport unterstreicht zur Zeit unseren Exklusivitätsanspruch sehr stark, und wir denken, daß die Golfspieler eine attraktive Zielgruppe für Hugo Boss sind.

Mit der Internationalisierung soll auch der Umsatz weiter gesteigert werden. Um dies zu erreichen, denken wir an den Eintritt in neue Geschäftsfelder; dies durch verstärktes M & A oder auch aus eigener Kraft. Mit anderen Worten: Weiteres Wachstum – getrieben durch Innovationen, nicht durch Massenproduktion – ist das Ziel, um zur Weltmarke zu avancieren.

6. Innovation und Wachstum in der Automobilindustrie – das Beispiel Ford

Duncan Rooke[59]

Als Variation des Themas „Innovation und Wachstum" habe ich für mich den Untertitel gewählt: „Wie man seinen Marktanteil erhöht und dabei Spaß hat." Denn aus Erfahrung kann ich sagen, daß es in meiner Position wirklich mehr Vergnügen bereitet, den Marktanteil zu steigern, als mit Marktverlusten leben zu müssen. Wir bei Ford verbinden die Thematik „Innovation und Wachstum" mit dem Turnaround, der uns in den letzten dreieinhalb Jahren gelang. Ich will im folgenden darstellen, worin dieser Turnaround bestand, wie wir ihn geschafft haben – oder zumindest glauben, ihn geschafft zu haben – und was wir planen, um weiterhin auf Wachstumskurs zu bleiben.

Die Ausgangslage

Als Hintergrundinformation zur Situation des Unternehmens auf dem deutschen Markt stellten sich die Negativfaktoren zunächst wie folgt dar:

- 30 Jahre lang sinkende Marktanteile – von 1963 bis 1993 war dieser Trend zwischenzeitlich nur zweimal durchbrochen worden.
- Schwache Kundenbindung – in einem Markt, in dem die Kundenbindung mit 75 Prozent hoch ist, war die Loyalität der Ford-Kunden deutlich niedriger und lag knapp oberhalb 60 Prozent.
- Das Image von Ford in Deutschland war schlecht: Haltbarkeit, Qualität und Zuverlässigkeit waren nicht überzeugend, und uns fehlte der Markenname – die Kunden kauften ihren Ford hauptsächlich, weil der Preis stimmte und nicht weil es das Auto ihrer Träume war.

---

59 Duncan Rooke ist Direktor Marketing der Ford-Werke AG, Köln. Dieser Beitrag ist die bearbeitete, deutsche Fassung eines Vortrags, den er am 15.11.1996 auf dem 2. Management-Forum „Wachstum und Innovation" des INSEAD-Zentrums in Leipzig hielt.

- Marketing und öffentlicher Auftritt stimmten ebenfalls nicht; wir waren ein Unternehmen, in dem die Führungskräfte zwischen 1963 und 1993 häufig wechselten.

Als Folge dieser Situation war die Moral im Unternehmen und bei den Händlern ziemlich gering; es ist schwierig, Leute für den Verkauf einer Marke zu begeistern, mit der sie emotional kaum etwas verbindet. Aber die Dinge lagen nicht alle schlecht, es gab auch ein paar positive Aspekte:

- Unsere Produkte waren besser, als die Leute sie sahen; das war etwas, worauf wir aufbauen konnten, und ist allemal besser als der umgekehrte Fall.
- Wir hatten eine Basis von 3 Millionen Kunden, die mit ihrem Ford zufrieden waren.
- Ein dritter Vorteil, besonders auf diesem Markt, lag schließlich in dem Umstand, daß wir unter den großen drei Herstellern der kleinste waren: Damit ist man gut für Überraschungen und kann Dinge schneller umsetzen als die anderen.

Worin bestand der Turnaround? In den letzten drei Jahren stieg unser Marktanteil von 9,3 auf 11,6 Prozent. Der Prozentsatz der potentiellen Käufer, bei denen ein Ford auf dem ersten oder zweiten Platz der Wunschliste steht, stieg von 20 auf 24 Prozent. Die Kundenbindung erhöhte sich von 60 auf 75 Prozent. Und unser Image, das wir durch Meinungsumfragen zu den Fabrikaten messen, hat sich viermal hintereinander gegenüber dem Vorjahr verbessert.

Wie wir es geschafft haben

Vier Schlüsselstrategien spielten eine Rolle:

- Die Branchenführung übernehmen, oder besser ausgedrückt, der Wechsel vom reaktiven in den proaktiven Modus: Wenn man etwas erreichen will, muß man der Primus, der Innovator sein; also etwas tun, das relevant ist und mit dem man sich von den Wettbewerbern abhebt – etwas, was die Leute wollen. Und man muß es früher als die Wettbewerber tun.
- Loyalität aufbauen: Vergessen Sie nicht die existierenden Kunden! Sie können schnell in eine Situation geraten, in der die Akquisition von

Neukunden teurer wird als Vergünstigungen, mit denen Sie die bereits vorhandenen Kunden behalten.

- Das Image, wie man wahrgenommen wird, läßt sich offensichtlich nicht einfach durch clevere Werbung oder Auftritte auf netten Foren verändern – man muß den Wandel vorleben, und zwar durch die Produkte, die man verkauft.
- Das vierte Schlüsselelement der Turnaround-Strategie bestand darin, Ford ein neues öffentliches Erscheinungsbild zu geben.

Ich werde jeder dieser Strategien gleich anhand von Beispielen im einzelnen betrachten; aber zuvor lassen Sie mich hinzufügen, daß es auch noch andere Dinge gab, die wir bei Ford in Deutschland gemacht haben und die zum Wachstum beitrugen, so daß sie wenigstens angemerkt werden sollten:

- Unser Marketing war früher funktional organisiert. Wir hatten Mitarbeiter, die sich um die Produkte kümmerten, um den Einkauf, die Werbung und Verkaufsförderung, und wir hatten eine weitere Gruppe, die sich mit Strategien beschäftigte. Wir haben uns im Mai 1994 entschlossen, das zu ändern und alle diese Funktionen in einzelnen „Marken-Management-Gruppen" zusammenzufassen. So haben wir jetzt vier verschiedene Marken-Teams bei Ford, die jeweils sowohl für die strategische Planung unserer Produkte und das Marketing als auch für die Umsetzung verantwortlich sind. Das hat, meiner Überzeugung nach, den Fokus unseres Marketing im allgemeinen und den unseres Produkt-Marketing im besonderen geschärft.
- Vor einigen Jahren hatten wir im Marketingbereich ein Durchschnittsalter von etwa 45 Jahren. Wir kamen zu der Überzeugung, daß der schnellste Weg zur Einführung der neuen Organisation die Veränderung der Kultur und Mitarbeiter sein würde. Wir haben dazu junge Leute, deren Abschluß noch nicht so lange zurücklag, in verantwortlichen Positionen der Marken-Teams eingesetzt und so auf einen Streich das Durchschnittsalter unserer Marketingorganisation auf 34 bis 35 Jahre gebracht.
- Eine dritte Maßnahme war die Einrichtung einer strategischen Arbeitsgruppe, die uns unvoreingenommene und nüchterne Einsichten in unser Geschäft und das Verhalten der Konsumenten lieferte. Wir befragten die Menschen hier in Deutschland; unsere Werbeagentur betreibt ebenfalls

beträchtliche Marktforschung, und wir brachten einen weltweiten Pool von Fachleuten innerhalb und außerhalb der Kraftfahrzeugbranche ein, die uns halfen, neue Markttrends zu identifizieren und neue Strategien zu definieren.

- Der vierte Punkt schließlich, von dem ich persönlich glaube, daß er sehr wichtig ist, war die anhaltende Rekrutierung junger und exzellenter Universitätsabsolventen, die eine internationale Karriere anstreben. Und das ist nun etwas, was Ford seit der Einführung von „Ford 2000" – unserer neuen, globalen Organisation – ganz bestimmt bieten kann. Der stetige Nachschub von jungen Köpfen fordert die herrschende Meinung heraus, wie der Markt interpretiert und das Geschäft betrieben werden sollte, und das hält uns dynamisch.

Initiativen zur Branchenführerschaft

Wenn man Marktanteile gewinnen will, muß man die Führung übernehmen. Wir haben uns deshalb mit einer Reihe von Initiativen an die Spitze gesetzt: So rüsteten wir als erster Hersteller in der C/D-Klasse schon 1993 den Mondeo standardmäßig mit dem Airbag aus. Im Jahre 1994 starteten wir dann die „Umwelt- und Sicherheitsinitiative", die seither ein Ford-Symbol im Markt geworden ist und die wir durch umfangreiche Fernsehwerbung bekannt gemacht haben – seit der Einführung haben wir mehr als 230 000 Altwagen zurückgenommen und verschrottet.

Neben der Umwelt- und Sicherheitsinitiative waren wir auch der erste Hersteller auf diesem Markt, der das Konzept eines einheitlichen Preises für die viertürigen, fünftürigen und Kombi-Fahrzeuge unserer Escort-, Mondeo- und Scorpio-Reihe einführte – interessanterweise eine Strategie, die Citroen derzeit ebenfalls einschlägt. Wir waren auch der erste Hersteller, der im C-Segment ABS zur Standard-Ausrüstung machte.

Programme zur Kundenbindung

Der zweite Teil unserer Strategie bestand darin, die Loyalität der Kunden zu stärken. Wir führten eine Reihe von Exklusivangeboten ein, die Altkunden zum Neuwagenkauf ermuntern sollten, indem sie den Umstieg zu einer besser ausgestatteten oder leistungsstärkeren Version oder einer höheren Fahrzeugklasse erleichterten. Das war unser Weg, danke schön für ihre Wertschätzung zu sagen. Uns war das äußerst wichtig, weil wir dabei sehr eng mit den Händlern zusammenarbeiteten – ein echtes Beispiel integrierten Marketing.

Ich erwähnte den „Einheitspreis“. Als wir dieses Programm auflegten, waren rund 30 Prozent unserer Mondeo-Verkäufe Kombifahrzeuge; seither stieg dieser Anteil auf 70 Prozent. Interessanterweise stellte sich heraus, daß diese Strategie einen anderen Typus von Kunden an die Marke Ford bindet – jünger, höhere Bildung und höheres Einkommen.

Ein weiteres Ergebnis der Initiativen zur Kundenbindung war, daß die Kunden zu höheren Fahrzeugklassen „aufstiegen“. Zuvor hatten wir beispielsweise hauptsächlich Standardausführungen des Escort zu niedrigen Preisen verkauft; heute entfallen wenigstens 30 Prozent auf die Spitzenklasse – gutaussehende, voll ausgestattete Fahrzeuge von hohem Wert und Kundennutzen. Durch die Marketingprogramme und die Kommunikation mit unserer Kundschaft haben wir den Umsatz mit den gehobenen Wagenklassen erfolgreich steigern können.

Neue Produkte

Die Produkte selbst sind natürlich von besonderer Bedeutung, und in den letzten Jahren hat Ford eine beispiellose Reihe neuer Produkte eingeführt; sie sind bekannt und brauchen hier nicht vorgestellt zu werden.

Der neue Auftritt

Statt dessen möchte ich mich dem vierten Element unserer Strategie zuwenden, nämlich Ford ein neues Erscheinungsbild zu verpassen. Das Motto „Ford – die tun was“ wurde zum integralen Bestandteil der Renaissance, und damit sind einige interessante Aspekte verbunden: Erstens ist durch „Ford – die tun was“ jeder in der Firma herausgefordert, etwas zu tun. Es ist ein Aufruf zum Handeln, und er vereint und mobilisiert die Belegschaft im Bemühen, die Kunden zufriedenzustellen.

Den zweiten Pfeiler im öffentlichen Auftreten bildete, was wir „Infomercials“ nennen: Das ist eine Kreuzung von Information und Fernsehwerbung mit dem Ziel, Nicht-Fordbesitzer zu überzeugen, die Marke mit neuen Augen zu sehen – ein Ziel, das wir erreicht haben, wie uns die Marktforschung bestätigt. Die Infomercials laufen unter dem Namen „Ford Aktuell“ und präsentieren im wesentlichen Ausschnitte dessen, was Ford in den Bereichen Umweltschutz, Haltbarkeit, Qualität, Zuverlässigkeit und Technik macht. Ein Beispiel solcher Spots war etwa die Sicherheitstechnik im KA, dem neuen Fahrzeug, das wir erst kürzlich auf den Markt gebracht haben. Ein anderer behandelte Umweltaspekte unserer Fabrik in Saarlouis, wo wir den Escort herstellen.

Das dritte neue Element im öffentlichen Auftreten ist Werbung, die das Produkt in den Vordergrund stellt und nicht den Kauf. Es ist eine Besonderheit der Automobilindustrie, daß sie in Zehn-Tage-Zyklen produziert, was zu einem ständigen Druck führt, vom Lager zu verkaufen, und daraus resultiert die hauptsächlich preisorientierte Werbung. Sie brauchen nur einen Blick in die Donnerstag- oder Freitag-Ausgabe Ihrer Tageszeitung zu werfen, um das bestätigt zu finden. In der Vergangenheit hatten wir mit unseren Händlern einen Großteil unseres Werbebudgets eingesetzt, den Preis und nicht das Produkt herauszustellen, und das haben wir in den letzten zweieinhalb Jahren geändert.

Des weiteren haben wir vor etwa einem Jahr ein neues Konzept für Ford eingeführt, „Ford Unlimited" genannt. Es handelt sich um eine neue Marke, mit der wir eine Reihe von Importfahrzeugen auf diesem Markt positionieren und verkaufen wollen. Gleichzeitig wollen wir die Gelegenheit bei der Einführung dieses Konzeptes nutzen und versuchen, einige landläufige Vorstellungen der Leute über Ford zurechtzurücken.

Parallel zu den neuen Werbe- und Kommunikationsprogrammen begannen wir ein fokussiertes Sponsoring im Motorsport. Für einen Autohersteller liegt das nahe. Wir haben aber darüber hinaus die Sponsoring-Aktivitäten auf und um Köln herum fokussiert, um damit unsere Präsenz und Verbundenheit als Hersteller in Deutschland zu unterstreichen. Dies umfaßt die Unterstützung des FC Köln, der Kölner Haie und, im Jahre 1994, der Kölner Musik Triennale. Wir werden das mit großem Vergnügen 1997 wiederholen, zusammen mit dem Kölner Marathon, der dann zum ersten Mal veranstaltet wird.

Wie bleiben wir auf Wachstumskurs?

Es sind drei Strategien, die uns bei Ford in Bewegung halten und von denen ich glaube, daß sie allgemein anwendbar sind:

- Als ersten Pfeiler einer Vorwärtsstrategie muß man die Kundenbindung ausbauen und sich eine solide Marktbasis schaffen. Kümmern Sie sich immer um die eigenen Kunden – wenn diese nicht zufrieden sind, haben Sie keine Wachstumsstrategie.

- Fokussieren Sie, zweitens, Ihre Anstrengungen auf die Bereiche mit dem größten Ausbaupotential. Ich bin der erste, wenn es darum geht zuzugeben, daß nicht alle unsere Produkte das gleiche Potential im Wettbewerb besitzen. Der Galaxy ist ein interessantes Beispiel. Die Klasse der Allzweckfahrzeuge ist ein neues Marktsegment, bei dem 65 Prozent unserer Galaxy-Käufer von anderen Fabrikaten kommen: von Volkswagen und Opel – was sicherlich nicht überraschen wird –, aber auch von Fabrikaten wie BMW und Mercedes, die man nicht unbedingt mit der Expansion von Ford in Verbindung bringt. Der KA, so glauben wir, bietet ähnliche Chancen zur Ausweitung von Marktanteilen, und auf solche Produkte und Chancen konzentrieren wir unsere Marketingaktivitäten. Stecken Sie die Marketinggelder in die Chancen!

- Und als Drittes schließlich: Was immer Sie sein wollen, müssen Sie durch die Produkte und Dienste vorleben, die Sie anbieten. Wenn diese nicht zu Ihren Zielen aufleben, werden Sie nie Erfolg haben. Im Fall von Ford haben wir eine langfristige Wachstumsstrategie, die sich auf exzellente Produkte und ein herausragendes Niveau des Kundendienstes stützt – wir bauen auf die Verheißungen unserer neuen, weltweiten „Ford 2000"-Organisation.

Drittes Kapitel

Innovationsmanagement als unternehmerische Kernleistung

1. Die Evolution des Innovationsmanagements

Daß das Innovationsmanagement eine unternehmerische Kernleistung ist, stellt keine umwälzend neue Erkenntnis dar. Auch die Beobachtung, daß Innovationen das Ergebnis eines *Prozesses* sind, der die Unternehmen weitgehend ungesteuert durchläuft und somit erst einmal in seiner Gesamtheit erkannt und bewußt gefördert werden muß, ist nicht neu. Sie stammt bereits aus einer Untersuchung, die Arthur D. Little im Jahre 1985 in den USA, in Japan und in Europa durchführte – lange bevor sich die Themen „Zeitwettbewerb" und „Process Reengineering" in den Vordergrund der allgemeinen Aufmerksamkeit schoben.

Im Rahmen des Forschungsprojekts zum Thema Innovationsmanagement waren 26 Unternehmen ausgewählt worden, die in konkreten Fällen besondere Innovationsfähigkeit bewiesen hatten; mit den Managern aus den wichtigsten Bereichen dieser Unternehmen waren eingehende Interviews geführt worden. Parallel dazu wurden die Geschäftsführer und Vorstände von rund 1 000 größeren Unternehmen in den USA, in Japan und in Europa schriftlich befragt.

Der Untersuchung lag folgende Definition von Innovation zugrunde:

> *Innovation ist der Managementvorgang, der zur Umsetzung einer neuen nützlichen Idee von ihrer Entstehung bis zur erfolgreichen praktischen Anwendung führt.*
> *Innovation kann bei Produkten, Fertigungsprozessen, Dienstleistungen, im Marketing, in der Distribution, im Finanzbereich, im Management selbst sowie in der Struktur und Kultur des Unternehmens stattfinden.*

Die überwiegende Mehrheit der befragten Unternehmen brachte zum Ausdruck, daß Innovation zwar durch gezieltes Management herbeigeführt werden kann, dies aber zusätzliche und besondere Fähigkeiten erfordere. Insbesondere die Steuerung und Handhabung der zu Innovationen führenden *Prozesse* würde in Zukunft einen erheblich größeren Stellenwert einnehmen müssen.

Das Verständnis dieser Prozesse blieb allerdings zunächst noch relativ grob und orientierte sich an drei Phasen:

- der Suche nach erfolgversprechenden Innovationsideen (die Inventionsphase),
- der Umwandlung von Innovationsideen in spezifizierte Projekte (die Inkubationsphase) und
- der Umsetzung in erfolgreiche neue Geschäfte (Implementierungsphase).

Doch als Bedingungen für den erfolgreichen Ablauf dieser Phasen zeigte die Untersuchung bereits die Notwendigkeit einer gemeinsamen *Vision* für die Entwicklungsrichtung des Unternehmens auf, sowie die Schaffung eines geeigneten Klimas, das innovatives Verhalten der Mitarbeiter im Unternehmen stimuliert. Darüber hinaus wurden die Identifizierung und Beauftragung von Innovations-Champions, die Motivation der Innovationsträger sowie die Sicherung der erforderlichen Ressourcen und eines kooperativen organisatorischen Rahmens als Voraussetzungen einer dauerhaften Innovationsfähigkeit identifiziert (siehe Abbildung 3-1).

In zahlreichen, nachfolgenden Beratungsprojekten stellte sich immer wieder heraus, daß die Innovationsfähigkeit nur über einen nachhaltigen und systematischen Wandel der Unternehmenskultur beeinflußbar ist. Die konsequente Weiterentwicklung der methodischen Ansätze bei Arthur D. Little konzentrierte sich deshalb auf die Fragen:[1]

- Wie kann im Unternehmen ein aktiver Strom von Innovationsideen erzeugt und nach strategischen Gesichtspunkten gelenkt und selektiert werden?
- Wie kann die Entwicklung neuer Produkte und Leistungen effektiver gestaltet und beschleunigt werden?
- Wie kann die Vermarktung innovativer Produkte und Leistungen schlagkräftiger gemacht werden?
- Wie kann die bestehende Unternehmenskultur ermittelt, bewertet und in Richtung höherer Innovationsfähigkeit weitergestaltet werden?

---

1 Vgl. Arthur D. Little International (Hrsg.): Management des geordneten Wandels; Wiesbaden 1988.

Phasen des Innovationsprozesses und Erfolgsbedingungen für die Aktivierung der Innovationsleistung in jeder der Phasen

Phasen des Innovationsprozesses		
Inventionsphase	**Inkubationsphase**	**Implementierungsphase**
• Schaffen einer **Vision** der Entwicklungsrichtung des Unternehmens • Fördern der Einbringung neuer Ideen: –Ideen-Förderprogramme als Bottom-up-Prozeß der Innovationssuche –Top-down-Kriterien der Bewertung von Innovationsideen • Bildung multidisziplinärer Innovationsteams • Schaffen einer innovativen Unternehmenskultur –längerfristige Ertragsorientierung –lernorientierte Haltung gegenüber Mißerfolgen –Reduktion der Zahl der Organisationsebenen pro Entscheidung –Charismatische Unternehmensführung –Erzeugung von Innovationsdruck	• Identifizierung und Beauftragung von bevollmächtigten Innovations-Champions • Abbau von Fragmentierung und Überspezialisierung • Freie informelle Kommunikation über Hierarchieebenen und Bereichsgrenzen hinweg • Realistische Einschätzung der Zeit und des Aufwands, die zur Durchsetzung von Innovation erforderlich sind • Förderung eines intensiven, marktbezogenen Informationsflusses im Unternehmen und mit dem Markt • Förderung der Innovation durch Training und sichtbare Anerkennung	• Gemeinsame Task Forces über Organisationsebenen und Funktionsbereiche hinweg • Vorfeld-Marketing bei Lead-Users • Sicherung der erforderlichen Ressourcen zur schnellen Fertigungs- und Markteinführung • Erfolgsanreize für die Innovations-Teams • Job-Rotation

Abbildung 3-1

Die umfassende und weltweite Veränderungsdynamik, mit der sich die deutsche Wirtschaft Anfang der neunziger Jahre massiv konfrontiert sah, machte deutlich, daß die Unternehmen nicht nur ihre innovationsbezogenen Prozesse, sondern das gesamte Leistungsgefüge durchforsten und neu ordnen mußten, um international wettbewerbsfähig zu bleiben. Dabei verengten viele Firmen ihren Blick auf eine Untermenge der wettbewerbskritischen Erfolgsfaktoren, indem sie dem Kostenwettbewerb ein unverhältnismäßig hohes Gewicht beimaßen oder sich gar ausschließlich auf ihn einließen – viele „reengineerten" ihre Leistungsprozesse vor allem unter dem Gesichtspunkt des „Cost Cutting".

Damit konnten sie zwar bestenfalls mit ihren Wettbewerbern gleichziehen, aber die Differenzierung und der Nutzenvorsprung in den Augen der Kunden gingen dabei zusehends verloren, und so verstärkte sich der Kostendruck immer weiter. Erst in letzter Zeit wurden sich eine Reihe von Unternehmen bewußt, daß sie dieser Negativspirale nur durch Differenzierung und Innovation entgehen können. Denn der weltweite Wettbewerb ist nur vordergründig ein Kostenwettbewerb, bei genauerer Betrachtung ist er längst ein Innovationswettbewerb geworden.

Die Unternehmen, die sich unter dem Kostendruck ein vorwiegend auf Ablaufeffizienz und Personalabbau ausgerichtetes Reengineering à la Michael Hammer[2] verordnet hatten, erzielten in der Regel geringere Leistungssteigerungen als erwartet und beeinträchtigten ihre Innovationsfähigkeit gravierend.

Die deutschen Unternehmen müssen die Herausforderung der „Quadratur des Kreises" annehmen, indem sie durch Innovationsleistung sowohl die Wettbewerbsfähigkeit bei den Kosten als auch die Leistungsführerschaft anstreben. Dazu müssen sie bereit sein, Hierarchien, Funktionsabgrenzungen und operative Gewohnheiten prinzipiell in Frage zu stellen und eine Vielzahl von Verhaltensblockaden auszuräumen, die in den etablierten Führungsvorstellungen und Verhaltensnormen verwurzelt sind – und in dem Mangel an Vorstellungskraft, wie man es völlig anders machen könnte.

Während die Welle des radikalen, fast ausschließlich auf Kostensenkung ausgerichteten „Process Reengineering" noch über viele deutsche Unterneh-

---

2 Vgl. Hammer, M.: Business Reengineering; Frankfurt am Main 1996.

men hinwegschwappte, entwickelte Arthur D. Little das ganzheitliche Konzept einer Hochleistungsorganisation, das auf dem abgestimmten Zusammenspiel einer strategischen Vision der Unternehmenszukunft, neugestalteter Leistungsprozesse und einer flexiblen und durchlässigen Organisationsstruktur beruht.[3]

Der Ansatz zur Hochleistungsorganisation geht von der Erkenntnis aus, daß die meisten Unternehmen heute unabänderlich zu komplexen Systemen geworden sind, in denen der einzelne Mitarbeiter, die einzelne Führungskraft und eben auch „der" Schumpetersche Unternehmer allein nicht mehr ihren Aufgaben gerecht werden können, wenn sie nicht auf der Basis einer gemeinsamen Vision, eines gemeinsamen mentalen Modells der Wirkzusammenhänge im Unternehmen und im Markt und eines darauf abgestimmten Verhaltens zusammenarbeiten.

Denn der einzelne Mitarbeiter, die einzelne Führungskraft besitzt heute immer nur in einem Teilbereich des Unternehmensumfelds einen originären Einblick – sei es in die Entwicklung der Technologie, des Bedarfs bestimmter Kundengruppen, des Wettbewerbs auf regionalen Märkten oder der Fertigungstechnik. Um die Leistung des Unternehmens insgesamt und in sich stimmig auf die Herausforderungen auszurichten, müssen die Leistungsbeiträge der einzelnen Funktions- und Verantwortungsbereiche innerhalb eines von allen gemeinsam getragenen Gesamtrahmens erbracht werden.

Das gilt insbesondere für das Zusammenwirken der einzelnen Funktions- und Verantwortungsbereiche bei solchen Leistungsprozessen, die das ganze Unternehmen durchlaufen und die Befriedigung der Kundenbedürfnisse und -anforderungen zum Ziel haben. Zu diesen häufig in der Ablauforganisation der Unternehmen nicht bedachten gesamtheitlichen Leistungsprozessen müssen nahezu alle Teilbereiche des Unternehmens einen Beitrag erbringen, der zur Gesamtleistung des Unternehmens *aggregiert* werden muß, mit der das Unternehmen sich in den Augen der Kunden nutzenstiftend von den Wettbewerbern *differenzieren* kann. Diese gesamtheitlichen Leistungsprozesse werden daher bei Arthur D. Little *a*ggregierte *d*ifferenzierungsfähige *L*eistungsprozesse, oder ADL-Prozesse, genannt.

---

3 Vgl. Arthur D. Little International (Hrsg.): Management der Hochleistungsorganisation; Wiesbaden 1990.

Diese ADL-Prozesse sind im Kern in allen Unternehmen ähnlich (siehe Abbildung 3-2), in ihrer spezifischen Ausprägung unterscheiden sie sich jedoch in Abhängigkeit von der Branche sowie von der Situation und den strategischen Absichten des jeweiligen Unternehmens. Die größte Herausforderung für die Unternehmen besteht gerade darin, sich in der Gestaltung und in den Leistungsschwerpunkten dieser Leistungsprozesse zum Nutzen der Kunden kreativ vom Gros der Wettbewerber abzuheben.

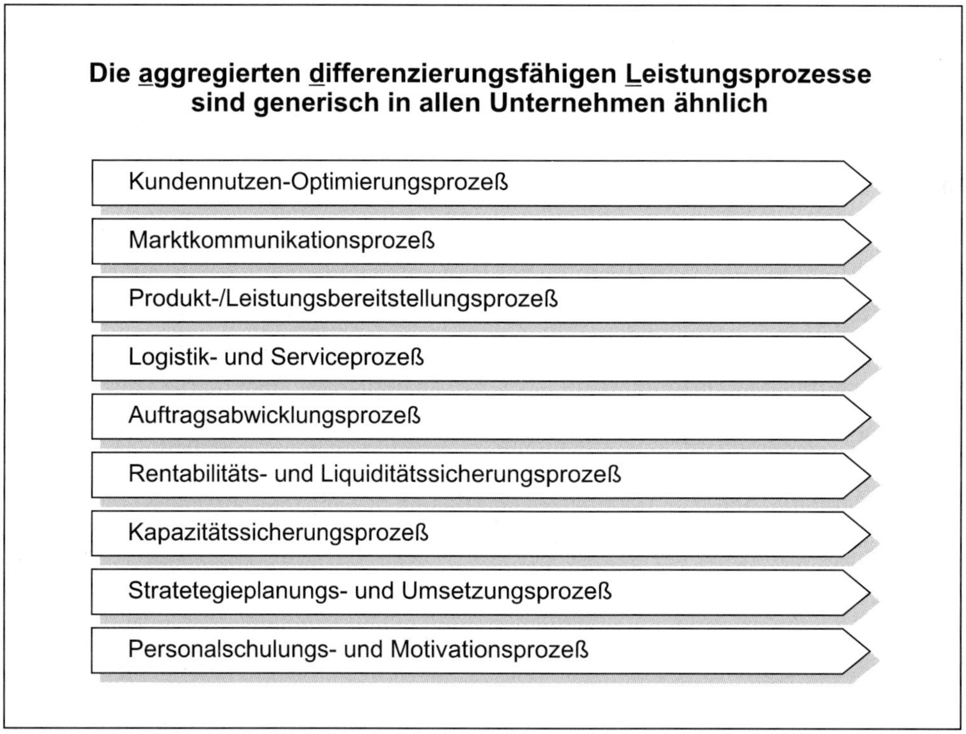

Abbildung 3-2

Die Aufgabe der Unternehmensleitung besteht daher heute immer stärker darin, so die Erkenntnis aus zahlreichen Projekten, das *mentale Modell* der ADL-Prozesse im Bewußtsein aller Mitarbeiter zu verankern und ihnen zu verdeutlichen, daß und wie sie in diese Prozesse eingebunden sind und zu ihrem Erfolg oder Mißerfolg beitragen. Erst wenn die wettbewerbskritischen Erfolgsfaktoren und das Stärken-Schwächen-Profil des Unternehmens gegenüber seinen Wettbewerbern bekannt und die ADL-Prozesse präzisiert sind, die das Unternehmen zu Erfüllung der Erfolgsfaktoren beherrschen muß, ist die Basis geschaffen, auf der das Unternehmen gezielt zu einer Hochleistungsorganisation entwickelt werden kann.

So erlebt das Innovationsmanagement gegenwärtig die dringend notwendige Renaissance, dies aber auf einer signifikant höheren Ebene: als Herausforderung eines aggregierten differenzierungsfähigen Leistungsprozesses in einer anzustrebenden Hochleistungsorganisation, die durch das gemeinsame Bestreben aller Mitarbeiter gekennzeichnet ist, durch Innovation immer wieder Differenzierung und Nutzenvorsprünge für die Kunden herauszuholen.

Die Anforderungen an das Innovationsmanagement sind um so größer, als die Kostensenkungsmaßnahmen der letzten Jahre, so nötig sie waren und immer noch sind, zu einer Verfestigung des operativen Geschäfts und zu einem Abbau der für Innovationen erforderlichen Ressourcen geführt haben. Damit hat sich für viele deutsche Unternehmen deutlich die Gefahr erhöht, zu lange auf traditionellen Positionen zu verharren, bis sie von den Innovationen der pazifischen und amerikanischen Wettbewerber überrascht werden, denen sie nicht schnell genug mit eigenen innovativen Produkten und Dienstleistungen entgegentreten können.

Der Stau von Innovationsleistungen, den Mensch und Marchetti auf der ausklingenden S-Kurve eines Innovationszyklus analysiert hatten[4] und der zur Zeit wieder in vielen Branchen zu beobachten ist, stellt sich gegenwärtig um so dramatischer dar, als Innovationen heute durch einen komplexen Prozeß der Umsetzung und Realisierung kanalisiert werden müssen, damit Fehlinvestitionen nicht zu Flops und zu den Altlasten von morgen führen. Die meisten Unternehmen haben die Komplexität dieser Prozesse jedoch noch nicht im Griff.

---

4 Vgl. Kapitel 1.2 und Abbildung 1-1.

2. Schlank bleiben trotz Globalisierung

Zwei wichtige Trends der modernen Unternehmensführung – Lean Management und Globalisierung – sind in hohem Maße relevant für Innovation und Wachstum. Die Besinnung auf die eigenen Kernkompetenzen des Unternehmens erfordert eine genaue Kenntnis des Innovations- und Wachstumspotentials, das mit diesen Kernkompetenzen erschlossen werden kann. Die Globalisierung verfolgt konsequent das Ziel, die Aufwendungen für Innovation im Weltmarkt zu amortisieren und das weltweit verfügbare Know-how zu nutzen.

Kernkompetenzen

Die Unternehmensentwicklung auf Basis von Kernkompetenzen ist ein ressourcenorientierter Ansatz und steht im Gegensatz zu dem stärker markt- und wettbewerbsorientierten Ansatz der globalen Unternehmensstrategie (siehe Abbildung 3-3). Traditionelle Strategien basieren auf einer Analyse des Umfeldes, das sich für alle Wettbewerber ähnlich darstellt. In einem definierten Markt, bei vergleichbarem Managementwissen und bei sorgfältiger Analyse der Markt- und Wettbewerbsinformationen, gelangen deshalb die einzelnen Wettbewerber oft zu ähnlichen Strategien. Der Risikoausgleich im Portfolio der Geschäftseinheiten, die in unterschiedlichen Märkten aktiv sind, war dabei wichtiger als das Potential der vorhandenen Ressourcen. Das Ergebnis war häufig nur eine kurzfristige Verbesserung der eigenen Marktposition bis zu dem Zeitpunkt, zu dem die Wettbewerber auf der Basis derselben Informationen und derselben Strategien den Wettbewerbsdruck weiter verschärften.

Der Kernkompetenz-Ansatz stellt demgegenüber die unternehmensspezifischen Fähigkeiten und Potentiale in den Mittelpunkt. Dabei werden solche Fähigkeiten eingekreist, bei denen die Wettbewerbsführerschaft im betreffenden Unternehmen stark ausgeprägt *und* dauerhaft ist und die darüber hinaus in erkennbaren Kundennutzen umgesetzt werden können.

Abbildung 3-3

Damit steht unternehmensintern dem Portfolio strategischer Geschäftseinheiten ein Portfolio von Fähigkeiten und Kompetenzen gegenüber (siehe Abbildung 3-4). Das Ziel ist es, sich auf Kernkompetenzen zu konzentrieren, die eine verbindende Basis des Erfolgs mehrerer strategischer Geschäftseinheiten darstellen. Diesem Ansatz zufolge ist es die Aufgabe der Unternehmensentwicklung, eine zum Unternehmen und zur aktuellen Umfeldsituation passende individuelle Strategie zu finden, die vorhandene spezifische Ressourcen optimal nutzt. Die Konzentration wird damit wichtiger als der Risikoausgleich durch eine Vielzahl möglichst unterschiedlicher Aktivitäten. Die konsequente Umsetzung dieses Ansatzes bedeutet, daß sich jedes Unternehmen auf seine Kernkompetenzen fokussiert, während die darüber hinaus benötigten Leistungen von weiteren Unternehmen bezogen werden, die sich ihrerseits auf ihre Kernkompetenzen konzentriert haben. Das Ergebnis ist ein „Netzwerk voneinander wirtschaftlich abhängiger, aber rechtlich eigenständiger Unternehmen“,[5] das sich für die Herstellung einer am Markt absetzbaren Leistung formiert.

5 Vgl. Knetsch, W.: Die treibenden Kräfte: Der Weg zum vernetzten Unternehmen; in: Arthur D. Little (Hrsg.): Management im vernetzten Unternehmen; Wiesbaden 1996.

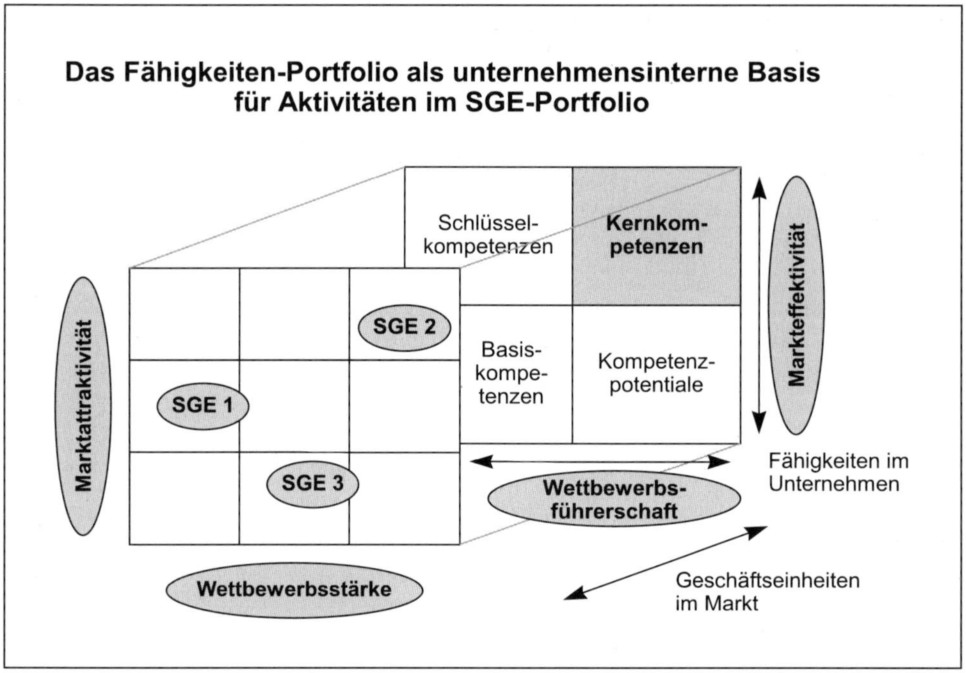

Abbildung 3-4

Während die „Core Competencies" nach Prahalad und Hamel[6] im wesentlichen eine Kombination von Management-Know-how und Technologien an bestimmten Punkten in der Wertschöpfungskette darstellen, sehen Stalk, Evans and Shulman[7] mit ihren „Capabilities" eher die Fähigkeiten entlang der gesamten Wertschöpfungskette. Beide Ansätze schließen sich gegenseitig nicht aus, sondern ergänzen sich zu einem umfassenden Konzept. Danach gilt: Eine Kernkompetenz

- ist die Beherrschung einer herausragenden Fähigkeit in einem bestimmten Abschnitt der Wertschöpfungskette oder in marktentscheidenden Leistungsprozessen,
- kann mehrere Geschäftseinheiten unterstützen und stellt ein verbindendes Element dar.

6 Vgl. Prahalad, C. K., Hamel, G.: The Core Competence of the Corporation; in: Harvard Business Review, May-June 1990, S. 79–91.

7 Vgl. Stalk, G., Evans, P., Shulman, L. E.: Competing on Capabilities: The New Rules of Corporate Strategy; in: Harvard Business Review, March-April 1992, S. 57–69.

Internationale Arbeitsteilung

Globalisierung bedeutet für das Management, daß die Innovationen nicht mehr an einem einzelnen Ort initiiert, entwickelt und umgesetzt werden, sondern daß Zulieferer und Organisationseinheiten aus mehreren Ländern beteiligt sind. Die Führung der einzelnen Prozesse von der Zentrale aus ist nicht zwingend, obgleich sie häufig als Koordinationsstelle involviert ist.

Im Mittelpunkt dieser Prozesse steht meist die Idee eines Kernprodukts, das für eine internationale Vermarktung konzipiert, aber dann jeweils den landesspezifischen Anforderungen angepaßt wird.[8] Dies ist beispielsweise in der Pharmaindustrie der Fall, wenn bestimmte Wirkstoffe international zugelassen, aber hinsichtlich Dosierung, Darreichungsform, Verpackung und Marketing regional verändert werden. Ein anderes Beispiel sind Kraftfahrzeuge, die zwar für den Weltmarkt entwickelt werden, aber die auf den Zielmärkten geltenden Emissions- und Sicherheitsvorschriften erfüllen müssen. Häufig orientieren sich die Unternehmen daher bei der Entwicklung an den Ländern mit den höchsten Anforderungen, um die Kernprodukte weltweit verwenden zu können.

Die regionale Spezifizierung geht deswegen einher mit länderübergreifenden Synergien. Praktisch geht es darum, Wissen und Ressourcen, die in einem Unternehmensteil vorhanden sind, möglichst schnell auch den verbundenen Organisationsteilen zugänglich zu machen, um sie für das gesamte Unternehmen nutzen zu können. Die Vernetzung mit modernen Kommunikationsmitteln erleichtert diesen Transfer beträchtlich.[9]

Das heute am stärksten genutzte organisatorische Instrument der länderübergreifenden Zusammenarbeit ist die Bildung international besetzter Projektteams, die sich entweder temporär an einem Ort zusammenfinden oder über unterschiedliche Arten der Telekommunikation an verschiedenen Orten der Welt zusammenarbeiten. Ein Extremfall dieser Zusammenarbeit ist die kontinuierliche Entwicklung, bei der zur Ausnutzung von Zeitvorteilen die Tagesergebnisse von Entwicklungsgruppen mit dem Sonnenverlauf rund um

---

8 Vgl. Mouthuy, Ch.: Managing Technology on a Global/Local Basis for Optimal Synergy; in Arthur D. Little (Hrsg.): Prism: Technology and Innovation: Managing the Process, Fourth Quarter 1994, S.47–59.

9 Dazu Näheres im Kapitel 5.3, Vernetzte Teams lernen schneller (s. o.).

den Erdball von Europa über Amerika und Asien zurück nach Europa weitergegeben werden: Während so eine Forschungsgruppe an der Problemlösung weiterarbeitet, befinden sich die beiden anderen in ihrer Freizeit, und durch die Weitergabe der Zwischenergebnisse am Ende des Tages an die jeweils folgende Gruppe kann rund um die Uhr an den Ergebnissen weitergearbeitet werden. Auf diese Weise lassen sich die Innovationszyklen erheblich verkürzen.

Unsere Erfahrungen mit dem internationalen Projektmanagement zeigen jedoch, daß insbesondere bei der praktischen Umsetzung zahlreiche Probleme auftreten und die effiziente Umsetzung eines internationalen Innovationsmanagements gefährden können. Neben inhärenten Schwierigkeiten (wie der oft fehlenden Übereinstimmung zwischen Aufgaben, Kompetenzen und Verantwortlichkeiten) treten im Rahmen der Internationalisierung weitere Probleme auf – so etwa kulturelle und sprachliche Unterschiede oder eine häufig fehlende Gesamtverantwortung für den Prozeß.

Hinzu kommt, daß die durch die Internationalisierung entstehenden projektbezogenen Aufgaben meist in vorhandenen Organisationsstrukturen abgewickelt werden, die dafür nicht vorgesehen sind, etwa durch die gleichzeitige Zugehörigkeit zur Linienorganisation und zum Projektmanagement. Dabei ergeben sich häufig zusätzliche Schnittstellen, die zu Schwerfälligkeit und Friktionen führen können.

So offenbarte die Analyse des Entwicklungsprozesses für ein Medikament eines internationalen Pharmaherstellers vier grundsätzliche Schnittstellen zwischen der Entwicklung und weiteren organisatorischen Einheiten (siehe Abbildung 3-5). Die Projektplanung und -steuerung war mit den Verantwortlichen der betroffenen strategischen Geschäftseinheiten abzustimmen. Die einzelnen Länderorganisationen wurden zur Nutzung der verfügbaren Entwicklungskapazität eingebunden und mit bestimmten Aufgaben betraut. Um die erfolgreiche Zulassung zu gewährleisten, wurde der gesamte Prozeß durch eine zentrale Einheit überprüft und dokumentiert, die die Einhaltung gesetzlich vorgeschriebener Richtlinien und Zulassungsverfahren sicherte. Schließlich mußte das gesamte Verfahren an die Produktion weitergegeben werden. Zusätzliche kulturelle Unterschiede und Sprachbarrieren verschärften das Problem der unvollständigen Informationsweitergabe und führten letztlich zu erheblichen Verzögerungen.

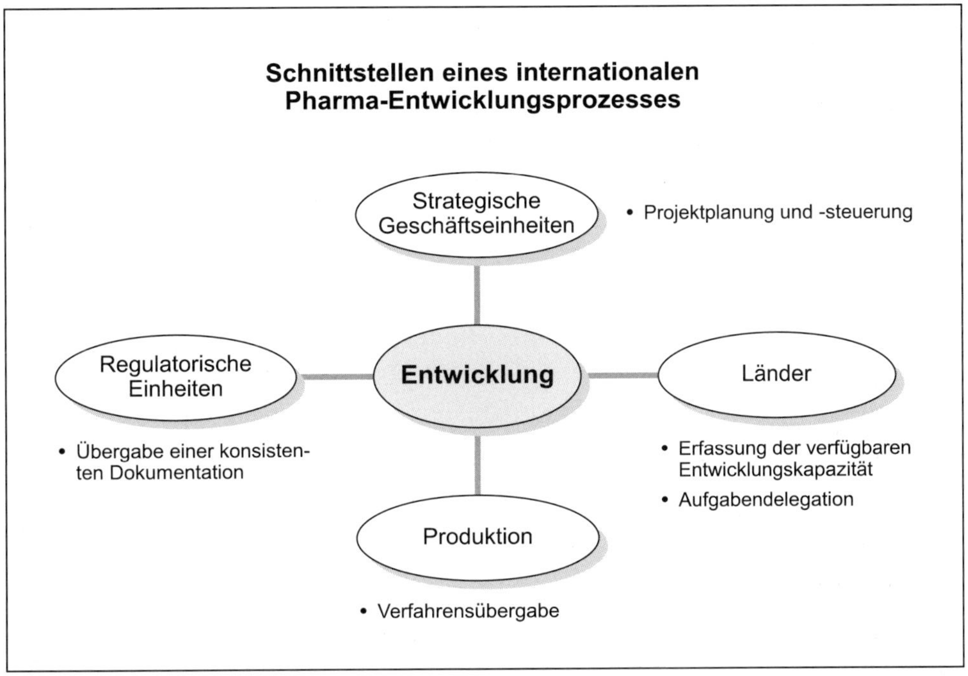

Abbildung 3-5

Zur Überwindung solcher Probleme müssen die vorhandenen Strukturen oft grundsätzlich überdacht werden, denn gerade in international arbeitsteilig organisierten Innovationsprozessen ergeben sich spezifische Anforderungen bei der Koordination der Standorte. So ist im Prozeßverlauf eine unterschiedlich intensive Zusammenarbeit der Beteiligten in den einzelnen Phasen notwendig. Dabei wechseln sich häufig Phasen der Ideenfindung mit Phasen der konzentrierten Weiterentwicklung einzelner Ideen ab. Die entsprechenden Teilaufgaben in spezifischen Wissensgebieten können an unterschiedlichen Standorten bearbeitet werden. Kommt es somit in einer Phase darauf an, durch internationale Anregungen neue Fragen aufzuwerfen und zusätzliche Aspekte zu gewinnen, so geht es in einer anderen Phase darum, diese Fragen konzentriert mit einem eingespielten Team zu bearbeiten.

Ziel einer Umstrukturierung muß es daher sein,

- Prozeßverantwortliche zu bestimmen, die die Gesamtsteuerung und Ergebnisverantwortung des Innovationsprozesses übernehmen,

- eine eindeutige Zuordnung von Verantwortung/Kompetenzen und Aufgaben im Rahmen des Innovationsprozesses zu definieren,
- hinderliche Schnittstellen (Kommunikationsbarrieren, kulturelle Barrieren) abzubauen und
- innovationsbehindernde Strukturen und Hierarchieebenen zu überwinden.

Als ein erfolgreicher Ansatz zur Bewältigung der skizzierten Schnittstellenprobleme hat sich das Business Process Redesign bewährt. Bei diesem Ansatz wird das Unternehmen entgegen der weitverbreiteten funktionalen Organisationsstruktur nach Abläufen reorganisiert. Das setzt informationstechnische Strukturen voraus, die den Zugriff auf das für den Prozeß notwendige Wissen aus den einzelnen funktionalen Bereichen ermöglichen. Im Idealfall gewährleistet ein Prozeßverantwortlicher den reibungslosen Ablauf bis zum Gesamtergebnis.

Innovationsmanagement: Kompetenz vernetzen

Was für das Gesamtunternehmen im Markt gilt, nämlich die Konzentration auf die eigenen Kernkompetenzen innerhalb eines Netzwerkes aus Zulieferern, gilt gleichermaßen für die einzelnen Prozesse im Unternehmen. Beim internationalen Innovationsmanagement wird der Innovationsprozeß zum Bezugsrahmen, innerhalb dessen sich die beteiligten Standorte jeweils auf ihre Kernkompetenzen konzentrieren müssen. Dabei werden die Aufgaben von den Organisationseinheiten abgewickelt, deren Kompetenz auf dem dafür notwendigen Feld am stärksten ausgeprägt ist.

Hierfür bietet sich die Bildung von Kompetenzzentren an, die spezifische Entwicklungsfähigkeiten und Wissensgebiete unternehmensweit bündeln. Sie stellen einen Pool von Ressourcen zur Verfügung, der aufgrund von Erfahrungen und äußeren Rahmenbedingungen gewährleisten kann, zu entsprechenden Aufgaben die besten Problemlösungen zu finden. So läßt sich sicherstellen, daß redundante Entwicklungen weitgehend vermieden werden.

Abbildung 3-6 zeigt die weltweite Verteilung der Kompetenzzentren eines führenden Pharmaunternehmens. Dabei wird erkennbar, daß alle Zentren untereinander netzwerkartig verbunden sind und nahezu keine Überschneidungen existieren; die entsprechenden Ansprechpartner bei bestimmten Fragestellungen sind eindeutig zugeordnet, und durch die direkten Wege und die große Transparenz sind schnelle Entscheidungen realisierbar.

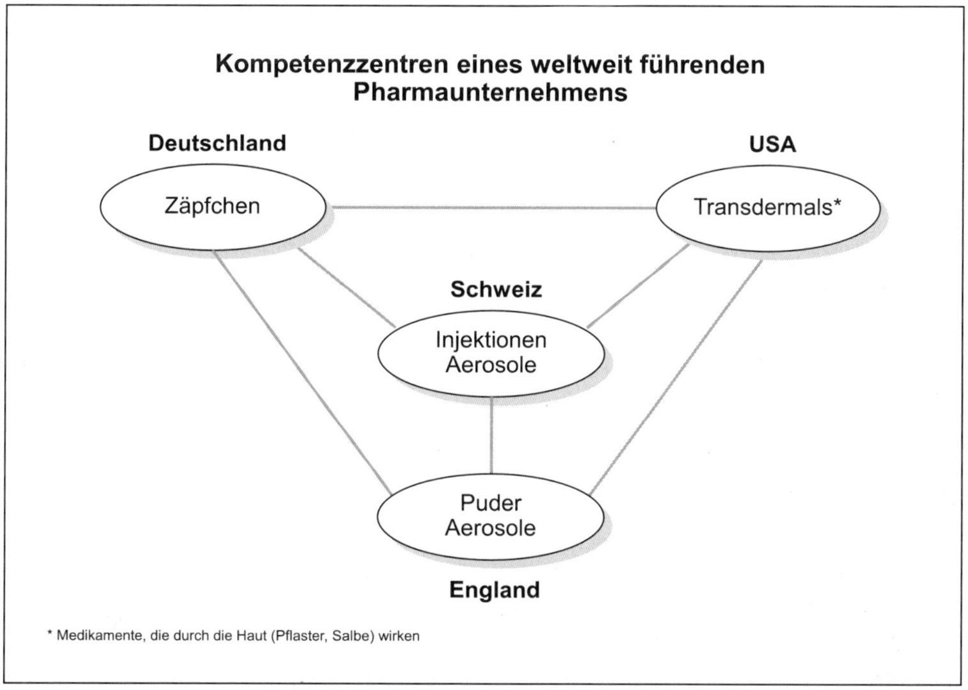

Abbildung 3-6

Voraussetzung für die Bildung von Kernkompetenzen ist die vorherige Kompetenzanalyse der Standorte. Dabei wird zunächst ausgewählt, welche Kompetenzen zukünftig im Rahmen der Gesamtunternehmensstrategie notwendig sind. Anschließend erfolgt die Bewertung nach den Kriterien des vorhandenen Mitarbeiterpotentials, der Ausstattung und dem zur Verfügung stehenden Netzwerk zu relevanten Partnern wie Universitäten, Forschungseinrichtungen, Genehmigungsbehörden.

Die einzelnen Kernkompetenzen solcher Zentren können in verschiedenen Bereichen liegen, die für den Innovationsprozeß notwendig sind, so zum Beispiel in der technologischen Kompetenz, der Spezifikation und Koordination des Produktprogramms oder auch dem Management des Innovationsprozesses selbst.

Die jeweiligen Kompetenzzentren haben darüber hinaus die Führung über die Erhaltung und den Ausbau der entsprechenden Fähigkeiten inne. Zu diesen Aufgaben gehört insbesondere die Generierung neuen Wissens auf dem betreuten Gebiet.

Der gesamte Innovationsprozeß kommt schließlich durch die internationale Vernetzung der einzelnen Kernkompetenzen zustande. Dabei wird die Koordination wiederum von einem eigens dafür zuständigen Kompetenzzentrum übernommen.

Ein Fallbeispiel

Ein international agierendes deutsches Pharmaunternehmen stellte – gemessen am internationalen Wettbewerb – signifikante Verzögerungen in seinen chemisch-pharmazeutischen Entwicklungen fest. Es suchte daraufhin nach Wegen, diesen gravierenden Wettbewerbsnachteil durch eine Neugliederung seiner Ressourcen in Kompetenzzentren zu eliminieren.

Das Portfolio der internationalen Entwicklungsstandorte war historisch gewachsen – so standen Ressourcen in Frankreich, Deutschland, England sowie den USA und Japan zur Verfügung. Entsprechende Ressourcen waren zum Teil mehrfach vorhanden; eine klare Aufgabenverteilung gab es nicht. Vielmehr diktierten nationale Egoismen eine durch „balance-of-power" charakterisierte Ressourcenpolitik. Die prestigeträchtigen Biotechnologie-Ressourcen wurden in den letzten Jahren in Frankreich, Deutschland und den USA etabliert.

Die Analyse des Entwicklungsprozesses förderte komplexe Koordinationsmechanismen in der internationalen Entwicklung zutage, die nicht nur Fortschritte verzögerten, sondern auch zu ressourcenzehrenden Mehrfacharbeiten und vermeidbaren, iterativen Handlungsabläufen führten. Zudem wurden die Unternehmensfunktionen außerhalb der eigentlichen chemisch-pharmazeutischen Entwicklung zu spät involviert, was zusätzliche Zeitverluste verursachte. Kompetenzen und Technologien waren im Netz der internationalen Entwicklungsstandorte weit gestreut, ein gezielter Aufbau von Kernkompetenzzentren war in der Vergangenheit nicht angestrebt worden.

Um den entscheidenden Wettbewerbsnachteil der langen Entwicklungszeiten zu eliminieren, beschloß das Unternehmen radikale Veränderungen in der internationalen Aufgabenstruktur und in der Ablauforganisation. Die Grundlage bildete die Bewertung der unternehmenseigenen Entwicklungsressourcen an den unterschiedlichen Standorten im Rahmen einer Kompetenzanalyse, die neben technologischen Kriterien auch die Entwicklungspotentiale vor dem Hintergrund der jeweiligen nationalen Bedingungen berücksichtigte. So wurden die USA als optimaler Standort für die Entwicklung von Biopharmazeutika eingeschätzt und die entsprechenden biotechnologischen, pharmazeutischen und analytischen Ressourcen dort zusammengezogen, der Standort Frankreich hingegen, der bisher firmenpolitisch mit den USA konkurriert hatte, aufgelöst.

Die Entwicklung von New Chemical Entities (NCE) wurde als Ergebnis der Kompetenzanalyse in England angesiedelt, die notwendigen Ressourcen dort zusammengezogen und die entsprechenden Kapazitäten in den anderen Ländern entweder nach England verlagert oder aufgelöst. Auch Japan war von diesem radikalen Abbau der nationalen Entwicklungseinrichtungen betroffen. Lediglich die regulatorisch unbedingt notwendigen Ressourcen verblieben in Japan – allerdings nur zeitlich begrenzt, bis die internationalen Bemühungen zur Harmonisierung der Standards greifen und damit auch diese örtlich gebundenen Aktivitäten nicht erforderlich sein werden.

Diese Neugliederung der Entwicklungsressourcen resultierte in einem deutlichen Zeitgewinn und erschloß darüber hinaus ein signifikantes Einsparpotential durch den Abbau von Redundanzen. Neben der Neugliederung nach Kernkompetenzen versuchte das Management, weitere Zeitpotentiale durch ein radikales Reengineering des internationalen Entwicklungsprozesses auszuschöpfen. Dazu mußten die vorhandenen nationalen Egoismen der Ländergeschäftsführungen überwunden werden. So wurden die internationalen Entwicklungsressourcen den nationalen Geschäftsführern, soweit rechtlich möglich, entzogen und einem neugeschaffenen Vorstand unterstellt, der nun für den gesamten Prozeß der Entwicklung und der Markteinführung von Neuprodukten zuständig ist.

An diesen Vorstand berichten die beiden Prozeßverantwortlichen für Entwicklung und Einführung von NCEs und Biopharmazeutika. Entsprechende Entwicklungsressourcen einschließlich der klinischen Ressourcen sowie entsprechende Marketingressourcen unterstehen ihnen direkt. Die Leitung dieser Funktionen wurde Bereichsleitern übergeben, die für die fachliche Qualifizierung dieser Ressourcen verantwortlich sind.

Alle anderen Kompetenzen liegen bei den Prozeßverantwortlichen. In einer Übergangsphase wurde das komplex agierende Projektmanagement aufgelöst und in diese Prozeßstruktur überführt.

Damit ist neben den beiden technologisch orientierten Kompetenzzentren in den USA und England ein Kompetenzzentrum für das Management der internationalen Entwicklung in Deutschland entstanden. Innovative informationstechnische Systeme bilden die Basis der weltweiten Aufgabenzuordnung. Diese Systeme wurden gezielt zur Unterstützung der Produktentwicklung und -einführung konzipiert und aufgebaut, um einen exzellenten, wettbewerbsbestimmenden operativen Ablauf zu verwirklichen. Die Interaktion innerhalb der einzelnen Prozeßteams wird mit moderner Kommunikationstechnik und dem Einsatz von „Groupware" unterstützt, so daß die räumliche Trennung der technologisch orientierten Kompetenzzentren vom Management-Kompetenzzentrum aufgrund der Nutzung der unterschiedlichen Zeitzonen eher fördernd als hinderlich bewertet wird.

Die Umstellung von einer zersplitterten Kompetenzlandschaft in ein globales, prozeßorientiertes Unternehmen, das sich auf wenige ausgewählte Kompetenzzentren stützt, gelang nicht ohne Schwierigkeiten. Die weltweit verfügbaren Ressourcen waren zunächst zu stark mit den regionalen Geschäftseinheiten assoziiert. Erst nachdem sich der Gesamtvorstand und die regionalen Geschäftsführer mit den Zielen und Inhalten des Reengineering-Projektes identifiziert hatten, konnte eine nachhaltige Unterstützung auch durch die weiteren Managementebenen erreicht werden. Damit gelang im nächsten Schritt die globale Mobilisierung aller Mitarbeiter des Unternehmens, was schließlich zum Erfolg des Projektes führte. Letztlich konnte das Unternehmen durch die Vernetzung und Bündelung seiner Kompetenzzentren nicht nur Ressourcen einsparen, sondern im Zeitwettbewerb der Entwicklung innovativer Pharmazeutika einen entscheidenden Wettbewerbsvorteil erringen.

3. Projekte und Prozesse

Gregor Wick

Projektmanagement, der verstärkte Abbau von Hierachieebenen und die damit verbundene „Verschlankung" der Organisationsstruktur haben dazu geführt, daß viele Mitarbeiter ihr organisatorisches Umfeld weniger über die funktionale Zuordnung als über die Mitgliedschaft in einem Projektteam definieren. Selbstverständlich behalten sie in den meisten Fällen ihre „funktionale Heimat" bei, vielfach wird jedoch der berufliche Erfolg von der Arbeit in einem Projekt bestimmt.

Die Organisation von Innovationsprozessen in Projekten bringt eine Reihe von Vorteilen mit sich, so zum Beispiel, daß wichtige Vorhaben zielgerichtet (effektiv) und kostengünstig (effizient) abgewickelt werden und das Unternehmen schneller und eindeutiger über die Erfolgs- und somit Umsatzchancen entscheiden kann. Zudem macht der Trend zur stärkeren Delegation von Verantwortung die Arbeit für die Teamleiter bzw. Teammitglieder interessanter und befriedigender, wenn fachliche Kompetenz und Entscheidungsverantwortung – vielfach erstmals – zusammenkommen.

Neben diesen Vorteilen birgt ein stark projektorientiertes Innovationsmanagement aber auch eine Reihe von Gefahren: Mangelnde Schulung von Projektleitern und -teams hat nicht selten Orientierungslosigkeit oder Handlungsunfähigkeit zur Folge. Und Mitarbeiter, die über Jahre hinweg gewöhnt waren, erst auf Interventionen ihres direkten Vorgesetzten aktiv zu werden, sind mit den Anforderungen der Projektarbeit im Team – wie schnelles Reagieren auf Änderungen, Nichtbeachtung hierarchischer Gegebenheiten (Dienstweg), Termindruck, ständig wechselnde Aufgaben etc. – schlichtweg überfordert.

Neue Anforderungen

Ein modernes Projektmanagement muß neben den traditionellen Anforderungen der Effektivität und Effizienz vor allem zwei Bedingungen erfüllen: Es muß transparent sein, da vielfach komplizierte Abläufe und Strukturen von

Projekten selbst für die Teammitglieder nur bedingt nachvollziehbar sind. Und es muß einfach umzusetzen sein, weil nur so eine Akzeptanz im gesamten Unternehmen geschaffen werden kann.

Zusätzlich stellt die fortschreitende Globalisierung neue Ansprüche. Insbesondere zu erwähnen sind:

- die Parallelisierung der Aktivitäten beim „global rollout" von Produkten,
- die kürzeren Produktzyklen,
- die mit der Projektgröße wachsenden Risiken.

So werden Produkteinführungen, deren Planung und Umsetzung bislang auf die einzelnen Regionen zugeschnitten war, durch die erhöhte Markttransparenz vermehrt parallel in allen wesentlichen Märkten durchgeführt. Dies bedeutet, daß sich das Projektmanagementkonzept auf diese internationalen Anforderungen einstellen muß. Bislang noch nicht vernetzte Strukturen und Standorte müssen nun gemeinsam Projekte bearbeiten, wobei eine Vielzahl von zeitlich parallelen Abläufen zu koordinieren sind. An Meilensteinen müssen Entscheidungen sowohl hinsichtlich der regionalen Aspekte (zum Beispiel die Übereinstimmung mit lokalen Vorschriften oder Kundenerwartungen) als auch bezüglich der internationalen Ziele (zum Beispiel eines weltweit einheitlichen Markenimage) gefällt werden. Das Controlling hat insbesondere darauf zu achten, daß parallele Aktivitäten so bearbeitet werden, daß Engpässe bzw. Zielkonflikte rechtzeitig erkannt und ins Projektteam zurückgemeldet werden können.

Denn durch die längeren Entwicklungszeiträume, den wachsenden Aufwand und das schnellere „Aufholen" der Wettbewerber mit nachfolgenden Produkten kommt dem Faktor „Zeit" eine immer höhere Bedeutung zu. Projekte dienen in erster Linie der Einhaltung vorgegebener Zeitpläne. Dies bedeutet wiederum, alle Teilprozesse und Einzelaktivitäten auf ihre Relevanz für die zeitoptimale Erreichung des Ziels zu überprüfen. Mitunter ist es ratsam, bewährte „deutsche" Qualitätsansprüche hintanzustellen, wenn auf diese Weise Wochen und Monate für die Produkteinführung zu gewinnen sind.

Darüber hinaus sind durch die Internationalisierung, die zunehmenden regulatorischen Anforderungen sowie die extreme Zeitorientierung der Projekte die Jahres- und Gesamtbudgets rasant gewachsen. Waren etwa in der Pharmaindustrie vor wenigen Jahren noch Projektbudgets von weniger als 30 Millionen DM p. a. üblich, so werden heute für die Vorhaben oder Programme nicht selten Volumina von über 100 Millionen DM jährlich bewegt. Gleichzeitig steigt das Risiko im F & E-Portfolio überproportional an, da die Ressourcen auf einige wenige Kernprojekte fokussiert und kleinere „Randaktivitäten“ gestrichen werden. Denn die Herausforderung besteht darin, die Steuerung von Einzelprojekten verstärkt in das Management von strategischen „Programmen“ einzubetten.

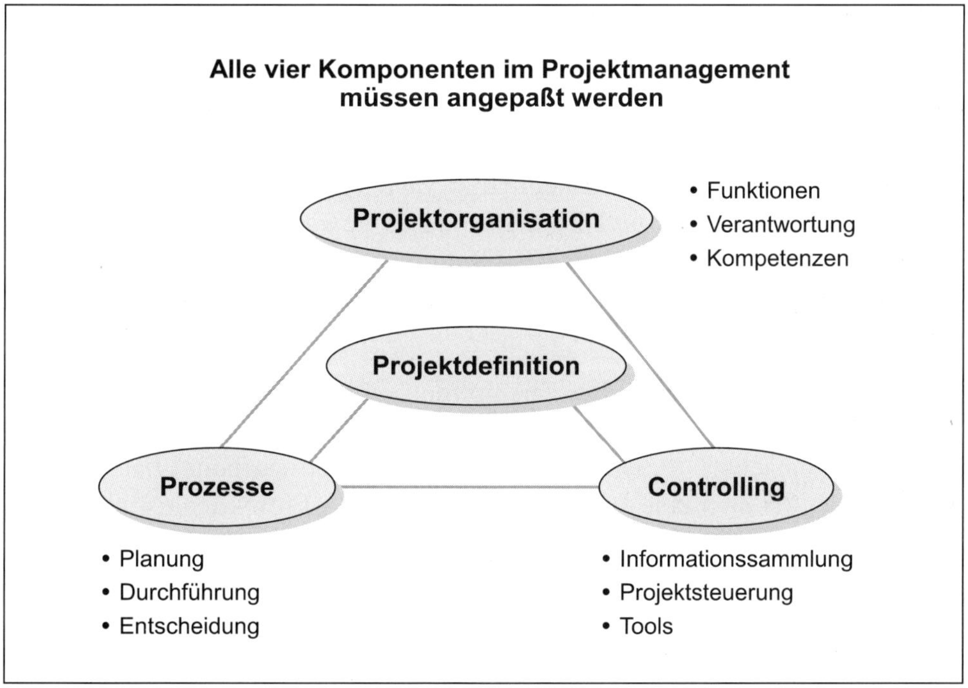

Abbildung 3-7

Um auf diese veränderten Rahmenbedingungen flexibel reagieren zu können, bedürfen alle vier Bausteine des Projektmanagements der kritischen Überprüfung (siehe Abbildung 3-7).

Projektdefinition

Für die erfolgreiche Durchführung eines Projektes ist dessen Definition von herausragender Bedeutung, da sie die übergeordnete Unternehmensstrategie operationalisiert und die wesentlichen Eckpunkte und Vorgaben, die im

Verlauf bearbeitet werden sollen, festlegt. Entspricht sie nicht den Anforderungen des Wettbewerbs- und Marktumfeldes, können Fehleinschätzungen und unrealistische Ziel- und Zeitvorgaben die Folge sein, die dann zu einem späteren Zeitpunkt im Projektverlauf nicht oder nur schwer wieder zu korrigieren sind. Deshalb sollten gerade in der Definitionsphase genügend Ressourcen zur Verfügung stehen, die Zielvorgaben und möglichen Alternativen zu diskutieren, die quantitativen Auswirkungen der einzelnen Optionen darzustellen und die Anforderungen an das Projektmanagement zu fixieren.

Die Projektdefinition muß eindeutig aus der Strategie des Unternehmens abzuleiten sein. Das bedeutet, daß die F&E-Organisation bereits in die Strategiefindungsphase eingebunden sein muß, damit der reibungslose Übergang von der Unternehmensstrategie über die F&E-Strategie zur Definition von Projektprogrammen und Einzelprojekten gewährleistet ist. F&E-Projekte, die mehrheitlich von der F&E-Organisation initiiert, durchgeführt und gesteuert werden, darf es in den neuen Formen des F&E-Projektmanagements nicht mehr geben.

Vielmehr sollten alle beteiligten Disziplinen schon zu Beginn an der Festlegung der Ziele mitwirken, und idealerweise erfolgt die Umsetzung von der gleichen Mannschaft, die auch die Projektdefinition erarbeitet hat. Nur auf diese Weise läßt sich eine starke Identifikation des Projektteams, aber auch des Top-Managements und der Linienorganisation mit dem Vorhaben erreichen, was wiederum im gesamten Unternehmen das notwendige Bewußtsein seiner Bedeutung und Zielrichtung erzeugt.

Die ständigen und raschen Veränderungen des Markt- und Wettbewerbsumfelds erfordern, daß nicht mehr ausschließlich Einzelprojekte definiert werden, sondern daß das F&E-Portfolio in F&E-Programme gegliedert und dementsprechend „gemanaged" wird. F&E-Programme sind übergreifende Projektstrukturen, die die Gesamtheit der Einzelprojekte in einem strategisch abgrenzbaren Bereich (Marktsegment, Schlüsseltechnologie) umfassen.

Projektorganisation

Der zweite kritische Faktor ist die Gestaltung der Projektorganisation. Hier wird der Wandel am deutlichsten sichtbar. Um globale, mit hohem Risiko behaftete Projekte erfolgreich durchführen zu können, bedarf es eines neuen

Typs von Projektmanagern. War er schon bisher kein machtloser Koordinator mehr, so kommt ihm künftig noch weitaus stärker die Rolle einer eigenverantwortlichen Führungskraft zu, die über weitgehende Vollmachten verfügt und ausschließlich dem Projektlenkungsausschuß gegenüber verantwortlich ist.

Und wo dieser Ausschuß bislang noch Details von Einzelprojekten sowie die der Entscheidung über „Meilensteine" zugrunde liegenden Prozesse diskutierte, wird er in Zukunft nurmehr fallweise in die inhaltlichen Aspekte von Einzelprojekten eingebunden. Er kann sich dadurch auf die Steuerung des F & E-Portfolios und der einzelnen F & E-Programme konzentrieren.

Dies bedeutet einen grundlegenden Wandel in der Rollenverteilung zwischen Lenkungsausschuß und Projektteam: Viele Aufgaben, die bislang von der Leitungsebene wahrgenommen wurden, werden nun zunehmend auf den Projektmanager bzw. das Projektteam übertragen. Neben einer klaren Budgetverantwortung für den Projektmanager ergibt sich zwangsläufig auch eine disziplinarische Vorgesetztenfunktion des Projektmanagers gegenüber dem Projektteam.

Umfaßt ein F & E-Programm mehrere Einzelprojekte, so empfiehlt sich die Einrichtung eines Kernteams aus Programm-Manager und vier bis fünf Know-how-Trägern, die die wesentlichen Regionen und Fachkompetenzen repräsentieren und für das Management und die Koordination des Programms verantwortlich sind. Es stellt die Kongruenz der Projektarbeiten und -zielsetzung mit der Unternehmensstrategie sicher.

Die Fülle der Aufgaben bedingt, daß auf dieser Ebene der traditionelle Projektmanager durch eine für das Top-Management qualifizierte Führungskraft abgelöst wird, die in dieser Position zu einer der Schlüsselpersonen im Unternehmen werden kann. Die Leitung von komplexen, internationalen F & E-Programmen sollte mit einer Führungsfunktion in der Linienorganisation einhergehen und in der Personalpolitik des Unternehmens als Karrierestufe vorgesehen sein. Die entscheidende Qualifikation sind integrative Fähigkeiten, um die zugeordneten Mitarbeiter effizient und im Interesse des Gesamtunternehmens zu führen. Der Programm-Manager muß Partikularinteressen überwinden können, zugleich ein kompetenter und akzeptierter Gesprächspartner des Lenkungsgremiums sein und sein F & E-Programm intern und extern „verkaufen".

Trotz der Vorteile dieser Struktur in Gestalt klarer Entscheidungszuständigkeiten und Ressourcenverantwortung birgt dieses Konzept jedoch auch Gefahren in sich, die, wenn sie nicht rechtzeitig erkannt werden, durchaus den Erfolg eines F&E-Programms beeinträchtigen können. Hierzu gehört vor allem die Abnabelung des Projektteams von der Linienorganisation, die weiterhin das Kompetenzzentrum im Unternehmen darstellt. Durch ein Ausschalten der Linienorganisation wäre der fachliche Input nicht mehr vollständig gewährleistet und wertvolle Ressourcen würden nicht bestmöglich eingesetzt.

Um dies zu verhindern, muß die Integration der Linienvorgesetzten der Projektmitglieder im Lenkungsausschuß weiterhin gewährleistet sein. Desweiteren sollte die Linie die Entscheidung darüber behalten, welche Spezialisten als Teammitglied und welche Methoden zur Erreichung des Projektziels eingesetzt werden. Hat die Linie einmal entschieden, wer die Fachabteilung im Projekt vertritt, so gibt sie die disziplinarische Vorgesetztenfunktion für die Dauer des Projektes ab; sie kann aber weiterhin, wenn auch nur mehr indirekt, über die Mitgliedschaft im Projektlenkungsausschuß auf das Programm bzw. Projekt Einfluß nehmen.

Gerade das Zusammenspiel von Projektorganisation und Linienorganisation wird zum Schlüsselfaktor des Erfolgs künftiger Projektmanagementkonzepte (siehe Abbildung 3-8). Hier gilt es, die oft nachvollziehbaren Einzelinteressen zurückzustellen und die verfügbaren Ressourcen ausdrücklich der schnellstmöglichen Erreichung des Projektziels zur Verfügung zu stellen. Oftmals ist es notwendig, Linienorganisation und Projektorganisation so anzupassen, daß Projektergebnisse bzw. Anforderungen direkt von der Fachabteilung ins Projektteam und umgekehrt weitergegeben werden können.

Insbesondere bei komplexer werdenden Projektaufgaben und -strukturen ist es unerläßlich, daß die Entscheidungsprozesse zur Initiierung, Abwicklung und Beendigung von Projekten flexibel und schnell ablaufen. Dies wird zum einen durch die klare Verantwortungszuteilung zum Projektmanager und Lenkungsausschuß erreicht, zum anderen aber auch durch größtmögliche Transparenz über Status und Erfolg eines laufenden Projektes.

Ein weiteres Merkmal der modernen Projektorganisation ist die Unterstützung von Lenkungsausschuß und Projektteams durch eine leistungsfähige Organisationseinheit, die die entscheidungsrelevanten Informationen erfaßt,

Das Zusammenspiel von Linienorganisation und Projektorganisation ist entscheidend für ein funktionierendes Projektmanagement

Entscheidungsbereich		Entscheidungsträger
Was?	Was ist die Priorität des Projekts/Programms innerhalb des F&E-Portfolios?	Lenkungsausschuß
	Was muß erreicht werden, welche Ergebnisse werden geliefert, welche Teilaufgaben durchgeführt?	Projektmanager
Wann?	Wann müssen die Ergebnisse vorliegen?	Projektmanager
Wer?	Wer ist verantwortlich für die Bearbeitung der Teilaufgaben?	Projektmanager/ Linienmanagement
Wie?	Welche Mitarbeiter, welche Ausrüstung, Methoden und Prozesse werden zur Zielerreichung eingesetzt?	Linienmanagement

Abbildung 3-8

bündelt und bereitstellt. Zusätzlich stellt sie in dieser Servicefunktion spezifische Schulungsprogramme bereit und betreibt ein einfaches und transparentes Controllingsystem.

Prozesse

Es zeigt sich immer wieder, daß die stark zentralisierte Führung internationaler F & E-Standorte keine optimale Lösung ist. Die dazu erforderliche zentrale Fachkompetenz und Kenntnis der verschiedenen lokalen Gegebenheiten läßt sich nur mit hohem Ressourcenaufwand und rigiden Formalismen etablieren. Je größer zentrale Kompetenz und Einflußnahme aber sind, um so stärker wird das eigentliche Ziel einer Dezentralisierung der F & E-Standorte beeinträchtigt: Die Eigenmotivation der Standorte und Geschäftseinheiten schwindet, die Reibereien zwischen Zentrale und Geschäftseinheiten nehmen zu, und Kontrolle tritt an die Stelle von Steuerung.

Die wesentlichen Merkmale einer integrierten Führung von F & E-Prozessen bestehen darin, daß

- in einem dezentralisierten Unternehmen mit internationalen F & E-Standorten dennoch eine einheitliche weltweite F & E-Strategie verfolgt werden muß, um Innovationserfolge so zügig wie möglich im gesamten Marktgebiet zu nutzen und um die gesamten F & E-Aufwendungen zu optimieren;
- eine einheitliche weltweite F & E-Strategie aber nur entstehen kann, wenn alle F & E-Verantwortlichen aus eigener Überzeugung darauf „eingeschworen" sind und entsprechend miteinander kooperieren;
- das „Einschwören" und die Kooperationsbereitschaft über die verschiedenen internationalen F & E-Standorte hinweg nur zustande gebracht werden kann, wenn die F & E-Verantwortlichen gemeinsam mit den Marketingverantwortlichen ihre Rollen definieren und zusammen die weltweite F & E-Strategie erarbeiten und steuern;
- die Akzeptanz der F & E-Strategie und der Rolle der einzelnen F & E-Standorte durch die betroffenen Geschäftseinheiten nur gewährleistet ist, wenn die Leiter der Geschäftseinheiten gemeinsam aus der Unternehmensstrategie und den daraus abgeleiteten Sub-Strategien den Rahmen für die F & E-Strategie vorgeben und die Durchsetzung der weltweiten F & E-Strategie auch lokal unterstützen.

Controlling

Das Projektcontrolling in einem Unternehmen mit international verteilten F & E-Standorten und Projektteams verfolgt mehrere Ziele:

- die ständige Optimierung des Portfolios von F & E-Projekten nach Attraktivitäts- und Risikogesichtspunkten innerhalb eines strategisch zu bestimmenden, gesamtunternehmerischen Ressourcenrahmens;
- die ständige Abstimmung der laufenden Aktivitäten in den Projektteams mit der gesamtheitlichen Unternehmensstrategie;
- die ständige Einflußnahme auf die Verhaltensweisen der Verantwortlichen für Teilbereiche, um zu vermeiden, daß durch Einzelinteressen nur suboptimale Lösungen erreicht werden.

Die Schwierigkeiten, wie auch der Anteil am strategischen Erfolg, nehmen in der angegebenen Reihenfolge zu. Das Ziel der Optimierung eines Portfolios von F&E-Projekten läßt sich durch die entsprechenden rationalen Analysen und Gesamtdarstellungen noch am ehesten erreichen: Die Aktivitäten des Lenkungsausschusses sowie die Spielregeln des strategischen Projektmanagements reichen dazu aus – in der Regel kann eine dem F&E-Lenkungsausschuß zugeordnete Stabsstelle die von den Projektmanagern gelieferten Informationen so aufbereiten, daß die Steuerungsentscheidungen allen Beteiligten transparent werden.

Die Verknüpfung mit der Unternehmensstrategie ist dagegen in den meisten Fällen ein schwierigerer Prozeß, weil diese oft kaum artikuliert und die explizite Abstimmung zwischen Unternehmensstrategie und F&E-Programmen noch ungewohnt ist. Dabei ist unter Unternehmensstrategie nicht ein detaillierter Analyse- und Planungsprozeß zu verstehen, sondern in erster Linie die begründete und verbindliche Formulierung von Unternehmenszielen und von Maßnahmenschwerpunkten zum Erreichen dieser Ziele.

Erst auf dieser Basis können in den einzelnen funktionalen Bereichen abgestimmte Teilstrategien entwickelt und verfolgt werden. In der F&E haben es die Teilstrategien mit den Produkt-Markt-Segmenten zu tun, auf die sich das Unternehmen konzentrieren will und für die es innerhalb der immer kürzer werdenden Zeitvorgaben innovative, differenzierungsfähige Neuentwicklungen benötigt.

Darüber einen Konsens herbeizuführen – sowohl zwischen den einzelnen F&E-Standorten als auch zwischen F&E und Unternehmensführung – ist die wichtigste Aufgabe des F&E-Lenkungsausschusses. Erfahrungsgemäß spielt sich die Zusammenarbeit in diesem Gremium sehr langsam ab. Sie bildet aber den Kern des gesamten Innovationsmanagements im Unternehmen.

Controlling hat es auf dieser Ebene zunehmend mit Verhalten und Interessen zu tun. Häufig verhalten sich die Führungskräfte an den einzelnen Standorten sub-optimal und antagonistisch, weil sie ihre unternehmerische Abhängigkeit voneinander nicht erkennen. Controlling, besonders im Entwicklungsbereich, muß deshalb verdeutlichen, welchen Anteil die einzelnen Standorte am Zukunftsrisiko des Gesamtunternehmens haben. Gerade Unternehmen mit internationalen F&E-Standorten müssen in der Lage sein, einzelne

Vorhaben auf der Basis von Zwischenergebnissen, Umfeldveränderungen oder Zielkorrekturen zu stoppen oder zu reorganisieren – zugunsten anderer Vorhaben oder um das Risiko insgesamt zu reduzieren.

Von operativen Inseln zu vernetzten Teams

Wie wird sich das Projektmanagement weiterentwickeln? Wird das Projektteam die entscheidende prozeßgestaltende Organisationseinheit? Vieles spricht dafür, daß künftig vor allem die temporären Projektstrukturen die Unternehmensorganisation prägen werden. Dies würde bedeuten, daß viele Einheiten unternehmerisch selbständig agieren und in ihrer Gesamtheit die Unternehmensstrategie umsetzen. Die Projektteams entscheiden eigenverantwortlich über Mittel und Wege zur Zielerreichung und werden inhaltlich nur fallweise vom Lenkungsausschuß kontrolliert.

Um solch eine Struktur einzuführen, bedarf es jedoch einiger Rahmenbedingungen und Spielregeln, die das Funktionieren gewährleisten. Dazu gehört in erster Linie eine höhere Flexibilität der Mitarbeiter, die ständig in verschiedenen Projektstrukturen unterschiedliche Rollen übernehmen und ausfüllen müssen. Sie orientieren sich in ihrer Mitarbeit im Projektteam an klaren, operationalisierten Zielvorgaben, zu deren Erreichung sie jedoch gemeinsam mit dem Projektmanager weitgehende Freiheit in der Auswahl des optimalen Weges genießen.

Das setzt voraus, daß sich die Unternehmensstrategie nicht auf starre, allgemeine Zielsetzungen beschränkt, sondern von den verantwortlichen Geschäftseinheiten für die Projektteams in klar definierte Anforderungen und Vorgaben „übersetzt" wird.

Des weiteren bedarf es eines Top-Managements, das über das Bekenntnis zur Verantwortungsdelegation hinaus bereit ist, über „Objectives" zu steuern und ansonsten nur einzugreifen, wenn Konflikte auf der Projektebene nicht lösbar sind. Das „inhaltliche" Controlling, also die Überprüfung des Projektfortschritts, muß im Zusammenspiel zwischen Projektmanagern und der selbständigen Projektmanagementeinheit erfolgen, und über den Status wird regelmäßig an die Leitungsebene berichtet.

Ein funktionierendes Controlling kann im internationalen Wettbewerb zum ausschlaggebenden Erfolgsfaktor werden. Wenn es gelingt, die lokalen

Marktbedürfnisse schnell mit der gesamten Unternehmensstrategie in Einklang zu bringen und in internationalen Projektteams konkret in F & E-Programme umzusetzen, lassen sich langwierige Abstimmungsprozesse und Iterationsschleifen zwischen den lokalen F & E-Standorten und den internationalen F & E-Gremien vermeiden.

Ein gut gesteuerter Informationsfluß, der die Entscheider und die Umsetzer nicht mit einer überbordenden Flut von Daten überschwemmt, sondern alle Bestimmungsfaktoren für die Entscheidung berücksichtigt und präzise zusammenfaßt, wird dadurch zu einem der Hauptelemente für die Erhöhung der Geschwindigkeit in F & E-Prozessen.

Kritisch für ein erfolgreiches Projektmanagement wird in Zukunft auch die Handhabbarkeit der komplexen Daten und Abläufe sein: Je einfacher und klarer die Strukturen sind, um so effizienter sind die Projekte durchzuführen. Einfachheit in den Strukturen und Abläufen bedeutet in der Regel jedoch eine höhere Verantwortung der einzelnen Teammitglieder. Ihre Leistung wird weniger an der korrekten Abfrage der einzelnen Arbeitsschritte beurteilt als vielmehr am Erreichen oder Nichterreichen gemeinsam festgelegter, quantitativer und qualitativer Ziele.

Welche Unternehmen im Management von Projekten künftig erfolgreich sein werden, wird in entscheidendem Maße davon abhängen, inwieweit es ihnen gelingt, die Selbständigkeit der Mitarbeiter zu fördern. Firmen werden verstärkt „Unternehmer" in ihren eigenen Reihen aufbauen, die im Prinzip die Keimzelle eines eigenen Unternehmens bilden und sich vielleicht sogar tatsächlich als Spin-Offs rechtlich verselbständigen. Erst wenn jedes Programm in diesem Sinne ein eigenes „Unternehmen" darstellt, werden sich die produktiven Kräfte, auf die ein erfolgreiches Management angewiesen ist, voll entfalten.

4. Disziplin oder Flexibilität?

Christoph Loch

Anforderungen an das Projektportfolio

Eine weitere Dimension des Innovationsmanagements, neben der Steuerung von Projekten und Prozessen, ist die Zusammensetzung des Projektportfolios. Der richtige Mix und eine ausgeglichene Verteilung der mit den einzelnen Vorhaben verbundenen Risiken und Zeithorizonte ist eine der wichtigsten Quellen der Konkurrenzfähigkeit und strategischen Positionierung. Da strategische Positionen jedoch früher oder später kopierbar sind, ist die Fähigkeit zur Positions*änderung* langfristig entscheidend. Dies gilt um so mehr, als während des letzten Jahrzehnts in einigen wichtigen Branchen wie der Automobil-, Elektronik- und pharmazeutischen Industrie eine Steigerung der Innovationsgeschwindigkeit stattgefunden hat. Als Beispiel mag die Firma Siemens dienen, die mehr als 90 Prozent ihres Umsatzes mit Produkten erwirtschaftet, die weniger als fünf Jahre alt sind.

Wiederholte Innovationserfolge beruhen auf einem leistungsfähigen Prozeß sowohl für die Produkt- als auch die Prozeßinnovation. Der Innovationsprozeß hat vier prinzipielle Schritte, die in Abbildung 3-9 zusammengefaßt sind. Diese vier Schritte laufen nicht notwendigerweise sequentiell ab, sondern zum Teil parallel und unter ständiger Rückkoppelung vom Markt und der Konkurrenz sowie von anderen gleichzeitigen oder nachfolgenden Projekten.

Der erste Schritt umfaßt die Erzeugung neuer und die Sammlung oder Rekombination existierender Ideen – intern, von Kunden, Konkurrenten oder anderen Parteien. Aus der Vielzahl von Ideen sollten im zweiten Schritt die erfolgversprechendsten zur Durchführung ausgewählt (das heißt „gefiltert") und ein Produkt oder Prozeß definiert werden. Der dritte Schritt befaßt sich mit der effizienten Durchführung von Innovationsprojekten und beinhaltet die Konzeptentwicklung, Produktdefinition und Produktentwicklung. Kritisch an diesem Schritt ist die Koordination und Zusammenarbeit aller beteiligten Parteien. Die Markteinführung als vierter Schritt umfaßt Markttests, Entwicklung des Absatzkanals, Kommunikation und die Produkt- oder Prozeßeinführung (intern oder extern).

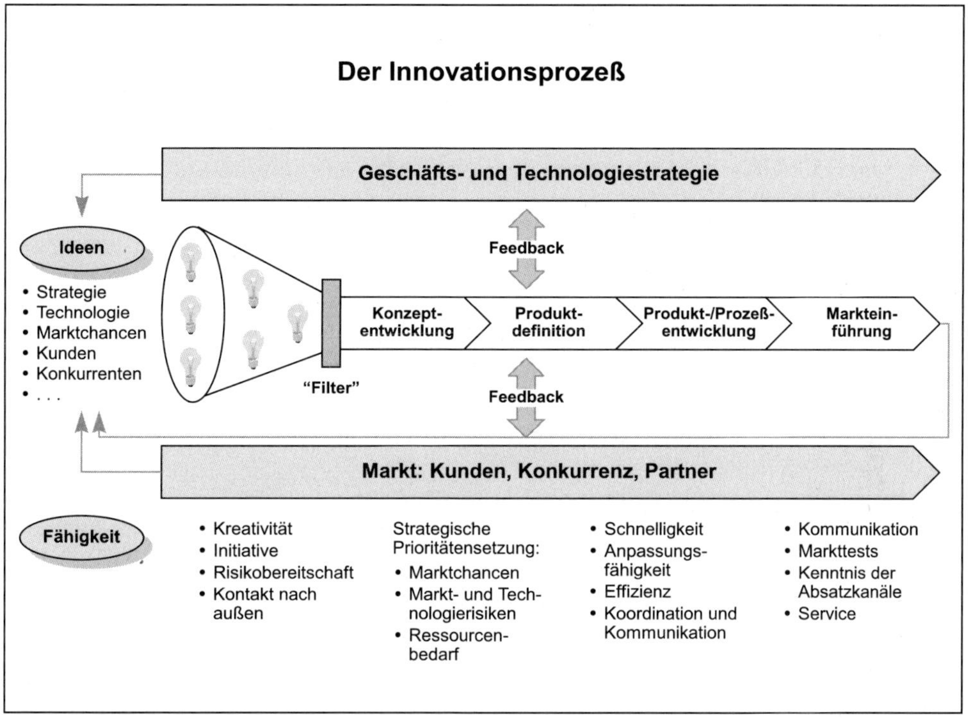

Abbildung 3-9

Die Projektdefinition ist besonders kritisch. Wegen der hohen Unsicherheit von Innovationen erreichen im Durchschnitt aller Branchen von 14 offiziell vorgestellten Ideen nur vier das Entwicklungsstadium, knapp zwei (1,7) werden in den Markt eingeführt, und nur eines ist im Markt erfolgreich. Das heißt, etwa 40 Prozent aller begonnenen Produkte scheitern noch vor oder während der Markteinführung.[10] Dabei liegt die größte Einflußmöglichkeit am Anfang, bei der Projektauswahl und Produkt- bzw. Prozeßdefinition; danach fallen zwar in Gestalt hoher Entwicklungsaufwendungen die größten Kosten an, aber die wichtigen Architekturentscheidungen werden zu Beginn getroffen.

10 Je nach Branche; für Verbrauchsgüter ist die Rate am höchsten. Vgl. Page, A. L.: Assessing New Product Development Practices and Performance: Establishing Crucial Norms; in: Journal of Product Innovation Management, 10/1993, S. 273–290, und
Griffin, A.: The Impact of Engineering Design Tools on New Product Development Efficiency and Effectiveness, Proceedings of the 3rd International Product Development Conference of the EIASM; Fontainebleau 1996.

Der Fall eines großen Unternehmens der Petrochemie verdeutlicht die Bedeutung der Projektdefinition. Das Unternehmen hatte eine kleinere Firma übernommen und festgestellt, daß die neue Tochter eine höhere Rendite erwirtschaftete als die Mutter, obwohl sie im Projektmanagement weit unterlegen war. Die Gründe deckte eine detaillierte Untersuchung auf: Die Tochter konnte ihre Projekte besser auf ihre strategischen Kernmärkte ausrichten als die Muttergesellschaft. Dieser Abschnitt beschäftigt sich daher mit dem Teilprozeß der Projektdefinition und entwickelt Vorschläge zum Gleichgewicht zwischen strukturiertem und flexiblem Vorgehen.

Der Prozeß der strukturierten Projektdefinition

Strukturierte und transparente Projektdefinition

Projektbewertung mit gewichteten Dimensionen

Dimension	Maßeinheit	Gewichtung	Note
Rendite			
• Marktanteil	%	xx	xx
• Umsatz	DM	xx	xx
• Gewinn, Rendite	DM, %	xx	xx
Ressourcen			
• Kosten	DM	xx	xx
• Knappe Ressourcen (z.B. Kapital, Experten)	–	xx	xx
Risiko			
• Technisches Risiko	Wahrscheinlichkeit (0,1-0,9)	xx	xx
• Marktrisiko	Wahrscheinlichkeit	xx	xx
• Möglicher Verlust	DM, Goodwill	xx	xx
• Zeit	Jahre	xx	xx
Strategischer Nutzen			
• Dauer des Konkurrenzvorteils	Jahre	xx	xx
• Strategische Wichtigkeit (offensiv oder defensiv)	exzellent - schwach	xx	xx
• Lernpotential	hoch - niedrig	xx	xx
• Risikostreuung	–	xx	xx
Gesamtnote			**xx**

Abbildung 3-10

Die Definition von Innovationsprojekten führt in ein multidimensionales Entscheidungsproblem. Viele Gesichtspunkte müssen berücksichtigt werden, zum Beispiel finanzielles Potential, Risiko, Zeitdauer oder strategische Synergien (siehe Abbildung 3-10). Die Attraktivität eines Projektes zum Zeitpunkt der Initiierungsentscheidung sollte für jede der jeweils wichtigen Dimensionen geschätzt werden. Es stehen mehrere entscheidungstheoretische Ansätze zur Verfügung, um die Attraktivität eines Projektes entlang der verschiedenen Dimensionen zu einer Gesamtattraktivität zu vereinigen. Ein Beispiel ist die Gewichtung zu einer „Gesamtnote", mit der eine Rangfolge der Kandidaten aufgestellt werden kann.

Diese Ansätze werden zwar in manchen Firmen angewandt, sie sind jedoch aus zwei Gründen unbefriedigend. Erstens sind die Entscheidungsdimensionen nicht unabhängig voneinander. Zum Beispiel hängt der Erfolg eines neuen Produktes von der Konkurrenzfähigkeit der anderen Produkte derselben Familie ab. Oder die Erfolgswahrscheinlichkeit eines neuen Prozesses beruht auf der zuvor erfolgreich abgeschlossenen Entwicklung einer bestimmten Informations- oder Fertigungstechnologie.

Zweitens sind die entscheidungstheoretischen Methoden nur ergebnisorientiert und sagen nichts über den *Prozeß* der Entscheidung aus. Die Schätzungen der Bewertung je Dimension und vor allem die Gewichtung der Dimensionen sind häufig mit hoher Unsicherheit behaftet; sie beeinflussen die resultierende Projektrangfolge aber erheblich. Interessen- und Ressourcenkonflikte und auch Meinungsverschiedenheiten über die Marktentwicklung machen daher die Rangfolgenmethode anfällig gegenüber politischen Grabenkämpfen und Manipulationen.[11]

Unternehmen mit hoher Innovationskraft ergänzen daher oft die Projektbewertung mit strategischen Projektportfolios. Ein Beispiel mit Innovationen aus der Automobilbranche ist zur Veranschaulichung in Abbildung 3-11

---

11 Es existieren zahlreiche entscheidungstheoretische Methoden, die die Interaktionen zwischen Projekten explizit berücksichtigen. Außerdem ist es theoretisch möglich, mit Szenarientechniken die Auswirkungen verschiedener Annahmen auf die Rangfolge zu simulieren. Beide Techniken haben jedoch keine verbreitete Anwendung gefunden, weil sie zu kompliziert oder zu abhängig von spezifischen Modellannahmen sind. Siehe zum Beispiel Schmidt, R. L., Freeland, J. R.: Recent Progress in Modelling R & D Project-Selection Processes; in: IEEE Transactions on Engineering Management, 39/1992, S. 189–200.

dargestellt.[12] Die Achsen des Portfolios stellen den Neuheitsgrad einer Innovation im Produkt oder im Prozeß dar (Fertigung, Auslieferung, Wartung etc.). Modifikationen mit geringer Neuheit entlang beiden Achsen dienen der Modellpflege. Ein Generationsprojekt ist zum Beispiel der neue BMW 5. Ganz neue Produkte mit hoher Innovation auf beiden Dimensionsebenen sind die Mercedes A-Klasse und das Smart-Auto. Eine reine Prozeßinnovation ist die jüngst erfolgte Modernisierung der VW-Fertigung in Brasilien, die eine völlig neue Art der Zusammenarbeit mit Lieferanten einführte, ohne das Produkt zu ändern. Eine reine Produktinnovation ist der erste VW GTI, der mit vergleichsweise geringen Fertigungsprozeßänderungen (stärkerer Motor, härteres Fahrwerk) eine ganz neue Produktkategorie definierte. Die Vorentwicklung schließlich sucht nach neuen Technologien, die noch nicht an konkrete Produkte gebunden sind, wie zum Beispiel Batterien mit höherer Ladedichte.

Das Portfolio zeigt direkt, daß nicht alle Innovationen auf einem Punkt des Diagramms liegen sollten, wie attraktiv sie laut obiger Rangfolge auch sein mögen. Würden nur ganz neue Produkte entwickelt, dann würde das die heutigen Kunden vernachlässigen. Eine ausschließliche Konzentration auf die Modellpflege würde das Produktprogramm der Zukunft außer acht lassen. Die Gesamtheit des Innovationsprogrammes muß sich an dem (strategisch) gewünschten Gleichgewicht zwischen der Stärkung der heutigen Produkte und der Investition in zukünftige Produkte orientieren. Projektportfolios ersetzen nicht die sorgfältige Projektplanung und Schätzung der Erfolgsaussichten gemäß der Kriterien in Abbildung 3-10. Doch *aufbauend* auf dieser Grundanalyse bieten sie zwei Vorteile:

- Explizite Berücksichtigung der strategischen Konsequenzen des Portfolios. Zum Beispiel besteht eine strategische Lücke, wenn alle Projekte – selbst bei hoher Qualität – sämtlich im unteren Quadranten des Neuheitsportfolios liegen.

---

12 Dieses Portfolio ist entnommen: Whellwright, S. C., Clark, K. B.: Revolutionizing Product Development, in: New York 1992, S. 49. Ein Portfolio reicht meist nicht aus, um die Zusammenhänge zu erkennen, da keine Theorie existiert, um die richtigen Dimensionen des Portfolios festzulegen. Es empfiehlt sich daher, mehrere Portfoliodarstellungen parallel zu benutzen. Weitere Portfolios sind beschrieben in:
Roussel, P. A., Saad, K. M., Erickson, T. J.: The R & D Portfolio; in: 3rd Generation R & D; Boston 1991, S. 93–122 und Hise, R. T., Groth, J. C.: Assessing the Risks New Products Face; Research – Technology Management, Juli-August 1995, S. 37–41.

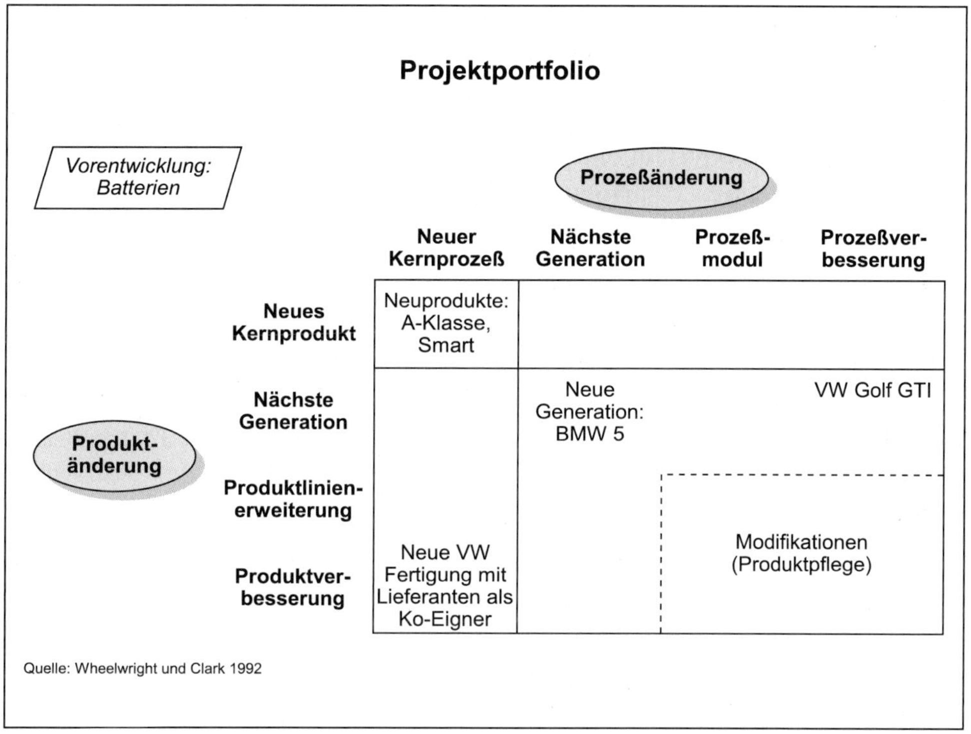

Abbildung 3-11

- Keine Vorspiegelung falscher Objektivität: Die Positionen von Produkten im Portfolio können offen diskutiert werden. Die Portfolios versuchen keine Synthese zu einer Gesamtsicht; diese bleibt dem Management überlassen. Zusätzliche Analysen können angefordert werden, aber die Vorgehensweise ist empirisch und iterativ, das heißt sie trägt zur Transparenz bei, ohne selbst Entscheidungsvorschläge zu liefern.

Die Kombination der beiden Methoden in den Abbildungen 3-10 und 3-11 macht die strategischen Zusammenhänge und die zugrunde liegenden kritischen Informationen und Annahmen transparent. Dies führt zu einer Entpolitisierung des Entscheidungsprozesses und damit zu einer Professionalisierung von Projektauswahlentscheidungen.

Grenzen der strukturierten Projektdefinition: übersehene Chancen

Der oben beschriebene strukturierte Prozeß der Projektdefinition ist transparent und hilft der Unternehmung, sich auf Kerntechnologien und -märkte zu konzentrieren. Die konsequente und kompetente Anwendung des Prozesses kann jedoch zu einer „Überfokussierung" führen: Disziplinierte Projektauswahl *muß* zum Ablehnen von Projektideen führen. Denn je weiter eine Produktidee von der jetzigen Kernstrategie entfernt ist, desto geringer ist die Chance, daß ein strukturierter Prozeß diese Idee verfolgt. Dadurch können wichtige strategische Chancen verpaßt werden. Ein Beispiel aus der Computerfestplattenindustrie verdeutlicht diese Gefahr.

Zwischen 1976 und 1990 gab es bei Festplattenspeichern drei Technologiesprünge, die jeweils zu einer Verkleinerung führten: von 14 zu 8 Zoll; dann zu 5¼ Zoll und schließlich zu 3½ Zoll-Platten.[13] Bei jedem dieser Sprünge verlor ein großer Teil der führenden Unternehmen den Anschluß; keine der 1976 führenden Firmen existiert heute noch. Warum? Die Antwort ist strategische Fokussierung: Die jeweils neue Technologie bot weniger Speicherkapazität als die alte und versprach keine Steigerung der entscheidenden Leistungskennzahl (MB Speicherkapazität pro DM). Deshalb wurde bewußt entschieden, nicht auf die neue Technologie zu setzen.

So entschloß sich Seagate Technology, der Pionier der 5¼ Zoll-Platte, die neue 3½ Zoll-Technologie nicht zu verfolgen, als dies 1985 von den eigenen Entwicklern vorgeschlagen wurde. Die großen Kunden waren nicht interessiert, und der Restmarkt erschien zu klein. Die Entwickler kündigten und gründeten eine neue Firma, Conner Peripherals. Sie konzentrierte sich auf die Nische der Hersteller tragbarer Computer, für die der geringere Platzbedarf ausschlaggebend war. Der Leistungsfortschritt *beider* Technologien war schneller als der Marktbedarf, so daß 1987 die 3½ Zoll-Platte den Speicherbedarf des typischen PC-Kunden erfüllte. Als beide Technologien den Massenmarkt befriedigen konnten, wurden die *neuen* Leistungsmerkmale der 3½ Zoll-Technologie entscheidend: geringere Größe, Stromverbrauch, und Unempfindlichkeit gegen Erschütterungen. Die alte Technologie (die immer noch die größere Kapazität bot!) wurde zurückgedrängt. Seagate brachte nun zwar auch eine 3½ Zoll-Platte heraus, hatte aber den Anschluß verpaßt und

---

13 Vgl. Bower, J. L., Christensen, C. M.: Disruptive Technologies: Catching the Wave; in: Harvard Business Review, Januar-Februar 1995, S. 43–53.

wurde zum Nischenanbieter degradiert. Conner dominiert den Markt (zusammen mit Quantum, dem anderen 3½ Zoll-Pionier). Abbildung 3-12 faßt diese Entwicklung zusammen.[14]

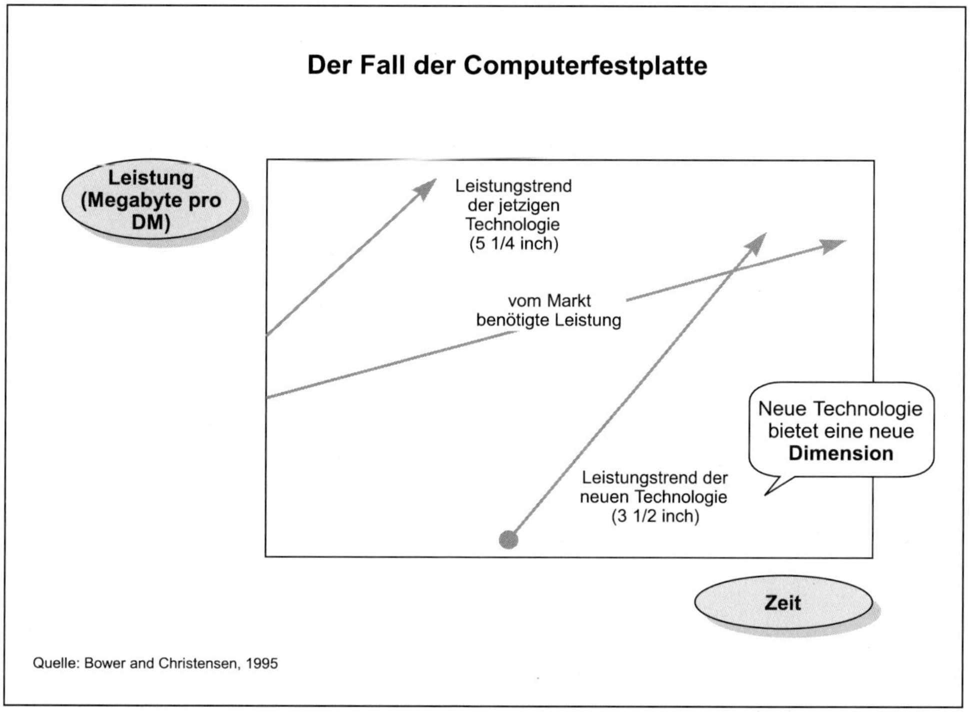

Abbildung 3-12

Das Beispiel der Computerfestplatte zeigt, wie die bewußte und strukturierte strategische Fokussierung zu hohen Opportunitätskosten führen kann, wenn dadurch strategische Chancen ausgeschlossen werden. Je größer die Branchenunsicherheit und Innovationsgeschwindigkeit, desto schwieriger wird es, die entscheidenden neuen Technologien zu erkennen und desto geringer

14 Das Dominieren einer neuen Technologie ist allerdings keine langfristige Garantie für Geschäftserfolg, sondern muß mit guter Implementierung gestützt werden. Conner vernachlässigte seine Produktlinie und machte 1993 einen Verlust von 450 Millionen Dollar. Im September 1995 wurde Conner für 1,1 Milliarden Dollar (in neuen Aktien) wieder von Seagate übernommen, die ihre Produkte inzwischen gut bewirtschaftet hatten. Der Aktienmarkt notierte, daß die Produkte der beiden Firmen sich ,,ideal ergänzten". Durch internes Entwicklen der 3½-inch-Platte hätte Seagate diese Produkte natürlich für weniger Geld haben können.

ist die Effektivität eines strukturierten Prozesses der Projektdefinition. Dieses Ergebnis ist auch empirisch belegt: Bei einer Untersuchung der Elektronikindustrie wurde gezeigt, daß die üblichen Erfolgskriterien für Forschung und Entwicklung (wie Entwicklungsbudget, Zahl der neuen Produkte, Alter der Produktpalette, Produktqualität etc.) den Geschäftserfolg nur in sich langsam ändernden Branchen statistisch vorhersagen. In sich schnell ändernden Branchen (kurze Produktlebenszyklen, hohes Marktwachstum) sagen die Kriterien des geplanten Innovationsprozesses nichts über den Geschäftserfolg aus.[15]

Innovativ durch Experimentieren

Erfolgreiche Innovation ist oft nicht planbar

Besonders in sich schnell ändernden Industrien ist Innovation nicht immer planbar, und Marktchancen ergeben sich oft aus „Experimenten", die außerhalb des offiziellen Innovationsprozesses durchgeführt werden. Es kommt sogar vor, daß erfolgreiche Innovationen ursprünglich zielgerichtet unternommen werden, aber dann eine andere und unerwartete Nutzung finden, wie dies anhand der beiden folgenden Beispiele deutlich wird.

Dem Automobilzulieferer Solvay Automotive in Laval (Frankreich)[16] gelang es in der ersten Hälfte der neunziger Jahre, durch die Umstrukturierung der Fertigung vom Plastiktankhersteller zum Systemlieferanten für Benzinzufuhrsysteme aufzusteigen. Unter dem fortwährenden Druck seiner Kunden hatte Solvay große Anstrengungen zur Reduktion von Kosten und Lieferzeiten unternommen. Zu diesem Zweck wurde die Fertigung in autonome Zellen umstrukturiert, von denen jede völlig auf eine kleine Zahl von Kunden ausgerichtet war. Trotz eines Verlustes von Skalenvorteilen (kleinere Stückzahlen pro Zelle) führten bessere Kundenorientierung, Kostentransparenz und Freisetzung von Verbesserungspotentialen zu niedrigeren Kosten und

15 Vgl. Terwiesch, C., Loch, C. H., Niederkofler, M.: Where Product Development Performance Makes a Difference: A Statistical Analysis in the Electronics Industry; INSEAD Working Paper #96/78/TM, revised, November 1996.

16 Solvay Automotive ist der Sieger des von INSEAD und L'Usine Nouvelle ausgeschriebenen Preises Top Usine 1995. Der Fortschritt der Fertigung ist beschrieben in De Groote, X., Loch, C. H., Van Der Heyden, L., Van Wassenhove, L. N., Yücesan, E.: Measuring Management Quality in the Factory; in: European Management Journal, Dezember 1996.

Durchlaufzeiten. Nach der Durchführung der Umstrukturierung stellte man überrascht fest, daß die Zellen durch ihre Autonomie (Duplizierung identischer Einheiten) auch eine schnellere Kapazitätsanpassung nach oben oder unten erlaubten und daß man sie sogar als selbständige Einheiten zum Kunden verlagern konnte. Dies eröffnete eine neue Dimension von Dienstleistungen für den Kunden und damit eine zusätzliche Quelle der Konkurrenzfähigkeit.

Ein zweites Beispiel liefert die tiefgreifende Umstrukturierung des Montagesystems bei Toyota seit 1990, die von Fujimoto als Schritt vom „schlanken" zum „ausgewogenen" System bezeichnet wird.[17] Mit dem Beginn der japanischen Wirtschaftskrise 1989 sah sich Toyota mit steigenden Kosten (hoher Stand des Yen), Kapitalknappheit (geringer Cash-flow) und Personalknappheit konfrontiert (alternde Bevölkerung und geringere Bereitschaft der jungen Generation, extrem anstrengende Montagetätigkeiten anzunehmen). Als Antwort auf diese Herausforderungen hat die Umstrukturierung der letzten sechs Jahre bei gleichzeitiger Verringerung des Kapitalbedarfs die Arbeitsplatzattraktivität für die Produktionsmitarbeiter erhöht. Das Montagesystem verfolgt nicht mehr ausschließlich die Steigerung der Produktivität als Ziel, sondern auch eine Verbesserung des Arbeitsumfeldes – daher die Bezeichnung „ausgewogen".

Das System hat vier Hauptbestandteile:

- Aufteilung der Fließbänder in kürzere, durch Puffer getrennte Teilabschnitte. Dies lokalisiert die Auswirkungen von Problemen, so daß bei Störungen nicht mehr das ganze Band stillsteht, und führt zu weniger Streß bei Mitarbeitern. Die Teilabschnitte werden jeweils von einer Gruppe bedient, in der die Arbeiten nach logischer Zusammengehörigkeit (nicht reiner Produktivität) aufgeteilt und regelmäßig getauscht werden. Job Rotation fördert das Prozeßverständnis und das Verantwortungsbewußtsein.
- Teilautomatisierung direkt am Band. Operationen werden nicht mehr von vollautomatischen Robotern neben dem Band ausgeführt, sondern durch

17 Dieses Beispiel beruht auf Fujimoto, T.: An Evolutionary Process of Toyota's Final Assembly Operations – The Role of Ex-Post Dynamic Capabilities; University of Tokyo, Working Paper 1996.

von Menschen bediente Maschinen an der weiterlaufenden Karosserie. Durch die verringerte Automatisierung wird der Kapitalbedarf verringert. Gleichzeitig sind die Arbeitsschritte besser in den Ablauf integriert, und die Arbeiter haben ein höheres Prozeßverständnis (keine automatische „black box"), was zu besserer Moral und mehr Verbesserungsvorschlägen führt.

- Systematische ergonomische Bewertung aller Arbeitsplätze und Konzentration von Verbesserungsinitiativen auf anstrengenden Arbeitsstationen.
- Statt anspruchsvoller Lösungen mit neuer Technologie werden pragmatisch kostengünstige „low tech"-Werkzeuge und Maschinen zur Ergonomieverbesserung eingesetzt, wie zum Beispiel bessere Sitze und Beleuchtung, rollende Werkzeugregale, Bewegung des Arbeiters mit dem Fahrzeug auf dem Band oder Einsetzen der Türen ganz am Ende zum Zwecke größerer Bewegungsfreiheit am Band.

Das neue „ausgewogene" System hat nur wenig Produktivität verloren, bedarf weniger Kapitals, bietet eine bessere Arbeitsplatzumgebung und gibt mehr Spielraum zur Arbeitsplatzverbesserung durch Mitarbeitervorschläge. Wie schon im alten „schlanken" System sind die einzelnen Bestandteile für sich genommen nicht beeindruckend; sie wirken aber höchst effektiv als geschlossenes Ganzes zusammen. Betrachtet man die Entstehung des neuen Systems, so findet man, daß es nicht als Ganzes geplant wurde, sondern das Ergebnis vieler unabhängiger und unkoordinierter Teilinitiativen war, die auf unterschiedlichen Wegen zu den vier Hauptelementen des heutigen Systems führten.

Die Abbildung 3-13 zeigt die unterschiedlichen Evolutionen der vier Hauptelemente über die letzten acht Jahre (und mehrere Generationen von neuen Montagewerken). Deutlich wird, wie sich die jeweilige Evolution zwischen den beiden Schwerpunkten Produktivität und Arbeitsplatzgestaltung bewegte. Die Fließbandteilabschnitte sind eine *nachträgliche Synthese* von Teilansätzen, die für unterschiedliche Zwecke unabhängig voneinander entwickelt wurden: Puffer wurden zur Vereinfachung der Logistik eingeführt, autonome Arbeitsgruppen zur Arbeitsvereinfachung und Qualitätsverbesserung. Die Teilautomatisierung am Band ist das Ergebnis von *Versuch und Irrtum*. Zuvor war das Montagesystem stark produktivitätsorientiert; 1991 war ein hochautomatisiertes Werk eröffnet worden, um die Arbeitsbelastung zu verringern (wie auch zum Testen neuer Technologien und zur Personalverringerung). Doch als die Kapitalkosten des Werkes sich als großes Problem herausstellten, fand man über die nächsten beiden Werksgenerationen zum heutigen Gleichgewicht.

Die Evolution des ausgewogenen Montagesystems

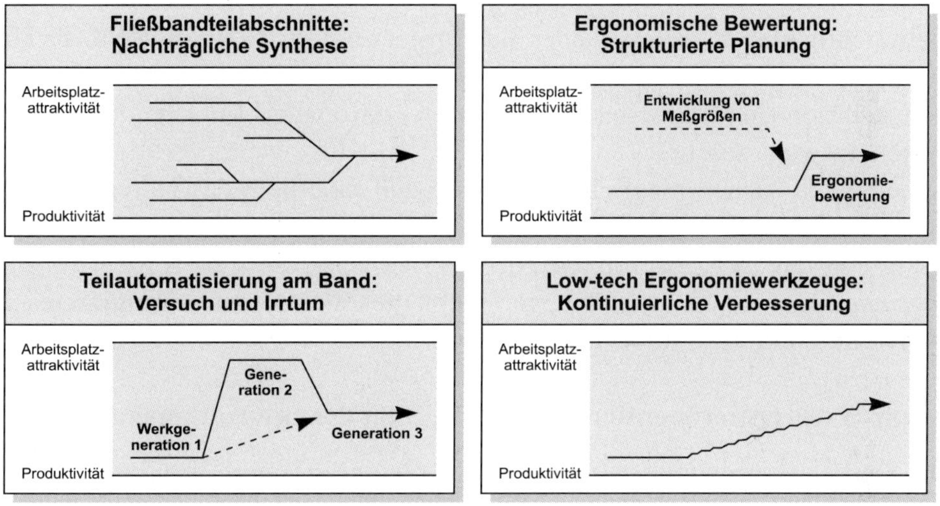

Quelle: Fujimoto 1996 Anm.: Die Position zwischen den beiden Kriterien Arbeitsplatz und Produktivität ist *relativ*. Absolut gesehen mögen sich beide gleichzeitig verbessern.

Abbildung 3-13

Die ergonomische Arbeitsplatzbewertung ist das einzige der vier Elemente, das als Ergebnis eines *strukturierten geplanten Prozesses* entstand. Es wurde ein Projekt zur ergonomischen Arbeitsplatzanalyse ins Leben gerufen, das ein Meßinstrument entwickelte. Die pragmatischen „low tech"-Ergonomieverbesserungen schließlich wurden – angetrieben von dezentralisierten Verbesserungsideen aller Mitarbeiter – durch den klassischen Ansatz der *kontinuierlichen Verbesserung* (Kaizen) allmählich eingeführt. Das ausgewogene Montagesystem bei Toyota war also *nicht geplant*, sondern eine *nachträglich konsistente* Konstruktion aus getrennten Bestandteilen, die aus verschiedenen Gründen und auf verschiedenen Wegen entstanden.

Sind diese beiden Beispiele zufälliger Natur, zeugen sie von „Glück"? Die Analyse vieler Fälle zeigt, daß ungeplante Innovationen wenig mit Zufall zu tun haben, sondern eigene organisatorische Fähigkeiten erfordern. Nicht Disziplin, Transparenz und strategische Fokussierung, wie im strukturierten Prozeß, sondern das Schaffen von Handlungsalternativen und das Erkennen neuer Kombinationen aus bestehenden Modulen befähigen eine Organisation, unerwartete Innovationen zu erzeugen und zu nutzen.

Weitere Beispiele sind der berühmte Erfolg der „Post-It"-Klebezettel der Firma 3M, die das unerwartete Ergebnis eines mißglückten „Klebstoffs, der nicht richtig klebte" waren,[18] oder die Turnierversion des 5er-BMWs, die auf die Initiative eines einzelnen Entwicklers zurückging. Beide haben gemeinsam, daß sich ein Mitarbeiter nicht von den „rationalen" Entscheidungen der Projektauswahl abschrecken ließ, sondern eine Idee weiterverfolgte und so lange verschiedenen möglichen Interessenten innerhalb des Unternehmens vorstellte, bis sich eine Anwendung fand. Ist der „rationale" Prozeß durchlässig und das Experimentieren mit Ideen erlaubt, die (noch) nicht formal begründet werden können, so ermöglicht dies ein flexibles Reagieren auf unerwartete Markt- und Technologieänderungen.

Grenzen des Experimentierens: Verstopfung des Innovationskanals

Die Stärke experimenteller Innovation ist gleichzeitig der Kern ihrer Schwäche. Wenn der Prozeß der Projektauswahl durchlässig ist, dann gibt die Organisation zumindest einen Teil ihrer Fähigkeit auf, die Innovationsaktivitäten unter Kontrolle zu halten. Die Abbildung 3-14 zeigt das hypothetische Beispiel einer Organisation, deren Projekte außer Kontrolle geraten sind.

Die Organisation hat (abhängig von der Projektgröße) die Kapazität für etwa sieben gleichzeitige Projekte – erkennbar an der konstanten Zahl der „aktiven" Projekte. Die Entwicklung arbeitet produktiv, denn die Zahl der abgeschlossenen Projekte wächst kontinuierlich mit der Zeit. Allerdings werden mehr neue Projekte begonnen als abgearbeitet werden können, wie aus der wachsenden Zahl von Projekten „in Wartestellung" hervorgeht. Die Kapazitätsgrenzen der Entwicklungsabteilung werden nicht eingehalten.

---

18 Siehe die Beschreibung dieses Entwicklungsprojektes in Nayak, P. R., Ketteringham, J. M.: 3M's Little Yellow Note-Pads, Kapitel 3; in: Breakthroughs, 1986.

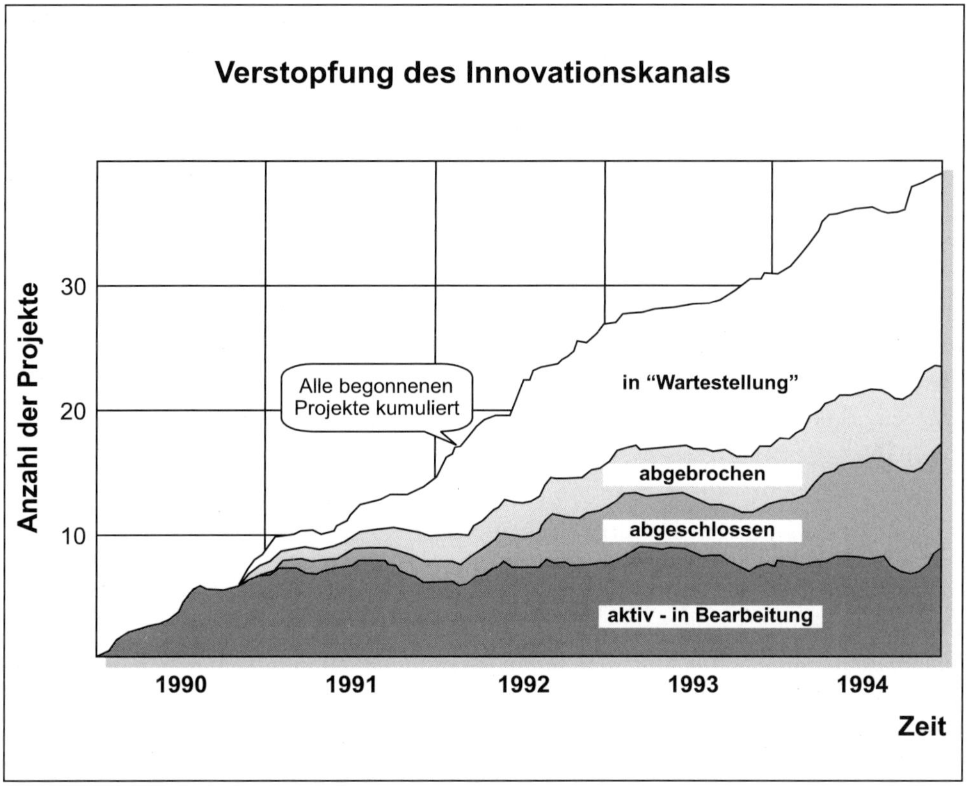

Abbildung 3-14

Dieser Fall ist typisch für viele Unternehmen, in denen aufgrund mangelhafter Prioritätensetzung immer mehr Projekte autorisiert werden, etwa nach dem Motto: „Man braucht ja keine Aufmerksamkeit auf ein Projekt zu verwenden, bevor Kapazität da ist. Und sobald die Entwickler doch einmal Zeit haben, ist wenigstens nützliche Arbeit vorhanden."

Projekte im Wartestand entfalten jedoch eine doppelt zerstörerische Wirkung. Erstens haben sie die fatale Tendenz, in die Kategorie „abgebrochene Projekte" zu wandern. Das heißt, Projekte werden nicht aus strategischen Gründen abgebrochen, sondern weil der Markt sich geändert hat, die Technologie veraltet ist, die Konkurrenz zuvorgekommen ist, der ursprüngliche Initiator die Firma verläßt etc. Die Organisation hat damit *de facto* die Entscheidung über ihre Projekte nach außen abgegeben und so die Lenkung des eigenen Schicksals aus der Hand gegeben.

Zweitens ist es eine Illusion zu glauben, daß wartende Projekte keine Kapazität verbrauchen. Sie erfordern Vorbereitung, Datenerhebungen, regelmäßige Statusübersichten, Nachdenken und Aufmerksamkeit, und schließlich wird in vielen Projekten erheblicher Fortschritt erzielt, bevor sie schließlich abgebrochen werden. Sie ziehen daher Kapazität von den anderen, zu einem Ende geführten Projekten ab und verlangsamen auf diese Weise den *gesamten* Entwicklungsprozeß.

Situationen wie diese führten dazu, daß eine unserer Klientenfirmen in der pharmazeutischen Industrie das Management des Forschungs- und Entwicklungsbereiches austauschte; eine der ersten Aktivitäten der neuen Leitung war es, das Projektprogramm von fast 50 Projekten auf etwa 20 aktive Projekte zu reduzieren, indem die Hälfte aller laufenden Projekte aufgegeben wurden! Nur mit dieser radikalen Fokussierung konnte die Effektivität der laufenden Aktivitäten sichergestellt werden.

Sogar einem für seine Innovationsfähigkeit gerühmten Unternehmen wie 3M kann ein solcher Kontrollverlust unterlaufen. Nach jahrelang aufgelaufenen Verlusten mußte 3M schließlich die Konsequenz ziehen und den neugewachsenen Bereich Computerdisketten verkaufen. Mit schärferen Kontrollen in der Innovationsprojektauswahl hätte dies möglicherweise früher und mit geringeren Verlusten geschehen können.[19]

Kontrolliertes Experimentieren: einige Faustregeln

Die vorangegangene Diskussion zeigt, daß der strukturierte Prozeß der Projektdefinition und die experimentelle Innovation jeweils Stärken und Schwächen haben, daß sich beide Innovationsansätze jedoch ergänzen: Disziplin und Fokus in der Projektinitiierung sind notwendig, um die Geschäftsstrategie umzusetzen und sich Innovation leisten zu können. Die Durchlässigkeit bei der Projektauswahl ist wichtig, wenn Markt- und Technologieentwicklung nicht planbar sind und die Organisation sich unerwarteten Herausforderungen flexibel stellen muß.

Ist es möglich, die Stärken beider Ansätze zu vereinigen? Welche organisatorischen Fähigkeiten sind dazu notwendig? Es gibt noch keine Theorie oder

19 Siehe Interview mit 3M in Stewart, Th.: 3M Fights Back; in: Fortune, 5.2.1996.

fertige Liste von „best practice“-Beispielen zu dieser Herausforderung. Einige grobe „Faustregeln“ können jedoch aus bekannten Fällen abgeleitet werden. Die Faustregeln sind in Abbildung 3-15 zusammengestellt.

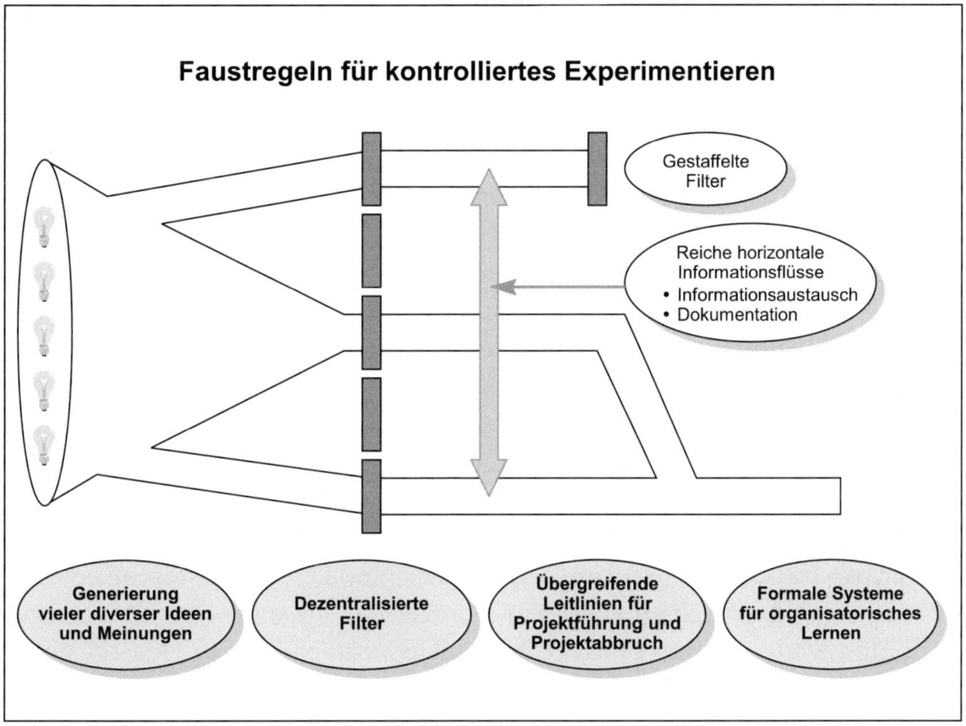

Abbildung 3-15

- *Erzeugung vieler diverser Ideen und Meinungen* in der Organisation. Dies beinhaltet die Schaffung einer offenen Atmosphäre, in der Widerspruch und Initiative für eigene Ideen ermutigt werden.[20]
- *Dezentralisierung des „Filters“.* Wenn eine Idee an einem Filter abgelehnt wird, hat der Initiator die Möglichkeit, andere Sponsoren zu suchen. Eine Vielfalt von parallelen Kanälen mit unterschiedlichen Auswahlkriterien (auch mit Duplizierung) verringert die „Betriebsblindheit“ der

---

20 Eine umfassende Übersicht über organisatorische Kreativität geben Van de Ven, A. H., Angle, L., Pole, M. S. (Hrsg.): Research on the Management of Innovation: The Minnesota Studies; New York 1989.

strategischen Fokussierung und erhöht damit die Anpassungsfähigkeit der Organisation an neue Trends.

- *Gestaffelte Filter.* Diese Methode wird von Risikokapitalgebern benutzt. Sie gibt Geldmittel nur bis zum nächsten „Meilenstein" frei und macht den nächsten Schritt davon abhängig, ob das Projekt die Zwischenziele bis dahin erreicht hat. Damit werden die Summen, die auf risikoreiche Projekte gesetzt werden, begrenzt.

- *Projektabbruch.* Die Organisation braucht ein Mittel, Projekte auch nach dem vollen Anlauf abbrechen zu können. Als Beispiel sei die bereits genannte neue Leitung der Pharma-Entwicklung genannt. Sie gab der Organisation klar zu verstehen, daß nur neue Medikamente entwickelt werden sollten, die gegen eine wohldefinierte Liste von Krankheiten wirksam waren (wie in den Bereichen Herz-Kreislauf, Lunge, Krebs) und die auf einem neuen Wirkungsmechanismus beruhten (das heißt patentierbar waren). Mit solchen klaren Leitlinien konnten sowohl Projektideen als auch laufende Projekte von jedem Mitarbeiter selbst auf ihren Beitrag zur Strategie geprüft werden.
  Wichtig ist, daß die Leitlinien wirklich zum Projektabbruch genutzt werden. Damit kann eine durch viele Ideen und Dezentralisierung erzeugte Übervielfalt noch so korrigiert werden, daß sie nicht zur Verstopfung des Innovationskanals führt. Dabei muß jedoch beachtet werden, abgebrochene Projekte nicht als Mißerfolge für die betroffenen Mitarbeiter anzusehen, denn dies kann leicht zur Unterdrückung von negativen Neuigkeiten und dadurch zu „Projektunsterblichkeit" führen. Statt dessen sollten Qualität des Projektmanagements und der getroffenen Entscheidungen beurteilt werden.

- *Horizontale Informationsflüsse.* Sowohl Ideenvielfalt als auch wirksame Kontrolle hängen davon ab, daß alle Mitarbeiter von Erfolgen oder Mißerfolgen lernen. Dies erfordert die freie Kommunikation von Mitarbeitern auf gleicher Ebene über die internen organisatorischen Grenzen von Geschäftsbereichen und Abteilungen hinweg und direkt mit der Außenwelt (zum Beispiel Kunden), ohne einen offiziellen Instanzenweg befolgen zu müssen. Unterstützende Maßnahmen können diese Kommunikation verstärken, wie etwa das allen zugängliche Informationssystem des japanischen Verbrauchsgüterherstellers Kao oder die regelmäßigen, weltweiten Forschungs- und Entwicklungskonferenzen der Nahrungsmittelfirma Nestlé.[21]

- *Formale Systeme zum kontinuierlichen Verbessern und Lernen.* Übergreifende formale Systeme sind zum Beispiel Erfolgs- und Kostenmeßinstrumente, Messung der Kundenzufriedenheit, Problemlösungsmethoden (wie die statistische Prozeßkontrolle), Projektmanagementmethoden und systematische Projektdokumentierung. Sie schaffen Transparenz zum Vergleich von Ergebnissen (Benchmarking) und ein organisatorisches „Gedächtnis", das gemeinschaftliche Aktivitäten und den Aufbau von Wissen und Fähigkeiten unterstützt.

Im Innovationsprozeß die angemessene Balance zwischen Prozeßtransparenz und Disziplin auf der einen und Vielfalt und Offenheit auf der anderen Seite zu finden, stellt sich je nach Strategie, Tätigkeitsbereich und Unternehmenskultur für jedes Unternehmen unterschiedlich dar. Die genannten Faustregeln beruhen auf bisherigen Erfahrungen erfolgreicher, innovativer Unternehmer. Sie erfordern Fingerspitzengefühl und Führungsqualitäten der Unternehmensleitung: Das Gleichgewicht zwischen Dezentralisierung, Freisetzung kreativer Energien der Mitarbeiter, Prozeßverständnis und Richtungsweisung muß immer wieder neu bestimmt werden.

21 Quelle: Interviews bei Kao Corp., De Meyer, A.: Nestlé S. A.; INSEAD Case and Update, 1991.

5. Prozesse etablieren und steuern

Der Innovationsprozeß besteht nach heutigen Erkenntnissen aus sechs Teilprozessen, die erst zusammen die marktrelevante Differenzierungs- und Innovationsleistung des Unternehmens ausmachen (siehe Abbildung 3-16). Im einzelnen sind dies:

- die Identifikation von Defiziten des Kundennutzens bei den bestehenden Produkten und Leistungen und von vielversprechenden Innovationsfeldern (Suchfeldern),
- die Bewertung der Technologien und Marktstärken des Unternehmens, mit denen erhöhter Kundennutzen entwickelt werden kann,
- die Definition und Durchführung eines Portfolios von Entwicklungsvorhaben,
- die Steuerung der Entwicklungsvorhaben entsprechend ihrem potentiellen Beitrag zur Marktstrategie des Unternehmens,
- die Überführung der entwickelten Produkte oder Leistungen in die Fertigung bzw. Bereitstellung und in das Vertriebsprogramm,
- die Sicherstellung der geplanten Marktpenetration und Amortisation der Entwicklungsaufwendungen.

In allen Teilprozessen müssen die verschiedenen Funktionsbereiche des Unternehmens eng zusammenarbeiten, doch aller Erfahrung nach sind es heute vor allem die ersten drei Teilprozesse, mit denen Unternehmen die größten Schwierigkeiten haben.

Hier setzen die eingangs beschriebenen ADL-Prozesse zur Entwicklung der Hochleistungsorganisation ein.[22] Den Ausgangspunkt bildet die gemeinsame Reflexion der Führungskrafte über die wettbewerbskritischen Erfolgsfaktoren.[23] An diesem marktbezogenen Maßstab läßt sich festmachen, wer welche

22 Vgl. Kapitel 3.1.

23 Vgl. Sommerlatte, T.: Kooperation Wissenschaft-Berater-Praxis; in: Corsten, H., Reiß, M. (Hrsg.): Handbuch Unternehmensführung; Wiesbaden 1995.

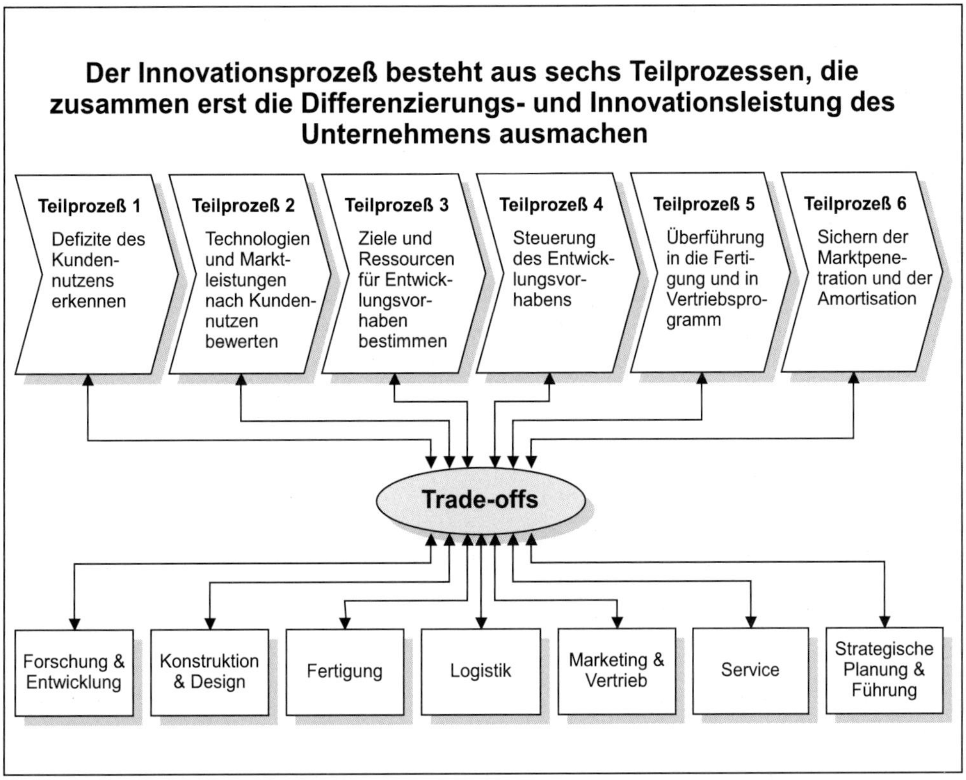

Abbildung 3-16

Einzelbeiträge zu erbringen hat, um zu gewährleisten, daß die festgelegten Faktoren gezielt optimiert werden.

Dieses Vorgehen führt in der Regel zu einem beachtlichen Erkenntnisprozeß unter den Führungskräften des Unternehmens, denn hierbei gibt es keine ablauforganisatorisch geregelten Routinen und keine einzelne Abteilung, die jeweils für einen der als wettbewerbskritisch ausgemachten Faktoren verantwortlich ist; vielmehr verlaufen die Leistungsprozesse, die jetzt analysiert werden müssen, quer durch viele Organisationseinheiten und Verantwortungsbereiche. Es ist jedoch gerade diese Verkettung oder Vernetzung der Einzelbeiträge und -aktivitäten, die den Prozeß der Leistungserstellung im Unternehmen formen und die den Erfolg im Markt bedingen.

Die Durchführung eines Entwicklungsvorhabens oder einer Marketingkampagne stellen demnach für sich noch keinen aggregierten, differenzierungsfähigen Leistungsprozeß dar; sie leisten lediglich einen Teilbeitrag zu dem gesamten Innovationsprozeß, der weitaus mehr umfaßt und an dem in unterschiedlicher Intensität auch die anderen Organisationseinheiten beteiligt sind. Nach der Identifizierung der wettbewerbskritischen Erfolgsfaktoren und der Definition der zugehörigen ADL-Prozesse muß das Innovationsmanagement auf dieser Stufe die Koordinierung und das Zusammenspiel der Beteiligten sicherstellen. Hier müssen kritische Parameter verfolgt, Risiken austariert, Einzelleistungen zeitgerecht aggregiert und zielführende Kompromisse („Trade-offs") eingegangen werden (siehe Abbildung 3-16).

Fallbeispiel: Unternehmen A

Das Unternehmen A hatte in den sechziger und siebziger Jahren aufgrund vielfältiger Produktinnovationen in einer sehr speziellen Marktnische mit gezielter Vertriebsausrichtung einen enormen Auftrieb verzeichnen können, wobei ihm das rapide Wachstum des Anwendungssegmentes, aus dem es auch seine Vertriebsbeauftragten rekrutierte, zugute gekommen war. Seit einigen Jahren stagnierte nun jedoch das Geschäft. Wettbewerber aus den unteren Preissegmenten, die bisher nicht direkt, sondern über den Handel verkauft hatten, drangen allmählich in die Qualitätssegmente des Unternehmens vor, und die Kunden kauften zunehmend über den Handel. Hinzu kam, daß neue Werkstoffe und Verarbeitungstechniken neue Anforderungen an die Produkte stellten. Firma A verlor zusehends an Innovationsimage und an Differenzierung.

Der Unternehmensführung wurde nach einiger Zeit bewußt, daß Kostensenkungsmaßnahmen allein der abnehmenden Kundenloyalität nicht abhelfen würden und auf diese Weise kein neues Wachstum zu erzielen war. Zugleich wurde deutlich, daß in den letzten Jahren keine Produktinnovation mehr hervorgebracht worden war, die neue Impulse hätte auslösen können. Waren früher die bahnbrechenden Produktideen vom Unternehmensgründer selbst gekommen (der noch regelmäßig zu den Kunden ging), so hatte die Leitung des inzwischen zum Konzern herangewachsenen Unternehmens keine unmittelbare Markt- und Anwendungserfahrung mehr. Daher wurde nach einem Vorgehen gesucht, um die Mitarbeiter in die Suche nach Innovationen einzubeziehen, gleichzeitig aber die „Verzettelung" in viele kleine Nischenprodukte zu verhindern.

Der von ADL vorgeschlagene Ansatz bestand zunächst darin, grundlegende Innovationsfelder und Ideen zu Produkten oder Leistungen weitgehend unabhängig voneinander zu identifizieren und zu bewerten. Dazu wurden die Mitarbeiter in allen Funktionsbereichen des Unternehmens – insbesondere die mit Unternehmensentwicklung, Marktbeobachtung, F&E und Marketing/Vertrieb beauftragten – in Brainstorming-Workshops angeregt, bestehende, benachbarte oder neue Kundensegmente und Anwendungsgebiete zusammenzustellen, in denen sich das Unternehmen mit besseren oder neuartigen Produkten und Leistungen wesentliche Marktchancen erschließen konnte. So entstanden im ersten Schritt Suchfelder, deren generelle Attraktivität grob abgeschätzt werden konnte – etwa in Form von Marktvolumen, Wachstumspotential oder Wettbewerbspositionen.

Diese Suchfelder wurden zusammen mit den Geschäftsfeldern, in denen das Unternehmen bereits tätig war, in einem Geschäftsfeld-Portfolio eingeordnet, das einen Vergleich der Wachstumspotentiale und der Wettbewerbspositionen erlaubte (siehe Abbildung 3-17).

Das Geschäftsfeld-Portfolio zeigt Marktattraktivität und Marktposition der bestehenden Geschäftsfelder und der Suchfelder auf

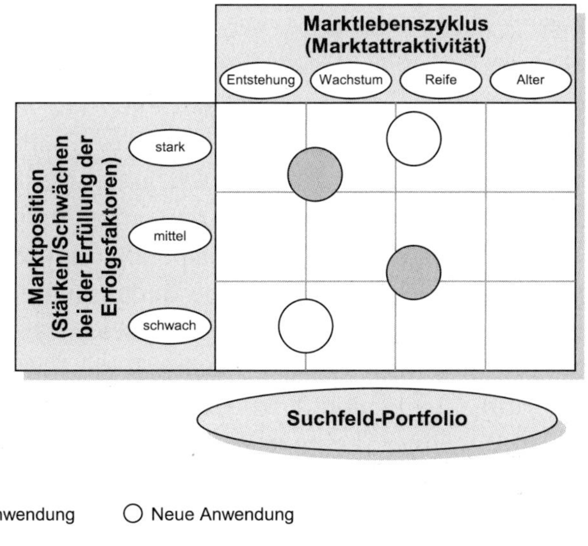

Abbildung 3-17

Dieses Geschäftsfeld-Portfolio wurde ständig ergänzt, sobald Mitarbeiter neue Suchfelder mit einer knappen Charakterisierung des Marktes und der Wettbewerbslage einbrachten.

In jedem Geschäftsbereich bekam ein Innovations-Team die Aufgabe, die interessant erscheinenden Suchfelder einer eingehenderen Untersuchung zu unterziehen, um die Positionierung im Geschäftsfeld-Portfolio abzusichern und zu präzisieren. Damit wurde allen Mitarbeitern deutlich, in welchen Feldern neue Produktideen besonders erwünscht und vielversprechend waren. Da die Innovations-Teams jeweils aus dem Geschäftsbereichsleiter, Marketing- und Vertriebsmitarbeitern und Entwicklungsmitarbeitern bestanden, kamen die Ideen aus allen Funktionsbereichen des Unternehmens; viele konnten gebündelt werden, und schließlich kristallisierten sich die attraktivsten drei oder vier Suchfelder heraus.

Der zweite Schritt bestand dann darin, Produktideen von den Mitarbeitern, Kunden und aus vielfältigen externen Quellen zusammenzutragen, sie den Suchfeldern des Geschäftsfeld-Portfolios zuzuordnen, und daraus ihre Attraktivität abzuleiten. So ließen sich viele Produktvorschläge, die nicht einem der als besonders attraktiv eingestuften Suchfelder entsprachen, schnell zurückstellen oder eliminieren und die verbliebenen einem Produkt-Portfolio zuordnen.

Dem Unternehmen gelang es auf diese Weise, seine Entwicklungsaufwendungen zunehmend von So-What-Projekten (geringes Risiko, geringe Attraktivität) und Dead-Duck-Projekten (geringe Attraktivität, hohes Risiko) zu Hot-Product-Projekten (hohe Attraktivität, geringes Risiko) und einigen wenigen Vabanque-Projekten (hohe Attraktivität, hohes Risiko) zu verlagern. Um den technischen Risikogehalt der Produktideen zu erkennen und möglichst zu reduzieren, wurden die Produkte entsprechend ihrem Technologiegehalt aufgeschlüsselt, so daß die strategische Bedeutung und die Entwicklungsanforderungen bestimmt werden konnten. Insgesamt entstand so für das gesamte Produkt-Portfolio ein zugehöriges Technologie-Portfolio aus Basis-, Schlüssel- und Schrittmachertechnologien (siehe Abbildung 3-18), aus dem die strategische Rolle einzelner Technologien sowie die Know-how-Position des Unternehmens ersichtlich wurde.[24]

---

24 Vgl. Arthur D. Little International (Hrsg.): Management der F & E-Strategie; Wiesbaden 1991.

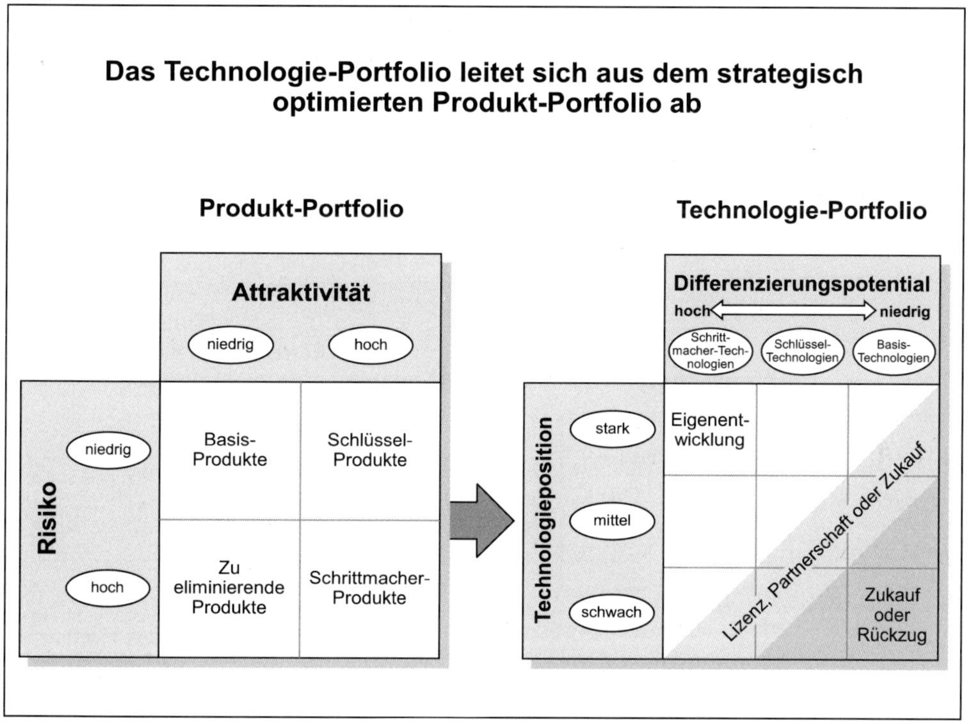

Abbildung 3-18

Dieses Portfolio erlaubte es dem Unternehmen A, die günstigste Beschaffungsweise der benötigten Technologien zu ermitteln: Eigenentwicklung von Schlüssel- und Schrittmachertechnologien, bei denen das Unternehmen schon eine günstige bis starke Position innehatte, Partnerschaften bei Schlüssel- und Schrittmachertechnologien, bei denen es sich nur in einer schwachen Position befand, und Zukauf von Basistechnologien, um die Entwicklungsaufwendungen auf die strategisch wichtigen Bereiche zu konzentrieren.

Mit diesem Vorgehen wurde ein der Innovationsstrategie des Unternehmens entsprechendes Entwicklungsprogramm aufgestellt, das dann mit den bereits vorhandenen Methoden des strategischen F & E-Managements gesteuert werden konnte. Dieser Prozeß der Bildung eines innovationsaktiven Portfolios von Entwicklungsvorhaben ist in Abbildung 3-19 wiedergegeben.

Die Implementierung im Unternehmen A verlief nicht ohne Schwierigkeiten, da die meisten Mitarbeiter auf das kooperative Durcharbeiten eines systematischen Such- und Bewertungsprozesses nicht eingespielt waren. Nach dem ersten Durchlauf erwies sich das Vorgehen jedoch als weniger komplex und war wesentlich effizienter als sämtliche Ad-hoc-Bemühungen zuvor.

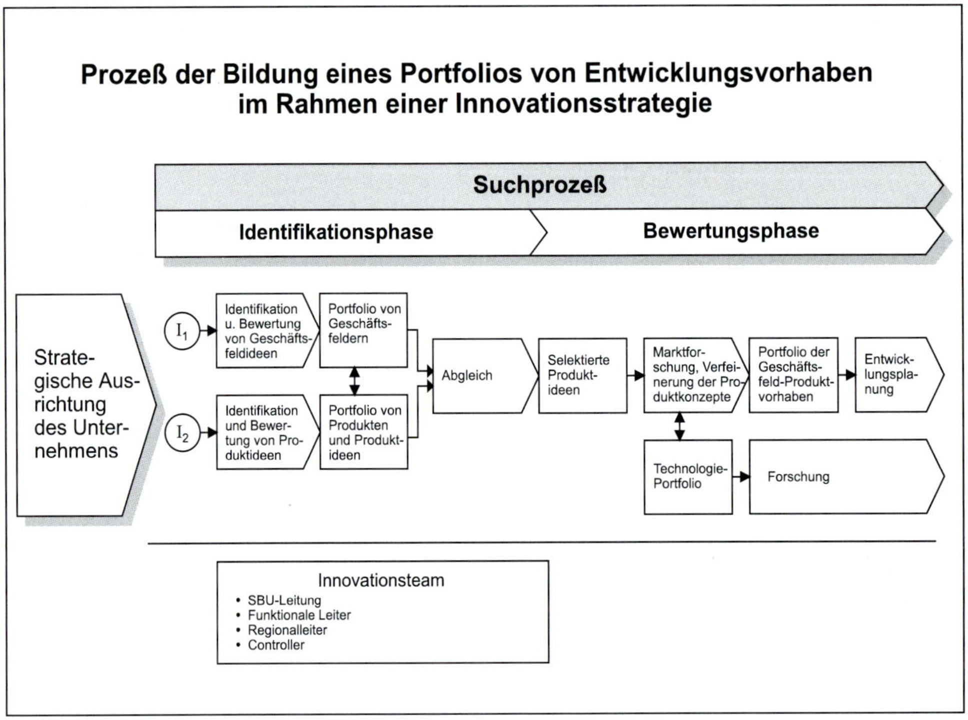

Abbildung 3-19

Fallbeispiel: Unternehmen B

Anders als im vorangegangenen Fall war hier das Unternehmen auf ein Produkt festgelegt, das in aufeinanderfolgenden Generationen immer wieder mit vielen Verbesserungen und Erneuerungen auf den Markt gebracht werden mußte. Doch der Innovationsprozeß beschränkte sich im wesentlichen darauf, alle realisierbaren technischen und gestalterischen Möglichkeiten aufzugreifen und zur Differenzierung einzusetzen. Das hatte eine stetige Verteuerung zur Folge und führte im internationalen Wettbewerb zu Schwierigkeiten, da insbesondere südostasiatische Konkurrenten technisch ebenbürtige Produkte zu deutlich niedrigeren Preisen auf den Markt brachten.

Das Unternehmen B mußte daher zwei Stoßrichtungen parallel verfolgen:

- konsequente Rationalisierung der internen Prozesse und Strukturen, insbesondere mit dem Ziel, die Durchläufe zu beschleunigen und die Marktorientierung aller Aktivitäten zu erhöhen,
- weitsichtiges Innovationsdenken, um eine imagegerechte Differenzierung der Produkte zu sichern und Innovationsansätze strategisch-selektiv zu verfolgen.

Zu diesem Zweck wurden zukunftsorientierte *Kernthemen* des Unternehmens eingekreist, mit denen es sowohl die zu erwartenden Anforderungen der Zielgruppen erfüllen als auch ein differenzierungsfähiges Markenprofil aufrecht erhalten kann. Diese Kernthemen für die zukünftige Produktentwicklung ließen sich strategisch mit der Unternehmensvision und operativ mit den Entwicklungsschwerpunkten in Verbindung setzen (siehe Abbildung 3-20).

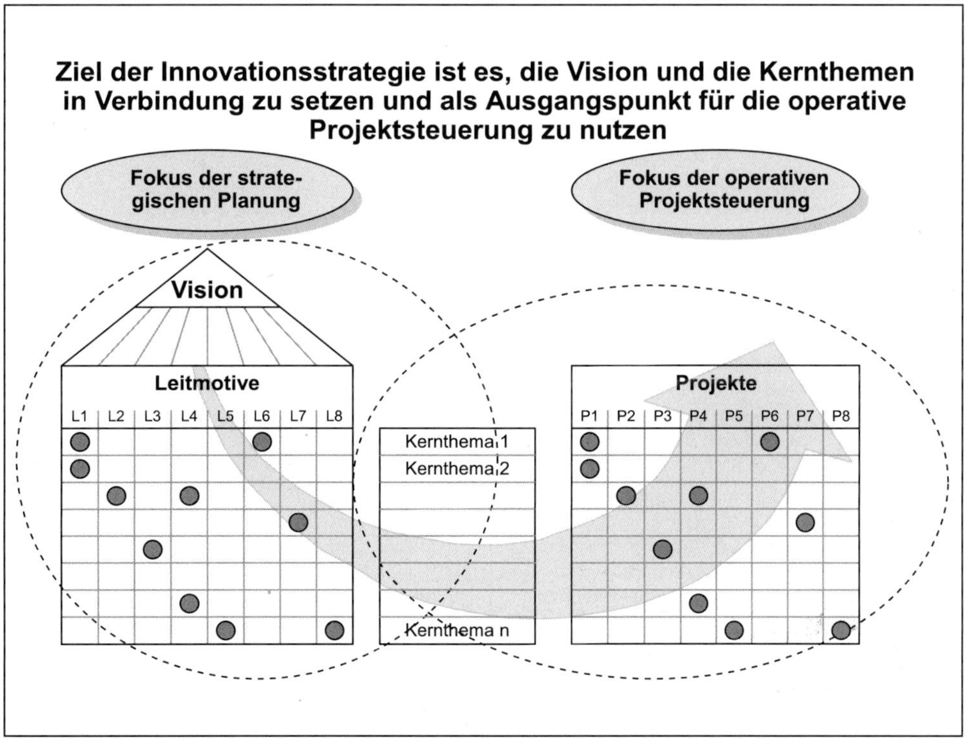

Abbildung 3-20

Auf diese Weise verfügt das Unternehmen nun über eine Bewertungsbasis, um Entwicklungsprojekte nach ihrer strategischen Bedeutung und ihrer technisch-wirtschaftlichen Attraktivität zu beurteilen und auszuwählen.

Methodisch bestand das Vorgehen aus drei Schritten:

Schritt 1: Definition und Prioritätensetzung der Kernthemen durch Korrelation mit den in der Unternehmensvision enthaltenen Leitmotiven, sowie pro Kernthema die Bestimmung des Innovationspotentials von Technologien für das Unternehmen (siehe Abbildung 3-21).

Schritt 2: Zuordnung von Entwicklungsprojekten zu den einzelnen Kernthemen sowie Bildung eines entsprechenden Projektportfolios mit den Dimensionen Attraktivität und Risiko.

Schritt 3: Optimierung des Projektportfolios durch Ressourcenverlagerung und Flexibilität beim Zugang zu Schlüssel- und Schrittmachertechnologien in Abhängigkeit von der eigenen Technologieposition (siehe Abbildung 3-22).

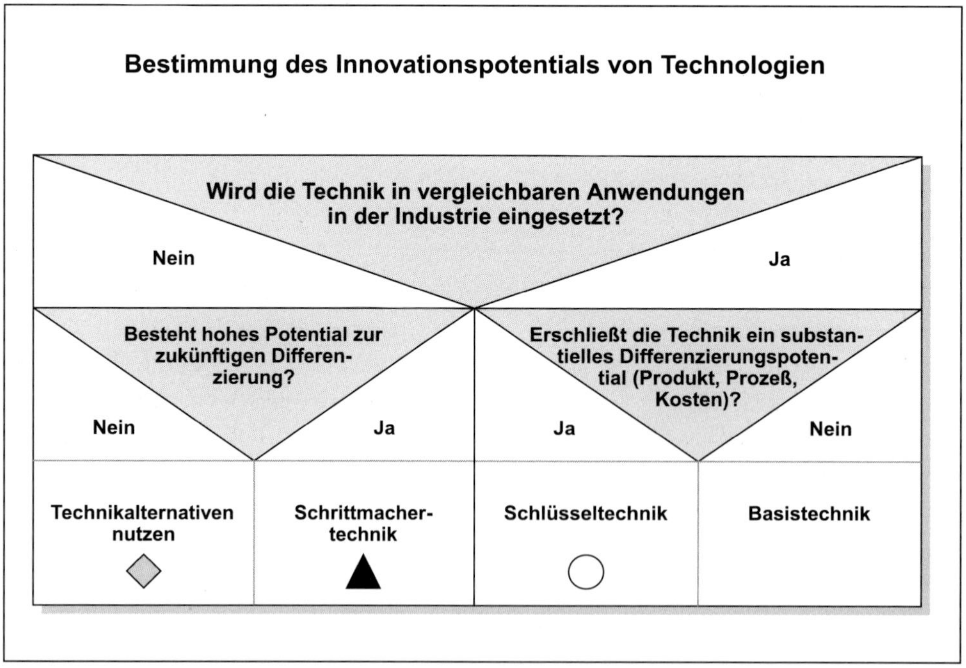

Abbildung 3-21

Optimierung des Projektportfolios durch Ressourcenverlagerung und Flexibilität beim Zugang zu Schlüssel- und Schrittmachertechnologien

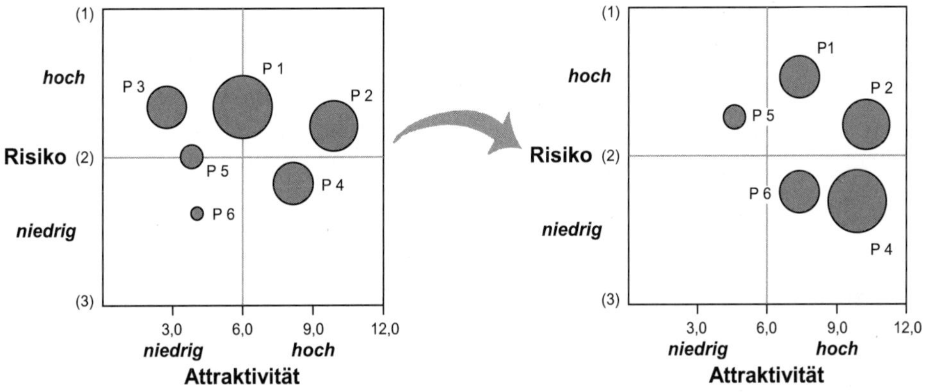

Maßnahmen

- Verstärkung des Projekts P 4
- Fokussierung des Projekts P 5
- Fokussierung des Projekts P 1
- Neudefinition eines Projekts P 6
- Wegfall des Projekts P 3

Abbildung 3-22

Angesichts der langen Entwicklungszeiten und der hohen strategischen Bedeutung der Kernthemen und Entwicklungsschwerpunkte für die künftigen Produktgenerationen mußten alle Verantwortungsbereiche des Unternehmens von der Vorentwicklung und Entwicklung über die Fertigung und das Controlling bis zum Marketing und Vertrieb einen Konsens über das Projektportfolio erarbeiten und zu einer engeren Zusammenarbeit bei der Portfolio-Steuerung finden. Dies leitete insgesamt einen Wandel der Unternehmenskultur zu einem stärker kooperativen und interdisziplinären Verhalten der einzelnen Verantwortungsbereiche ein.

Fallbeispiel: Unternehmen C

Das Unternehmen C ist ein großer, traditionsreicher Konzern des Maschinen- und Anlagenbaus. In den letzten Jahren hatte es den Akzent vorwiegend auf die Restrukturierung, Rationalisierung und Bereinigung des Geschäftsportfolios legen müssen, da viele der angestammten Geschäftsbereiche im internationalen Wettbewerb in Schwierigkeiten geraten waren – teils aus Gründen des Kostenwettbewerbs, teils weil die Geschäftsbereiche nicht die erforderliche Größe besaßen, um in Entwicklung und Projektgeschäft ausreichend investieren zu können.

Nachdem die Restrukturierung weitgehend abgeschlossen worden war, zeigte sich jedoch, daß die neugestalteten Unternehmenseinheiten nun effizient und gezielt in internes Wachstum durch Innovationen investieren mußten.

Als Basis der Innovationsstrategie des Konzerns wurde zunächst eine Entscheidungskette Markt-Technologien entwickelt, an der alle Verantwortungsbereiche der einzelnen Konzernunternehmen und der Konzernleitung beteiligt waren, und die sich an den folgenden Fragen orientierte:

- Wie operiert das Unternehmen erfolgreich am Markt?
- Nach welchen Kriterien entscheiden sich die Kunden für einen Anwender?
- Welche Fähigkeiten sind besonders gut zu beherrschen, um bei den kaufentscheidenden Faktoren Wettbewerbsvorteile aufzuweisen?
- Welche Technologien müssen beherrscht werden, um in den kritischen Erfolgsfaktoren über die notwendigen Stärken zu verfügen?

Diese Entscheidungskette, die sukzessive von den Marktbedingungen über die kaufentscheidenden Faktoren zu den kritischen Erfolgsfaktoren und Technologien führte, erlaubte es, anhand der strategischen Position der einzelnen Geschäftsbereiche die Technologiefelder zu fokussieren, in denen der Konzern durch gezielte Investitionen für mehr als nur einen Geschäftsbereich einen Wettbewerbsvorsprung erzielen konnte.

Diese Technologiefelder ließen sich dann entsprechend ihrem Innovationspotential und der relativen Technologieposition des Konzerns im Vergleich zu den wichtigsten Wettbewerbern bewerten (siehe Abbildung 3-23).

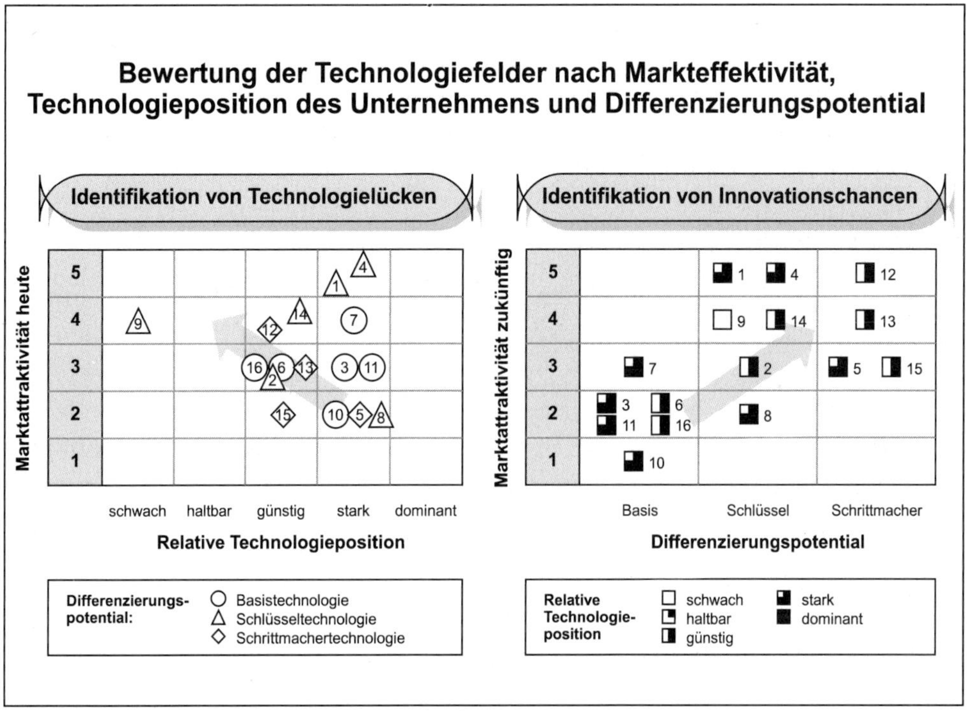

Abbildung 3-23

Auf dieser Basis konnten alle laufenden und bereits angedachten Entwicklungsinvestitionen auf ihr Innovationspotential und den zu erwartenden Markterfolg hin beurteilt und eine wirkungsvollere Innovationsstrategie erarbeitet werden.

Charakteristisch für die drei der hier beispielhaft angeführten Unternehmen war, daß sie zwar die Durchlaufzeiten in der Entwicklung und die Steuerung der laufenden Entwicklungsprojekte unter Kontrolle gebracht hatten, daß sie aber über keinen Prozeß verfügten, um Innovationsideen zusammenzutragen, strategisch zu bewerten, eine Selektion vorzunehmen und ihre Entwicklungsressourcen strategisch zuzuordnen. Innovationsmanagement hieß für sie bisher „Management der Entwicklungsfunktionen". Erst durch die Aufweitung und Orientierung auf die Optimierung des Kundennutzens mittels aggregierter, differenzierungsfähiger Leistungsprozesse hin kam die Innovationsdynamik wieder in Gang und wurden neue Wachstumspotentiale erkannt, die nun systematisch erschlossen werden können.

6. Umweltmanagement: die Herausforderung

Die Ziele

Hinsichtlich der Tragfähigkeit der Umweltmedien Wasser, Boden, Luft als Ressourcenquellen und Stoffsenken für Produktion und Konsum stoßen die Industrieländer an Grenzen; in vielen Bereichen sind die Grenzen bereits überschritten und Ökosysteme irreparabel geschädigt. Dieser quer durch alle politischen Lager unbestrittene Sachverhalt wird generell als Umweltkrise wahrgenommen. Dabei wird leicht übersehen, daß es sich in erster Linie um eine Krise der Industriegesellschaft und nicht der Umwelt handelt. Dieser trivial erscheinende Hinweis ist notwendig, weil es darauf ankommt, die erste Innovation in den Köpfen der Menschen zu vollziehen.

In den Versuchen der Umweltpolitik zur Bewältigung der Krise waren zumeist die Unternehmen der erste Adressat, Abhilfe und Verbesserungen durch technische Innovationen zur Verringerung der Belastungen einzufordern. Technische Innovationen werden aber ohne eine parallel verlaufende Innovationswelle in anderen Bereichen der Gesellschaft nicht zu bewältigen sein. Die isolierte Betrachtung von Problemen ohne Berücksichtigung der wirtschaftlichen, politischen und gesellschaftlichen Zusammenhänge wird der Herausforderung, für deren Bewältigung es bisher keine Vorbilder gibt, nicht gerecht. Ziel muß es immer sein, über Teile zu diskutieren, ohne das ganze aus dem Auge zu verlieren.[25]

Dies kann geschehen, indem das eigene Wertesystem und das darauf aufbauende Verhalten kritisch überprüft wird. Bezogen auf die Industrie bedeutet dies, nicht nur fortschrittliche Technologien und Prozesse zu entwickeln, die ökologisch und ökonomisch tragfähig sind, sondern auch das Umweltmanagement effektiver zu gestalten. Der Prozeß bedarf der Flankierung durch eine innovationsfreundliche Politik, die mittel- und langfristig stabile Rahmenbedingungen für den notwendigen ökologischen Umbau der Industrie-

---

25 Vgl. Maryniok, A., Brendle,U.: Zauberwort Innovation, in: Politische Ökologie Sonderheft Nr. 7; München 1995, S. 7.

gesellschaft vorgibt. Gelingen wird er allerdings nur, wenn sich Unternehmen und Investoren der Herausforderung stellen und ihn weniger als Last begreifen als vielmehr die Chancen sehen, die ein proaktives gegenüber einem reaktiven Umweltmanagement bietet.

Abkehr von „Kommando und Kontrolle"

Die im behördlichen und wissenschaftlichen Sprachgebrauch übliche Kategorisierung in nachsorgende, kompensatorische, vorsorgende und beobachtende Umweltschutzmaßnahmen (siehe 3-24) ist auch für die betriebliche Praxis relevant. Sieht man vom Monitoring der Emissionen aus Produktionsprozessen und eventuell erforderlichen Ausgleichsmaßnahmen im Zusammenhang mit Natur- und Landschaftseingriffen bei Neubau- oder Erweiterungsvorhaben ab, sind für Unternehmen vor allem die nach- und vorsorgenden Umweltschutzanforderungen und -zielsetzungen von strategischer Bedeutung, weil sie nachhaltig alle Wertschöpfungsstufen der Leistungserstellung tangieren.

Auf die zumeist extern in Form behördlicher Auflagen und Umweltgesetze auf sie zukommenden Anforderungen haben Unternehmen in der Vergangenheit zumeist *reagiert*, soweit sie nicht über ihre Industrieverbände versuchten, schon im politischen Bereich – nicht selten hinhaltenden – Einfluß zu nehmen. Der überwiegend reaktive Modus hat im Verhältnis zwischen Staat und Wirtschaft zu einem „Command-and-Control"-Vorgehen geführt und auf seiten der Wirtschaft eine starke Fokussierung auf End-of-the-Pipe-Technologien (EOP) bewirkt.

Zwar führen EOP-Technologien wie Filter- und Kläranlagen durch die Abschwächung schädlicher Umweltwirkungen zu den erwünschten und meßbaren Verbesserungen, problematisch sind sie allerdings deshalb, weil sie lediglich die Umweltbelastung medial und zeitlich verlagern und den Produktionsanlagen „additiv" hinzugefügt werden. Eine Rauchgasreinigung entfernt zwar gefährliche Stoffe aus der Abluft von Produktionsanlagen, der Filter muß dann allerdings in der Regel als Sonderabfall entsorgt werden. Für Unternehmen bedeutet ihr Einsatz das Binden von Kapital außerhalb der Wertschöpfungskette, was dazu führt, daß Umweltschutz vor allem als Kostenfaktor wahrgenommen wird.

Abbildung 3-24

Bezogen auf die verschiedenen Stufen des Umweltschutzes spielt die integrierte Umwelttechnik (noch) eine untergeordnete Rolle

Umweltschutz

	Nachsorgender Umweltschutz	**Kompensatorischer Umweltschutz**	**Vorsorgender Umweltschutz**	**Umweltbeobachtung**
Relevante Techniken	• Abwasserbehandlung • Abfallbehandlung • Sanierung (Bodendekontaminierung, Gewässersanierung) • Sekundäres Recycling	• Erhöhung der Belastbarkeit von Umweltmedien und Ökosystemen –Kalken von Wäldern –Sonstige forstwirtschaftliche Maßnahmen –Belüftung von Gewässern –biotechnologische Maßnahmen zur Anpassung an veränderte Umweltbedingungen (z.B. Klimaänderungen) –Erosionsschutz –Küstenschutz –Lärmschutzwände	• Additive Umwelttechnik –Filtertechniken –Entschwefelung –Entstickung –Katalysatoren • **Integrierte Umwelttechnik** **–Material- und energieeffizientere Produktionsprozesse** **–Ersatz umweltschädlicher Einsatzstoffe** **–Substitution umweltschädlicher Produktionsprozesse und Produkte** • Primäres Recycling	• Überwachung der Wasser-, Luft- und Bodenqualität • Lebensmittelüberwachung auf Schadstoffkonzentrationen • Extraterrestrische Umweltbeobachtung • Lärmmessung
Dienstleistungen	• Altlastenerkundung • Kommunale Abfallentsorgung • UVP für Energieanlagen	• Managementkonzepte für nachhaltige Bewirtschaftung von Ökosystemen	• UVP für Industrieanlagen • Öko-Audit	• Durchführung von Meßkampagnen

Quelle: Coenen, Klein-Vielhauer, Meyer: Integrierte Umwelttechnik-Chancen erkennen und nutzen, Berlin 1996, Seite 31

Hier soll nicht die Notwendigkeit des nachsorgenden Umweltschutzes mit EOP-Technologien bestritten werden; häufig sind sie die einzige kurzfristig zu realisierende Lösung. Auch hat die damit einhergehende Entwicklung der Umweltschutztechnik in den vergangenen Jahren zum Entstehen neuer Märkte geführt und einen eigenständigen Wirtschaftszweig geschaffen: Die Umweltindustrie ist eine High-Tech-Branche von weltweit mittlerweile 40 000 Unternehmen geworden, die bei jährlichen Steigerungsraten von 6 Prozent 1997 rund 770 Milliarden DM umsetzt, und mit einem Anteil von etwa 19 Prozent nehmen die 6 400 deutschen Anbieter, die immerhin 800 000 Arbeitnehmer beschäftigen, neben den Vereinigten Staaten und Japan eine Spitzenposition auf diesem Markt ein.

Doch mit dem „Command-and-Control"-Vorgehen haben sich Staat und Wirtschaft in ein Gefangenen-Dilemma[26] manövriert, in dem die Konfrontation für beide Seiten eine suboptimale Strategie ist. Die Konfrontation ist keine deutsche Eigentümlichkeit, wie dies oft fälschlich behauptet wird; wenn auch in unterschiedlicher Ausprägung, so haben doch in allen führenden Industrieländern Behörden und Gesetzgeber teils auf Druck der Medien und der öffentlichen Meinung punktuell auf erkannte Mißstände reagieren müssen, wie dies beispielsweise in Abbildung 3-25 zum Ausdruck kommt.

Dieses Diagramm läßt sich auch als „Lernkurve" interpretieren: Die traditionelle Grenzwertpolitik und zunehmende Regulierungsdichte überfordert die Unternehmen, wenn sie nicht von sich aus *proaktiv* Umweltmanagement betreiben. Dies gilt um so mehr, als sich die öffentliche Aufmerksamkeit zunehmend von den Produktionsstätten zu den Produkten und den von ihnen ausgehenden Umweltbelastungen in der Konsumentensphäre, in der Gebrauchsphase und am Ende des Produktlebenszyklus, verlagert.

In den USA hat diesbezüglich schon ein Umdenken eingesetzt. Die ökologisch orientierte Industrie, so betonen Graedel und Allenby von AT & T,[27]

- agiert, statt nur auf äußeren Druck zu reagieren,
- setzt auf integrierten statt auf nachsorgenden Umweltschutz,

---

26 Der Begriff stammt aus der Spieltheorie und beschreibt eine Negativspirale der Konfrontation (wie beispielsweise das Wettrüsten im Kalten Krieg), die weder für die Beteiligten noch für das Gesamtsystem zu optimalen Ergebnissen führt und aus der sie nur durch Kooperation ausbrechen können.

27 Vgl. Graedel, T. E., Allenby, B. R.: Industrial Ecology; New Jersey 1995.

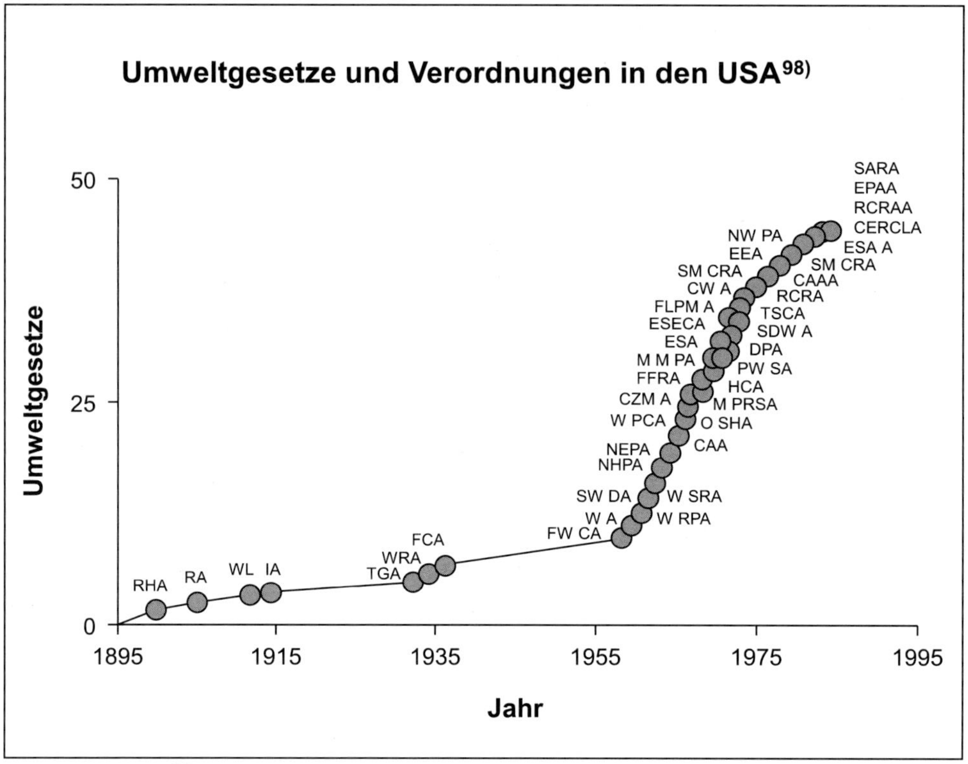

Abbildung 3-25[28]

- setzt sich flexibel, nicht starr, mit neuen Erkenntnissen und Anforderungen des Umweltschutzes auseinander, und sie
- ist systemorientiert, nicht punktuell in ihrem Vorgehen.

Im Unterschied zu EOP-Technologien zielt der Produkt- und Produktionsintegrierte Umweltschutz (PIUS) darauf ab, Umweltbelastungen von vornherein ganz oder zumindest teilweise zu vermindern.[29] Dies kann geschehen, indem umweltbelastende Produkte oder Produktionsprozesse substituiert, verändert oder umgestellt werden. Entsprechende Vorhaben und Projekte werden von der Bundesregierung aktiv unterstützt. So wurde bereits 1994 das Förderkonzept „Integrierte Umwelttechnik“ aufgelegt: „Die technolo-

28 Vgl. Yeager, K. E., Baruch, S. B.: Environmental Issues Affecting Coal Technology: A Perspective on US Trends, in: Annual Review of Energy, 12/1987, S. 471–502.

29 Vgl. Antes, R.: Präventiver Umweltschutz und seine Organisation in Unternehmen; Wiesbaden 1996, S. 28.

gieorientierte Forschungsförderung zum produkt- und produktionsintegrierten Umweltschutz ist auf Optimierung von Produktionsprozessen und Produkten sowie auf Kreislaufschließung in dem Sinne angelegt, daß von Anfang an

- produkt- und produktionsbedingte Emissionen (Abgase, Abwässer, Abfälle) vermieden bzw. soweit wie möglich vermindert sowie
- Ressourceneinsätze (Rohstoffe, Energie) bei Herstellung, Nutzung und Entsorgung von Produkten minimiert werden.

Die Bundesregierung zielt damit auf eine dauerhafte Entkopplung von Wirtschaftswachstum und Umweltbelastung."[30] Das Umfeld und die Voraussetzungen für einen Wechsel vom reaktiven zum proaktiven Umweltmanagement sind demnach günstig. „Wir glauben, daß einige Teile der Industrie bereits mit dieser Transformation beginnen, die mit einiger Berechtigung eine neue industrielle Revolution genannt werden kann. Die neue Revolution hat das Potential, von dem gegenwärtig ressourcenintensiven Vorgehen zu einer globalen Nachhaltigkeit zu führen."[31]

Die Ansätze

In ökologischer Hinsicht sind alle Innovationen – unabhängig davon ob sie technischer, wirtschaftlicher oder sozialer Natur sind – gleichwertig, wenn sie im Ergebnis das Ziel einer Reduzierung der Umweltbelastungen erreichen. Die Ansatzpunkte können unterschiedlich systematisiert werden; so ist die Unterteilung in Produkt-/Verfahrensinnovationen, Struktur-/Organisationsinnovationen und soziale Veränderungen (Innovationen) möglich.[32] Die Gliederung in Prozessinnovationen, Produktinnovationen, Funktionsinnovationen und bedürfnisorientierte Innovationen (siehe Abbildung 3-26) erscheint jedoch sinnvoller, da sie den gegenwärtig anzutreffenden Bedingungen am ehesten entspricht.[33]

---

30 Vgl. Bundesministerium für Bildung, Wissenschaft, Forschung und Technologie: Bundesbericht Forschung; Bonn 1996, S. 169.

31 Vgl. Fußnote 27 in diesem Kapitel.

32 Vgl. Sander, S. J.: Ökologie, Innovation, Unternehmenserfolg; Frankfurt am Main 1995, S. 89.

33 Vgl. Minsch J., Eberle A., Meier B., Schneidewind U.: Mut zum ökologischen Umbau – Innovationsstrategien für Unternehmen, Politik und Akteurnetze; Basel 1996, S. 65 ff.

Innovationen lassen sich im wesentlichen in vier Formen unterteilen

Innovationsform	Ziel
Prozeßinnovation	Reduktion der ökologischen Prozeßbelastungen bei vorgegebenem Produkt
Produktinnovation	Reduktion der ökologischen Belastungen entlang des gesamten Produktlebenszyklus zur Erfüllung einer vorgegebenen Funktion (Product Life Cycle Management)
Funktionsinnovation	Ökologische Optimierung eines Funktionverbundes im Hinblick auf ein gegebenes Bedürfnis
Bedürfnisorientierte Innovation	Anpassung des Produkt-/Dienstleistungssortiments als Ergebnis von Bedürfnisreflexionen

Abbildung 3-26

Anhand einiger Beispiele wird im folgenden aufgezeigt, was die oben skizzierten Innovationsformen konkret für Unternehmen bedeuten:

- **Prozeßinnovationen**
  Der Produktionsprozeß innerhalb des Unternehmens wird aus ökologischer Sicht optimiert; das hergestellte Produkt bleibt unverändert. So hat beispielsweise ein Unternehmen der metallverarbeitenden Industrie, das in oberflächenabtragenden Naßprozessen Metalle bearbeitet, schwermetallbelastete Abwässer und Abfälle zu entsorgen; der innovative Einsatz der Diffusionsdialyse – ein stromlos betriebenes Membranverfahren – ermöglicht ihm die Auftrennung in säurereiche Fraktionen einerseits und metallische Fraktionen andererseits, so daß eine weitgehende Kreislaufführung der eingesetzten Säuren möglich wird – die Wiedergewinnungsrate liegt bei 80 Prozent. Für den Nutzer der mit diesem Verfahren bearbeiteten Metalle ist der ökologisch verbesserte Produktionsprozeß nicht erkennbar.[34]

- **Produktinnovationen**
  In diesem Prozeßabschnitt wird der Produktlebenszyklus analysiert, aber die Funktion eines Produktes bleibt davon unberührt. Als Beispiel kann hier die Verwendung von lösungsmittelfreien Lacken genannt werden – für den Automobilhersteller ein Substitutionsprodukt mit unveränderter Funktion. Ökologische Innovationen auf der Unternehmensebene sind von zentraler Bedeutung, da hoch arbeitsteilige Wirtschaftsstrukturen das einzelne Unternehmen nicht immer erkennen lassen, inwieweit ökologisch relevante Belastungen in den vor- und nachgelagerten Phasen der Herstellung entstehen. Ausgelöst werden Produktinnovationen durch verschiedene Faktoren. Zum einen verbietet die Gesetzgebung unter Umständen den Einsatz eines bestimmten Materials; andererseits kann der Prozeß auch durch Anforderungen des Marktes erfolgen.[35] Ökologie dient heute vielfach als Differenzierungsmerkmal gegenüber Wettbewerbern: Unter gleichwertigen Produkten wählen Kunden zunehmend das umweltfreundlichere, und dies oft mit Unterstützung von Umweltzeichen wie etwa dem „Blauen Engel“.

- **Funktionsinnovationen**
  Funktionsinnovationen verlassen die Ebene der Prozeß- und Produktinnovationen und sind häufig mit zusätzlichen Dienstleistungen gekoppelt. Ein typisches Beispiel ist das Recycling, doch auch das Funktionsleasing gehört in diese Kategorie, bei dem wie bei Kopiermaschinen nicht das Produkt, sondern die Funktion vermarktet wird, während die Wartung und die umweltgerechte Entsorgung des Altgerätes in der Zuständigkeit des Herstellers verbleibt.[36] In gleicher Weise erfüllen Online- oder CD-ROM-Versandhauskataloge eine ökologisch innovative Funktion, da sie dem Verbraucher mehr Informationen bieten und zugleich den Papierverbrauch verringern.

---

34 Vgl. Bauer, J.: Integrierter Umweltschutz in der Produktion, in: UWF 8/1994; Heidelberg 1994, S. 35 ff.

35 Bereits in früheren ADL-Publikationen wurde auf die Bedeutung dieses Aspektes hingewiesen (zum Beispiel in Management der Hochleistungsorganisation, 1990 oder Ökologische Senkrechtstarter, 1993).

36 Vgl. Griese, H., Müller, J., Sietmann, R.: Kreislaufwirtschaft in der Elektronikindustrie – Konzepte, Strategien, Umweltökonomie; Berlin 1997.

- **Bedürfnisorientierte Innovationen**
  Unter Umständen kann eine ökologische Entlastung durch keinen der drei vorgenannten Innovationsschritte erreicht werden, weil die technischen Möglichkeiten innerhalb des Produktionsprozesses (Prozeßinnovation) und bezüglich des Produktes (Produktinnovation) limitiert sind und es hinsichtlich der zu erfüllenden Funktion keine Alternativen gibt. In diesem Fall wird sich die Aufmerksamkeit auf das Bedürfnis selbst richten – ein Prozeß, an dessen Ende die Bereinigung des Produktportfolios stehen kann, sich möglicherweise neue Produktformen anbieten oder aktiv Einfluß auf den Bedarf von Kunden genommen wird. Dies setzt eine Neugestaltung des unternehmerischen Handelns als Reflexion über die befriedigten Bedürfnisse voraus, indem die Anforderungen der Stakeholder stärker berücksichtigt werden.

Die Herausforderung

An Unternehmen werden von vielen Seiten Anforderungen gestellt, die häufig einen höheren Managementaufwand erfordern, als dies für die Bewältigung der eigentlichen Kernaufgaben notwendig wäre. Zielstellungen des Umweltschutzes – allgemeiner alle mit Umwelt, Gesundheit und Sicherheit zusammenhängenden Anforderungen[37] – nehmen in diesem Zusammenhang eine besondere Rolle ein. In kaum einem anderen Bereich ist die Öffentlichkeit so sensibilisiert und das Wissen um die Auswirkungen so weit verbreitet wie in Fragen der Umwelt und Gesundheit. Andererseits erwarten die Eigentümer für das eingesetzte Kapital eine befriedigende Rendite, und die anhaltende Diskussion um den „Shareholder-Value" zeigt, daß viele Investoren in den vergangen Jahren mit der Verzinsung ihres eingesetzten Kapitals nicht zufrieden waren.

Der Zielkonflikt ist offensichtlich. Dementsprechend sind in der Vergangenheit Umweltziele überwiegend als externe Vorgaben angesehen worden, deren Berechtigung oder Legitimität zwar nicht bestritten, auf die aber zumeist defensiv reagiert wurde.

37 Im angelsächsischen Sprachgebrauch: Environmental, Health and Safety Issues (EHS).

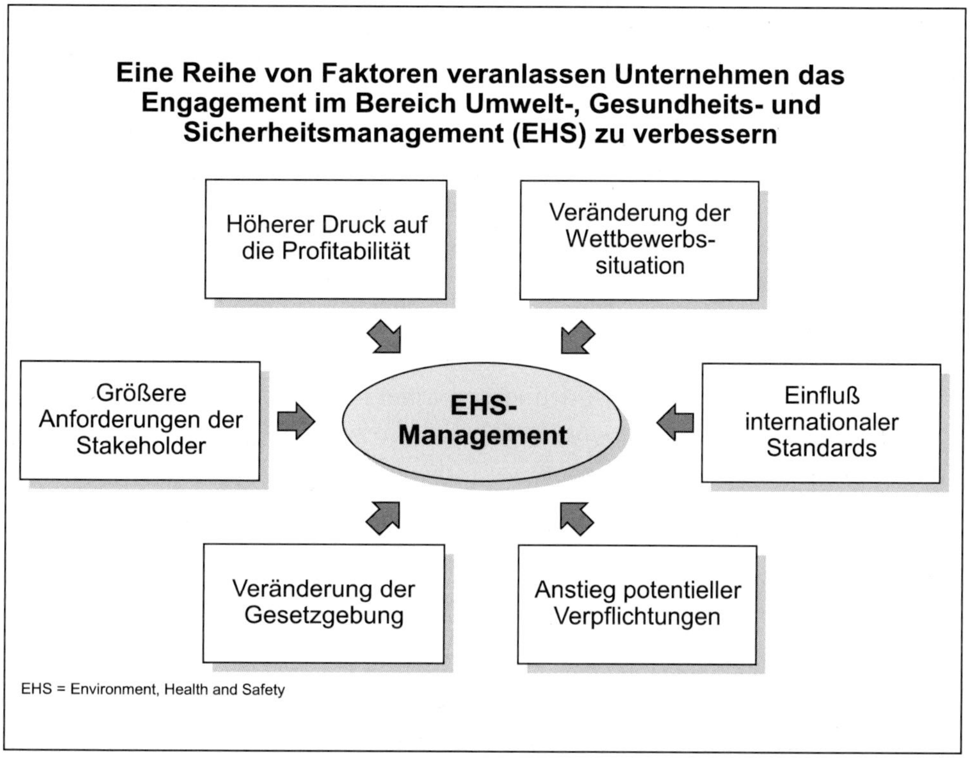

Abbildung 3-27

Welche Folgen hätte es für ein Unternehmen, das sich der Herausforderung eines umfassenden und innovativen Umweltmanagements nicht stellte? In der Praxis sind dies in der Regel:

- ungewollte Auflagen, „Überraschungen", deren Einhaltung oft einen höheren organisatorischen und monetären Aufwand erfordern, als dies unter präventiven Gesichtspunkten der Fall gewesen wäre;
- höhere Kosten zum Beispiel bei Produktionsstillstand oder höheren Versicherungsprämien;
- stärkere Belastung der Anwohner und Mitarbeiter;
- Image- bzw. Reputationsverlust;
- in Märkten, in denen die Differenzierung über das eigentliche Produkt zunehmend schwieriger wird, präferieren Kunden andere Unternehmen, die über umweltfreundliche Produkte und Prozesse verfügen.

Auf die Risiken, solche Folgewirkungen des unternehmerischen Handelns außer acht zu lassen, haben Graedel und Allenby eindringlich hingewiesen: „Preisstrukturen, in den neunziger Jahren ein schwerwiegendes Hindernis für eine umweltgerechtere Industrie, werden innerhalb der nächsten Jahrzehnte einem beträchtlichen Wandel unterliegen, wenn zunehmend Externalitäten entweder durch Marktmechanismen oder über Gebühren und Steuern internalisiert werden. Die Anpassung der Preisstrukturen wird sporadisch erfolgen und die Unternehmensplanung erheblich erschweren. Diejenigen Firmen, die am Ausgang des 20. und am Beginn des 21. Jahrhunderts versäumen, Umweltgesichtspunkte in ihre Produkt- und Prozeßplanungen einzubeziehen, werden sich mit wild und unvorhersehbar eskalierenden Kosten konfrontiert sehen und nur wenige Optionen zur Verfügung haben, wenn schnelle Änderungen anstehen."[38]

Abbildung 3-28

38 Vgl. Graedel/Allenby, a.a.O.

Für den Erfolg eines Unternehmens ist deshalb die Integration des EHS-Managements in den gesamten Geschäftsprozeß unabdingbar. Dies kann nur mit einer Vorgehensweise gelingen, die streng qualitätsorientiert ist. Hierfür hat Arthur D. Little das TQM-Qualitätsmodell modifiziert (siehe Abbildung 3-28).

Zunächst werden die wichtigsten internen und externen Stakeholder einbezogen. Traditionell sind das die Kunden, Mitarbeiter und Eigentümer, denn sie haben in der Regel das stärkste Interesse an der EHS-Leistung; bezogen auf den EHS-Prozeß können dazu aber auch Anwohner in der Nähe des Standortes, Bürgerinitiativen oder Behörden gehören. Primär geht es darum die Bedürfnisse der Stakeholder in bezug auf die EHS-Leistung zu befriedigen. Dies gelingt, indem entscheidende EHS-Management-Prozesse überarbeitet werden und eine Anpassung an vorhandene Ressourcen und die Organisation stattfindet.

Die verschiedenen Stakeholder haben häufig unterschiedliche, manchmal konfliktbehaftete EHS-Bedürfnisse . . .

Stakeholder	
Kunden	Sichere Produkte Gute EHS-Reputation Vorteile durch "Grüne Produkte"
Mitarbeiter	Sichere und gesundheitsfördernde Arbeitsbedingungen Gute EHS-Reputation des Arbeitsgebers
Eigentümer	Minimierung der EHS-Kosten Wettbewerbsvorteil durch EHS-Management
Öffentlichkeit	Verantwortungsbewußtsein gegenüber Interessen der Öffentlichkeit Erfüllung der Vorschriften und Standards Verringerung von Emissionen, Reduzierung von Abfällen

. . . die Management-Herausforderung besteht darin eine Balance zwischen den verschiedenen Interessen herzustellen

Abbildung 3-29

Dazu sind meist Veränderungen sowohl hinsichtlich der eingesetzten Ressourcen als auch der bestehenden Organisation notwendig. Die Stakeholder verfolgen häufig unterschiedliche, manchmal gegensätzliche Interessen: Während die Kunden und die Öffentlichkeit in erster Linie Interesse an qualitativ hochwertigen, preisgünstigen Produkten bzw. sicheren Produktionsstandorten mit geringen Einwirkungen auf die Umgebung haben, sind die Eigentümer bestrebt, die Kosten zur Erreichung der EHS-Ziele so niedrig wie möglich zu halten (siehe Abbildung 3-29). Darüber hinaus werden Unternehmen versuchen, ihre Erfolge im Bereich EHS-Management in Wettbewerbsvorteile umzusetzen.

Die Herausforderung liegt darin, eine Balance zwischen den Ansprüchen der Stakeholder auf eine lebensgerechte Umwelt *und* geringe Kosten herzustellen. Natürlich wird es nie gelingen, jeden restlos zufrieden zu stellen, doch worauf es ankommt ist, die Bedürfnisse von keinem der Beteiligten zu ignorieren. Denn trotz der teils konfligierenden Interessen ist es in vielen Fällen denkbar und möglich, den Prozeß in eine Richtung zu lenken und Situationen herbeizuführen, in der alle Beteiligten nur gewinnen können. In solchen „Win-Win"-Situationen wird deutlich, daß es langfristig mehr Verbindendes als Trennendes zwischen den Stakeholdern gibt.

Idealtypisch ist dieser Prozeß in Abbildung 3-30 dargestellt und läßt sich etwa so beschreiben: Unternehmen, die der Zufriedenheit und Motivation der Mitarbeiter einen hohen Stellenwert einräumen, werden in die „Human Resources" investieren. Motivierte Mitarbeiter wiederum werden einen entscheidenden Beitrag zur Herstellung hochwertiger Produkte und Dienstleistungen leisten, was die Kunden in der Regel honorieren. Aufgrund entsprechender EHS-Ergebnisse werden auch die Anforderungen der Behörden erfüllt oder sogar übertroffen; die Reputation des Unternehmens steigt. Letztendlich führt dies zu einem Wachstum des Unternehmens und zu weiteren Investitionen. Hier wird nicht nur die Querschnittsfunktion, sondern auch die strategische Dimension des EHS-Management deutlich.[39]

---

39 Zur Definition der Ziele von Unternehmens- bzw. Managementprozessen gibt es sehr unterschiedliche Vorstellungen. Wir interpretieren den Managementprozeß in Anlehnung an Champy und Hammer als „ein Bündel von Aktivitäten, für das ein oder mehrere unterschiedliche Inputs benötigt werden und das für den Kunden ein Ergebnis von Wert erzeugt". (Vgl. Champy, J.; Hammer, M.: Business Reengineering; Frankfurt am Main 1994, S. 52).

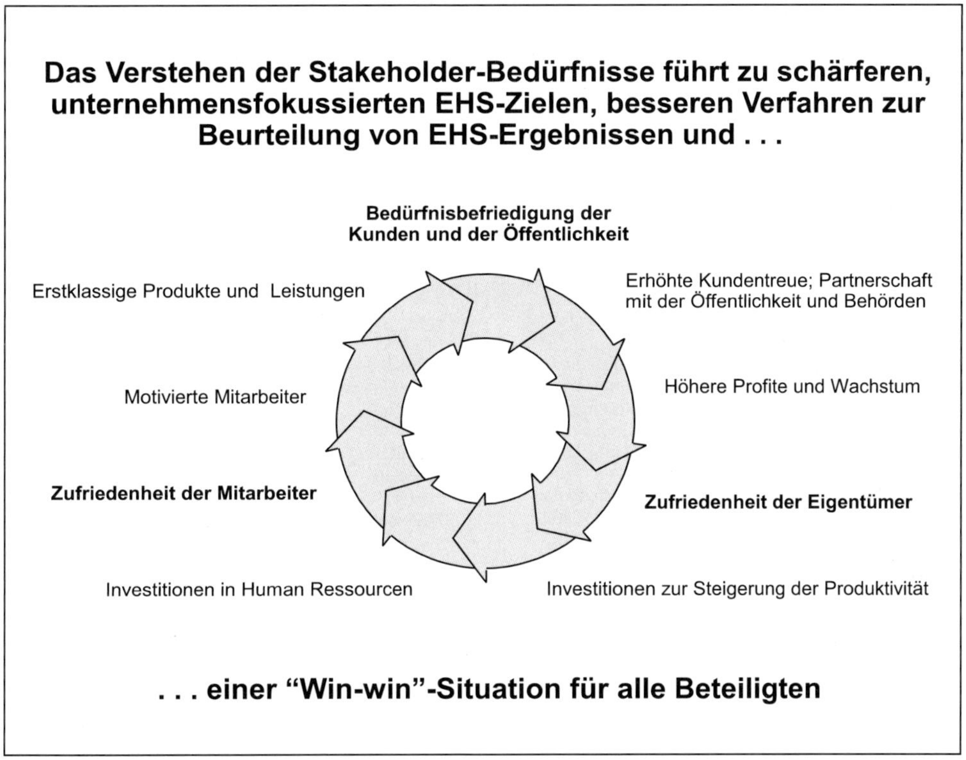

Abbildung 3-30

Im einzelnen sind dazu eine Reihe von Prozeßschritten zu koordinieren, die sich vier übergeordneten Prozessen zuordnen lassen: Bewertung, Planung, Implementierung und Reviewing (siehe Abbildung 3-31). Unverzichtbar für die Umsetzung ist die Unterstützung durch Bereiche wie Training und Bewußtseinsbildung, Dokumentation und Informationsmanagement.

Zunächst sind die signifikanten EHS-Risiken zu identifizieren und zu bewerten:

- Was sind die Risiken?
- Wo sind die Risiken?
- Inwieweit können sie ungewollte Konsequenzen haben?
- Welche qualitativen und quantitativen Auswirkungen haben diese Konsequenzen?

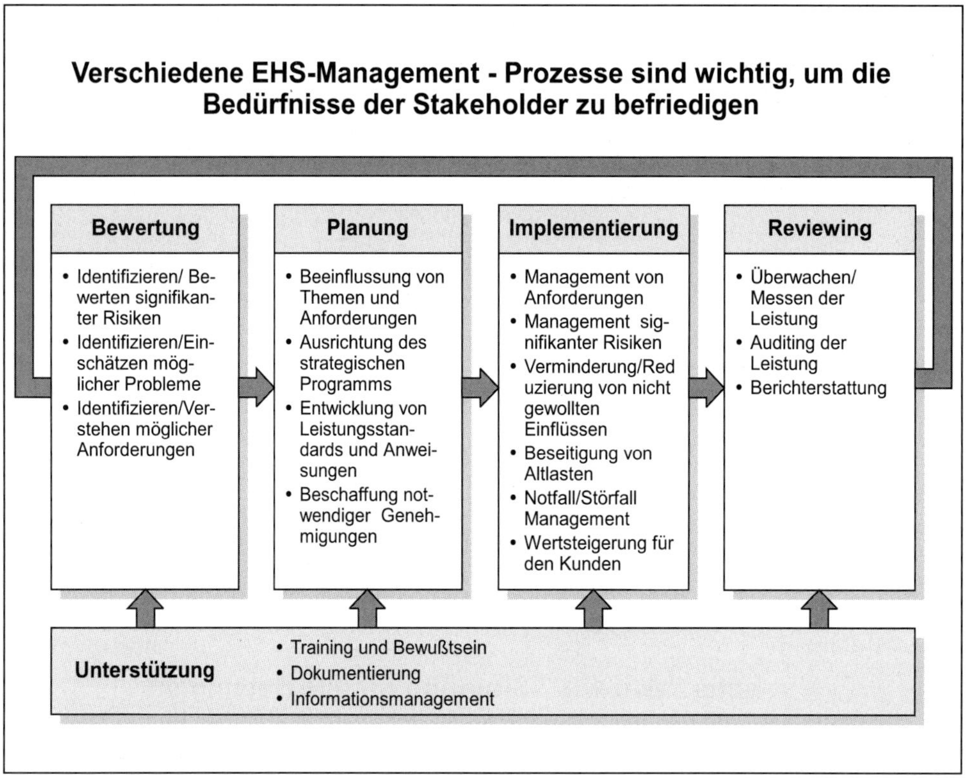

Abbildung 3-31

Es muß klar sein, daß sich das Umfeld permanent verändert und daß es nicht ausreicht, diese Veränderungen hinsichtlich ihrer Auswirkungen auf die EHS-Anforderungen passiv zu beobachten. Die Umweltthemen wandeln sich und die Ergebnisse einer öffentliche Debatte können für den Standort von existentieller Bedeutung sein. In solchen Situationen erweist es sich von Vorteil, wenn die EHS-Prozesse strategisch mit den Kernaktivitäten des Unternehmens verknüpft sind und es nicht nur reaktiv, sondern proaktiv agieren kann.

Hierfür ist die frühzeitige Verknüpfung von EHS-Zielen mit den Unternehmenszielen auf Geschäfts- oder Projektebene notwendig. Die EHS-Ziele können in drei Bereiche untergliedert werden („Planung" in Abbildung 3-31):

- Grundlegende EHS-Ziele müssen mit den langfristigen Zielen des Unternehmens in Einklang stehen. Sie sollten weit gefaßt und mit den anderen strategischen Zielen des Unternehmens abgestimmt sein.
- Mit Hilfe von Unternehmensstandards und Anweisungen müssen diese grundsätzlichen Ziele dann im zweiten Schritt umgesetzt werden. Die Frage, was detailliert getan werden muß und welches System hierfür am besten geeignet ist, steht in diesem Prozeßabschnitt im Mittelpunkt.
- Weiter ins Detail gehende Analyseschritte sollten den jeweiligen Business Units bzw. den Standortverantwortlichen überlassen werden, denn diese befinden sich im Rahmen ihrer täglichen Arbeit näher an den spezifischen Problemen.

Das Einholen von Genehmigungen für den Betrieb von Anlagen berührt sowohl die Planungs- als auch die Implementierungsphase.[40] Der EHS-Management-Prozeß muß mindestens dafür sorgen, daß die einschlägigen Vorschriften umgesetzt werden („Implementierung" in Abbildung 3-31). Die Fülle der gesetzlichen Vorschriften und Verordnungen macht es häufig schon zu einem Problem, alle relevanten Bereiche zu identifizieren, doch ein innovatives Umweltmanagement wird sich nicht darauf beschränken, ausschließlich den rechtlichen Anforderungen nachzukommen oder behördliche Auflagen abzuwarten; es wird darüber hinaus Prozesse in Gang setzen, die

- spezifische Umweltrisiken unabhängig davon abdecken, ob diese durch Vorschriften erfaßt sind,
- Umweltbelastungen vermeiden, bevor sie entstehen (integrierte Prozesse/Technologien),
- das Beseitigen von Altlasten ermöglichen,
- es ermöglichen, Produkte glaubhaft mit einem ökologischen Image zu versehen.

---

40 Im Rahmen verschiedener Beratungsprojekte haben wir Unternehmen getroffen, die das termingerechte Erlangen von Betriebsgenehmigungen für Anlagen vernachlässigt hatten. Auch wenn diese Anlagen den neuesten Stand der Technik darstellen und somit insgesamt Verbesserungen mit sich bringen, kann die Behörde das Unternehmen in die Pflicht nehmen. Nachträglich eine Betriebsgenehmigung zu erhalten kann unter Umständen langwierig und teuer werden.

Die dazu nötige Vernetzung der verschiedenen Wertschöpfungsstufen mit den klassischen Umweltbereichen und die Initiierung von wechselseitigen Lernprozessen erfolgt allerdings in den wenigsten Fällen.

Um die EHS-Performance dauerhaft zu sichern, sind wiederholte, systematische Reviews unerläßlich, in denen die verschiedenen Prozeßstufen überprüft und gegebenenfalls korrigiert werden. Außerdem kann durch das Reviewing der Unternehmensleitung das Einhalten der gesetzlichen Anforderungen dokumentiert werden und auf diese Weise der regelmäßige Abgleich der strategischen Unternehmensziele im Kerngeschäft und der EHS-Ziele erfolgen. Die *Kommunikation* der EHS-Ziele und deren Erreichungsgrad sollte nicht leichtfertig vernachlässigt werden, denn der Verlust von Akzeptanz aufgrund von Störfällen und das Aufdecken von Lippenbekenntnissen macht es der Unternehmensleitung in der Regel nicht leicht, überzeugend zu argumentieren.[41] Deshalb ist eine überzeugende und an überprüfbaren Fakten orientierte Kommunikation gegenüber Mitarbeitern und Eigentümern nach innen wie nach außen gegenüber Kunden, Kommunen und Behörden von entscheidender Bedeutung. Es steht außer Frage, daß in diesem Prozeßabschnitt nicht die Häufigkeit der Pressemitteilungen, sondern die Glaubwürdigkeit der Meldung und desjenigen, der sie überbringt, den Ausschlag geben.

Auf internationaler Ebene wurden in den vergangenen Jahren Standards geschaffen, die im Ergebnis eine übergreifende Vergleichbarkeit ermöglichen, so zum Beispiel

- ISO-Normen der International Standards Organization,
- das Öko-Audit der EU,[42]
- die „Charta" der International Chamber of Commerce für Sustainable Development.

Wer sich solchen multinationalen Vereinbarungen anschließt, zieht daraus mehrere Vorteile. So verlangen Exportkunden häufig von ihren Lieferanten eine entsprechende Zertifizierung; auch werden in der Regel behördliche

41 Vgl. Siegert, U. C.: Ökologieorientierte Kommunikation; Aachen 1996, S. 161.

42 Verordnung der Europäischen Union Nr. 1836/93 vom 29. Juni 1993 („... Verordnung des Rates ... über die freiwillige Beteiligung gewerblicher Unternehmen an einem Gemeinschaftssystem für das Umweltmanagement und die Umweltbetriebsprüfung").

Inspektionen in größeren Abständen stattfinden, so daß die Eigenverantwortung der Unternehmen gestärkt wird.

Die EHS-Management-Prozesse sind Querschnittsfunktionen, die eng mit den Schlüsselfunktionen entlang der Wertschöpfungskette wie zum Beispiel Forschung und Entwicklung, Produktion und Vertrieb verbunden sind (siehe Abbildung 3-32). Darüber hinaus sind sie sowohl auf der strategischen als auch auf der operationalen Ebene relevant.

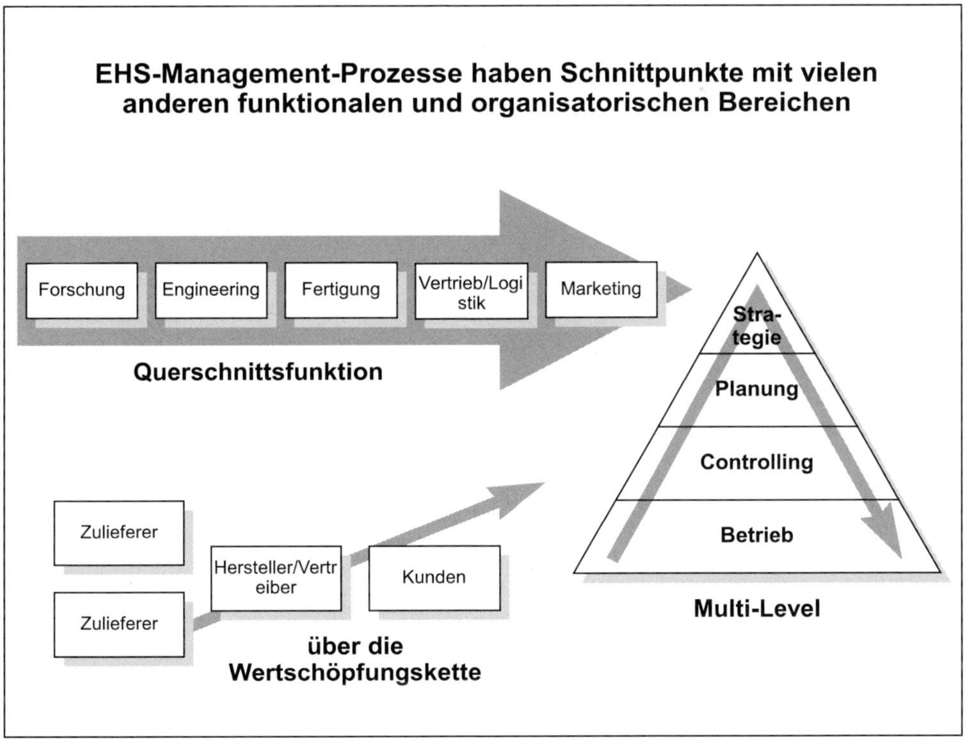

Abbildung 3-32

Entscheidend ist, die Geschäftsprozesse so zu gestalten, daß EHS-Belange so früh wie möglich integriert werden und schon dann, wenn noch genügend Zeit vorhanden ist, daraus wirtschaftliche Vorteile zu ziehen (siehe Abbildung 3-33). Es gibt immer wieder Unternehmen, die auch deshalb erfolgreich sind, weil es ihnen gelingt, den EHS-Management-Prozeß frühzeitig in die strategische Ausrichtung des Unternehmens einzubeziehen: Diese Unternehmen erzielen einen Zusatznutzen für die Stakeholder, indem sie über das Erfüllen von rechtlichen Anforderungen hinaus ihr Risiko für eventuelle Schäden reduzieren oder sich Vorteile in einem Markt mit zunehmend umweltbewußteren Kunden verschaffen.

Eine starke Unternehmensführung verlangt eine enge Integration der EHS-Management-Prozesse in die Geschäftsprozesse . . .

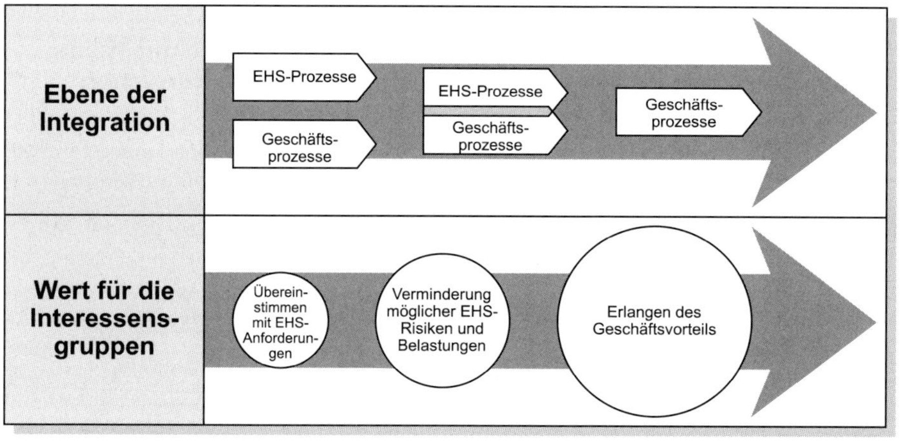

. . . und dadurch eine Neudefinierung des Werts für die Interessens-gruppen auf einer breiteren Geschäftsebene

Abbildung 3-33

Der künftige Erfolg von Unternehmen wird somit wesentlich davon abhängen, inwieweit sie bereit sind, sich den Herausforderungen eines zielgerichteten EHS-Management-Prozesses zu stellen. Bei weltweit agierenden Konzernen ist bereits zu beobachten, daß die Kunden und die Öffentlichkeit verstärkt darauf achten, wie deren Handeln sich vor Ort auswirkt. Dialogbereitschaft, Glaubwürdigkeit und die Bereitschaft zu lernen, sind der Ausweg aus dem Gefangenen-Dilemma und führen hin zu der „Win-Win"-Situation, in der alle Beteiligten nur gewinnen können. Sie wird um so eher eintreten, je schneller sich diese Tugenden in Managementprozessen widerspiegeln, die bis in die kleinsten Geschäftseinheiten hineinreichen.

7. Produktion und Logistik als aktives Glied in der Innovationskette

Innovation in Produktion und Logistik – nach wie vor ein Thema?

Die Rolle, die Produktion und Logistik im Rahmen der Innovationsprozesse im Unternehmen einnehmen, ist seit vielen Jahren Gegenstand intensiver Diskussionen. Den Ausgangspunkt bildete die Veränderung der industriellen Produktions- und Logistiksysteme von der tayloristisch geprägten, statischen Massenproduktion hin zu kurzen Innovationszyklen in fragmentierten und stark vom Käuferverhalten bestimmten Märkten. Die tayloristischen Wertschöpfungsketten, bestehend aus

- Beschaffung (Versorgung der Produktion mit Vorprodukten und der Distribution mit Handelsware),
- Produktion (Herstellung der Ware) und
- Distribution (Lagerung und Bewegung der Fertigware zum Kunden),

blieben dabei jedoch überwiegend auf die kostenminimale Reproduktion eines über Jahre im wesentlichen unveränderten Leistungs- und Produktspektrums ausgerichtet. Ein solches System wird den meisten Märkten heute in keiner Weise mehr gerecht.

Doch trotz der jahrelangen Diskussion ist in vielen Branchen nach wie vor die aktive Beteiligung der Produktion und Logistik am Innovationsgeschehen allenfalls in Ansätzen erkennbar. Kennzeichnend ist die Äußerung eines Beteiligten zum Abschluß eines Projektes zur Reorganisation der Distribution: „Jetzt muß aber für die nächsten fünf Jahre Schluß sein mit Analysen und Veränderungskonzepten." Auch Produktionsmanager nehmen den Innovationsdruck oft nicht als Chance zur Differenzierung wahr, sondern betrachten ihn als Störfaktor im reibungslosen Ablauf der Fertigung. Noch immer stößt die Erkenntnis, daß in manchen Branchen von den Produkten, die heute in einer Fabrik gefertigt werden, in einem Jahr bestenfalls 50 Prozent unverändert weiterproduziert werden, auf Unverständnis und Ablehnung. Im Einkauf herrscht oft dasselbe Bild eines statischen Systems vor, in dem Veränderungen nur den Gang der Dinge stören.

Die Gegenbeispiele sind, besonders in traditionell geprägten Industrien, eher rar. So dynamisch das Innovationsgeschehen in der Computer- oder Kommunikationselektronik ist, so mühsam stellt sich die Diskussion oftmals in Maschinenbauunternehmen, der Konsumgüterindustrie oder der Pharma- und Chemiebranche dar. Erst eine Minderheit an Unternehmen verhält sich wie der Kunde von Arthur D. Little aus der Konsumgüterindustrie, der sein Distributionssystem alle drei Jahre neu organisiert: neue Lagerstandorte, neue Transportketten, neue Versorgungsstrategien, neue Informationsprozesse. Den Anstoß geben nicht nur die Europäisierung der Märkte und Strukturen oder die Akquisition zusätzlicher Standorte, sondern auch die Veränderung der Sortimente und handelsseitige Anforderungen wie beispielsweise die elektronische Bestandserfassung.

Die Auseinandersetzung um die Rolle der Produktion und Logistik ist demnach bei weitem noch nicht abgeschlossen. Ein Rückschlag in dieser Diskussion ist überdies durch ein falsch verstandenes Lean Management zu beklagen, in dessen Folge personelle Ressourcen in den operativen Systemen, die eine entscheidende Rolle im Innovationsgeschehen spielten oder hätten spielen können, abgebaut wurden. Einem solchen Vorgehen liegt implizit das Bild des effizienten Massenproduzenten zugrunde, das aber heute nur noch auf wenige Branchen zutrifft. Die Zeit der ausschließlichen Produktivitätssteigerung ist vorbei – kann die effiziente Wertschöpfung nicht mit Innovationsfähigkeit gekoppelt werden, so wird zuerst die Wertschöpfung selbst austausch- und ersetzbar, und anschließend das Produkt- und Leistungsspektrum des Unternehmens. Gefragt sind operationale, pragmatische Ansätze zur Steigerung der Innovationsfähigkeit in der Wertschöpfungskette, ohne das Ziel der effizienten Leistungserstellung auf hohem und höchstem Qualitätsniveau aus dem Auge zu verlieren.

Der Beitrag von Produktion und Logistik im innovativen Unternehmen

Das Ziel einer Steigerung der Innovationsfähigkeit in Produktion und Logistik verlangt nach einer differenzierten Betrachtung. Gemeinplätze, wie „Wir müssen offen sein für Neues" oder „Wir müssen schneller sein in der Umsetzung", helfen nicht weiter. So ist zunächst zu fragen, welchen Beitrag Produktion und Logistik zur Innovation im Unternehmen leisten können, bevor man sich der Frage nach Ansätzen zur Verbesserung der Innovationsfähigkeit nähern kann.

Der Beitrag von Produktion und Logistik im innovativen Industrieunternehmen kann sich auf die zwei Felder

- Prozeßinnovation und
- Produktinnovation

erstrecken. Und er kann grundsätzlich darin bestehen, daß Innovationen in anderen Teilen des Unternehmens optimal unterstützt werden oder daß die Wertschöpfungskette selbst innovativ wirkt.

Am Beispiel der Prozeßinnovation in der Distribution wird dies deutlich. In der Konsumgüterindustrie wird intensiv über einen effizienteren und innovativen Einsatz der Vertriebsorganisation nachgedacht. Das Bild des Außendienstlers, der Kunden aufsucht, die Regalplazierung seines Sortimentes und die Bestände prüft und dem Marktleiter Bestellvorschläge unterbreitet, die er dann an die Zentrale weiterleitet, steht in Frage. Die Alternative sind Modelle, denen zufolge etwa ein Industrieunternehmen den Regalplatz für seine Produkte vom Handelsunternehmen pachtet und eigenständig bewirtschaftet. Gekoppelt mit der Möglichkeit, die aktuellen Abverkäufe über Scannerdaten automatisch zum Industrieunternehmen zu übertragen, würde sich die Rolle des Außendienstes in erheblichem Umfang verändern, ebenso wie der gesamte Absatzprozeß.

In einem solchen Szenario spielt die Distributionslogistik eine große Rolle. Um die Innovation im Absatzprozeß zu ermöglichen, müssen sich die Prozesse in der Distribution verändern. Unter Umständen muß der Auftragsabwicklungprozeß neu gestaltet werden (automatische Auftragsauslösung bei Erreichen von Mindestbeständen im Regal auf Basis von Scannerdaten), auch die Lieferstrukturen werden sich möglicherweise wandeln (Transporte aus regionalen Lagern anstelle von Zentrallagern). Eventuell sind auch zwei getrennte Logistikkanäle zu schaffen, einer für traditionell betreute Outlets, einer für die nach den neuen Konzepten bewirtschafteten. Die Innovation im Absatz muß folglich von einer Innovation in der Distribution begleitet werden.

Aber auch eine Innovation in den Distributionsprozessen selbst kann einen entscheidenden Beitrag zum Unternehmenserfolg leisten, unabhängig von Innovationen in anderen Prozessen oder Aufgabenbereichen im Unternehmen. Ein Beispiel dafür liefert die Henkel KGaA mit ihrem Distributionssystem für Waschmittel.[43] Henkel bringt seit 1994 die Ware direkt aus den Fabriken per Bahn in neun Regionalläger, von denen aus die Feinverteilung mit Lkw erfolgt. Dabei werden nach Berechnungen des Instituts für Verkehrswissenschaften an der Universität Münster jährlich 7 600 t Schadstoffemissionen gegenüber dem vorherigen Distributionssystem vermieden. Dieses Konzept unterstützt nachhaltig die Strategie von Henkel als führendes Unternehmen auf dem Gebiet der Ökologie („Ökoleadership"). Sogar eine gemeinsame Werbekampagne mit der Deutschen Bahn AG wurde lanciert – der Slogan lautete „Keiner fährt reiner".

Für Produktinnovationen kann das Distributionssystem lediglich unterstützende Leistungen bereitstellen. Die sorgfältige Planung von Initialbeständen bei Neuproduktanläufen oder auch die schnelle Versorgung der Kunden beim Einsetzen der Marketingaktivitäten mögen hier als Beispiel dienen. Der Aufbau von Beständen ist beim Anlauf von Neuprodukten oft nötig, kann aber auch als Innovationshemmnis wirken: Bei hohen Beständen ist das Abwertungs- und Verwurfsrisiko durch Neueinführungen relativ hoch, so daß oft erst die Lagerbestände geräumt werden müssen, bevor ein neues Produkt eingeführt werden kann – dieses Element der *time-to-market* wird oft vergessen, es kann aber zum entscheidenden Nachteil für Zeitpunkt und Profitabilität von Neueinführungen werden.

Auch für die Prozeßinnovation in der Produktion gilt das oben Gesagte. Die Unterstützung von Innovationen in Prozessen außerhalb der Produktion selbst wird am Beispiel des neuen Distributionssystems von Henkel deutlich:

---

43 Vgl. o. V.: Logistik, die sich gewaschen hat, in: Logistik heute; 4/94, S. 22–23.

Die Umstellung von der Lkw-Verladung zu einem Zentrallager auf die Bahnverladung zu neun Regionallägern erforderte erhebliche Umstellungen in der Produktion, die sich von der Neugestaltung der Verladezone über die Ausbildung der Verlader bis hin zur Strategie der Anlagenbelegung erstreckten. Ohne diese Veränderungen hätte die Innovation in der Distribution nicht erfolgreich umgesetzt werden können.

Die Produktionsprozesse selbst sind eine wichtige Quelle für Innovationen im Unternehmen. Es gibt unterschiedliche Auffassungen darüber, ob ein Unternehmen über die Entwicklung führender Produktionstechnologien Wettbewerbsvorteile erzielen kann und sollte, was sicher auch branchenabhängig zu sehen ist. Generell ist der Trend zum Einkauf von Standard-Prozeßtechnologie von außen, der automatisch bestenfalls zu State-of-the-art-Technologien führt, problematisch. Wheelwright/Hayes stellen die These auf, daß diejenigen Industrieunternehmen besonders erfolgreich sind, die aus ihrer Produktion über die aktive Entwicklung neuer Prozeßtechnologien Wettbewerbsvorteile wie Qualitätsführerschaft oder Kostenführerschaft generieren.[44] Dabei ist es nicht in erster Linie von Bedeutung, ob die Prozeßinnovation aus der Produktion selbst oder aus den Entwicklungsabteilungen oder Labors im Unternehmen kommt; entscheidend ist die Tatsache, daß diese Quellen für Wettbewerbsvorteile aktiv genutzt werden.[45]

Die Beschaffungslogistik kann gleichermaßen Prozeßinnovationen in anderen Unternehmensbereichen aktiv unterstützen. Ein gutes Beispiel ist die Veränderung in den Beschaffungsprozessen, die zur erfolgreichen Verringerung der Wertschöpfungstiefe in produzierenden Unternehmen notwendig ist. Für den Einkauf ist es ein großer Unterschied, ob er hauptsächlich Rohmaterialien und Halbfabrikate als Ausgangsmaterial für die eigene Fertigung beschafft oder vormontierte Systemmodule, die im eigenen Unternehmen lediglich zusammengefügt werden.

Eine Prozeßinnovation in der Beschaffung selbst kann ebenfalls erhebliche Vorteile für ein Unternehmen bringen. So führt die Einführung der Procurement Card, die die Bestellabwicklung von Kleinaufträgen nach dem Muster

---

44 Vgl. Wheelwright, S., Hayes, R. H.: Competing through Manufacturing; in: Harvard Business Review, January-February 1985, S. 3–24.

45 Vgl. hierzu den nachfolgenden Abschnitt „vom Innovationsumsetzer zum Innovationstreiber" dieses Kapitels.

von Kreditkarten deutlich vereinfacht, nicht nur im Einkauf zu Prozeßvereinfachungen und Einsparungen: Auch in Abteilungen wie Controlling, Buchhaltung oder Mahnwesen sind positive Effekte zu erwarten.[46]

Die Unterstützung, die Einkauf und Beschaffung für Produktinnovationen leisten müssen, ist offensichtlich: Eine schnelle und erfolgreiche Innovation bedarf in der Regel einer schnellen Erschließung neuer Beschaffungsmärkte, der Sicherstellung von technischen Spezifikationen von Anfang an und nicht zuletzt der Schaffung neuer Lieferantenbeziehungen in Verbindung mit der Auswahl günstiger und zukunftssicherer Quellen.

Entwicklungsstufen der Innovationsfähigkeit in Produktion und Logistik

Die angeführten Beispiele verdeutlichen, daß der Beitrag von Produktion und Logistik einerseits in der Unterstützung von Prozeß- und Produktinnovationen liegen kann, die in anderen Bereichen des Unternehmens umgesetzt werden sollen, andererseits aber auch Produktion und Logistik selbst aktiv innovativ tätig werden und so einen Beitrag zum Unternehmenserfolg leisten können.

Je nach dem Maße, in dem die Wertschöpfungskette eines Unternehmens ihren Beitrag zur Innovation im Unternehmen leistet, lassen sich drei Entwicklungsstufen unterscheiden:

- Innovationshemmer,
- Innovationsumsetzer,
- Innovationstreiber.

Produktion und Logistik wirken dann als *Innovationshemmer*, wenn sie Neuerungen, die von anderen Teilen des Unternehmens ausgehen, nicht adäquat unterstützen, sondern verzögern oder gar verhindern. Als *Innovationsumsetzer* sollen Wertschöpfungsketten bezeichnet werden, die Prozeß- und Produktinnovationen, die von anderen Unternehmensbereichen ausgehen, aktiv unterstützen und ihre Realisierung fördern. Als *Innovationstreiber*

---

46 Vgl. o. V.: Die Purchasing Card hält Einzug in Deutschlands Einkaufsabteilungen, in: Beschaffung aktuell; 8/1995.

agieren Produktion und Logistik dann, wenn sie selbst innovativ in Erscheinung treten, das heißt Innovationen aus sich heraus entwickeln und erfolgreich umsetzen.

Eine Wertschöpfungskette, die als Innovationshemmer wirkt, ist bei den heutigen Marktbedingungen generell inakzeptabel. Zumindest die Umsetzung von Innovationen, die ihren Ursprung in anderen Unternehmensbereichen haben, muß von Produktion und Logistik gefordert werden. Idealerweise wirkt die Wertschöpfungskette als Innovationstreiber und trägt somit aktiv zur Schaffung von Wettbewerbsvorteilen bei.

Was macht nun den Unterschied zwischen diesen drei Stufen aus, und wie lassen sich Ansatzpunkte zur Entwicklung einer Wertschöpfungskette vom Innovationshemmer hin zum Innovationstreiber ableiten? Hier soll zunächst unterschieden werden zwischen dem Übergang vom Innovationshemmer zum Innovationsumsetzer einerseits und vom Innovationsumsetzer zum Innovationstreiber andererseits.

Vom Innovationshemmer zum Innovationsumsetzer

Zur Frage einer besseren Unterstützung von Innovationen durch Produktion und Logistik sind in den letzten Jahren zahlreiche Diskussionsbeiträge veröffentlicht worden, in denen Aufbauorganisation, Informationstechnologie und viele andere Charakteristika als erfolgsentscheidend dargestellt wurden.

Diese Aspekte sind sicher wichtig, stehen jedoch aus unserer Sicht nicht im Vordergrund. Was eine innovationshemmende Produktion und Logistik von einer innovationsunterstützenden unterscheidet sind in erster Linie drei Punkte:

- das Rollenbild des Managements,
- der Ausbildungsstand von Personal und Management und
- die Gestaltung von Kostenrechnungs- und Bewertungssystemen.

Das Rollenbild des Managements hat einen großen Einfluß auf die Frage, in welchem Maß die Wertschöpfungskette einen Beitrag zu Innovationen im Unternehmen leistet. Gemeint ist nicht allein das Bild, das die Manager in Distribution, Produktion und Logistik von sich selbst haben – auch das Bild, das Manager in anderen Bereichen von der Rolle ihrer Kollegen haben, die verantwortlich für die Gestaltung der Wertschöpfungskette sind, ist entscheidend.

Wird die Rolle der Manager in Produktion und Logistik so verstanden, daß diese in erster Linie für eine reibungslose, stationäre Reproduktion verantwortlich sind und Störungen möglichst von ihren Systemen fernhalten sollen, so mündet dies leicht in ein innovationsfeindliches Verhalten. In einer solchen Gedankenwelt ist die Innovation eine Störung, die es so lange wie möglich zu vermeiden gilt. Auch bei jüngeren Managern in Produktion und Logistik ist ein solches Rollenbild zu beobachten. Es manifestiert sich etwa dann, wenn das frühzeitige Einbeziehen von Produktionspersonal in ein Entwicklungsprojekt gefordert wird, um rechtzeitig Fertigungsexpertise in den Prozeß einzubringen: Aussagen wie „Was wollen Sie dort, die ändern doch sowieso alles noch zehnmal, kümmern Sie sich lieber um Ihre Leute, Sie erfahren das früh genug", sind typisch für ein solches Rollenverständnis. Daß ein solches Verhalten innovationshemmend wirkt, muß nicht verdeutlicht werden. Die Analysen erfolgreicher Innovationsprozesse gelangen übereinstimmend zu dem Ergebnis, daß gerade das gemeinsame Durchlaufen vieler Iterationen im Entwicklungsprozeß schnell zu guten Resultaten führt.[47] Sätze wie der oben zitierte erreichen genau das Gegenteil.

Der Ausbildungsstand von Personal und Management ist der zweite wichtige Aspekt bei der Frage nach dem Unterschied zwischen Innovationshemmer und Innovationsumsetzer. Die Beteiligten müssen von ihren Erfahrungen und ihrer Ausbildung her in der Lage sein, einen positiven Beitrag in der Diskussion leisten zu können. In Westeuropa sollte dies durch den hohen Bildungsstand zumindest potentiell gegeben sein. Oft aber liegt auch hier ein Schwachpunkt, da insbesondere Stellen im mittleren Management in Produktion und Logistik als unattraktiv gelten oder bei der Personalauswahl kein Wert auf einen entsprechenden Ausbildungsstand und Erfahrungshintergrund gelegt wird. Rollenbild und Bewertungssysteme tragen andererseits dazu bei, daß vorhandenes Potential nicht ausgeschöpft wird und sich so ein innovationsfeindliches Verhalten etabliert. Auch ist nicht allein fachliche Expertise

---

47 Vgl. Ward, A., Sobek, D. K., Cristiano, J. J., Liker, J. K.: Toyota, Concurrent Engineering and Set-Based Design, in: Liker, J. K., Ettlie, J. E., Campbell, J. C. (Hrsg.), Engineered in Japan; New York/Oxford 1995, S. 192–216.

gefragt: Mindestens ebenso wichtig ist es, daß die Vertreter von Produktion und Logistik lernen, in Gruppendiskussionen ihren Beitrag in adäquater Weise zu formulieren und sich etwa auch in Präsentationssituationen sicher fühlen.

Der dritte neuralgische Punkt liegt in der Abbildung des Rollenbildes von Produktion und Logistik in den Kostenrechnungs- und Bewertungssystemen. Ein Manager, der an der Einhaltung eines Fabrikbudgets gemessen wird, in dem Tätigkeiten für Innovationen sich durch das Fehlen von Versuchskostenstellen oder kleinen Projektbudgets in einer Planabweichung niederschlagen, wird wenig Neigung zeigen, sich aktiv um die Unterstützung seiner Kollegen bei der Umsetzung von Innovationen zu bemühen. Die Steuerungsfunktion solcher Mechanismen darf nicht unterschätzt werden, insbesondere vor dem Hintergrund eines deutlichen Trends zu erfolgsabhängigen Gehaltsbestandteilen. Durch die zielgerichtete Auswahl der Erfolgsgrößen kann der Übergang vom Innovationshemmer zum Innovationsumsetzer deutlich gefördert und gefestigt werden.

Innovationsfreudliche Produktionsorganisation in einem Unternehmen der Konsumgüterindustrie

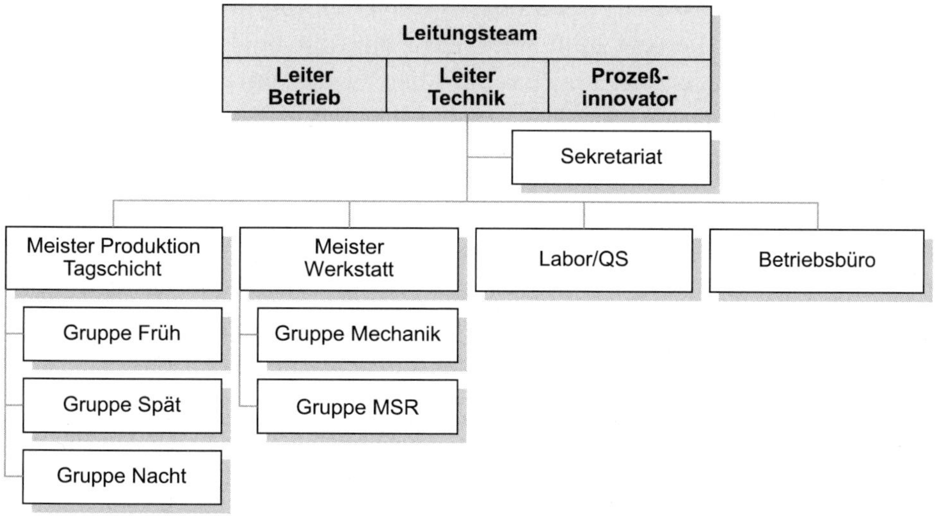

Abbildung 3-34

Eine weitere Rolle bei diesem Übergang spielt die Ausstattung mit Ressourcen. In sehr innovativen Unternehmen wird es für die Mitglieder eines „schlanken“ Managements in Produktion und Logistik schwer, sich neben dem Tagesgeschäft aktiv in den Innovationsprozeß außerhalb ihres Verantwortungsbereiches einzubringen. Auch die Delegation von Führungsaufgaben auf Meister oder Gruppenleiter ist nur begrenzt möglich. Abbildung 3-34 zeigt das Modell der Führungsorganisation in einer Fabrik für Fast Moving Consumer Goods: Dem Betriebsleiter und Betriebsingenieur wurde ein Prozeßinnovator zur Seite gestellt, dessen Aufgabe es im wesentlichen ist, sich aktiv in die Innovationsprozesse einzubringen und darüber hinaus den Prozeß der kontinuierlichen Verbesserung in der Produktion zu steuern. Eine solche Lösung führt gegenüber einer völlig „schlanken“ Struktur zweifellos zu Mehrkosten; sie werden allerdings durch ihren Nutzen bei weitem überkompensiert. Im internen Kostenvergleich der Werke dieses Unternehmens schloß das Werk trotz der neugeschaffenen Stelle im folgenden Betriebsjahr als Klassenbester ab.

Vom Innovationsumsetzer zum Innovationstreiber

Der Schritt vom Innovationsförderer zum Innovationstreiber bedeutet ein signifikant anderes Rollenverständnis von Produktion und Logistik. Einem Innovationstreiber kommt eine wichtige Funktion bei der Erzielung von Wettbewerbsvorteilen und damit auch bei der Festlegung der Unternehmensstrategie zu. Produktion und Logistik verlassen so die passive Rolle des Umsetzers, sie nehmen von sich aus aktiv am Innovationsgeschehen teil.

Diese Rolle wird der Produktion und Logistik in vielen Unternehmen nicht zuerkannt und auch nicht gewünscht. Dahinter steht die Meinung, eine effiziente Umsetzung von Innovationen liefere 90 Prozent des gewünschten Ergebnisses, eine weitere Stärkung der Position von Produktion und Logistik verursache überproportional hohe Kosten und destabilisiere die vorhandenen Prozeßstrukturen – etwa indem die Entwicklungsabteilung die dominierende Rolle im Innovationsgeschehen verliert.[48] Außerdem wird den Verantwortlichen in diesen Bereichen nicht die nötige Kompetenz zur Teilnahme an

48 Vgl. Fußnote 44.

strategischen Entscheidungen über Produkte und Prozesse zugebilligt, oder man befürchtet eine falsche Schwerpunktsetzung bei Strategiebildung und Innovationen, etwa durch die zu frühe Orientierung an vorhandenen Technologien oder der einseitigen Fokussierung auf produktions- und logistikbezogene Ziele.

Diese Fragestellung muß jedoch differenzierter betrachtet werden. Produktion und Logistik stellen in vielen Branchen ein Potential zur Erreichung von Wettbewerbsvorteilen dar, und diese Potentiale sollten nicht leichtfertig vergeben werden.

Das Argument der hohen Zusatzkosten gilt nur dann, wenn die Produktion und Logistik mit erheblichen Ressourcen ausgestattet werden, die sie zum Betreiben einer eigenen Innovationstätigkeit befähigen. Im Falle der Distribution könnte dies ein Planungsstab sein, der rein konzeptionell arbeitet, im Falle der Produktion eine fertigungstechnische oder produkttechnische Abteilung, im Falle der Beschaffung ebenfalls ein entsprechender Stab.

Solche Ressourcen stellen nur dann Mehrkosten dar, wenn die von ihnen ausgehenden Innovationen keinen entsprechenden Beitrag zum Unternehmenserfolg liefern. Unter Umständen ist die Ermittlung des Erfolgsbeitrags einer solchen Innovation schwierig, weil er nicht oder kaum zurechenbar ist. Deshalb ist die effiziente Organisation solcher Ressourcen von besonderer Bedeutung. Im Falle der Produktion muß man sich sehr wohl überlegen, ob jedes Werk mit Entwicklungskapazitäten im Sinne eines Vollproduktionszentrums (Fertigungstechnik und Produkttechnik) oder Vollkompetenzzentrums (zusätzlich Produktmanagement und -gestaltung) auszustatten ist. Abbildung 3-35 zeigt unterschiedliche Typen von Entwicklungs- und Fertigungszentren im Überblick. Es ist oftmals sinnvoll, ein Leitwerk als internationales Produktzentrum oder Mutterfabrik mit allen Möglichkeiten zur Innovation auszubauen und den Großteil der Fertigung in vereinfachten Produktionszentren anzusiedeln, die im Sinne der Innovationstätigkeit Umsetzer sind.[49] Ein Minimum an aktiver Innovationstätigkeit für alle Fabriken ist dabei die kontinuierliche Verbesserung von Produkt und Prozessen – dies gilt analog für die Distribution und Beschaffung.

49 Vgl. Deschamps, J.-P., Nayak, P. R.: Produktführerschaft, Wachstum und Gewinn durch offensive Produktstrategien; Frankfurt am Main/New York 1996.

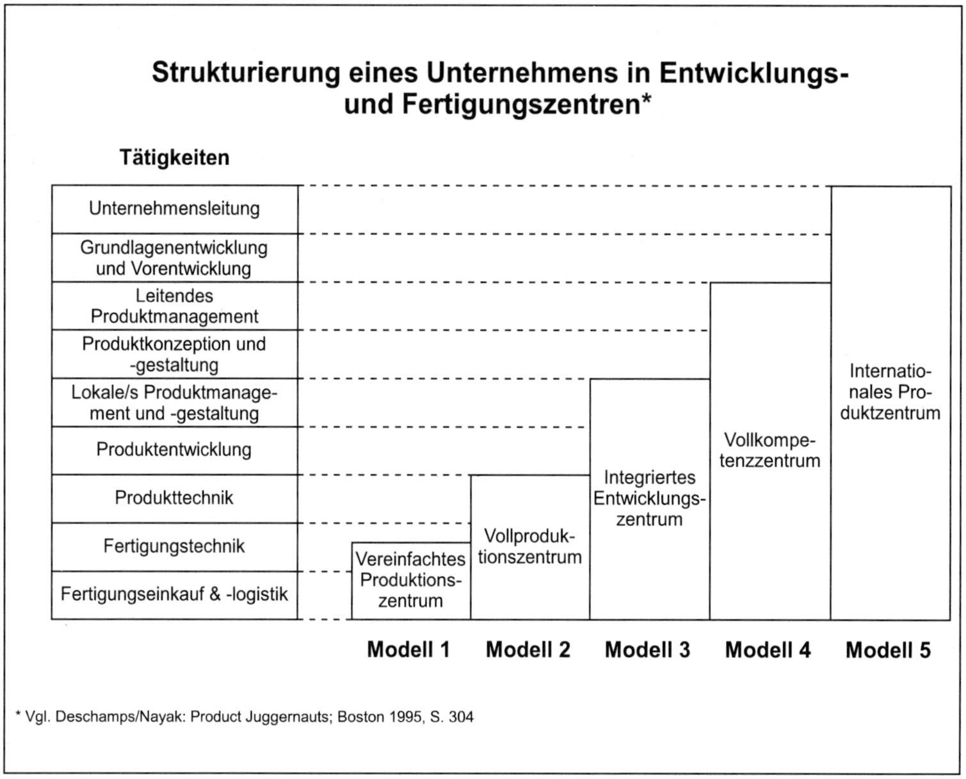

Abbildung 3-35

In diesem Zusammenhang ist auch auf die Möglichkeit des Outsourcing solcher Aufgaben hinzuweisen. Die notwendigen Ressourcen müssen nicht in der Distributions- oder Produktionsorganisation selbst vorgehalten werden, in vielen Fällen nicht einmal im Unternehmen selbst. Im allgemeinen wird das Problem der aufbauorganisatorischen Verankerung solcher Ressourcen überbewertet: entscheidend sind effiziente und effektive Kommunikationsvorgänge zwischen den Beteiligten, nicht die Berichtswege.[50]

Die Destabilisierung vorhandener Innovationsprozesse und -strukturen ist ein wichtiges Problem, das aber nur über eine Willensentscheidung des Managements beseitigt werden kann. Kommt man gemeinsam zu dem Schluß, daß sich für das Unternehmen eine Ausschöpfung der Innovations-

50 Vgl. Pisano, G. P., Wheelwright, S. C.: High-Tech R&D; in: Harvard Business Review, September-October 1995, S. 93–105.

potentiale von Produktion und Logistik lohnt, so muß die Entscheidung entsprechend getroffen und umgesetzt werden.

Das Argument einer mangelnden Kompetenz der Manager in Produktion und Logistik ist in einem Umfeld, in dem das traditionelle Rollenverständnis von Produktion und Logistik herrscht, eine „self fulfilling prophecy". Nur eine über Jahre hinweg konsequente Veränderung von Rollenverständnis, Ausbildung und Bewertungssystemen können hieran etwas ändern. Für die Mobilisierung des Innovationspotentials stellt dieser Punkt aus unserer Sicht den kritischen Pfad dar – sowohl was den Zeitraum der Veränderungen als auch die Schwierigkeiten bei der konsequenten Umsetzung betrifft.

Ansatzpunkte zur zielgerichteten Verbesserung

Will ein Unternehmen die Innovationsfähigkeit von Produktion und Logistik nachhaltig verbessern, so ist in einem ersten Schritt die Frage zu beantworten, in welchem Entwicklungsstadium der Innovationstätigkeit sich Produktion und Logistik gegenwärtig befinden. Kommt man zu dem Schluß, daß die Wertschöpfungskette momentan eher als Innovationshemmer denn als Innovationsumsetzer oder -treiber wirkt, so ist dringender Handlungsbedarf gegeben: In keinem Fall ist eine solche Situation akzeptabel, sie führt über kurz oder lang zu erheblichen Problemen.

Kommt man zu der Erkenntnis, daß Produktion und Logistik momentan als Innovationsumsetzer wirken, so ist zu entscheiden, ob eine Entwicklung in Richtung Innovationstreiber für das Unternehmen einen Vorteil bringen könnte. Nicht in allen Branchen wird man zu diesem Schluß kommen, die Frage sollte aber in jedem Falle diskutiert werden. Für die Chemische Industrie hätte man vor drei Jahren bezüglich der Bedeutung von Innovationen in der Distribution sicher noch eine negative Antwort erhalten. Der Druck der Autoindustrie auf die Hersteller von chemischen Spezialprodukten allerdings hat hier zu einem Umdenken geführt, das erhebliche Konsequenzen haben wird.

Je nach dem Ergebnis des ersten Schrittes gestalten sich die folgenden Schritte unterschiedlich. Wird die eigene Produktion und Logistik als Innovationshemmer beurteilt, so ist nach den Ursachen zu fragen, die zu diesem Verhalten führen und geführt haben. Dabei sollte den Aspekten Rollenverständnis, Ausbildung und Bewertungssysteme besondere Bedeutung beigemessen werden. Die Probleme können anhand von konkreten Projekten, die in der Vergangenheit bearbeitet wurden, leicht objektiviert werden. Wichtig ist, über einen Konsens bezüglich der Ursachen und die gemeinsame Erarbeitung eines neuen Rollenmodells zu einer nachhaltigen Verbesserung zu kommen. Ein effizientes Projektmanagement, die Ausstattung mit Ressourcen und die Abbildung des neuen Konzeptes in Bewertungssysteme für die Führungskräfte sind wichtige flankierende Maßnahmen.

Werden Produktion und Logistik als Innovationsumsetzer eingestuft und kommt man zu dem Schluß, daß sich eine Entwicklung hin zum Innovationstreiber lohnt, so ist ein schwieriger Entwicklungspfad zu beschreiten. Neben der Definition und der Durchsetzung eines wiederum gegenüber dem Innovationsumsetzer veränderten Rollenverständnisses sind konkrete Entscheidungen zur Allokation personeller und monetärer Ressourcen zu treffen, die im Einklang mit den anderen Strukturen im Unternehmen stehen müssen. Der Einstieg in diese Entwicklung kann sehr gut über ein konkretes Projekt erfolgen, in dem etwa eine bestimmte Produktionstechnologie zur signifikanten Steigerung der Qualität und Zuverlässigkeit der Produkte weiterentwickelt wird. Unter Umständen sind erhebliche Investitionen und viel Geduld erforderlich, um auf diesem Weg voranzukommen. Für viele Industrieunternehmen liegen aber genau auf diesem Feld große Möglichkeiten zur Differenzierung im Wettbewerb, die zu nutzen der Mühe wert sind.

8. F&E-Vernetzung – das Geheimnis des Erfolgs

Die Kosten und die Komplexität von F&E-Vorhaben, der rasche technologische Wandel und die sinkenden Produktlebensdauern treiben Unternehmen, die auf Innovationen aus der eigenen F&E setzen, in einen schier unauflösbaren Zwiespalt. Denn zwei fundamentale Dilemmata schränken die Erfolgsaussichten von Innovationen, die auf technologischen Eigenentwicklungen beruhen, erheblich ein:

- Das Dilemma des Technik-Spitzenreiters: Das Bemühen, eine technologische Führungsposition erfolgreich zu behaupten, verleitet Firmen dazu, sich auf Binnenaktivitäten zu fokussieren – und schwächt Aufmerksamkeit und Reaktionsvermögen hinsichtlich derjenigen Technik- und Marktfaktoren, die die Produktentwicklung leiten sollten.
- Das Organisationsdilemma der Innovation: Die kreative Entwicklung neuer Techniken erfordert kleine und bewegliche Organisationsstrukturen, die schnelle Innovation hingegen eine schlagkräftige und stabile Organisation. Die Wahrscheinlichkeit ist hoch, daß Unternehmen, die beides – kreative Erfindungen und rasche Innovation – erreichen wollen, angesichts der gegensätzlichen Anforderungen scheitern.

Canon und Sony, zwei Meister der Innovation,[51] vermeiden diese beide Fallen, indem sie gezielt externe Quellen neuer Technologien anzapfen und das so erworbene Wissen durch einen Ansatz der ganzheitlichen Vernetzung des F&E-Managements kommerzialisieren, wobei sie externe und interne Netze in einer höchst synergistischen Weise verknüpfen. Die äußere Vernetzung bezieht sich hier auf die Verbindung der Firma mit externen Technologiepartnern. Gleichzeitig vernetzen sie innerhalb der Firma Forschungs-, Entwicklungs-, Produktions- und Marketingfunktionen, die zum Innovationsprozeß als Ganzes beitragen. Die synergistische Kombination von innerer und äußerer Vernetzung ist der Prozeß, der in Verbindung mit dem Erwerb

---

51 Canon beispielsweise konnte 1996 seinen Gewinn gegenüber dem Vorjahr um 56 Prozent auf umgerechnet 1,7 Milliarden DM vor Steuern steigern.

von Technologien aus externen Quellen die Fähigkeiten dieser Unternehmen zur Vermarktung noch verstärkt. Auf diese Weise können sie Innovation und Wachstum beschleunigen und doch die Fixkosten zum größten Teil stabil halten.

Das Dilemma des Technologieführers

„Allein schon durch das Gewicht der Investitionssummen mag ein Unternehmen in der Lage sein, eine Technologieführerschaft zu erringen", stellen Prahalad und Hamel[52] fest, „und doch kann es das Rennen um die Innovationsführerschaft verlieren". In der Tat läßt sich nachweisen, daß „es eine große Zahl von Unternehmen mit Spitzen-Know-how in einzelnen Technologiegebieten gibt, die aber alle in der Marktumsetzung nur dürftige Ergebnisse aufzuweisen haben".[53] Expertise ist heute weit verbreitet, und Informationen sind schnell verfügbar; dies macht es Unternehmen sehr viel schwieriger, Wettbewerbsvorteile allein mit einer gut beherrschten Technologie zu erzielen.

Selbst der Patentschutz bedeutet heute nicht mehr viel, wenn Unternehmen nicht in der Lage sind, damit schnell genug Marktpositionen zu besetzen. Wettbewerber können die Patente umgehen, oder mit völlig anderen Lösungen den Markt erobern. Obwohl die US-amerikanische Automobilindustrie mehr für Forschung und Entwicklung ausgab als jede andere Industrie in der Welt, hat die japanische Konkurrenz bei weitem mehr Innovationen realisiert.[54]

Das Erfolgsgeheimnis liegt nicht in der Kunst des Erfindens, sondern in der Fähigkeit, Innovationen erfolgreich in den Markt zu tragen. Grundlagenforschung verliert denn auch an strategischer Bedeutung, während die Entwicklung marktfähiger Produkte und operationaler Prozesse zur strategischen Waffe im Wettbewerb wird. Daher steht es schlecht um Unternehmen, die in der Umsetzung technologischen Know-hows in Produkte und Prozesse zu

---

52 Vgl. Prahalad, C., Hamel, G.: The Core Competence of the Corporation; in: Harvard Business Review, May-June 1990, S. 79–91.

53 Vgl. Kline, J., Edge, G., Kass, T.: Skill-Based Competition Journal of General Management; Vol. 16, No. 4, S. 1–15.

54 Vgl. Womack, J., Jones, D., Roos, D.: The Machine that Changed the World; New York 1990.

langsam und ineffizient sind. Diese Umsetzungsfähigkeit wurde von vielen europäischen Unternehmen sträflich vernachlässigt.

Innovation ist nicht auf F & E-Abteilungen und auch nicht auf ein einzelnes Unternehmen beschränkt, sondern findet im Zusammenwirken einer großen Zahl von Herstellern und Nutzern statt. Sie erfordert einen Lernprozeß, an dem viele beteiligt sind und der wichtiger ist als die Innovationsidee selbst. Badaracco stellt denn auch fest, daß das Zusammenspiel der am Innovationsprozeß beteiligten Organisationen nur möglich ist, wenn ihre Mitarbeiter lernen, zusammenzuarbeiten und sich zu ergänzen.[55] Zwischen ihnen müssen Austauschbeziehungen des Lernens und der Wissensvermittlung entstehen. Menschen zusammenzubringen ist daher der beste Weg, diesen Austausch voranzutreiben, denn ein großer Teil ihres Wissens ist unbewußtes Wissen, das auch unbewußt übertragen wird.[56] [57]

Innovation beruht demnach mehr auf der menschlichen Interaktion und dem gemeinsamen Lernen einer Vielzahl von Akteuren als auf der technischen Entwicklung. Die Erfindung neuer technischer Lösungen und die technische Weiterentwicklung sind nur ein kleiner Ausschnitt in der Entstehung innovativer Produkte und Leistungen, und die Überbetonung von Technologien kann Innovation sogar behindern. Das ist das Dilemma.

Es entspringt in seinem Kern der Tatsache, daß die Problemlösungsprozesse in der Technologieentwicklung und in der Produktentwicklung völlig unterschiedlichen Mechanismen gehorchen. Die Technologieentwicklung zielt darauf ab, eine Lösung für eine allgemeine Aufgabenstellung zu finden, wobei der Abstand zwischen der allgemeinen Aufgabenstellung und der Lösung noch sehr groß ist. Dieser Abstand wird schrittweise verkleinert, indem die Aufgabenstellung in viele Teilaufgaben zerlegt wird (Abbildung 3-36). Auf diese Weise entsteht zwar Wissen, aber es zerfällt zunehmend in disparate und spezialisierte Teilgebiete.

Die Produktentwicklung dagegen ist immer eine Integrationsleistung und erzwingt stets das Zusammenfügen von Teillösungen in eine Gesamtlösung.

---

55 Vgl. Badaracco, J.: The Knowledge Link: How Firms Compete Through Strategic Alliances; Boston 1991.

56 Vgl. Allen, T.: Managing the Flow of Technology; Cambridge, Mass. 1977.

57 Vgl. Polyani, M.: Personal Knowledge: Towards a Post-Critical Philosophy; Chicago 1948.

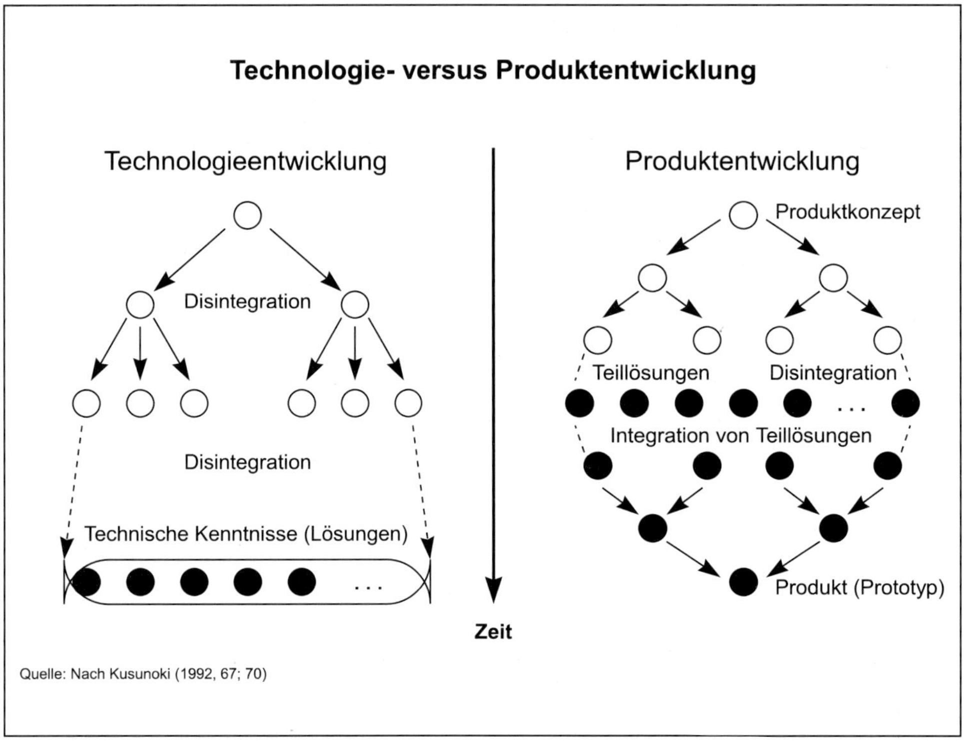

Abbildung 3-36

Dazu müssen alle Entwicklungen einen greifbaren Beitrag leisten, so daß am Ende des Prozesses der Prototyp eines funktionsfähigen Produktes steht.

Bei der Orientierung auf die Technologieentwicklung wird die Vernetzung kaum gesucht, denn die technologische Führung kann erreicht werden, auch ohne den Bedarf der aktuellen Kunden zu berücksichtigen: Häufig verselbständigt sich das Bestreben zur Perfektionierung auf dem bearbeiteten Technologiegebiet und das Mittel wird zum (Selbst-) Zweck. Zudem fördern die bereits eingesetzten Ressourcen das Beharrungsvermögen und erschweren Kurswechsel, wenn es darauf ankommt, eine einmal eingeschlagene Technologieentwicklung zu verändern oder abzubrechen. Im Endeffekt werden die Produkte häufiger den technologischen Fähigkeiten angepaßt als umgekehrt.

Technologieführer können deshalb Marktanteile überraschend leicht an Wettbewerber verlieren, die weniger auf eine spezielle Technik fixiert, dafür aber mehr am Markterfolg orientiert sind.

Das Organisationsdilemma

Burns und Stalker, die als erste den Einfluß von Organisationsstrukturen und Managementsystemen auf den Innovationsprozess untersuchten,[58] fanden heraus, daß festgefügte Organisationsstrukturen für Routineaufgaben und inkrementelle Verbesserungen geeignet sind, nicht aber für Innovationen. Diese erfordern vielmehr flache, informelle und flexible Organisationsformen, ein hohes Maß an Kollegialität und eine stark ausgeprägte Orientierung auf das Umfeld.

Stark innovationsorientierte Menschen arbeiten erfolgreicher in kleinen Gruppen als in einer großen Einheit. Daher führt das Unternehmenswachstum häufig zu einer Abnahme der „Innovationsproduktivität“.[59] Dagegen favorisieren große und durchorganisierte Unternehmen eine hohe Produktivität in der Fertigung.

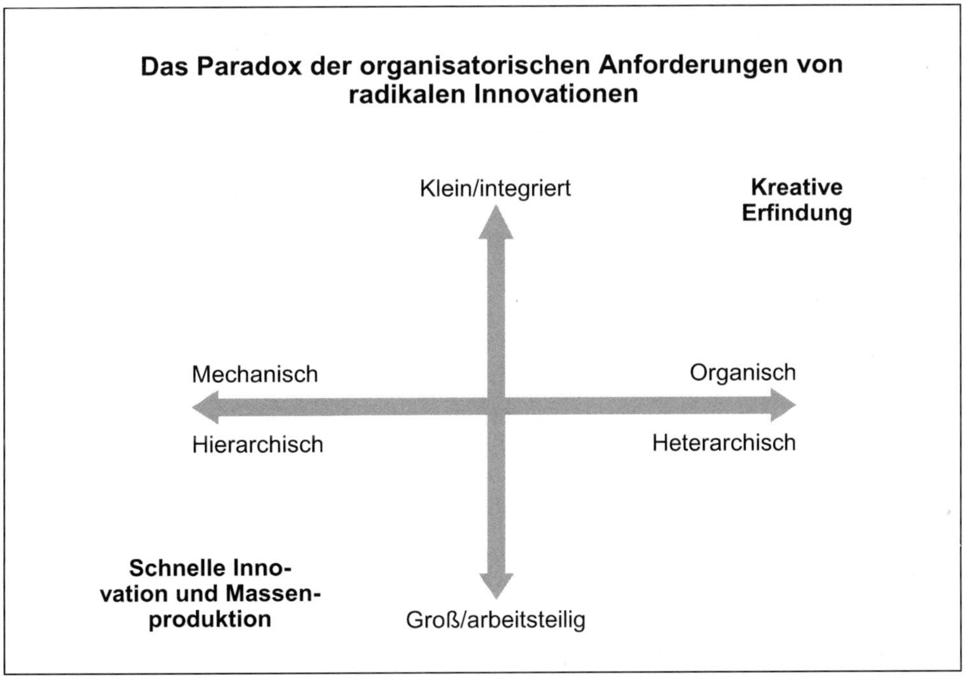

Abbildung 3-37

58 Vgl. Burns, T., Stalker, G.: The Management of Innovation; London 1961.
59 Vgl. Mansfield, E.: The Economics of Technological Change; New York 1971.

Daraus folgt, daß die geeignetste Organisationsform für hohe Innovationsleistung der für hohe Dauerleistung entgegengesetzt ist (siehe Abbildung 3-37), und wie die Realität zeigt, ist es eher selten, daß ein Unternehmen beide Ansätze unter einem Dach vereinigt. Nur wenige Firmen schaffen es, kreativ im Hervorbringen von Innovationen und effizient zugleich zu sein.

Im Verlauf des Innovationsprozesses, von der Inventionsphase bis zur Implementierung, müßten sich – idealerweise – sowohl die Größe als auch die Organisationsform der Unternehmung stetig ändern. Bei etablierten Unternehmen ist das nicht möglich. Den Ausweg aus diesem Organisationsdilemma fand Canon mit dem Vernetzungsansatz. Canon hat, wie Sony auch, gelernt, Kreativität aus externen Quellen zu beziehen und die eigenen Fähigkeiten auf die schnelle Umsetzung bis hin zur Vermarktung neuer Produkte auszurichten.

Ein Fallbeispiel

In einer Ausgabe der Applied Physics Letters des Jahres 1980 war von ferroelektrischen Flüssigkristallen (FLC, ferroelectric liquid crystals) berichtet worden. Die Entdeckung von Clark und Lagerwell an der schwedischen Chalmers University of Technology belegte die äußerst hohe Schaltgeschwindigkeit und Bistabilität der FLCs und deutete auf ein hohes Anwendungspotential für Flachbildschirme hin. Ein promovierter Festkörperphysiker bei Canon, Dr. Kanbe, der nach Stationen in der Taschenrechner- und Kameraherstellung zum Forschungszentrum gekommen war, erkannte die Chancen, die diese Technologie zur Herstellung leistungsfähiger Displays bot. Er nahm Kontakt zu den beiden Wissenschaftlern auf und rief eine gemeinsame Projektgruppe zum Thema FLC-Technologie ins Leben.

Völlig ungelöst war zu diesem Zeitpunkt noch das Problem, eine geeignete Fertigungstechnik zu finden. Die Ingenieure im Canon-Forschungszentrum stellten zahlreiche Proben unterschiedlicher FLC-Kombinationen her, aber erst als Kanbe seine früheren Kollegen aus der Produktion einbezog, gelang es, die entscheidenden Prototypen zu entwickeln, die es dann nach vielen weiteren Versuchen erlaubten, den aussichtsreichsten Prototyp dem Bereichsleiter Takahashi zu präsentieren. Takahashi organisierte eine Präsentation vor der Unternehmensleitung, woraufhin das F & E-Budget aufgestockt wurde.

Unterdessen versuchten die Forscher, Firmen wie Ericsson, ABB, Philips und andere für die neue FLC-Technologie zu gewinnen, aber alle Unternehmen in Europa und in den USA zeigten angesichts der Schwierigkeiten kein Interesse. Auch Canon zögerte aufgrund des Investitionsrisikos zunächst, voll einzusteigen, entschloß sich dann aber, alle Rechte zu kaufen, nachdem bekannt geworden war, daß auch Seiko an dem Prototyp eines FLC-Displays arbeitete. Canon entsandte einige Mitarbeiter zur Chalmers-Universität in Schweden und zur University of Colorado, an der Clark inzwischen eine Professur übernommen hatte, um die Forschungsarbeiten zu beschleunigen. Lagerwall und Clark wurden regelmäßig nach Japan eingeladen, um die Entwicklungsarbeiten bei Canon zu begleiten.

Parallel dazu arbeitete bei Canon eine Gruppe an einer konkurrierenden Display-Technologie, der Thin-Film-Transistor-Technologie (TFT). Beiden konkurrierenden Gruppen gelang es, funktionierende Prototypen herzustellen, doch die Ausbeute der Herstellungsverfahren war in beiden Fällen noch völlig unzureichend.

Nachdem die Arbeiten zunächst im Forschungs- und Entwicklungszentrum und in kleineren Versuchs-Produktionsanlagen durchgeführt worden waren, wurde schnell klar, daß die Kommerzialisierung sehr viel größere Anlagen erfordern würde. Ein weiterhin zweigleisiges Vorgehen schlossen die hohen Investitionen aus; es hätte auch nur zu einer internen Konkurrenz auf denselben Zielmärkten geführt. Deshalb wurden beide Gruppen aufgefordert, die bisher erzielten Ergebnisse einem Komitee vorzustellen, dem der Chief Technology Officer und mehrere Geschäftsbereichsleiter angehörten. Zwei Tage lang bekamen die Projektgruppen Gelegenheit, die Serienreife und die Marktaussichten der jeweiligen Technologie zu begründen.

Am Ende der zwei Tage entschied sich der Geschäftsführer der Office Imaging Products Operation, das Display-Projekt zu finanzieren, wenn die FLC-Technologie weiterverfolgt würde. Der damalige Canon-Vorstandsvorsitzende Yamaji verkündete daraufhin, daß Canon bei der weiteren Entwicklung auf die FLC-Technologie setzen werde. Die Projektgruppe wurde umgehend in das etwa 17 Kilometer vom Forschungszentrum entfernt gelegene Werk in Hiratsuka verlagert und die fähigsten Mitarbeiter des TFT-Teams dem FLC-Projekt zugeordnet.

Mit den beiden Erfindern wurde eine Forschungsvereinbarung getroffen, um sich deren Kompetenz für die weitere Entwicklung zu sichern. Ferner ging Canon eine Kooperation mit einem wichtigen Zulieferer ein und schloß Kooperationsverträge mit Professoren am Tokyo Institute of Technology und der Saitama-Universität ab.

Im weiteren Verlauf wurde das FLC-Projekt zu einem Display Business Operations Center ausgeweitet und drei Teilprojekte gestartet:

- die Materialforschung konzentrierte sich insbesondere auf die gezielt steuerbare Ausrichtung der ferroelektrischen Kristalle,
- die Produktionsentwicklung bereitete die Techniken der Panel-Herstellung und der Hochpräzisionsbestückung vor,
- die Software-Entwicklung arbeitete an Spezifikationen und Treibern für die Schnittstelle zwischen FLC-Display und Computer.

Bereits im Stadium der ersten Versuchsserie wurden Ingenieure des Cost-Engineering,[60] des Qualitäts- und des Produktionsmanagements hinzugezogen. Sobald sie die ersten fehlerfreien Displays lieferten, wurde eine Marketinggruppe aus fünf Projektmitarbeitern gebildet und an den Sitz der Marketingabteilung von Canon in Shinjuku im Zentrum von Tokio versetzt.

Das Display Business Operations Center bestand 1993 aus etwa 100 Ingenieuren, die alle an einem oder mehreren der genannten Projekte mitarbeiteten. Da FLC-Displays zuvor nie im großen Maßstab hergestellt worden waren, mußte erhebliches Fertigungs-Know-how erworben werden. Zu diesem Zweck bezog man auch einige der wichtigsten Lieferanten ein, nachdem die Versuchsanlage in Hiratsuka in Betrieb gegangen war. Etwa zehn Lieferanten wurden schließlich als Entwicklungspartner eingestuft und an der Technologieentwicklung intensiv beteiligt. Ausrüstungen wurden erst gekauft, nachdem sich ihre Funktionsfähigkeit im vollen Produktionseinsatz erwiesen hatte. Dadurch konnte sich Canon während der gesamten Verfahrensentwicklung eine hohe Flexibilität bewahren.

Ein Teil der Schnittstellen-Software wurde von Canons Softwarelaboratorien in Shin-Kawasaki bezogen, aber der größere Teil kam von den Information

---

60 Vergleichbar der Wertanalyse.

Systems Research Laboratories, die das Unternehmen in Sydney betreibt; auch die F&E-Einrichtungen in den USA und England waren beteiligt. Der ständige Austausch der Mitarbeiter stellte die reibungslose Zusammenarbeit sicher.

Das Dilemma rein technologischer Führerschaft wurde somit von Canon umgangen, indem das Unternehmen von vornherein externe Technologiequellen sowohl für die Produkt- als auch die Verfahrenstechnologien einbezog. Seine Kernkompetenzen lagen in dem ausgezeichneten Management des Gesamtprojektes und den hervorragenden Umsetzungsfähigkeiten in die Produktion. Die Canon-Forscher und -Entwickler wiederum konnten sich darauf konzentrieren, die brauchbarsten Technologiequellen ausfindig zu machen und zusammenzubringen, ohne Gefahr zu laufen, durch Spezialisierung in einen Elfenbeinturm zu geraten. Dieser Ansatz der externen und internen Netzbildung – nicht nur mit anderen Unternehmen und Bereichen, sondern auch mit Universitäten – beschleunigte den Wissenstransfer sowohl hinsichtlich des expliziten als auch des impliziten (das heißt nicht formulierten) Wissens.

Da die erfolgreiche Produktinnovation vor allem eine enge Zusammenarbeit von F&E, Produktion und Marketing erfordert, werden die Prozesse der internen Vernetzung und der Organisation von funktionsüberschreitenden Know-how-Flüssen entscheidend. Sie werden im folgenden beschrieben.

Netzwerke bilden

Canon und Sony zeichnen sich sowohl durch die querschnittsartige Vernetzung der Produktinnovation als auch dadurch aus, daß sie bewußt vermeiden, sich allein auf die interne Entwicklung von Technologien zu verlassen, wie dies noch in vielen westlichen Firmen der Fall ist. Unternehmen des Westens, die von solchen Beispielen lernen wollen, müssen nicht nur ihre Praktiken ändern, sondern auch ihren organisatorischen Rahmen ändern und gewisse Formen der Fragmentierung zugunsten übergreifender und ganzheitlicher Ansätze aufgeben, indem sie gemeinschaftliches Handeln und Lernen höher als individuelle Leistungen bewerten.

Wie die meisten japanischen Unternehmen sehen Canon und Sony prinzipiell die Rolle der zentralen Forschung in der Aus- und Weiterbildung.[61] Die Fähigkeit, von exzellenten externen Partnern zu lernen, tritt an die Stelle eigener Ansätze, übermäßig spezialisierte Technologien selbst zu entwickeln. Statt zu enger Spezialisierung erwirbt das eigene F & E-Personal eine hochgradig querschnittsmäßig angelegte Kompetenzbasis und ist darauf fokussiert, marktorientierte Forschungsergebnisse in die Fertigung zu bringen.

Ausrichtung auf die Marktbedürfnisse

Drei Grundprinzipien stellen sicher, daß sich alle F & E-Aktivitäten an dem orientieren, was der Markt tatsächlich verlangt:

- Die „Lizenz", F & E zu treiben, setzt stets Erfahrung im Verkauf und Marketing voraus, und die meisten F & E-Mitarbeiter bleiben im häufigen Kontakt mit Kunden.
- Produktplanung und wesentliche Verkaufs- und Marketing-Funktionen – die oft mit erfahrenen Ingenieuren besetzt sind – stehen in ständigem Kontakt mit der F & E.
- Häufige Foren, die dem Austausch über neue Produktkonzepte dienen, bringen Mitarbeiter aus der F & E sowie dem Marketing und Verkauf mit den Managern von Produkt- und Geschäftsbereichen zusammen.

F & E verlangt Verkaufserfahrung

Die Wechselwirkung der F & E mit dem Verkauf ist ein ständiger und bewußt gesteuerter Prozeß.[62] Neuzugänge in der F & E, auch wenn es sich um ältere

---

61 „Der Transfer von Forschern ist wie das Atmen: notwendig und natürlich zugleich. Es gibt starke Wechselwirkungen zwischen dem Sony-Forschungszentrum und der Produktion in Atsugi. Viele unserer Ingenieure beginnen ihre Karriere im Forschungszentrum, wo sie normalerweise drei Jahre in der Grundlagenforschung und mit Experimenten verbringen. Wir geben diesen Ingenieuren die Zeit, Forschung zu treiben. Selbst wenn das nicht in jedem Fall zu Resultaten führt, so ist es doch grundlegend für ihre Ausbildung und ihr Verständnis der Technologie" (Dr. Kikuchi, ehem. Forschungsdirektor der Sony Corp.).

62 In den Worten eines Verkaufsrepräsentanten von Sony in Tokio stellt er sich so dar: „Fünf Tage in der Woche haben wir Meetings mit den anderen Mitarbeitern aus der Marketing- und Verkaufsabteilung, auf denen wir Kundenreaktionen diskutieren, und an denen natürlich auch Entwicklungsingenieure teilnehmen. Der Projektleiter eines neuen Produktes kommt jedesmal zu uns, bevor sein neuestes Produkt eingeführt wird, und erklärt es uns. Nach der Einführung besucht er uns regelmäßig wieder und informiert sich über die Kundenreaktionen."

Forscher handelt, müssen zunächst ein mindestens dreimonatiges Marketing- und Verkaufstraining absolvieren. Nach Ansicht von Dr. Kikuchi, Sonys Forschungsdirektor für nahezu 15 Jahre, ist dies zusammen mit der Zeit in der Produktion der wichtigste Teil ihrer Ausbildung. Sollte die Nachfrage des Marktes zurückgehen und es bei Sony zu Überkapazitäten in Entwicklung und Produktion kommen, können Ingenieure leicht zeitweilig für den Verkauf abgestellt werden. „Neben der notwendigen Offenheit für Kundenwünsche“, so der ehemalige Forschungsdirektor, „lernen die Angehörigen unseres Unternehmens auf diese Weise Sonys Abhängigkeit von der schwankenden Marktnachfrage kennen“.

Querschnittsmäßig enge Kontakte

Jede Geschäftseinheit von Sony ist auf jedem wichtigen Markt durch einen japanischen Produktplaner vor Ort vertreten, der in täglichem Telefonkontakt mit der Entwicklungsabteilung seines Produktbereiches steht und zusätzlich durch monatliche Reisen zurück nach Japan dazu beiträgt, daß die Informationen über Wettbewerbsprodukte, Kundenreaktionen und Marktbedarf kontinuierlich fließen. Diese „ausgebürgerten“ Planer sind typischerweise Ingenieure, da sie die Fähigkeiten der Entwickler daheim sehr gut kennen und in der Lage sein müssen, die geschäftlichen Chancen in den Tochterfirmen einzuschätzen und Dinge von strategischer Relevanz den Managern und F & E-Mitarbeitern in Japan zu melden. In gleicher Weise sind die Planungs- und Marketingfunktionen bei Canon meist mit Ingenieuren besetzt, die aus der Forschung, Entwicklung oder Produktion kommen, aber weiterhin die Kontakte zu den alten Abteilungen pflegen. Infolgedessen verfügen die Schlüsselmitarbeiter über die gesamte Wertschöpfungskette hinweg über genügend Querschnittserfahrungen, um auf dieser Grundlage problemlos miteinander kommunizieren zu können.[63]

Kommunikation und Wechselwirkung

Die Schnittstelle zwischen dem Top-Management und allen wichtigen Technologieentwicklungen von Sony bildet die Forschungsplanungs- und -koor-

---

63 „Bei Canon Inc. findet man nicht viele Absolventen von Management-Schulen: Wir schicken unsere Ingenieure statt dessen in die Planungs- und Marketingabteilungen, damit sie dort Erfahrungen sammeln. Danach sind diese Ingenieure sehr viel besser in der Lage, Marktkenntnisse in ein Team zu tragen“ (Manager einer Geschäftseinheit bei Canon).

dinationsgruppe. Dieser 18köpfige Ausschuß berichtet einmal in der Woche direkt dem Präsidenten und hat Exekutivfunktionen in der Linie. Jeden Dienstag vormittag nimmt er eines oder mehrere F & E-Projekte in Augenschein, woran sich ein gemeinsamer Lunch anschließt, an dem gewöhnlich auch der Vorstand, der Präsident, der Forschungsdirektor und die Führungsspitzen der wichtigsten Produkt- und Marketingbereiche teilnehmen.

Oft folgt im Anschluß eine Präsentation, in der Sony-Forscher über ihre Arbeit und denkbare Anwendungen berichten. Diese Präsentationen dienen der Vorbereitung strategischer Entscheidungen, etwa ob ein Projekt noch im Forschungszentrum verbleibt oder an die Entwicklungsabteilung eines Produktbereiches übergeben wird.[64]

Findet der Leiter eines Produktbereiches Gefallen an einem Vorhaben, ordnet er einige erfahrene Ingenieure aus seinem Geschäftsbereich an das Forschungszentrum ab – dies in der Regel zwölf bis sechs Monate vor dem Ende der Forschungsphase des Projektes. Diese Entwickler übernehmen anschließend auch die Schlüsselrolle bei der Umsetzung, indem sie im allgemeinen ein ähnliches Projekt in ihrem Unternehmensbereich zur Anwendung der in Frage stehenden Technologie durchführen.

Die Forschungsplanungs- und -koordinierungsgruppe organisiert darüber hinaus zahlreiche, weniger regelmäßige Formen der Interaktion, wie die *Sony Technologieforen*, auf denen alle Wissenschaftler sämtlichen Produkt-, Marketing- und Verkaufsmanagern als potentiellen Kunden oder Sponsoren von Projekten ihre Arbeiten präsentieren. Das Hauptanliegen dieser Foren ist die Demonstration des Stands der Entwicklung im Hause und die Diskussion möglicher Anwendungen, doch umgekehrt koppeln die Experten aus dem Verkauf bei dieser Gelegenheit auch ihre Erfahrungen, Verkaufsdaten, Trends und Prognosen an die F & E-Mitarbeiter zurück.

Während die Kommunikation auf die geschilderte Weise sicherstellt, daß sich die F & E-Aktivitäten stets im Einklang mit den Markterfordernissen befindet, sorgt eine Reihe weiterer Mechanismen dafür, daß die Resultate und Ergebnisse dorthin gelangen, wo sie hingehören – in die Fabrikhalle.

64 „In jedem F & E-Management ist der kritische Faktor sicherzustellen, daß Entwicklungsingenieure und Produktverantwortliche so oft wie möglich zusammenkommen, damit Kompetenz und Technologien sich in der ganzen Organisation ausbreiten" (Sony-Forschungsdirektor Kikuchi).

Die Umsetzung von F & E-Ergebnissen

Beide, Canon und Sony, haben ein nahtloses Innovationsmanagement aufgebaut, für das die unmittelbare Verbindung der Forschung mit der Konstruktion und Fertigung charakteristisch ist. „Forschung“ besteht im Verständnis beider Unternehmen im wesentlichen darin, Prototypen zu erarbeiten und so lange zu perfektionieren, bis sie in gewünschter Weise funktionieren. Die Konstruktion umfaßt gewöhnlich auch den Entwurf und die Entwicklung des Fertigungsprozesses, bis er perfekte Kopien des Prototyps liefert. Die Konstruktion und Fertigung betreibt die Pilotproduktion und entwickelt sie so lange weiter, bis die Qualitäts-, Produktivitäts- und Kostenziele erreicht sind.

Drei Vernetzungsmechanismen unterstützen diesen Prozeß:

- Strategische Weiterbildung und häufiges Umsetzen von Ingenieuren stellen sicher, daß jeder am Innovationsprozeß Beteiligte über ein ganzheitliches Verständnis der technologischen Basis, der Marktbedürfnisse sowie der Anforderungen der Produktion verfügt.
- Die Bedeutung und der Stellenwert, den das *Prototyping* in der Forschungsphase einnimmt, veranlaßt die Forscher, sich schon in einem frühen Stadium mit der späteren Fertigung auseinanderzusetzen.
- Der direkte Transfer von Forschern in die Fabrikhalle befördert die technologische Kompetenz in die Produktionsprozesse und Produkte.

Rotationsprinzip

Das Grundprinzip, das die Basis des stark ausgeprägten Sinns für Partnerschaft zwischen Forschung, Konstruktion und Fertigung bildet, ist die Förderung der Vielseitigkeit durch *Job-Rotation*. Sämtliche Wissenschaftler und Ingenieure bei Canon und Sony absolvieren am Beginn ihrer Karriere ein einführendes Trainingsprogramm, das mit der ein- bis dreimonatigen Arbeit in einer Fertigungslinie beginnt. Auch danach ist eine zeitweise Rückversetzung nicht ausgeschlossen, sofern die Lage in der Produktion dies verlangt.

Im Canon Forschungszentrum werden die meisten der etwa 200 Ingenieure und Forscher alle sechs Monate umgesetzt, damit sie ihr Wissen im Austausch mit neuen Kollegen teilen. Bei Sony bringen Open-House Meetings zweimal jährlich rund 1 000 Forschungsmanager und Gruppenleiter, Entwicklungs-,

Fertigungs- und Verkaufsleiter aus allen Produktsparten sowie Patentingenieure und Patentanwälte zusammen, damit sie gemeinsam Projekte und Zukunftstechnologien diskutieren. Darüber hinaus finden alle drei Monate kleinere Technologie-Symposien statt, an denen zwischen 150 und 200 Ingenieure und Wissenschaftler teilnehmen. Diese Vernetzungsprozesse sollen den Informationsfluß zwischen den Funktionsebenen und Geschäftseinheiten erleichtern.

Sonys *shanai koubo* genanntes System ermöglicht das „Ausleihen" von Ingenieuren über die Grenzen von Abteilungen hinweg. Entwicklungsingenieure können sich auch freiwillig für bestimmte Projekte melden, unabhängig davon, welche Geschäftseinheit oder Forschungsgruppe es initiiert hat. Dies führt zur Diffusion von Kompetenz in die Geschäftsfelder hinein und scheint überdies die Chancen zu erhöhen, daß die Projekte von wirklich motivierten Mitarbeitern getragen werden.

Forschung bis zum Prototyp

Praktisch keine F&E-Aktivität bei Canon wird bewilligt, ohne daß die Wissenschaftler mit ihrem Vorschlag eine bestimmte kommerzielle Anwendung unterbreitet haben. Dieser marktorientierte Ansatz wird durch die Praxis des internen „Sponsoring" der einzelnen Projekte bis zum Prototyp-Stadium konsequent beibehalten. Anfangs haben die Wissenschaftler noch einige Freiheit, ihr Forschungsfeld zu wählen, doch nach einer gewissen Zeit müssen sie einen Sponsor für ihre Arbeit finden. Wenn sie mit einem erstellten Funktionsmuster die Machbarkeit demonstriert und eine Geschäftseinheit überzeugt haben, erhalten sie die Mittel, aus dem Funktionsmuster einen Prototyp zu entwickeln. Ist das Geschäftsfeld vom kommerziellen Nutzen des Vorhabens überzeugt, erhält er weitere Mittel sowie die Unterstützung von Produktionsingenieuren, um daraus im nächsten Schritt ein Verkaufsmuster herzustellen. Am Ende dieser Phase geht dann in der Regel das gesamte Team in die Fabrik, um dort eine Fertigungslinie aufzubauen.[65]

---

65 „Als ich noch in Frankreich forschte, fanden die größten Informationsverluste an den Übergängen von Forschung, Entwicklung und Produktion statt. Was mich bei Sony am meisten beeindruckt, ist, daß nicht nur das Produkt, sondern gleich das ganze Team aus der Forschung in die Produktion transferiert wird" (Dr. Le Bellégo, Forschungsleiter).

Forscher in die Produktion

Ungeachtet ihrer persönlichen Interessen wird von den meisten Wissenschaftlern verlangt, daß sie sich einem Entwicklungszentrum anschließen, nachdem sie einige Zeit in der Forschung tätig waren. Bei Canon konnten wir beobachten, daß von den sieben oder acht Forschern, die in der Anfangsphase eines Innovationsprojektes beteiligt waren, typischerweise fünf in den verschiedenen Stufen der Produktion involviert blieben. Ungefähr die Hälfte von Sonys Wissenschaftlern verlassen die Labors nach drei und 80 Prozent nach zehn Jahren. Und wenn sie einmal aus der Forschung ausgeschieden sind, kehren sie normalerweise nicht wieder dorthin zurück. Dieser quasi-institutionalisierte Transfer von Ingenieuren aus der Entwicklung in die Produktion ist bei neuen Technologien besonders nützlich. Denn in diesem Falle wird wahrscheinlich keiner der Produktionsingenieure, die sie einsetzen sollen, über die notwendige Erfahrung verfügen, so daß der Transfer über Köpfe zwingend wird.

Bei der Entwicklung des CD-Spielers führten Sony und Philips anfangs gemeinsame Forschung auf der Basis der ursprünglichen Philips-Erfindung durch. Nach dem Ende dieser vorwettbewerblichen Phase vereinbarten sie das Jahr 1982 als Termin der Markteinführung und schlugen getrennte Wege in Entwurf und Fertigung ein. Sony setzte auf Verbindungshalbleiter in hybrid aufgebauten Laser-Köpfen, die das Herzstück eines CD-Spielers bilden. Die Aufbautechnik war dementsprechend kompliziert. Die gesamte Entwicklung sowohl der Verbindungshalbleiter als auch des Laseraufbaus mußten im Forschungszentrum erfolgen, wo sowohl die Kompetenz als auch die Werkzeuge zum Bau von Prototypen vorhanden waren. Forschungsdirektor Kikuchi hatte erkannt, daß es unmöglich sein würde, rechtzeitig zur vorgesehenen Markteinführung eine völlig neue Fertigungslinie dieser Komplexität aufzubauen; statt dessen beschloß er, die Produktion im Forschungszentrum selbst zu beginnen, wo sie dann tatsächlich in den ersten beiden Jahren stattfand. Ein radikaleres Vorgehen an der Schnittstelle von der Forschung zur Fertigung ist schwer vorstellbar.

Wenn Wissenschaftler schon nach wenigen Jahren aus der Forschung ausscheiden, läßt dies wenig Spielraum zur Entwicklung eigener Expertise. Der wichtigste Mechanismus liegt deshalb in der ausgedehnten Vernetzung mit externen „Centers of Excellence“ und Schlüssellieferanten. Auf diese Weise läßt sich die exzessive Spezialisierung von F & E-Mitarbeitern – die sich dann womöglich sträuben, ihre Labors wieder zu verlassen – vermeiden.

Externe Vernetzung

Offensichtlich verringern sowohl Canon als auch Sony ihren Bedarf an interner, spezialisierter Forschung, indem sie starke Netze mit externen Technologiezentren knüpfen.

Canon beteiligt sich aktiver in einem horizontalen Firmennetz, der Fuyo-Gruppe, als Sony in der Mitsui-Gruppe. Beide Unternehmen stützen sich beim Bezug von Ausrüstungen und Vorprodukten auf ausgedehnte Zuliefer-*keiretsu*. Sie unterhalten überdies Beziehungen zu einer Vielzahl von Ausgründungen, die sich auf Entwicklungsvorhaben spezialisiert haben. Die Beteiligung an nationalen MITI-Projekten stellt eine weitere Quelle spezialisierter Forschung dar. So waren, um zwei konkrete Beispiele zu nennen, die Verbindungen zum MITI für Canons Entwicklung von Wafer-Steppern und Maskenausrichtern ebenso entscheidend wie für Sonys Entwicklung von Verbindungshalbleitern.

Zahlreiche in den USA und in Europa unterhaltene F & E-Einrichtungen erschließen systematisch die westliche Kreativität in der angewandten Forschung. Darüber hinaus haben beide Firmen eine große Zahl von Kooperationsvereinbarungen mit nationalen und ausländischen Universitäten geschlossen. Einen weiteren kreativen Input erbringen ausländische Forscher: Sony allein beschäftigt in Japan mehr als 50 Wissenschaftler aus dem Ausland.

Die herausragende Weise, in der sie externe Expertise identifizierten und erwarben, versetzte sowohl Canon als auch Sony in die Lage, hoch flexible Organisationstrukturen aufzubauen, in denen sich vielseitige Ingenieure unter einem gemeinsamen „Koordinatensystem" zusammenfinden, wann immer eine Herausforderung eine gemeinsame Anstrengung verlangt. Dies wiederum hat die einzigartige Fähigkeit geschaffen, Know-how effektiv aus der Forschung in die Produktion zu transferieren, und sich dabei ständig am Markt zu orientieren.

Schlußfolgerungen

Wenngleich hier lediglich zwei japanische Unternehmen beispielhaft betrachtet wurden, so lassen sich aus der Methodik, mit der sie kurze Entwicklungszyklen beherrschen und Innovationen kommerzialisieren, doch einige allgemeingültige Empfehlungen für das Innovationsmanagement ableiten:

- Verbindungen zu den externen Quellen der Technologie sind nicht nur für die Nachahmer von vitalem Interesse, sondern von ebenso herausragender Bedeutung für die Technologieführer.
- Selbst eine außerordentliche technologische Spitzenposition darf ein Unternehmen nicht verleiten, die Verbindung zu den Marktbedürfnissen zu vernachlässigen. Im Gegenteil sollte diesbezüglich stets ein erhöhter Aufmerksamkeitsgrad einhergehen, da die verstärkte Technologieentwicklung keinen Markterfolg garantiert.
- Die interne Technologieentwicklung vergrößert sicherlich die Wissensbasis einer Organisation; sie kann aber genau aus diesem Grunde gleichzeitig Organisationsbarrieren aufbauen, welche die Umsetzung der Technologie in ein Produkt behindern.
- Je reichhaltiger die Verkaufs- und Marketing-Erfahrungen der Forscher und Ingenieure sind, desto wahrscheinlicher werden sie Erfindungen hervorbringen, die auf Marktbedürfnisse reagieren.
- Die Präsentation von Prototypen vor dem Top-Management stellt einen inneren Verbindungsmechanismus zur Abstimmung von F & E-Vorhaben mit der Unternehmensstrategie dar, der sicherstellt, daß die Ressourcen in die vielversprechendsten F & E-Projekte fließen. Darüber hinaus wird der Aspekt Produzierbarkeit von Anfang an in Betracht gezogen.
- Besonders bei neuen Technologien ist der Transfer der erfindenden Forscher in die Produktion wohl der einzige effektive Weg in die Kommerzialisierung.
- Je länger ein Forscher in der wissenschaftlichen Technologieentwicklung verweilt, desto zögerlicher wird er hinsichtlich eines Transfers in die Produktion werden.

- Im Gegensatz dazu wird es einem Forscher mit multifunktionalem Hintergrund leichter fallen, mit der Produktion zu kooperieren oder möglicherweise überzuwechseln.
- Ein Mangel an wissenschaftlicher Expertise eines generalistisch orientierten Forschers kann durch seine Verbindungen zu externen Quellen der Wissenschaft oder Technologie kompensiert werden, insbesondere wenn diese Verbindungen sich auf mehr Lernen und Verstehen konzentrieren als auf den bloßen Technologietransfer.
- Das Fehlen von Querschnittserfahrung und tragfähigen Beziehungen innerhalb der Organisation ist schwieriger auszugleichen als das Fehlen wissenschaftlicher Expertise.

Um ähnliche Vernetzungsmechanismen wie bei Canon und Sony implementieren zu können, müssen drei Voraussetzungen erfüllt sein: Erstens bedarf es einer Infrastruktur des Unternehmens, die offen für das Teilen von Ressourcen ist – von Ideen, Technologien und Mitarbeitern – und zwar innerhalb und unter den Geschäftseinheiten.

Zweitens müssen Anreize und Leistungsbemessung die Kooperation und kollektive Leistung mehr belohnen als individuelle Verdienste. Und da drittens der Primat des Ganzen nahelegt, daß Lernen durch Beziehungen wichtiger ist als die interne Spezialisierung, sollten Ingenieure ein breit ausgeprägtes, systemisches Kompetenzprofil aufweisen, das die Querschnittskommunikation im Unternehmen und über seine Grenzen hinaus erleichtert.

Denn der F & E-Prozeß, der produktives Wissen schafft, darf sich nicht allein auf das individuelle Know-*how* beschränken, sondern muß sich zunehmend auf das Know-*who* und die weltweit vorhandenen Quellen von Erfindungen stützen können. Nur auf diese Weise läßt sich dauerhaft das interne Lernen vorantreiben, das die Voraussetzung von Innovation und Wachstum ist.

Viertes Kapitel

Wachstum durch Innovation ist machbar

Am Beispiel Schwedens läßt sich eindrucksvoll veranschaulichen, welche zentrale Rolle Führung im Zusammenhang mit Wachstum und Innovation einnimmt: Sowohl den Sozialdemokraten als auch den Konservativen ist es gelungen, die Bürger von Sparmaßnahmen und den Reformen des Wohlstandsstaats zu überzeugen. In Deutschland sieht das Bild ganz anders aus: Regierung, Verbände und Parteien liefern sich erbitterte Gefechte. Sind die Deutschen, was den Willen zum notwendigen Wandel betrifft, so viel anders als die Schweden?

Wohl kaum, wenn man an die Milliardenbeträge denkt, die zum Aufbau Ost erbracht wurden. Der Grund liegt ganz woanders. Die Schweden definierten die Reformen als nationales Anliegen. Die Führenden waren ehrlich; sie klärten ihr Volk genau darüber auf, wohin die Reise geht und welcher Mittel es dafür bedarf. Zweifelsfrei war dies einer der kritischen Erfolgsfaktoren – wahrscheinlich sogar der entscheidende – für die relativ friktionslose Neugestaltung des schwedischen Staats.

Das Beispiel verdient deshalb Erwähnung, weil eine staatliche Neuausrichtung um vieles schwieriger ist als die unternehmerische: Ein Staat ist gekennzeichnet durch wesentlich stärker divergierende Gruppen und Interessenlagen als ein Unternehmen: Familien versus Singles, Obdachlose versus sogenannte Besserverdienende, Arbeitnehmer versus Unternehmer versus Rentner versus Studenten – und da die meisten von ihnen Wähler sind, möchten Politiker so viele wie möglich zufriedenstellen.

In einem Unternehmen sind die Kräftefelder nicht ganz so komplex, doch sind auch hier die Bedürfnisse und Erwartungen unterschiedlicher Interessengruppen („Stakeholder“), wie Kunden, Eigentümer und Mitarbeiter, in Einklang zu bringen. Dies kann – wie das schwedische Exempel bewiesen hat – nur gelingen, wenn allen die „Marschrichtung“ klar ist und sich möglichst jeder als Umsetzer für die Zielerreichung versteht. Dabei zeigt sich immer wieder, daß Menschen imstande sind, Unglaubliches zu vollbringen, wenn sie vom Sinn des Unterfangens überzeugt sind.

Daß die Marschrichtung sich stets am Kunden ausrichten muß und ihn ins Zentrum der Entwicklung zu stellen hat – erfahrungsgemäß gibt er den Anstoß zu 80 Prozent aller Innovationen –, ist kaum bestritten. Das wiederum heißt, daß man mit dem Kunden in einen Dialog tritt, daß man ihm nicht diktiert, was sein Bedürfnis zu sein hat, sondern daß man ihn zur Kommunikation ermuntert – eine Chance, die viel zu selten genutzt wird.

Um Wachstums- und Innovationsmotor zu sein, bedarf es also eines Rahmens, innerhalb dessen sich das Unternehmen bewegen muß. Denn unkontrolliertes Wachstum ist schädlich: Innovationen mögen noch so genial sein – ungelenkt ist die Gefahr groß, daß sie am Markt vorbeilaufen und nicht angenommen werden (Abbildung 4-1).

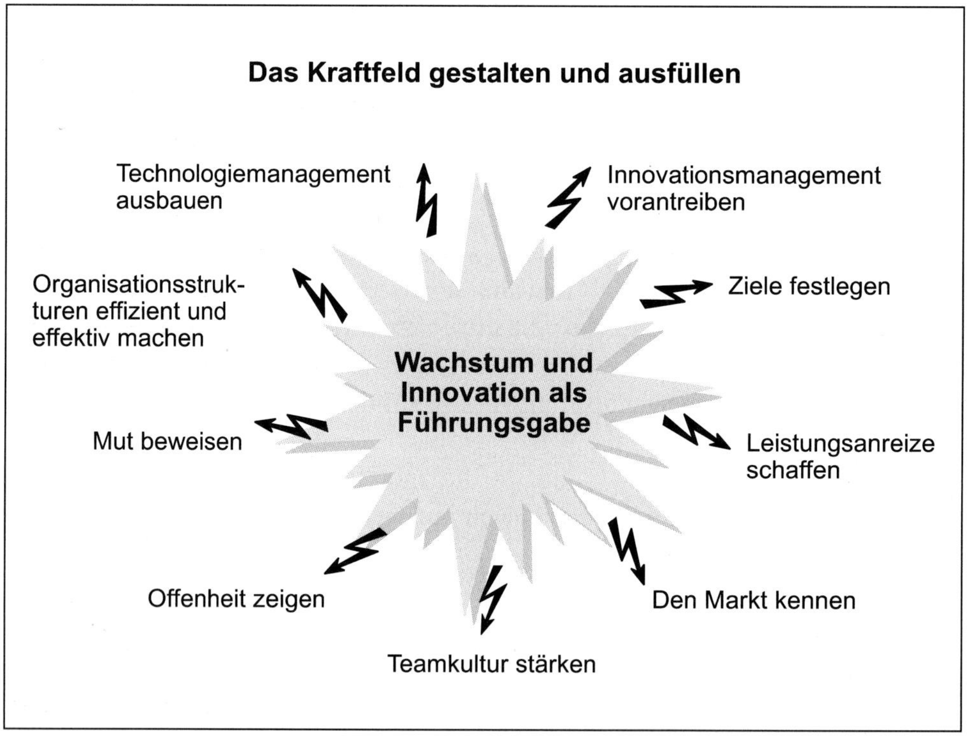

Abbildung 4-1

Diesen Rahmen mit Leben zu füllen, ist eine Führungsaufgabe. Von oben vorgelebt, werden die hier erarbeiteten Vorgaben sich unternehmensweit multiplizieren und so die entscheidenden Impulse geben, damit Innovationen zu neuem Wachstum führen.

1. Technologiemanagement ausbauen

Technologien interessieren den Kunden nur dann, wenn sie eines seiner Probleme lösen. Dieser simple Sachverhalt wird nur allzuoft mißachtet. Ein geradezu klassisches Beispiel unter vielen ist die Einführung von ISDN-Anschlüssen durch die vormalige Deutsche Bundespost Telekom, bei der die Technik vermarktet wurde, ohne dem Kunden den Nutzen einer Umstellung von der Analog- auf die Digitaltechnik zu verdeutlichen, so daß ihm vielfach die Vorteile unklar blieben; entsprechend schleppend verlief die Umstellung.

Technologien sind ein Mittel zum Zweck, und dies auch nur dann, wenn sie eng mit der Produktstrategie des Unternehmens verzahnt sind. Diese muß darauf abzielen, Nutzen und Qualität aus der *Sicht des Kunden* zu optimieren und gleichzeitig die größtmögliche Rentabilität der eingesetzten Mittel zu erreichen. Die Produktstrategie beantwortet Fragen wie: In welchem Wettbewerbsumfeld wollen wir uns bewegen, welche Technologien müssen wir beherrschen, welche Fertigungssysteme wollen wir betreiben etc.?[1] Doch immer wieder ist festzustellen, daß in vielen Unternehmen entweder überhaupt keine oder nur die Basisansätze einer Produktstrategie anzutreffen sind.

Zukunftsorientiertes Technologiemanagement bildet daher eine Klammer zwischen Technologie- und Geschäftsstrategien. Es ist konsequent auf den Markt gerichtet und integriert die Funktionsbereiche von der Forschung und Entwicklung über die Produktion bis zum Marketing und Vertrieb.

Die deutschen Unternehmen haben hier einen immensen Aufholbedarf. Sie sind 1995 gemäß den Untersuchungen des Institute for Management Development (IMD) hinsichtlich ihrer internationalen Wettbewerbsfähigkeit auf den zehnten Platz zurückgefallen. Die Gründe lokalisiert das IMD vornehmlich in Schwächen des Managements. Die Mentalität, sich zu sehr auf die Kostensenkung zu fokussieren, kommt letztlich teuer zu stehen: Sie sucht nämlich „nur“ die Chancen mit konventionellen Produkten im Preiswettbewerb. Um innovative Produkte und Leistungen zu entwickeln, muß das

---

1 Vgl. Arthur D. Little (Hrsg.): Management erfolgreicher Produkte; Wiesbaden 1994.

Ziel aber sein, Kosten zu senken *und* die Leistung zu steigern. Die Kostensenkung ist nur als „Fitneßdiät" sinnvoll, nicht als radikale Hungerkur.

Um herauszufinden, welchen Innovationsbedarf und welches Innovationspotential das Unternehmen hat, hat sich die Quadrantenmethode als nützlich erwiesen (Abbildung 4-2). Sie liefert Anhaltspunkte darüber, in welche Entstehungs- und Wachstumsgeschäfte zu investieren lohnt oder welche bestehenden Geschäfte innovativ zu verjüngen sind. Dazu verknüpft sie die Analyse der Technologie-, Markt- und Wettbewerbsdynamik miteinander.

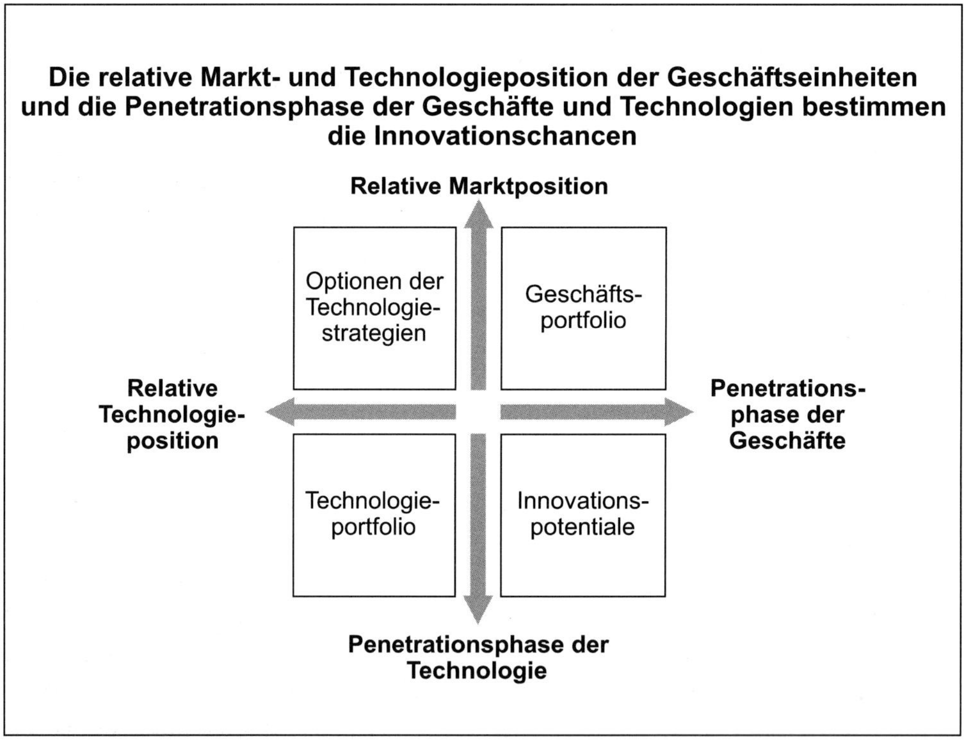

Abbildung 4-2

Strategisches Technologiemanagement ist folglich darauf gerichtet, die aktuelle und künftige Bedeutung von Basis-, Schlüssel- und Schrittmachertechnologien für das Unternehmen einzuschätzen und diese mit dem Produktportfolio zu verknüpfen.

Handlungsbedarf besteht vor allem bei den Schlüssel- und Schrittmachertechnologien, also dort, wo das Unternehmen seine Innovationsfähigkeit beweisen muß. Gerade aber bei den Schrittmachertechnologien sind Entwicklungs- und Marketingaufwendungen hoch und risikoreich. Das Unternehmen *muß* deshalb besonders eng mit aufgeschlossenen Kunden kooperieren, sie als „early adopters" in den Entwicklungsprozeß aktiv einbeziehen und somit immer wieder sicherstellen, daß das Kundeninteresse im Vordergrund bleibt.

2. Innovationsmanagement vorantreiben

Ein Beispiel für gelebtes Innovationsmanagement gibt das Unternehmen Hailo: Hier fungiert ein Projektsteuerungsteam von der Ideenfindung bis hin zur Vermarktung als Schaltzentrale. Ihm angeschlossen ist der Innovationsmanager, um den sich verschiedene Innovationsteams gruppieren, deren Aufgabe die Ideenentwicklung ist. Die Ideen werden von Konzeptteams „weiterverarbeitet", in Projektteams zur Produktion weiterentwickelt und schließlich im Marketing/Vertrieb vermarktet.

Das Innovationspotential des Kunden selbst sollte allerdings nicht überschätzt werden: Er kann zwar wertvolle Anregungen zur Verbesserung bestehender Produkte und Dienstleistungen liefern, doch in den seltensten Fällen wird er in der Lage sein, bahnbrechende Erfindungen in einem anderen Unternehmen zu initiieren. Er kann aber Problemlagen schildern, die den Ausgangspunkt zur Definition von Projekten bilden können. Spediteure beispielsweise werden der Deutschen Bahn AG kaum Lösungen präsentieren können, wie die Transportlogistik im kombinierten Verkehr effektiviert werden kann; sie sind aber Experten für die Kosten- und Wettbewerbssituation der einzelnen Verkehrsträger und wissen, wo es an den Schnittstellen der Infrastruktur zu Friktionen kommt.

Innovationen müssen aus dem eigenen Unternehmen heraus erwachsen. Der wesentliche Hebel hierfür sind die Mitarbeiter. Doch wie erreicht man, daß sie gute Gedanken nicht nur haben, sondern sie auch verfolgen und bis zu einem qualitativ hochwertigen Endprodukt weiterentwickeln? Dazu bedarf es Mitarbeiter, die die Fähigkeit besitzen, den Kunden „den Puls zu fühlen", und die seine Wünsche und Erwartungen genau kennen.

Kreativität und Innovation fangen daher bereits bei der Auswahl der Mitarbeiter an. So suchte der Gründer einer US-Firma, die Bibliotheken auf EDV umstellt, qualifizierte, disziplinierte und motivierte Mitarbeiter für seine Projekte. Er fand sie: Es waren Mönche aus insgesamt sechs Klöstern der Umgebung.[2] Sie arbeiteten nicht nur besonders zuverlässig, sondern waren auch aufgrund der Abwechslung gegenüber ihren sonstigen Tätigkeiten hochmotiviert.

Daß ein solches Vorgehen keineswegs absurd ist, belegen die Zahlen einer Studie von Robert Berth:[3] Er stellt fest, daß 37 Prozent aller Neuerungen in der Wirtschaft den Ideen von Außenseitern zu verdanken sind, weitere 28 Prozent von sogenannten „Quereinsteigern" initiiert werden und nur ein Drittel auf die eigentlichen Experten zurückgeht.

Ein vorgelebtes Innovationsmanagement muß sich an einer Vision orientieren, die zugleich innovatives Verhalten motiviert. Denn die kreativen Köpfe seines Unternehmens wird man in den seltensten Fällen durch abstrakte Strategievorgaben beflügeln können, sondern eher durch die Griffigkeit von Zielen, die zum Neugestalten herausfordern. Die Vision kann ein starker Antrieb sein, die Kreativität der Mitarbeiter zu wecken.

Doch das allein reicht noch nicht. Wer kreativ sein will, braucht darüber hinaus Freiräume – Innovationen sind nicht auf Knopfdruck abrufbar. Als Beispiel sei hier die 15/85-Regel der Minnesota Mining and Manufacturing Co. (3M) erwähnt; die Regel besagt, daß jeder Mitarbeiter 15 Prozent seiner Zeit für eigene Projekte verwenden darf und diese Zeit nicht zu rechtfertigen braucht. Das Vertrauen, das 3M hierdurch in die Mitarbeiter setzte, wurde reich belohnt: So entstanden die gelben Post-it-Zettel, die die Büros und Haushalte im Sturm eroberten.

---

2 Vgl. Kawasaki, G., Moreno, M.: Die Kunst, die Konkurrenz zum Wahnsinn zu treiben; Wien 1996.

3 Vgl. Higgins, J., Wiese, G.: Innovationsmanagement. Kreativitätstechniken für den unternehmerischen Erfolg; Berlin/Heidelberg/New York 1996.

3. Ziele festlegen

Nur wer das Ziel der Reise kennt und sich mit ihm identifiziert, wird bereit sein, sie anzutreten – und auch engagiert genug sein, Stolpersteine aus dem Weg zu räumen.

Der Strategie geht die gemeinsame Vision voraus. Sie ist die Voraussetzung, um an den Erfolg der Produkt- oder Dienstleistungsinnovation zu glauben. Deshalb muß sie vor allem „griffig" sein und von allen verstanden werden. Visionen können aber auch kontraproduktiv sein, wenn sie überzogen sind und in krassem Gegensatz zur Lage des Unternehmens und den Realitäten des Alltagsgeschäftes stehen. Nicht jeder kann das, was Psychologen „kognitive Dissonanz" nennen – das Spannungsfeld zwischen Wunsch und Wirklichkeit –, produktiv verarbeiten; sind die Gegensätze zu groß und werden die Anforderungen als unerreichbar wahrgenommen, führt das schnell von der Überforderung zur Resignation oder gar inneren Emigration der Mitarbeiter. Visionen zu formulieren ist eine Gratwanderung, und die Kunst liegt darin, für die Diskrepanz zwischen aktueller Realität und gewünschter Zukunft ein „gesundes" Mittelmaß zu finden, das eine kreative Spannung erzeugt und die Innovationspotentiale freisetzt.

Visionen wie die von Henry Ford („Jedermann besitzt sein eigenes Auto"), von John F. Kennedy („Am Ende dieses Jahrzehnts haben wir einen Mann auf dem Mond") oder Steven Jobs („Computer, die kinderleicht zu bedienen sind") überzeugten, weil sie konkret, strategisch untermauert und verbindlich waren, und weil hinter ihnen ein Commitment stand.

Aus der Vision muß deshalb eine Strategie abgeleitet werden. Damit diese Innovations- und Wachstumspotentiale aktivieren kann, muß sie – wie im Abschnitt Technologiemanagement bereits ausgeführt wurde – den Geschäftstyp (Spezialisierungs- oder Volumengeschäft) und die aktuelle Technologieposition berücksichtigen. Bei der Strategieentwicklung gilt es des weiteren, zwei wesentliche wachstums- und innovationshemmende Gefahren zu vermeiden: Eine ist die Tendenz, zu viel Energien auf die *Nachfragesteigerung für bestehende Produkte* zu verwenden, die sich negativ auf die Entwicklung neuer Produkte auswirkt. Die zweite Gefahr ist die *Risikoscheue*. Natürlich birgt die Verbesserung bestehender Produkte ein geringeres Risiko als eine Neuentwicklung, doch berauben sich Unternehmen mit dieser Mentalität langsam aber sicher der Fähigkeit, überhaupt bahnbrechende Innovationen entwickeln zu können.

Die wichtigste Führungsaufgabe liegt in jedem Falle darin, dafür Sorge zu tragen, daß sowohl die Vision als auch die Strategie nicht nur angemessen und klar formuliert sind, sondern auch unternehmensweit transparent werden. Wenn statt dessen 100 verschiedene Visionen im Unternehmen kursieren, ist die Wirkung ebenso, als wenn keine existierte: Jeder läuft in eine andere Richtung. Dies bestätigen die Ergebnisse einer ADL-Umfrage, bei der branchenübergreifend die interne Kommunikation als der Erfolgsfaktor schlechthin für Veränderungen genannt wurde (Abbildung 4-3):

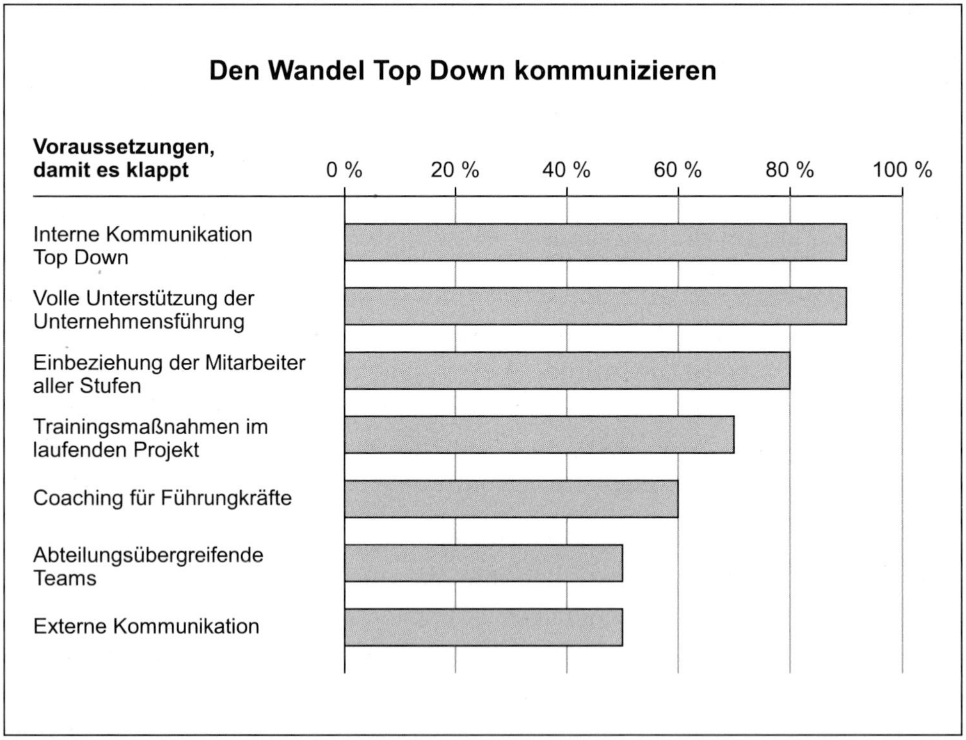

Abbildung 4-3

4. Mut beweisen

Mitarbeiter wollen grundsätzlich etwas bewegen und sich gefordert fühlen. Doch um ihre Kreativitätspotentiale zu wecken, muß man auch loslassen können. Die Voraussetzung hierzu sind Vertrauen und die Erkenntnis, daß selbst Fehler gewaltige Innovationspotentiale bergen, getreu der Devise von Ed Land, dem Erfinder der Sofortbild-Kamera: „Ein Fehler ist ein Ereignis, dessen langfristiger Nutzen sich noch nicht zu deinem Vorteil ausgewirkt hat."

Vertrauen bedeutet, davon auszugehen, daß der Mitarbeiter seine Freiräume zum Wohle des Kunden nutzt und nicht durch Untätigkeit dem Unternehmen schadet. Wie das Beispiel 3M zeigt, vertraut dort die Führungsriege darauf, daß die Mitarbeiter ihre 15 Prozent „Freizeit" nicht mit Kaffeetrinken und Computerspielen vertun, sondern sie verantwortungsbewußt „zum Wohle des Kunden" – und damit auch automatisch zum Wohle des Unternehmens – nutzen.

Hier wird deutlich: Die Rolle des Managements beschränkt sich auf die Gestaltung des Innovationsrahmens. Das heißt, die Führungskräfte setzen Ziele, beteiligen sich bei der Zusammensetzung des Teams und legen einige Rahmenbedingungen und Entscheidungspunkte fest. Sie verzichten auf aufwendige Kontroll- und Steuerungsmechanismen und überlassen dem Team die Entscheidung, wie die Ziele zu erreichen sind. Mit anderen Worten: Die Führungsrolle entspricht dem Verhalten eines Fußballtrainers und nicht dem des Feldspielers. Das ist eine Anforderung, die vielen Führungskräften Schwierigkeiten bereitet.

Deshalb ist hier ein radikales Umdenken erforderlich. Denn es heißt Abschied nehmen von der tradierten Denkweise, daß eine Führungspersönlichkeit „alles im Griff hat", für jedes Problem sofort die entsprechende Lösung parat hat und auch alles weiß. Aufgaben und Projekte zu delegieren, wird oft mit Macht- und damit Prestigeverlust assoziiert – eine Einstellung, die Mitarbeiter demotiviert und die Ergebnisse des Unternehmens gefährdet.

5. Offenheit zeigen

In der Regel hat der Mitarbeiter den engsten Kontakt zum Kunden. Demzufolge weiß er am besten, was der Kunde will. Deshalb kommt es darauf an, die Bindung zwischen Mitarbeiter und Kunden zu stärken. Dies ist allerdings wesentlich leichter gesagt als getan, verstehen sich Führungskräfte doch nur allzuoft als Allwissende, die keinen Widerspruch dulden. Dabei besteht die Führungsaufgabe im Kern darin, aus Informationen die richtigen Strategien abzuleiten.

Doch die Informationen müssen erst gewonnen werden, und hierbei geht es um mehr als um Marktanalysen und Bilanzen, nämlich um das Wissen der Mitarbeiter, die tagtäglich mit dem Kunden zu tun haben. Um dieses Wissen auszuschöpfen und zu verarbeiten, ist es notwendig, mit den Mitarbeitern zu kommunizieren. Ihnen Fragen zu stellen bedeutet nicht, sich durch Nichtwissen abzuqualifizieren. Fragen heißt vielmehr, den Mitarbeiter ernst zu nehmen und seine Erfahrungen in der strategischen Unternehmensführung zu berücksichtigen. Und hierbei sollte man durchaus bedenken, daß sich Manager in der zweiten oder dritten Reihe sowie Mitarbeiter im Kundenkontakt im allgemeinen freimütiger äußern werden, weil für sie weniger auf dem Spiel steht als bei Führungskräften, die oft unter Rechtfertigungsdruck stehen und jede Frage im Lichte vorangegangener Entscheidungen interpretieren.

Offenheit, die ein hohes Maß von Kommunikation voraussetzt, schafft die Basis, um das Unternehmen vom schweren Tanker zum wendigen Schnellboot zu entwickeln, mit dem auf Kundenwünsche flexibel eingegangen werden kann. Die Geschlossenheit, mit der man nach außen auftritt, muß sich nicht intern widerspiegeln: Wenn Meinungen wie „Das, was Forschung und Entwicklung produziert, können wir im Vertrieb nicht verkaufen“, nur hinter vorgehaltener Hand geflüstert werden, stimmt etwas nicht.

Die Vorstellung, jederzeit alles auf Anhieb richtig machen zu können, ist völlig abwegig und realitätsfremd. Ein Management, in dem „Macher“ um sich herum die Aura verbreiten, alles „im Griff“ zu haben, wird die Mitarbeiter nur konditionieren, stets die Antworten zu geben, von denen sie glauben, daß der Vorgesetzte sie hören will, jedoch nicht, was sie aufgrund ihres Kenntnisstandes und ihres Urteilsvermögens für richtig halten.

Die vordringliche Aufgabe ist daher, eine Unternehmenskultur zu schaffen, in der Konflikte nicht tabuisiert, sondern offen ausgetragen werden. Eine konstruktive Streitkultur schafft das Bewußtsein, etwas ändern und bewegen zu können; hier werden auch Fehler zugelassen *und* zugegeben; hier finden die Mitarbeiter auch im zwischenmenschlichen Bereich intellektuelle Herausforderungen. Nur so läßt sich das Ziel „Gemeinsam zum Wohle des Kunden" konsequent verfolgen.

6. Den Markt kennen

Veränderungen des Marktes zu antizipieren, statt lediglich auf sie zu reagieren, muß das Ziel sein. Zwar sind Innovationen marktgetrieben und zielen konsequent auf die Erfüllung von Kundenbedürfnissen oder die Lösung von Kundenproblemen. Aber der Markt fungiert hierbei wie ein Kraftfeld, und die unternehmerische Herausforderung besteht darin, die Innovationspotentiale zu finden und umzusetzen.

Ein eindrucksvolles Beispiel[4] hierfür ist jene amerikanische Telefonfirma, die ihre Geräte mit unterschiedlichen Ruftönen ausstattete und es auf diese Weise ihren Kunden ermöglichte, hereinkommende Orts- von Ferngesprächen zu unterscheiden. Damit sparen die Kunden dieser Firma Geld, indem sie Ferngespräche bewußt entgegennehmen und die Kosten eines Rückrufes vermeiden.

Die Denkweise, die hinter diesem Beispiel steckt, ist simpel: Es gilt herausfinden, was potentielle Kunden nicht wollen, und dies zu beseitigen. Doch gerade in reifen Märkten ist dies eine Aufgabe, die zunehmend schwieriger zu lösen ist, da hier Wachstum und Produktdifferenzierung abnehmen. Hier besonders sind Innovationen gezielt zu steuern, und den diesbezüglichen Investitionen muß eine entsprechende Leistung gegenüberstehen. Die Eckpfeiler, damit dies gelingt, sind die Marktgerechtheit der Erfindung sowie beschleunigte Entwicklungs- und Umsetzungszeiten.

---

4 Vgl. Fußnote 2.

Der Blick in den Markt fokussiert die Kundenbedürfnisse, doch er läßt auch die Konkurrenz nicht aus dem Auge. Dies ist offensichtlich eine Führungsaufgabe, da entsprechende Informationen in schnelle Entscheidungen umgesetzt werden müssen. Die Konkurrenzanalyse definiert zunächst den „Gegner". Wichtig ist hierbei, „Newcomer" nicht einfach zu ignorieren, sondern einzuschätzen. Dies steht nämlich in krassem Widerspruch zu der häufig vertretenen Annahme, ein echter Konkurrent sei mindestens gleich groß wie das eigene Unternehmen. Doch sind es vielfach „die Kleinen", die „den Großen" plötzlich Verdruß bereiten – so, als Honda in den amerikanischen Markt drängte und von General Motors zunächst nicht ernst genommen wurde, oder als IBM Anfang der achtziger Jahre PC-Hersteller wie Apple ebenso ignorierte wie in jüngster Zeit das Softwarehaus Microsoft den Internet-Startup Netscape. Gerade neue Unternehmen sind nicht in bestehenden Traditionen und Systemen verhaftet und kennen nicht das „not-invented-here"-Syndrom; sie haben nichts zu verlieren und können nur gewinnen.

Generell gilt: Das Beobachten der Konkurrenz, das Kennen ihrer Produkte, das Wissen über ihre Pläne, Kundenmanagement, Vertriebskanäle etc. ist viel zu relevant, es allein Marktforschungsinstituten und den Mitarbeitern zu überlassen. Bis neue Trends sich in den Zeitreihen der Statistik niederschlagen, ist es oftmals ohnehin zu spät. Nur wer seine Konkurrenz kennt, kann kalkulieren, ob, wann und wie er auf die Aktionen der Wettbewerber reagiert. Mitunter ist es eine sorgfältige Überlegung wert, ob sich ein Preiskampf tatsächlich lohnt oder ob es nicht klüger ist, die Spielregeln durch die Einführung eines neuen Produktes zu ändern. Nichts irritiert die Konkurrenz mehr, als wenn man anders handelt, als sie es erwartet.

7. Leistungsanreize schaffen

Menschen brauchen Anreize, um Hochleistungen zu erbringen. Um die Hochform oder außergewöhnliche Leistungen überhaupt definieren und erkennen zu können, ist immer ein Vergleich notwendig. Dieser Vergleich ist Konkurrenz – nicht nur nach außen zum Wettbewerber, sondern auch innen, gegenüber den Kollegen oder anderen Teams. Fehlt die Konfrontation des Kräftemessens, fühlt man sich der Möglichkeit beraubt zu beweisen, daß man

– als Team oder Individuum – der Größte, Beste und Schnellste ist, reduziert sich das Engagement auf Mittelmäßigkeit. Mißgunst, Eifersucht und auch Angst können sich demnach als Innovationsmotoren einsetzen lassen, sofern hier ein gesundes Mittelmaß erreicht wird.[5]

Wenn sich hingegen alle einig sind und die Unternehmenskultur sich durch ein friedliches Miteinander definiert, gibt es keine Reibungspunkte und das Unternehmen versinkt im Status quo. Sind hingegen Mißgunst und Eifersucht darauf gerichtet, die geneideten Eigenschaften selbst zu erwerben, ist dies konstruktiv. Gibt es keine Ängste – beispielsweise vor dem Verlust des Arbeitsplatzes oder der Position –, so sinkt die Energie der Behauptung durch Leistung. Umgekehrt kann zuviel Angst bis zur Handlungsunfähigkeit lähmen. Die Führungsaufgabe besteht demgemäß darin, eine motivationsfördernde Spannung zwischen diesen Extremen zu erzeugen, die kreative Unruhe weckt.

Der interne Konkurrenzgedanke richtet sich insbesondere auf den richtigen Umgang mit leistungsschwachen Mitarbeitern. Im Gegensatz zur oft verbreiteten Meinung, daß „Schwache" beschützt werden müssen, sehen das die beteiligten Kollegen in der Regel völlig anders: Es verärgert und demotiviert sie, wenn jemand, der sich auf Kosten der Engagierten „durchmogelt", die gleiche Honorierung bekommt. Der Engagierte interpretiert dies als Abwertung seiner eigenen, guten Leistung; er fragt sich – zu Recht –, weshalb er sich „abrackert", und erwartet von der Führungskraft, daß dieses systemische Ungleichgewicht behoben wird.

Nirgends tritt die Kluft zwischen Engagierten und Leistungsschwachen so deutlich zutage wie in Teams. Teams wehren sich teils sehr massiv gegen „Faulpelze", bis hin zum aggressiven Mobbing; wenn ein Mitarbeiter alles andere als ein Leistungsträger ist, wird dies schnell auch in anderen Teams bekannt – mit entsprechend negativen Perspektiven für den Betroffenen. Der Leistungsschwache fürchtet dies, da hier keiner mehr seine mangelnde Leistungsbereitschaft oder Inkompetenz duldet, und dies in der kleinen Gruppe schneller und deutlicher offenliegt als in einer anonymisierten Abteilung. Insofern wirkt das Team als Stimulator: der Leistungsschwache erkennt seine Verantwortung, er will nicht auf Kosten seiner Teamkollegen nichts tun und

5 Vgl. Oetzel, A.: Das kreative, für uns so schwere Spiel; in: Welt am Sonntag, 6.10.1996, S. 48.

steigert sein Engagement. In der Automobilindustrie sank beispielsweise nach der Einführung von Teams in der Produktion die Krankheitsrate drastisch.

Es gehört zu den Pflichten einer Führungskraft, solche Ungleichgewichte zu beheben und sicherzustellen, daß sich Leistung lohnt. Darüber hinaus ist es fraglich, ob ein leistungsschwacher Mitarbeiter sich in seiner Position wohlfühlt; sein mangelndes Engagement mag auf Über- oder Unterforderung zurückzuführen sein, und in beiden Fällen ist zu überlegen, welche neue Aufgabe diesem Mitarbeiter und dem Unternehmen mehr Vorteile bringt.

Prinzipiell läßt sich sagen, daß sich die Motivation zur Arbeit aus drei Komponenten zusammensetzt: Geld, Ruhm und Spaß. Bewußt ist der Faktor Sicherheit hier ausgeklammert: Für ehrgeizige, hochmotivierte Mitarbeiter spielt er eine allenfalls untergeordnete Rolle, da sie an ihre Fähigkeiten glauben und überzeugt sind, jederzeit ein mindestens gleichwertiges Tätigkeitsgebiet angeboten zu bekommen. Andererseits dürften jene, die an einer lebenslangen Arbeitsplatzgarantie interessiert sind, sich kaum für innovative Veränderungen begeistern; sie hängen vielmehr an vertrauten Strukturen und Abläufen, egal wie sinnvoll diese sind.

Die Gewichtung der drei genannten Komponenten ist von Mensch zu Mensch unterschiedlich, doch spielen immer alle drei Faktoren eine Rolle. Führungsaufgabe ist es, die Leistungsanreize im Rahmen dieser Parameter effizient einzusetzen. Am wenigsten Probleme bereitet die Gehaltserhöhung (Geld) oder das Einführen von materiellen Bonussystemen, wenngleich dafür Sorge zu tragen ist, daß eine Gehaltsangleichung nicht als Selbstverständlichkeit angesehen wird – was vor allem dann der Fall ist, wenn sie aufgrund von Tariferhöhungen oder jährlich zum selben Termin zustande kommt.

Die beiden anderen Motivatoren gezielt als Leistungsanreize einzusetzen erfordert hingegen Kreativität. Gewarnt werden muß vor dem Bestreben, Leistung durch die Vergabe von Titeln (Ruhm) zu belohnen. Hier besteht die Gefahr, daß immer mehr Hierarchien das Unternehmen lähmen und Entscheidungsprozesse verschleppen. Statt dessen kann das Übertragen von mehr Verantwortung – sofern dies der Mitarbeiter als Vertrauensbeweis in seine Fähigkeiten begreift – das Bedürfnis nach Anerkennung erfüllen, wie etwa die Leitung eines internen Projekts.

Der Faktor Spaß ist keineswegs zu unterschätzen. „Arbeit als Belohnung" kann Leistungspotentiale freisetzen. Fragt man Mitarbeiter, was sie gern einmal anpacken, welches Projekt sie als Herausforderung ansehen, oder in welchem Team sie gerne mitarbeiten würden, bekommt man oft überraschende Antworten. Erfüllt man dem Mitarbeiter diesen Wunsch, auch wenn er vielleicht wegen seiner Qualifikation für diese Aufgabe nicht geeignet zu sein scheint, wird er sich mit großer Wahrscheinlichkeit überdurchschnittlich stark engagieren. Dabei soll natürlich nicht unterstellt werden, daß jeder zu jeder Zeit und wie es ihm beliebt die beruflichen Aufgaben wechseln kann. Dies wäre unsinnig. Doch ein gewisses Experimentieren sowie der Mut, auch einmal unkonventionell vorzugehen, bereichsübergreifendes Engagement nicht nur zuzulassen, sondern zu fördern, wird sich auf die Unternehmenskultur auswirken: „Von oben" nicht nur gepredigte, sondern vorgelebte Kreativität wird sich „nach unten" fortsetzen und die Basis für weitere Innovationen bilden.

8. Teamkultur stärken

Die Bedeutung der Freizeit für die Deutschen nimmt zu. Nur jeder dritte Arbeitnehmer glaubt, im Beruf Ideen durchsetzen zu können.[6] Das ist alarmierend. Doch wer nicht motiviert ist, wem der Spaß bei der Arbeit fehlt, der ist auch nicht bereit zu experimentieren und Innovationen zu generieren. Darüber, wie man motiviert, ist viel geschrieben worden, das braucht hier nicht vertieft zu werden. Relevant ist aber der Stellenwert der Teamarbeit, da nach Befragungen jeder, der im Team gearbeitet hat, zumindest eine positive Erfahrung erlebt hat. Im Team zu arbeiten macht einfach mehr Spaß, als isoliert nach Lösungen zu suchen. Ganz abgesehen davon, daß ein Gruppen-IQ höher sein kann als die Summe der Einzel-IQs und somit Lösungen entstehen, die ein einzelner allein nie bewältigt hätte.

Die Erfolgsformel liegt in der Verbindung von Kreativität und Intelligenz. Gebraucht wird die fruchtbare Wechselwirkung zwischen den intuitiven

---

6 Vgl. FAZ vom 11.9.96.

Ideenlieferanten und den abwägenden Analytikern. Doch bei der Zusammensetzung von Teams überwiegt meist die Intelligenz zu Lasten der Kreativität.[7] Dies verzögert den Innovationsprozeß insofern, als die kritschen oder skeptischen Teammitglieder zunächst von der kreativen Minderheit überzeugt werden müssen – sofern dies überhaupt gelingt. Denn da Kreativität sich nicht mit gewohnten Planungs- und Steuerungsinstrumenten hochrechnen oder kalkulieren läßt, zieht sie im Gefecht gegen die nüchterne Intelligenz nur allzuoft den kürzeren. Es ist die Aufgabe des Managements, den „Mix" so zu gestalten, daß das Unternehmen von beidem profitiert: von intelligenten Lösungen und vom Innovationstempo als den integralen Bestandteilen der Produkte und Dienstleistungen.[8] Neue Ideen erzeugen zunächst Widerstand, und eine große Falle der Führungsarbeit liegt darin, von Anfang an festzulegen, was qualifizierte Leistung ist und woran gearbeitet werden muß. „Wissen über Unwissen" – zu erkennen, daß man nicht alles weiß und versteht – hilft dabei, völlig andere Lösungsansätze überhaupt zu tolerieren.[9]

Bei der Auswahl der Teammitglieder gilt es daher, der Tendenz „gleich und gleich gesellt sich gern" entgegenzusteuern: Ausschließlich analytisch denkende Teammitglieder ohne die Mitwirkung kreativer Querdenker unterliegen der Versuchung, sich allzuschnell auf eine Lösung zu einigen und den Weg des geringsten Widerstands zu gehen, und umgekehrt. Das Resultat ist dann enttäuschend, da ohne Reibung keine Höchstleistung zu erzielen ist. Um es mit Thomas Edisons Worten zu sagen: „Innovation ist zu 99 Prozent Transpiration und zu einem Prozent Inspiration."

Ausgesprochen schwierig ist es im allgemeinen, die kreativen Köpfe ausfindig zu machen. Ein geeignetes Instrument, um Kreativität zu messen, gibt es nicht. Erschwerend kommt hinzu, daß sich sehr kreative Menschen nicht zwangsläufig durch einen hohen IQ auszeichnen; zudem sind sie im Umgang oft schwierig oder als Phantasten verschrien. Die größte Chance, sie im eigenen Unternehmen zu entdecken, besteht darin, durch „Management by walking around" auf sie aufmerksam zu werden – und dabei nicht zu vergessen, daß es des „intelligenten" Team-Partners bedarf, um kreative Ansätze und Ideen in wachstumsfördernde Innovationspotentiale zu überführen.

---

7 Vgl. E. DeBono, Kapitel 1.

8 Vgl. Höhler, G.: Wettspiele der Macht; Düsseldorf/Wien/New York 1996.

9 Vgl. Kroy, W.: Anders denken; in: Schuppert, D. (Hsrg), Kompetenz zur Führung; Wiesbaden 1993.

9. Organisationsstrukturen wirkungsvoller gestalten

Eine innovations- und wachstumsfreundliche Organisationsstruktur baut auf zwei Säulen auf: Sie ist prozeßorientiert und hat eine flache Hierarchie, und zwar derart, daß die Arbeitsplätze kreatives Denken und Handeln fördern. Dies erfordert auch eine geeignete räumliche Aufteilung. So waren noch vor wenigen Jahren in vielen Werbeagenturen die „Kreativen" (Art Direktoren und Texter) von den Kundenberatern räumlich getrennt. Unverständnis und Ablehnung für die Arbeit der jeweils anderen Gruppe wurden so regelrecht gefördert und eine angespannte Arbeitsatmosphäre sowie Frustration und Demotivation waren die Folge. Erst das räumliche Zusammenführen beider Teams und die Gliederung nach Kunden trugen erheblich zum verbesserten Austausch der jeweiligen Bedürfnisse bei, führten zu kundenorientierten *und* kreativen Arbeitsergebnissen und damit letztlich zu einem angenehmeren Arbeitsklima.

Strukturen, wie immer sie aufgebaut sind, haben die Tendenz, sich zu verfestigen. Wer jedoch Innovationen und Wachstum vorantreiben will, muß den schwerfällig gewordenen Status quo überwinden. Hier vor allem gilt, daß der Weg das Ziel ist: Der Weg muß zu einem durchlässigen Netzwerk führen. Durchlässig heißt, offene Strukturen zu schaffen, und dies zweiseitig: Einmal nach außen hin zum Kunden und zum anderen innen zu den entsprechenden Know-how-Trägern. Nur ein solcher Austausch, der einen kontinuierlichen Verbesserungsprozeß durchläuft, gewährleistet, daß das Unternehmen schnell und flexibel auf sich ändernde Anforderungen reagieren kann. Das ist nicht anders als im Sport: Ein Tennisspieler, der den gegnerischen Aufschlag erwartet, tänzelt hin und her, weil dies eine schnellere Reaktion erlaubt, als wenn er den Ball aus dem Stand erwartet.

Eine der größten Barrieren stellen jedoch die internen Schnittstellen dar, die es zu überwinden gilt (Abbildung 4-4). Die optimale Zusammenarbeit der verschiedenen Funktionsbereiche wird obendrein häufig durch unterschiedliche Zeitvorstellungen blockiert, beispielsweise in Forschung und Entwicklung und Vertrieb, sowie durch unterschiedliche Kulturen bzw. Interessenpolarisierungen – etwa in Gestalt des kreativen Entwicklers, der detailverliebt an einer Technologie verbessert, die der umsatzorientierte Vertriebsmensch für unverkäuflich hält. Einen Ansatzpunkt zum Gegensteuern bildet das Zusammenwirken der verschiedenen Beteiligten in interdisziplinären Teams von Anfang an.

Management muß komplexe Beziehungen beherrschen

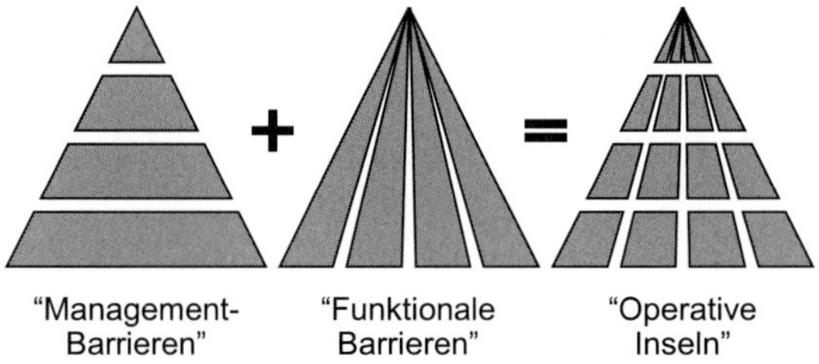

- Enthierarchisierung durch Delegation von Verantwortung an den Ort der Leistungserbringung
- Moderation statt fachlicher Weisungsbefugnis
- Abstimmung der Arbeitsgruppen im Netzwerk statt vertikal
- Permanente strategische Leistungstiefenanalyse ermöglicht frühzeitige Reaktion auf Veränderung

Abbildung 4-4

Der Dreh- und Angelpunkt aller Innovationsvorhaben des Unternehmens bleibt jedoch der Kunde. *Immer*.

Fünftes Kapitel

Auf dem Weg zur Lernenden Organisation

1. Visionen teilen

Aus Erfahrung lernen

Die Beschäftigung mit Visionen als Orientierungsrahmen für die Ausrichtung von Unternehmen hat in letzter Zeit auffällig zugenommen. Von vielen Managern werden Visionen zu einer wichtigen Dimension der Führung erhoben. Was bedenklich stimmt, ist allerdings die Art und Weise, wie mit dem Begriff „Vision" umgegangen wird.

In den achtziger Jahren hielt der Begriff der „Corporate Identity" seinen Siegeszug durch die Führungsetagen. Insbesondere Verkaufs- und Marketingverantwortliche sahen in „CI" weit mehr als nur die Grundlage eines einheitlichen und durchdachten Marktauftrittes – CI sollte schlechthin zum Allheilmittel werden, Unternehmen und ihre Mitarbeiter auf das „eine" Unternehmensziel auszurichten. „Corporate Design" legte dabei fest, wie das äußere Erscheinungsbild von der Krawatte des Vorstandsvorsitzenden über die Anordnung der Schreibtischmöbel bis hin zur Gestaltung des Jahresberichtes auszusehen hatte. „Corporate Culture" beschrieb Ziele, Werte, Verhaltensstile und Riten in Unternehmen und manifestierte sich in vielen Hochglanzbroschüren. „Corporate Communications" zu guter Letzt sollte die Ausrichtung aller kommunikationsbezogenen Aktivitäten intern und extern regeln. Nicht wenige Unternehmen mit langjähriger Tradition gruben aus der Firmengeschichte Symbolisches des längst verstorbenen Gründers aus, um dessen Maßstäbe den Mitarbeitern zu vermitteln.

Als Botschaft entstanden austauschbare Leitsätze der Corporate Identity, etwa der Art:

- Wir sind die Nummer 1 in unserer Branche.
- Unsere Mitarbeiter sind das wichtigste Kapital unseres Unternehmens.
- Unsere Kunden stehen im Mittelpunkt unseres Handelns.

Ein Manager beschreibt den Eindruck, den die CI-Bemühungen seines ersten Arbeitgebers auf ihn als jungen Hochschulabsolventen ausübten, heute so: „Als ich 1987 mein Berufsleben begann, wurden weltweit alle unsere Repräsentanzen gerade in CI-gerechten Farben gestrichen, Büromöbel ausgetauscht und Teppichböden in pflegeleichten Cremetönen verlegt. In unserem Verwaltungsgebäude wurde mit der Neugestaltung der Vorstandsetage (fünf Stockwerke) begonnen. Leider wurden schon ein Jahr später die Mittel knapper, und so endete das einheitliche Erscheinungsbild zunächst im dritten Stock. Das führte zu einer gewissen Klassengesellschaft zwischen ‚denen da oben' und ‚jenen da unten'. Es gelang trotz immenser Anstrengungen leider nicht, CI und die damit kommunizierten Leitlinien in den Herzen und Köpfen der Mitarbeiter zu verankern."

Das Bemühen um die „Corporate Identity" trieb skurrile Blüten. Anfang der neunziger Jahre wollte beispielsweise die Geschäftsleitung der Berliner Verkehrsbetriebe (BVG) den Bussen und Bahnen ein neues Corporate Design verpassen. Als Kern des Maßnahmenbündels sollten fortan die Fahrzeuge in weißer Farbe durch die Stadt rollen und auch nach außen dokumentieren, daß der städtische Eigenbetrieb auf dem besten Weg in die Zukunft war. In dem Bestreben um eine neue Identität hatten die innovationsfreudigen Manager allerdings außer acht gelassen, daß der Verkehrsbetrieb bereits über ein Corporate Design verfügte und die Berliner nicht vom „Großen Gelben", wie die doppelstöckigen Busse genannt werden, lassen wollten. Als die ersten weißen Busse und U-Bahnen im Stadtbild auftauchten, setzte ein Aufschrei der Empörung ein. Die Kunden brachten mehrheitlich kein Verständnis dafür auf, daß ein hochdefizitärer Staatsbetrieb sein Innovationsstreben durch Äußerlichkeiten dokumentierte, während gleichzeitig die Fahrpläne ausgedünnt wurden. Vier Wochen später war der Lack ab.

Der Exkurs zeigt: Wer sich auf Äußerlichkeiten verlegt, geht den bequemeren Weg, aber meist versanden die erheblichen und zweifellos gut gemeinten Anstrengungen. „Die Form folgt der Funktion", lautet eine alte Erfahrung des Designs. Viele Unternehmen haben sie in der Vergangenheit mißachtet und CI auf das Corporate Design verengt, das letztlich aber nur ein Gefäß ist. In Wirklichkeit kommt es darauf an, den Inhalt zu veredeln.

Wer heute Visionen als Grundlage für den Unternehmenserfolg nutzen will, begibt sich demnach auf schon oft beschrittene Pfade, die letztendlich immer wieder die Frage aufwerfen: Was *ist* eine Vision für ein Unternehmen, und wie schafft man eine Unternehmensidentität, die jene selbstverstärkende Kraft entfaltet, daß sie Mitarbeiter – und Kunden – ansteckt und zum „Selbstläufer" wird?

Was ist eine Vision?

Unter den Versuchen, den Begriff „Vision“ zu erklären, ist wohl die Definition als „Vorstellung des (allgemein) Wünschenswerten“ am treffendsten. Eine Vision ist das visualisierte – also sichtbar werdende – Bild einer erwünschten Zukunft. Sie stiftet Sinn, der motiviert, und erzeugt dadurch Gemeinsamkeit.

Ohne sie wären die Kathedralen des Mittelalters, deren Herstellung sich über mehrere Generationen von Baumeistern hinzog, nie entstanden. Visionen bilden den Rahmen, in dem der einzelne seinen Beitrag zur Verwirklichung des Ganzen leisten kann. Sie wecken Synergien, mittels derer sich kreative Einzelleistungen wie von selbst zielgerichtet zusammenfügen. Ohne ihre motivierende Wirkung bleiben die Alltagskräfte zur Beharrung auf dem Status quo überwältigend. Angesichts der Größe schwindet das Kleinliche, heißt es. Oder umgekehrt: Wo die Größe fehlt, breitet sich Kleinlichkeit aus. Auf der Funktion als Orientierung beruht die Wirkung, die unerläßlich für den Unternehmenserfolg ist, weil sie das Schiff auf Kurs hält, wenn es aufgrund von Schwierigkeiten und widrigen Umständen aus dem Ruder zu laufen droht.

Visionen sind jedoch mehr als nur große Ziele, die von der Führung ausgegeben, zur Verbreitung an die Verantwortlichen für die Unternehmenskommunikation delegiert werden und dann womöglich in der Form von Broschüren oder Hausmitteilungen den Mitarbeitern zur Kenntnis gebracht werden. So erreicht man bestenfalls Beachtung und Befolgung, ruft jedoch kaum die kreativen Kräfte hervor, die echter Einsatz mit sich bringt, der immer auf persönlicher Überzeugung beruht. Nur durch echte Partizipation am Zustandekommen der Vision läßt sich erwarten, daß sie von den Mitarbeitern auch geteilt wird.

Visionen können auf verschiedenste Weise entstehen. Sie können von innen heraus erwachsen und eine Produktidee, einen neu entstehenden Markt, ein neues Geschäftsfeld zum Gegenstand haben. Ein Beispiel hierfür ist der von der Firma Oracle konzipierte Netzcomputer als Gegenpol zum heutigen Personal Computer, der seine „Intelligenz“, das heißt die Softwareprogramme, nicht mehr wie PCs lokal speichert, sondern stets aktuell aus dem Netz bezieht, so daß die Kosten und Probleme mit der Softwarepflege verringert werden.

Visionen können sich aber auch am Umfeld orientieren und etwa auf den Turnaround, die Wiederherstellung der Wettbewerbsfähigkeit, gerichtet sein. Sie müssen nicht einmal explizit formuliert werden, sofern sie nur in den Köpfen und Herzen der Mitarbeiter verankert sind. Einer der erfolgreichsten Manager der jüngsten Zeit in Deutschland, Jürgen Knorr, brauchte keine großen Worte, um seinen Mitarbeitern klar zu machen, worum es ging. Als er 1987 den Vorstand des Unternehmensbereichs Halbleiter der Siemens AG übernahm, stand die Zukunft des Geschäftsfeldes auf der Kippe. An dem Aufschwung der Mikroelektronik in den achtziger Jahren hatte das Unternehmen nicht partizipiert, die Marktanteile schwanden, während gleichzeitig die Investitionskosten der Chipfabriken rapide in schwindelerregende Höhen stiegen. Zeitweilig fuhr der Unternehmensbereich bei einem Umsatz von unter 2 Milliarden DM dem Konzern Verluste in Höhe von 500 Millionen DM jährlich ein.

In dieser Situation wurde im Siemens-Vorstand erwogen, das Geschäftsfeld aufzugeben. Knorr kämpfte an drei Fronten. Er mußte die Vorstände der anderen Unternehmensbereiche davon überzeugen, daß ein Bezug der Mikroelektronik für bestimmte Schlüsselprodukte eine existenzgefährdende Verlagerung von strategischem System-Know-how auf externe Lieferanten zur Folge hätte; es gelang ihm, sich ihrer rückhaltlosen Unterstützung[1] zu versichern: Die Mikroelektronik wurde als Kernkompetenz des Unternehmens eingestuft. Des weiteren erkannte er, daß einige Wettbewerber angesichts der immens wachsenden F & E-Aufwendungen früher oder später in die gleiche Schere zwischen Investitionskosten und zu geringem Marktanteil geraten würden, und ging deshalb strategische Allianzen ein – zunächst mit Toshiba (1-Megabit-Speicherchip), dann mit Philips (4M-Chip), mit IBM (16M-Chip) und schließlich mit IBM und Toshiba für 64M- und 256M-Chips. Und drittens konzentrierte er die Entwicklung auf ein konkurrenzfähiges Leitprodukt (DRAMs), mit dem jeweils die Lernkurve durchlaufen und das

1 Die Bereiche sind allerdings frei, Bauelemente auch von anderen Herstellern einzukaufen, sie müssen nur zuvor ein Angebot aus dem eigenen Hause einholen. Obgleich der eigene Halbleiterbereich der größte Einzellieferant des Unternehmens ist, kauft Siemens 80 Prozent aller benötigten Chips auf dem Weltmarkt ein.

Know-how für Folgeprodukte (zum Beispiel ASICs) der jeweiligen Technologiegeneration erworben wurde.

Der Turnaround gelang. Als Knorr 1996 in den Ruhestand ging, war der einstige Verlustbringer bei zuletzt 30prozentigen Umsatzsteigerungen zum ertragsstärksten Unternehmensbereich des Konzerns geworden, hatte in den zwei Jahren zuvor 3 000 neue Arbeitsplätze in Deutschland geschaffen und sich auf dem europäischen Halbleitermarkt hinter Intel auf dem zweiten Platz positioniert.[2] Eine der schwierigsten Operationen in der jüngeren Wirtschaftsgeschichte der Bundesrepublik konnte nur erfolgreich sein, weil die Mitarbeiter die Vision aus Überzeugung teilten.

Von der Idee zur Vision

Ob im privaten oder im beruflichen Bereich, jeder einzelne orientiert sich an persönlichen Ideen und Vorstellungen: Was könnte ich machen? Was will ich erreichen? Wie könnte ich ein Problem angehen? Wie komme ich zu diesem oder jenem? Der eine schreibt seine Antworten, plötzlichen Eingebungen oder kreativen Blitze gewissenhaft in seinen Zeitmanager, der andere sinniert während der mehrstündigen Autofahrt über ihre Vorteilhaftigkeit. Manche Ideen finden Eingang in die tägliche Arbeit und werden umgesetzt, andere verworfen. Was aber macht aus einer Idee eine Vision?

Visionen haben immer einen singulären Ursprung. Aus den eigenen Wertvorstellungen entspringt ein Gedanke, entsteht ein Wunsch – oftmals unausgegoren, unreif, schemenhaft. Und meistens bleibt es dabei: Ideen als Schatten einer Vision werden nicht weiterverfolgt; sie scheitern an der eigenen Sprachlosigkeit, der fehlenden Zeit für Reflexion, der ungewissen Realisierbarkeit. Gewinnen sie jedoch Gestalt, kommunizieren Top-Manager ihre Ideen in die Organisation und fordern deren Umsetzung ein, ist die Gefahr groß, daß diese Vorstellungen dann für viele Mitglieder der Organisation nicht erlebbar sind.

In der Vision erhält eine Idee eine *gemeinsame* Bedeutung. Nur so wird sie zu einer treibenden Kraft und findet Anhänger, die bereit sind, daran weiterzuarbeiten. Sie wird ein intrinsischer Faktor für das eigene Handeln; sie öffnet Freiräume und schränkt sie nicht etwa ein. Sie muß teilbar sein und

2 Die unangefochten starke Position von Intel beruht auf Prozessorchips.

Teilhabe ermöglichen. Sie muß verständlich sein und mit zunehmender Reflexion griffiger werden. Sie muß kommunizierbar sein, und sie muß alle Ebenen des persönlichen Lebens umfassen, um glaubwürdig und überzeugend zu sein. Der eigentliche Prozeß liegt in der Gemeinsamkeit bei der Wahrnehmung der Aufgaben und Probleme sowie der Chancen und Risiken, und in der gemeinsamen Erarbeitung von Handlungskonzepten zur Umsetzung (siehe Abbildung 5-1).

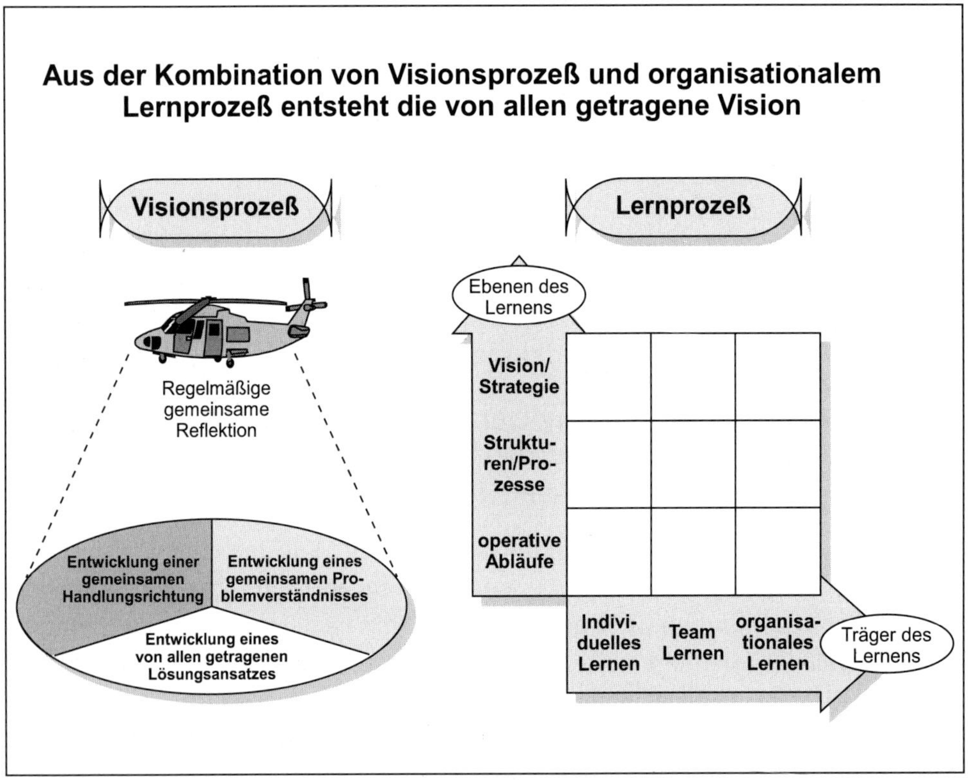

Abbildung 5-1

Beschränkt sich der Prozeß auf die einseitige Verkündung von Ideen in Leitlinien, behalten diese ihren zuvor beschriebenen singulären Charakter. Es fehlt ihnen die gemeinsame Bedeutung. Es droht die Hierarchisierung von Ideen anstelle der gemeinsamen Herausbildung der Vision. Es ist aber wichtig, einen Zweck zu schaffen, der Menschen verbindet und sie dazu antreibt, kühne Träume zu verwirklichen. Die Katalyse menschlicher Bestrebungen ist kein Zufallsereignis; sie erfordert Zeit, Sorgfalt und Strategie. Deshalb muß es das Anliegen sein, einen Orientierungsrahmen für den nie endenden Prozeß zu schaffen, in dem die Menschen einer Organisation ihre gemeinsamen Ideen formulieren – ihre Geschichten über Vision, Zweck, Wertvorstellungen, warum die Arbeit ihnen wichtig ist und wie sich ihr Beitrag in das größere Ganze einfügt.

Es gibt zahlreiche Unternehmen in Deutschland, deren ausgeprägte und im Zeitablauf sich wandelnde Visionen wesentlich zum Erfolg und Wachstum beitrugen, darunter viele durch Unternehmerpersönlichkeiten geprägte Familienunternehmen. „Dank kühner und manchmal sicher ehrgeiziger Visionen haben meine Mitarbeiterinnen, Mitarbeiter und ich in den letzten 40 Jahren aus einem Drei-Mann-Betrieb ein Weltunternehmen gemacht", beschreibt zum Beispiel Reinhold Würth („Der Montage-Profi") in einem Rückblick auf sein Lebenswerk die treibende Kraft der Leitbilder, die er und seine Mitarbeiter entwickelten und die sie, wie er nicht ohne Stolz anmerkt, jeweils vorzeitig erreichten. „Visionsmanagement ist keine Spielerei, sondern konsequente Arbeit. Wer seine Visionen erfolgreich in die Tat umsetzen will, muß die ideellen, geistigen und materiellen Ressourcen kennen, über die er verfügt. Er muß die exogenen und endogenen Megatrends richtig einschätzen, und er muß seine Visionen mit der jeweils erreichten Realität abgleichen."[3]

Ein Fallbeispiel

Firma A gehört zu einer großen Unternehmensgruppe. Sie ist als Holding organisiert und umfaßt sieben strategische Unternehmensbereiche, die von einem verantwortlichen Holdingvorstand geleitet werden. Jeder der Bereiche wiederum besteht aus weitgehend selbständigen unternehmerischen Einheiten. A ist innerhalb ihres Bereiches das strategisch wichtigste und wirtschaftlich größte Unternehmen. Firma B wurde von der Holding gekauft. B ist einer der wesentlichen Wettbewerber und vom schieren Umsatz her größer als Firma A. In einem Workshop sollte die Post-Merger-Integration begleitet und eine Strategie für das Geschäftsfeld insgesamt entwickelt werden.

3 Vgl. Würth, R.: Erfolgsgeheimnis Führungskultur – Bilanz eines Unternehmers; Frankfurt am Main 1995.

Die Stimmung im Kreis der Führungskräfte beider Unternehmen war, wie man sich unschwer denken kann, gespannt. Die Geschäftsführer von A fühlten sich denen von B überlegen (schließlich hatte man den Wettbewerber ja geschluckt); gleichzeitig fühlten sie eine gewisse Bedrohung durch die Größe des Wettbewerbers. Die Unternehmensgruppe stand vor der Frage, ob beide Unternehmen weiterhin als selbständige Einheiten agieren sollten oder ob man erkennbare Synergieeffekte vor allem im Verwaltungsbereich durch ein echtes Verschmelzen beider Einheiten nicht besser nutzen könnte.

Wir als Berater schlugen vor, die Lösung gemeinsam mit Teams beider Firmen zu erarbeiten. Schon bei der Zusammensetzung der Kliententeams wurden die herrschenden Spannungen deutlich, doch schließlich einigten sich die Geschäftsführer darauf, alle Teams paritätisch zu besetzen – nicht ohne vorher „ihren" Leuten die Marschrichtung klar vorgegeben zu haben.

In einer Reihe von Einzelgesprächen hatten wir festgestellt, daß die Vorstellungen beider Mannschaften über Integration und zukünftige Strategie in vielen Punkten gar nicht so weit auseinander lagen und daß die Mitarbeiter der zweiten Führungsebene weit weniger Vorbehalte gegen die Zusammenlegung bestimmter Funktionen hatten als die Geschäftsführung. Gleichwohl gewannen wir nicht den Eindruck, daß über diese Ideen und Vorstellungen offen und ehrlich diskutiert wurde. Daher beschlossen wir zu einem sehr frühen Zeitpunkt, einen Visionsworkshop mit allen Führungskräften der ersten beiden Managementebenen durchzuführen.

Wir planten einen Nachmittag für diesen Workshop und baten alle Führungskräfte, sich von jeglichen Verpflichtungen und Störungen freizumachen. Wir wählten einen großen, freundlichen Tagungsraum und entfernten alle Tische, so daß die Teilnehmer in einem großen Kreis saßen und sich nicht hinter Akten oder anderen Utensilien verschanzen konnten. In einer kurzen Einführung stellten wir das Konzept zur Visionsbildung anhand der Darstellung in Abbildung 5-2 vor.

Wichtig war es uns, dabei die Verbindung zwischen den persönlichen und den beruflichen Visionen zu betonen. Beide lassen sich nicht voneinander trennen, da sich aus den Vorstellungen über das persönliche auch immer die Vision über das berufliche Wollen ableitet.

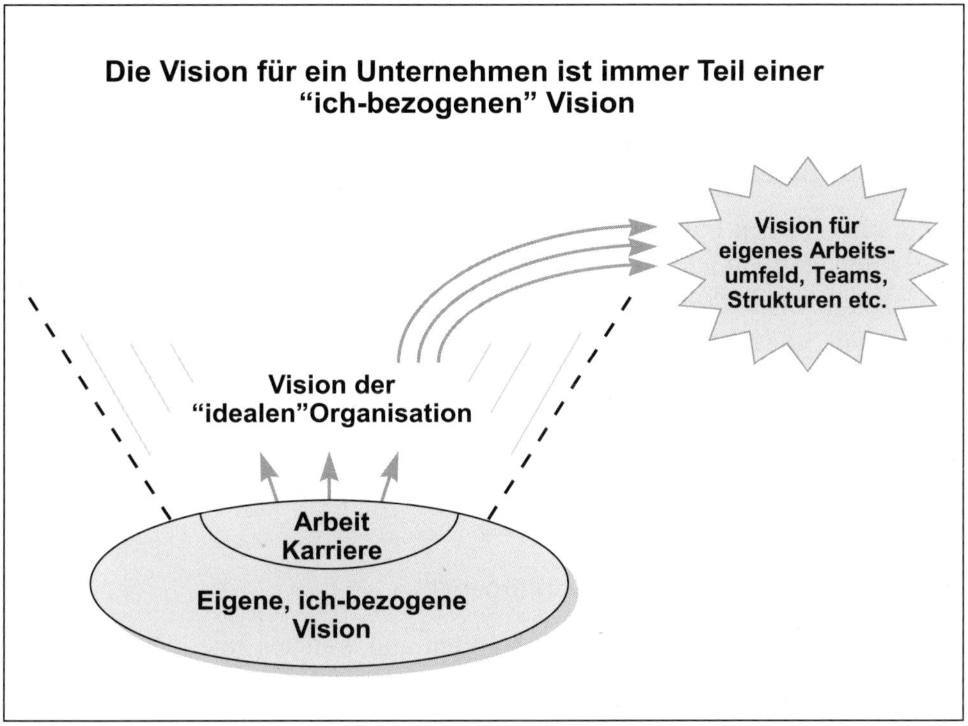

Abbildung 5-2

Wir baten deshalb die Teilnehmer, für sich einige sehr persönliche Fragen zu beantworten. Etwa:

- „Stellen Sie sich vor, Sie hätten alle Ziele im Leben erreicht, die Sie sich herbeiwünschen. Wie würden Sie diese Ziele heute und jetzt beschreiben? Welche Wirkung hätten sie?"
- „Wenn Sie genau der Mensch wären, der Sie werden möchten, über welche Eigenschaften würden Sie verfügen?"
- „Wie sieht Ihre Vision für die Gemeinschaft oder Gesellschaft aus, in der Sie leben?"

Nachdem jeder diese Fragen für sich beantwortet hatte, baten wir die Teilnehmer, sich einen Partner zu suchen und diesem in fünf Minuten die wesentlichen Elemente seiner persönlichen Vision zu schildern, wobei wir diesen Prozeß ein wenig steuerten, indem wir zunächst gleiche Funktionsträger (also beispielsweise die beiden Chefcontroller) baten, ein Team zu bilden. Später wechselten wir die Konstellationen, so daß jeder mit vier bis fünf Teilnehmern aus der Runde sprechen konnte. Einzige Bedingung war es, dem Gegenüber zuzuhören, dessen Beschreibung aber nicht zu kommentieren oder gar in Frage zu stellen.

Nach einer kurzen Pause spannten wir mit der nächsten Übung den Bogen weiter und stellten den anwesenden Führungskräften Fragen zur Gestaltung ihrer zukünftigen Organisation. Auch hier hielten wir uns an bestimmte Kategorien, wie etwa:

- „Was halten Sie persönlich für die beste Entwicklung, die beide Unternehmen um ihrer selbst willen nehmen sollten?"
- „Welche Art von Produkten und Dienstleistungen sollten angeboten werden?"
- „Welche Werte würden sie verkörpern?"
- „Wer wären ihre Klienten oder Kunden und welches Image hätten diese von den Unternehmen?"
- „Welche Organisationsform wäre geeignet, um diese Ziele zu verwirklichen?"

In Abweichung von der vorangegangenen Übung erhielt jeder Teilnehmer Zeit, seine Ideen kurz zu erläutern, und wir faßten alle Ideen auf Karten zusammen, die wir pro Kategorie auf einer Pinnwand sammelten. Das Ziel bestand darin, die persönliche Vision mit dem gewünschten Bild für die zukünftige Organisation in Einklang zu bringen und alle Anwesenden auf die Entwicklung einer gemeinsamen Vision vorzubereiten.

Am Ende des Tages hatten die Führungskräfte beider Unternehmen den ersten groben Rahmen für eine gemeinsame Zukunft entwickelt. Es wurde sehr klar sichtbar, wo Übereinstimmung oder zumindest eine Annäherung von Vorstellungen vorhanden war; aber auch Unterschiede – teils völlig neue Bilder einer möglichen Zukunft – traten hervor. In einer abschließenden Feedbackrunde stellte sich heraus, daß ausnahmslos alle Teilnehmer den Eindruck gewonnen hatten, sich das erste Mal auch über die Arbeitsebene hinaus kennengelernt zu haben. Natürlich bedeutete das keineswegs, daß sich der Kreis in völliger Harmonie auflöste, aber es war eine neue Grundlage für den weiteren Projektverlauf geschaffen: Das Umgehen miteinander war berechenbarer geworden.

Aber es gab auch Kritik. Insbesondere der erste Übungsteil, die Mitteilung der persönlichen Vision, wurde von einigen als zu ungewöhnlich empfunden. Man hätte sich vorher besser kennen sollen, wurde reklamiert. Im Gespräch wurde dann jedoch sehr schnell klar, daß gerade diese Übung erst zu einem besseren Kennenlernen geführt hatte. Natürlich war mit diesem Workshop noch keine Vision für das Unternehmen ausgearbeitet. Aber wir hatten klein angefangen. Aus vielen einzelnen Ideen war es gelungen, im Ansatz ein gemeinsames Anliegen zu entwickeln. Viele der Führungskräfte, auch die Geschäftsführer selbst, hatten das Gefühl, sich selbst und ihr Umfeld in der ureigenen Bedürfnisstruktur über das Berufliche hinaus besser einschätzen zu können.

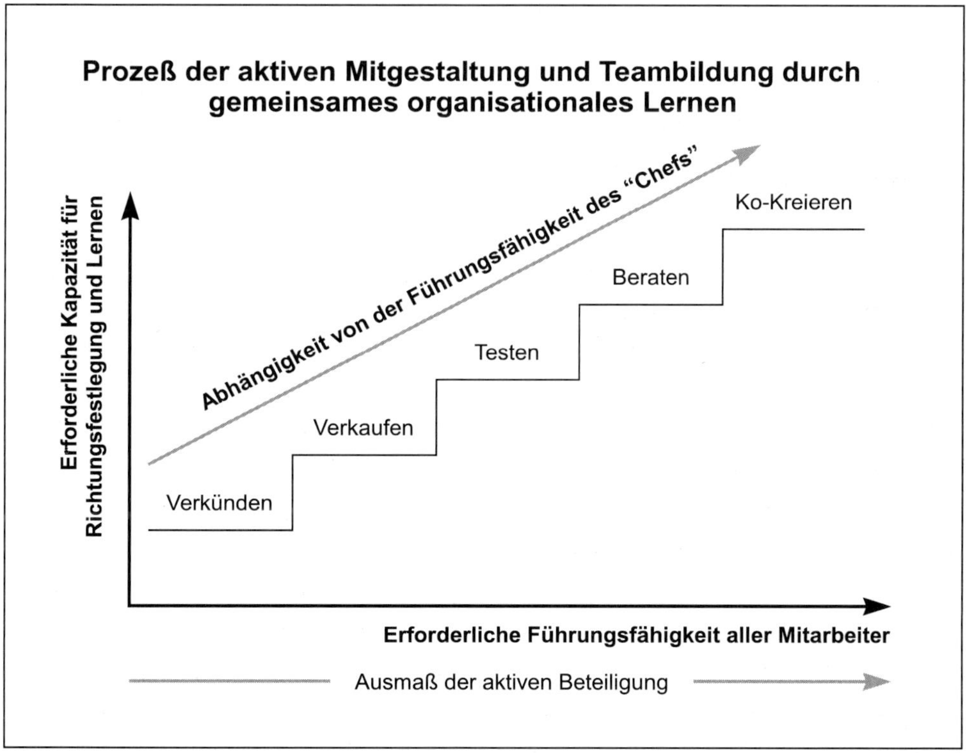

Abbildung 5-3

Der Workshop hatte ein gewisses Maß an Öffnung bewirkt, aber gleichzeitig polarisiert. Man war jedoch bereit, sich auf ein Spiel einzulassen, dessen Ergebnis noch nicht absehbar war. Wir hatten eine kreative Spannung erzeugt, die notwendig ist, um den Prozeß der Visionsbildung in Gang zu setzen.

Alle Teammitglieder wurden aufgefordert, dieselbe Übung in ihren Ressorts mit ihren Mitarbeitern durchzuführen, so daß ein weiterer Kreis von Betroffenen in den Prozeß eingebunden würde. Wir machten zur Auflage, entlang des erarbeiteten Rahmens weitere Ideen, Gedanken, Meinungen aufzunehmen und zu diskutieren – wohl wissend, daß dies erst der Anfang eines langen Weges war, der vom bloßen Verkünden einer durch Wenige erarbeiteten Vision wegführen sollte, hin zu einem Prozeß der aktiven Mitgestaltung, und *von Einzelinteressen zu Teaminteressen* (siehe Abbildung 5-3).

2. In Systemen denken

Jörg Schiele

Ich weiß, daß ich nichts weiß

Unser Leben, Denken und unternehmerisches Handeln wird in starkem Maß durch Zufälligkeiten, Impulse und Informationen bestimmt, die oft scheinbar in keinem inneren Zusammenhang stehen. Wie Carl Sagan in seinem Vorwort zu Stephen Hawkings faszinierender Reise durch die Welt der Physik schreibt,[4] „... bewältigen wir unseren Alltag fast ohne das geringste Verständnis der Welt". Es scheint unser Schicksal in unserer hochzivilisierten Welt zu sein, daß wir Zusammenhänge nur unvollständig und bruchstückhaft erkennen und die Vielzahl der Informationen nur ansatzweise aufnehmen und interpretieren können. Gleichzeitig reagieren wir ständig auf alle diese scheinbaren Zufälle und Informationen. Sie prägen unser oftmals inkrementalistisches Vorgehen. Sie sind Grundlage für unser Handeln. Jeweils für einen kurzen Moment und in einem kleinen Zeitfenster versuchen wir, ihre Kausalitäten zu erkennen, zu deuten und unsere Entscheidungen aus dem aktuellen Blickwinkel heraus zu objektivieren.

Es ist offenkundig, daß je nach Perspektive und Betrachtungsweise dessen, was wir wahrnehmen, die Informationen, aus denen wir Schlüsse ziehen, unterschiedlichen Deutungsmustern unterliegen. Gleiche Informationen können sehr vielfältig wahrgenommen werden, je nachdem, welche Kategorien oder Gedankenmodelle zur Interpretation herangezogen werden. Wir müssen akzeptieren, daß es fast unmöglich ist, unser Handeln und Entscheiden auf der Basis vollständiger Informationen und eines umfassenden Verständnisses aller Kausalitäten zu treffen, geschweige denn, die Auswirkungen unseres Handelns in die Zukunft zu projizieren. Genaugenommen erhöhen wir mit jedem Versuch, alle Zusammenhänge zu begreifen und zusätzliche Informationen zu sammeln und auszuwerten, das Entscheidungschaos, da jede falsch interpretierte Annahme zwangsläufig dazu führt, auch alle anderen Annahmen revidieren zu müssen.

---

4 Vgl. Hawking, S.: Eine kurze Geschichte der Zeit; Reinbek bei Hamburg 1988.

Betrachtet man die volkswirtschaftlichen Rahmenbedingungen des Standorts Deutschland, so kommt – schenkt man den Zeitungen und den Äußerungen von Politikern, Unternehmern und Gewerkschaften Glauben – nur wenig Zukunftsoptimismus auf. Neben Wettbewerbsnachteilen durch hohe Lohn- und Lohnzusatzkosten und Steuerbelastungen sehen deutsche Unternehmer vor allem zunehmende Leistungsschwächen bei Produktinnovationen und in der fehlenden Umsetzung von Forschungs- und Entwicklungsergebnissen. Gleichzeitig sind die Zukunftserwartungen der meisten Unternehmen durchaus positiv. Laut einer repräsentativen Umfrage von Prognos zum Standort Deutschland aus dem Jahre 1996 erwarten Unternehmen fast aller großen Branchen eine steigende Nachfrage nach ihren Produkten und sehen sich durchaus für den Wettbewerb gerüstet.

Verfolgt man die Standortdiskussion aufmerksam, so sieht man das vielfältige Geflecht wechselseitiger Beziehungen und Abhängigkeiten, und erneut sind Blickwinkel und Sichtweisen entscheidend für die mögliche Interpretation der Ergebnisse. Was bedeutet diese Erkenntnis aber für unsere Arbeit, für unser Handeln in unserem beruflichen Umfeld und darüber hinaus?

Zusammenhänge verstehen

Auf die Frage an einen mittelständischen Unternehmer, wie es ihm gelungen sei, sein in den siebziger Jahren gegründetes Unternehmen auf hohem Renditeniveau in die Umsatzmilliarde zu führen, antwortete dieser: „Mit Herz, Grundsätzen und Instinkt."

Herz war für ihn gleichbedeutend mit einem hohen Respekt für seine Mitarbeiter und deren Anliegen und Bedürfnisse. Auf Außenstehende wirkte es stets überraschend, wie viele Mitarbeiter dieser Mann persönlich kannte, unabhängig von der Dauer der Firmenzugehörigkeit oder Funktion. So informierte sich dieser Unternehmer regelmäßig in Gesprächen mit Führungskräften über Mitarbeiter, potentielle Nachwuchskräfte und auch über deren persönliche Belange. Der Personalleiter war gebeten, über besondere Fälle auch im persönlichen Umfeld einzelner Mitarbeiter zu berichten. Gleichzeitig reservierte er sich jeden Tag Zeit für einen Gang durch das Unternehmen und für Gespräche mit Mitarbeitern, ebenso wie er alle Standorte des Unternehmens mindestens einmal im Jahr besuchte.

Seine *Grundsätze* spiegelten sich in klaren Handlungsmaximen wider. Es gab Spielregeln unternehmerischen Handelns, die jeder kannte. Um einige zu nennen:

- Wir wollen eine Mindestrendite von x Prozent erwirtschaften, um Wachstum aus eigener Kraft realisieren zu können.
- Investitionen werden dann getätigt, wenn sie (neben den Renditezielen) Arbeitsplätze erhalten oder neue Arbeitsplätze schaffen.
- Mitarbeiter werden am Erfolg gemessen.
- Wir bekämpfen keinen Wettbewerber, sondern überzeugen unsere Kunden durch unsere Produkte und Dienstleistungen.

Sein *Instinkt* aber bestand in dem Vermögen, sein Unternehmen, dessen Organisation und Absatzmärkte als System zu verstehen. Er besaß eine unglaubliche Fähigkeit, in Wirkungszusammenhängen zu denken und zu handeln, sowie eine außergewöhnliche Vorstellungs- und Abstraktionskraft. Dieses Erfassen der Zusammenhänge vertiefte er durch einen sehr regen und interessierten Austausch mit seinen Mitarbeitern – dies auch in Bereichen, die nicht unbedingt seinen eigenen Fähigkeiten entsprachen. Zu seinen Absatzmärkten hielt er nicht nur über die Vertriebsorganisation Kontakt, sondern auch durch direkte Gespräche mit Kunden, die er regelmäßig besuchte.

Die moderne Betriebswirtschaftslehre stellt mittlerweile eine ganze Reihe von Führungs- und Entscheidungsinstrumenten zur Verfügung, die helfen, ein Unternehmen als System zu verstehen und zu steuern. Dies gilt besonders für die Bereiche, in denen Ergebnisse meßbar und quantifizierbar sind. Auf dieser Basis haben sich in den letzten zehn Jahren viele Unternehmen von Grund auf erneuert, beispielsweise durch:

- die ergebnisorientierte Anpassung von Organisationsstrukturen durch Einrichtung von Profit-Center-Modellen;
- den Ausbau des Controllings und der internen Kosten- und Leistungsrechnung als Grundlage der Unternehmenssteuerung;
- die Systemunterstützung von Entscheidungen durch prozeßorientierte Softwarelösungen, die helfen, Unternehmensabläufe abzubilden und zu steuern.

Trotzdem ist immer wieder ein Mangel der Fähigkeit, in Systemzusammenhängen zu denken und zu handeln, festzustellen. Der Eindruck ist nicht von der Hand zu weisen, daß das durch bessere Steuerungsmechanismen ermöglichte Systemverständnis nicht immer mit dem Nutzen korreliert, den die Unternehmen aus den verbesserten Entscheidungshilfen zu ziehen verstehen. Dabei kann Systemdenken helfen, aus gegebenen Informationen und einem effizienteren Zusammenspiel der unterschiedlichen Bereiche eines Unternehmens, innovative und ungewohnte Lösungsansätze für Problemfelder zu entwickeln. Einige Grundvoraussetzungen scheinen dafür allerdings notwendig zu sein:

- Um ein Unternehmen als System zu verstehen, muß man die kollektive Intelligenz des Unternehmens nutzen. Es gibt nicht „den" Mitarbeiter, der alle Kausalzusammenhänge beschreiben kann.
- Teamdenken scheint ein sehr wesentliches Erfolgskriterium zu sein, um systemisches Denken zu ermöglichen. Je größer die Bestrebungen zu Machterhaltung und das Verharren auf hierarchischem Denken, desto geringer sind die Fähigkeiten des Unternehmens, Systeme zu begreifen.
- Es müssen Werkzeuge entwickelt werden, um Zusammenhänge zu visualisieren. Dies ist notwendig, um aus bekannten Verknüpfungen zu lernen und neue Zusammenhänge darzustellen.

Wie aber können diese Werkzeuge entwickelt und wie können sie angewandt werden, um einen Beitrag zur Steigerung der Innovationsfähigkeit und zu den Veränderungsprozessen zu leisten?

Systemdenken – angewandt

Es gibt viele Ansätze, um Systemdenken zu fördern. Hinter dem Begriff Systemdenken verbirgt sich eine Vielzahl von teilweise synonymen, teilweise überlappenden Prinzipien und Anwendungsgebieten, wie System-, Spiel-, Chaos-, Gestalttheorie oder Kybernetik. Generell kann man vier Ansätze unterscheiden, mit deren Hilfe sich Systeme analysieren lassen:

- Kreativitätstechniken,
- „Dynamic Thinking",
- „Structural Thinking",
- computer-basierte Simulationen.

Probleme aufspüren – ein Fallbeispiel

Ein Dienstleistungsunternehmen, das sehr erfolgreich im Markt agiert, konnte in den vergangenen Jahren überdurchschnittliche Wachstumsraten erzielen. Die angebotenen Dienstleistungen waren für ihren hohen Innovationsgrad bekannt, das Produktmanagement galt als vorbildlich. Allerdings machten sich erste Anzeichen der Stagnation bemerkbar, obwohl der Markt insgesamt weiter wuchs: Die Renditen gingen bei steigendem Umsatz zurück, gleichzeitig schienen alle Bereiche des Unternehmens bis an ihre Kapazitätsgrenze ausgelastet und wollten ihre Ressourcen ausbauen. Wir erhielten den Auftrag, Ertragssteigerungs- und Kostensenkungspotentiale aufzuzeigen und Konzepte zu entwickeln, wie die Organisation effizienter auf die Bedürfnisse der Kunden und Märkte ausgerichtet werden konnte.

Eine Analyse der angebotenen Dienstleistungen und Produkte ergab zunächst, daß durchaus ein interessantes Wachstumspotential bestand und durch einen weiteren Ausbau der Dienstleistungspalette nicht nur zu erschließen war, sondern von den bestehenden Kunden regelrecht eingefordert wurde. Gleichzeitig deckten Interviews mit wichtigen Kunden auf, daß es insbesondere mit der Servicequalität des Klienten zunehmend Probleme gab und sie die weitere Gestaltung der Geschäftsbeziehungen sehr stark von der Verbesserung der Qualität abhängig machen wollten. In einem Polaritätenprofil ließen sich die Lücken zwischen Serviceangebot und -nachfrage deutlich aufzeigen.

Der nächste Schritt bestand in einer klassischen Aufgaben-Struktur-Analyse, bei der die Aufgaben und Leistungen einzelner Funktionsbereiche unter dem Blickwinkel einer Kosten-Nutzen-Betrachtung[5] beurteilt wurden. Dazu wurde das Unternehmen in einzelne Funktionsbereiche oder Analyseeinheiten zerlegt, für die wir gemeinsam mit den Mitarbeitern des Unternehmens die wahrgenommenen Aufgaben, erbrachten Leistungen und deren meßbare Kenngrößen erfaßten. Hierbei bezogen wir sowohl die Bereiche, die die angebotenen Dienstleistungen „produzierten", als auch alle Overheadbereiche mit ein. So wurden zum Beispiel Art, Menge und Qualität der angebotenen Services erfaßt, ebenso wie der Aufwand, der im indirekten Bereich durch Fakturierung der abzurechnenden Leistungen entstand. Parallel erar-

5 In diesem Falle galt: Nutzen = Kundennutzen.

beiteten wir in mehreren Workshops die wesentlichen wertschöpfenden Kernprozesse und administrativen Abläufe des Unternehmens, wobei wir festhielten, welche Analyseeinheiten in welche Prozeß- bzw. Ablaufschritte eingebunden waren. In einer Matrix ließen sich so Aufgaben, Prozeßschritte und Aufwand miteinander verknüpfen.

Als Ergebnis dieser Methode gewinnt man schnell und übersichtlich Ansätze für die Ablaufoptimierung und zur Reduzierung nicht wertschöpfender Tätigkeiten. Zieht man Benchmarks heran, können weitere Rückschlüsse über das Effizienzpotential einzelner Leistungen abgeleitet werden.

Die Unruhe im Projektverlauf nahm zu, als ersichtlich wurde, daß nur dann Spielraum für Ertragssteigerungen erschlossen werden konnte, wenn Organisationsstrukturen grundlegend verändert wurden. Zwar konnten die meisten der Analyseeinheiten sehr plausibel nachweisen, warum der Aufwand für bestimmte Tätigkeiten notwendig war und welchen Beitrag sie an den wertschöpfenden Kernprozessen leisteten, doch war es in den gegebenen Strukturen ohne einen erheblichen Mehraufwand an Personal schwerlich möglich, neue Dienstleistungen anzubieten. Auch bei den existierenden Prozessen blieben die Verbesserungsmöglichkeiten in der gegebenen Struktur eher marginal. Es war klar, daß sich die Wünsche und als berechtigt empfundenen Anforderungen der Kunden auf der einen und die organisatorischen Rahmenbedingungen auf der anderen Seite deutlich widersprachen. Doch wo lag der Hebel?

Wir versuchten mit Hilfe von Systemmodellen, eine Antwort auf diese Frage zu finden, und prüften mehrere Arbeitshypothesen. Zur Lösung führte schließlich ein Grundmuster, das Daniel H. Kim, einer der Vordenker im Bereich der System-Diagnose, als „Limits to Success“ bezeichnet. Stark vereinfacht läßt sich dieser Archetypus[6] wie folgt darstellen (siehe Abbildung 5-4).

Bei diesem Systemmodell führen kontinuierliche Anstrengungen in einer Wachstumsphase zu stetig verbesserter Leistung und damit zu zunehmendem Erfolg im Markt. Langfristig aber stößt das System, wie im Falle der Organisation unseres Klienten, an Grenzen. Es kommen gegenläufige Kräfte ins Spiel, und immer größere Anstrengungen sind notwendig, um die geforderte Leistung zu erbringen. Der Motor kommt, bildlich gesprochen, ins Stottern.

---

6 Weitere solcher Grundmuster in Senge, P.: The Fifth Discipline; New York 1994.

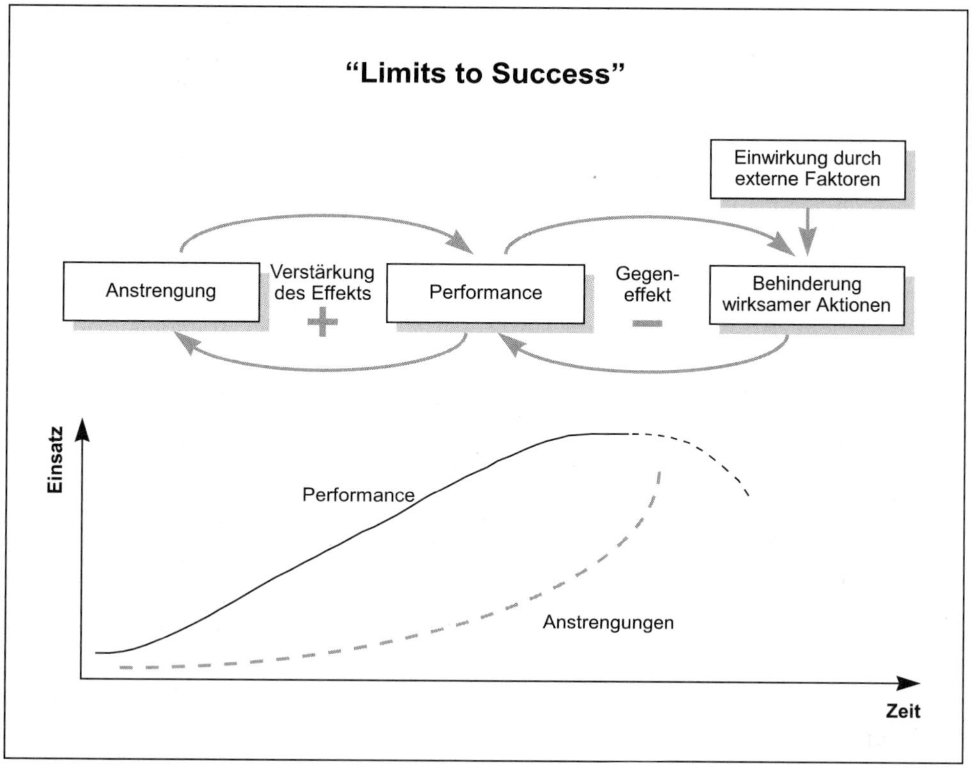

Abbildung 5-4

Wie in vielen schnell wachsenden Unternehmen, so führte auch bei unserem Klienten der Markterfolg zu fortschreitender organisatorischer Zellteilung. Zurückzuführen war dies auf ein System von Anreizen, das zu Beginn der Wachstumsphase hervorragend funktioniert hatte:

- Es wurde ein Renditeziel für alle angebotenen Dienstleistungen vorgegeben.
- Gekoppelt an dieses Ziel waren Position und Bandbreite des möglichen Gehaltes für Mitarbeiter.
- Solange die Renditeziele erreicht wurden, durften Organisationseinheiten personell nach eigenem Gutdünken des Ressortleiters ausgestattet werden.

Hier setzten nun die wesentlichen limitierenden Faktoren ein:

- Der Erfolg während der Boomphase führte zu Personalwachstum. Es wurde notwendig, für erfolgreiche Mitarbeiter neue Entfaltungsmöglichkeiten zu schaffen.
- Es kam zu organisatorischer Zellteilung. Dienstleistungen wurden „entkoppelt", um neue Produktbereiche einführen und damit den guten Mitarbeitern bessere Positionen und Gehälter anbieten zu können. Die Verantwortungsbereiche wurden immer spezifischer.
- Kundenportfolios wurden diversifizierter, der interne Koordinationsaufwand stieg. Es wurde mehr Personal benötigt. Das Unternehmen wuchs in die Breite.

Der Schneeballeffekt ist offensichtlich: In diesem Unternehmen mit knapp 700 Mitarbeitern gab es neben den drei Geschäftsführern fünf Bereichsleiter, 18 produktverantwortliche Ressortleiter und etwa 72 Sachgebietsleiter sowie des weiteren einen Bereichsleiter, der zusammen mit drei Ressort- und neun Sachgebietsleitern für den kaufmännischen Bereich verantwortlich war. Durch die übermäßige Verteilung des Angebotes auf unterschiedliche Ressorts, hatten die Kunden vertikal und horizontal zu viele Ansprechpartner innerhalb des Unternehmens.

Veränderungen systematisch angehen

Den Ausweg bot nur eine neue Organisationsstruktur. Doch dies sollte keine isolierte oder am grünen Tisch entwickelte Lösung sein, weil das mit großer Wahrscheinlichkeit zu neuen Hemmnissen innerhalb der Organisation geführt hätte.

Wir baten deshalb die Geschäftsführer, Bereichs- und Ressortleiter zu einer Gruppensitzung, an der 24 Führungskräfte teilnahmen. Dort faßten wir die bisherigen Ergebnisse kurz zusammen und erläuterten die Überlegungen zur Notwendigkeit einer neuen Organisationsstruktur. Gleichzeitig sagten wir, daß wir noch keine Vorstellung hätten, wie diese auszusehen habe. Die einzigen Rahmenprämissen waren:

- Steigerung der Produktivität um mindestens 20 Prozent,
- kein Mitarbeiterabbau,
- Besitzstandsicherung gehaltlich, jedoch nicht hierarchisch.

Daraufhin sollte zunächst jeder Teilnehmer in 20 Minuten seine Idealstruktur auf ein Blatt Papier skizzieren (die Zeit mußte strikt eingehalten werden). Danach sollten sich acht Gruppen zu je drei Teilnehmern in beliebiger Zusammensetzung finden. Diese Gruppen hatten nun 30 Minuten Zeit, ihre individuellen Vorschläge zu diskutieren und sich auf eine gemeinsame Idealstruktur zu einigen. In einem weiteren Durchlauf wurde dieses Vorgehen mit vier Gruppen à sechs Personen und 45 Minuten Zeit wiederholt. Die Spielregeln wurden nur insofern geändert, als jede Gruppe aufgefordert war, einen Sprecher zu bestimmen und sich drei Minuten Zeit zu reservieren, um nach Beendigung der Diskussion ihr abschließendes Konsensmodell auf ein Flipchart zu zeichnen.

Während die Gruppen arbeiteten, bereiteten wir den Raum für die letzte Runde vor. In einen Mittelkreis stellten wir sechs Stühle, 18 weitere in einen größeren Kreis außenherum. Nach Ablauf der 45 Minuten nahmen die vier Sprecher der Arbeitsgruppen in dem Mittelkreis Platz – alle anderen saßen im Außenkreis –, und jeder der Sprecher stellte das Endmodell seiner Gruppe vor. In der anschließenden Diskussion galt es, sich auf ein letztes Modell, das Konzentrat aller individuellen Vorschläge, zu einigen. Um ausufernde Diskussionen zu vermeiden, besaßen nur die Gruppensprecher direktes Rederecht; der erweiterte Kreis sollte die Diskussion verfolgen. Allerdings konnte jeder Teilnehmer aus dem Außenkreis einen der zwei freien Plätze einnehmen und einen einminütigen Diskussionsbeitrag beitragen, nach dem er wieder in den Außenkreis zurückkehren mußte.

Nach weiteren 60 Minuten hatten sich die Teilnehmer auf ein endgültiges Modell geeinigt. Das Resultat war beeindruckend: Alle Strukturvorschläge der letzten Runde sahen eine Auflösung der Bereichsleitungen, die Reduktion auf sieben Ressortleitungen (zukünftig Produktteams) und eine Verminderung der Sachgebiete um 40 Prozent vor. Dabei stand im Hintergrund die Überlegung, alle Prozesse kundenorientiert nach in engem Zusammenhang stehenden Dienstleistungen zu bündeln. Es wurde beschlossen, ein Konzept zu entwickeln, das unabhängig von Funktion und – noch wichtiger – vorhandenen Positionen drei Karrierezonen vorsah, innerhalb derer es eine gehaltliche Bandbreite geben sollte, die Differenzierungs- und Entwicklungsmöglichkeiten zuließ.

Basierend auf diesen Vorschlägen wurde das Konzept weiter entwickelt und mit diesen Eckpfeilern nach vier Wochen verabschiedet und umgesetzt.

Natürlich blieben noch eine Reihe offener Punkte zu klären, doch hierbei konnte aus einem wertvollen Ideenfundus geschöpft werden. Ein angenehmer Nebeneffekt der Vorgehensweise lag nämlich darin, daß wir über 24 Einzelvorschläge, acht Vorschläge der Dreiergruppen und vier der Sechsergruppen verfügten und bei der späteren Detaillierung auf die Mitarbeiter, die sie entwickelt hatten, zurückgreifen konnten. Die Neuorganisation wurde innerhalb eines halben Jahres vollständig umgesetzt und alle relevanten Prozesse angepaßt. Die Produktivität stieg im folgenden Jahr um ca. 25 Prozent; die Kundenzufriedenheit erhöhte sich signifikant.

Dieses Beispiel zeigt, wie Systemverständnis und Systemdenken helfen können, Veränderungsprozesse anzustoßen, um aus scheinbar festgefahrenen Situationen herauszukommen. Bei diesem Vorgehen ist es äußerst hilfreich, sich grundsätzlich vier Fragen zu stellen:

- Welcher Archetypus von Entwicklungswiderstand kennzeichnet unsere Organisation, welche Systemmuster lassen sich identifizieren und beschreiben?
- Welchen typischen Veränderungspfaden folgt unser System beim Übergang von einem Archetypus in den anderen, und welche Qualität weist die Veränderung auf?
- Was sind die Auslöser für die Veränderungen?

Und schließlich, aber nicht zuletzt:

- Wie können wir die Systemdynamik nachhaltig zu unserem Vorteil verändern?

3. Team Learning

Vernetzte Teams lernen schneller

Lernen ist ein Prozeß der Herausbildung von mentalen Modellen, in dessen Verlauf sich Menschen Kenntnisse und Wissensstrukturen aneignen und einprägen. Dies kann bewußt oder unbewußt ablaufen; immer jedoch findet eine aktive Mitwirkung der Betreffenden statt, denn Wissen ist vernetzte, strukturierte und gewichtete Information.

Das Sammeln und Speichern von Informationen sind die ersten Schritte in diesem Lernprozeß, der erst dann abgeschlossen ist, wenn die Informationen zu einem späteren Zeitpunkt genutzt werden können. Dazu müssen die erworbenen Informationen organisiert und strukturiert werden. Erfolgreich ist der Lernprozeß erst dann, wenn das erworbene Wissen Verhalten vorteilhaft beeinflußt und wenn durch geschickte Kombination unter Nutzung von Kreativität neue Einsichten erzeugt werden.

Lernen ist, obgleich ein individueller Vorgang, letztlich nur in einem sozialen Umfeld denkbar. Wir lernen vom Wissen anderer und nutzen das Erlernte für unsere Zwecke. Diese Übertragung von Wissen geschieht durch Kommunikation. Somit läßt sich ein erfolgreicher Lernprozeß in vier Komponenten beschreiben:

- Erwerb und Sammlung von Information,
- Speicherung und Organisation von Information,
- Generierung von Wissen,
- Kommunikation von Wissen.

Diese vier Komponenten findet man bei allen Lernprozessen, natürlich auch bei denen, die in sozialen Organisationen und damit insbesondere in Teams und Arbeitsgruppen stattfinden.

Lernprozesse werden seit jeher durch Hilfsmittel unterstützt und intensiviert, bei denen die geeignete Aufbereitung und Strukturierung von Information sowie die geschickte Kommunikation von Wissen durch parallele Ansprache verschiedener Sinne eine wichtige Rolle spielen. Eines der größten Handicaps menschlichen Lernens, nämlich die beschränkte individuelle Aufnahmefähigkeit, wird durch externe „Informationsspeicher“ wie zum Beispiel Bücher und Bibliotheken in gewissen Grenzen kompensiert.

Die elektronische Informations- und Kommunikationstechnik (IT) stellt dem menschlichen Lernen eine Fülle von Hilfsmitteln bereit, die neue quantitative und qualitative Dimensionen des Wissenserwerbs, der Speicherung, der Generierung und der Kommunikation eröffnen. Diese Hilfsmittel erweitern den „Lernradius“ von Individuen erheblich, finden jedoch stets ihre natürliche Grenze in den biologischen Beschränkungen der einzelnen Person. Ihre volle Wirksamkeit entfalten diese Hilfsmittel und Werkzeuge erst als Katalysator in den Lernprozessen von Teams und Arbeitsgruppen. Zu nennen sind insbesondere

- Telefon und Mobilfunk,
- Electronic Mail,
- Groupware,
- Workflow-Management,
- Internet/Intranet,
- Expertensysteme/Künstliche Intelligenz,
- Data Warehousing,
- Videoconferencing.

Die spezifischen Leistungsmerkmale des Telefons für die Lernbeziehung zwischen Menschen, insbesondere die Arbeit in Teams, sind so bekannt, daß die grundlegenden Nutzungsmöglichkeiten hier nicht weiter ausgeführt werden müssen. Das Telefon zeigt, wie technische Neuerungen, in diesem Fall durch Einführung des Mobilfunks, geradezu eine Renaissance des Mediums herbeiführen können und über verbesserte Kommunikationsmöglichkeiten letztlich zu neuen Kommunikations- und Kooperationsmustern führen.

Electronic Mail

Electronic Mail (kurz: E-Mail) überträgt das Konzept der traditionellen Papierpost auf die IT. Es handelt sich um eine asynchrone Punkt-zu-Punkt-Kommunikation (im Gegensatz zur synchronen Kommunikation per Telefon oder Videokonferenz). Zwischen dem Zeitpunkt des Nachrichtenversandes und dem des Nachrichtenempfangs liegen Transport- und Wartezeiten. Gegenüber der Papierpost hat E-Mail eine ungleich höhere Transportgeschwindigkeit, die eine Übermittlung in Sekunden oder, in Zeiten starker Netzbelastung, in Minuten ermöglicht. Das Schrumpfen der Transportzeit praktisch auf Null erlaubt eine schnelle Reaktion der Beteiligten. In einem Team können Informationen mit hoher Geschwindigkeit weltweit ausgetauscht werden.

Die Asynchronität der Kommunikation erscheint zunächst als Nachteil; tatsächlich ist sie in vielen Fällen sogar ein Vorteil. Denn die Partner können erfolgreich miteinander kommunizieren, obgleich sie unterschiedliche Zeitfenster wählen oder wählen müssen. Das können zum Beispiel unterschiedliche Arbeitszeiten zwischen Innendienst und Außendienst, zwischen Verwaltung und Produktion sein. Weltweit kooperierende Teams können die Zeitverschiebung geschickt ausnutzen. Im Unterschied zum Telefon geht keine Zeit mit dem erfolglosen Anwählen des Gesprächspartners verloren, und der Adressat kann die eingegangenen Nachrichten zu einem Zeitpunkt lesen, der ihm günstig erscheint und Phasen intensiver Arbeit nicht beeinträchtigt.

E-Mail ist der erste Schritt in die IT-gestützte Teamarbeit. Die beschränkte Funktionalität ermöglicht die einfache Handhabung und leichte Erlernbarkeit. Die Schnelligkeit des Nachrichtentransportes, die nahtlose Integration in vorhandene Arbeitsplatzumgebungen (PC), komfortable Adressierung, die Möglichkeit, Nachrichten per Verteiler an Gruppen zu versenden, und nicht zuletzt die Vermeidung erfolgloser telefonischer Kontaktaufnahmen bedeuten einen konkreten Nutzen, der schnell realisierbar und damit akzeptanzfördernd ist. Wie wichtig aus Benutzersicht die Kommunikationsfunktion ist, zeigen praktische Erfahrungen zum Beispiel bei der Einführung von Vertriebsinformationssystemen; in einem konkreten Fall war die integrierte E-Mail-Funktion Basis der Akzeptanz des gesamten Systems in der Außendienst-Organisation des Unternehmens.

Unter Effizienzgesichtspunkten hat die asynchrone Kommunikation per E-Mail weitere positive Folgen: Der schriftliche Charakter der Mitteilung führt zu konzentrierter und durchdachter Äußerung; Qualität und Sachorientierung der Kommunikation nehmen zu. Gerade in internationalen und mehrsprachigen Teams erlaubt die schriftliche Äußerung, Informationsverluste durch

Sprachbarrieren der Teammitglieder zu vermeiden oder doch wenigstens zu reduzieren. Darüber hinaus sind E-Mail-Systeme nicht nur für den reinen Nachrichtenaustausch geeignet, sondern können in der Regel auch andere elektronische Dokumente (Dateien) transportieren, die der Empfänger – im Unterschied zum Fax – sofort auf seinem PC weiterverarbeiten kann.

Groupware

Groupware ist – wie der Name besagt – Software für Gruppen bzw. Teams. Es handelt sich hier um spezielle Anwenderprogramme, die das gemeinsame Benutzen und Bearbeiten von Datenbeständen durch Gruppen von Benutzern unterstützen. Die Kernelemente sind zentrale Datenbestände (auf sogenannten Host-Rechnern oder Servern), auf die dezentrale Benutzer (als Clients) zugreifen können, so daß man in diesen Fällen von Client-Server-Strukturen oder -netzarchitekturen spricht. Hinzu kommen Funktionen, die eine gezielte Suche von Informationen im gesamten Datenbestand, oder Teilen davon, erlauben (Recherche-Algorithmen).

Groupware muß als das wesentliche Werkzeug angesehen werden, um die Arbeit von Gruppen und Teams per IT zu unterstützen. Der zentrale Datenbestand ist das gemeinsame Teamgedächtnis und die Wissensbasis. Jedes Wissen, das als Input von einem Teammitglied eingestellt wird, steht den anderen praktisch sofort zur Verfügung – unabhängig von Geographie und Zeitzone. Dabei sind die schwache Strukturierung und fehlende Spezialisierung die Stärke von Groupware: Jedes Team kann seine spezifische Infrastruktur zur Speicherung von Wissen, zur Auswertung und Generierung von Wissen sowie zur Kommunikation von Wissen aufbauen und betreiben.

So läßt sich Groupware in Unternehmen bei F & E-Aktivitäten, in der Marketingunterstützung, für allgemeine Mitarbeiterinformationen (Organisationsanweisungen etc.), bei der Unterstützung von Projektarbeit, für verschiedenste Arten von Dokumentation, in der Öffentlichkeitsarbeit und vieles andere mehr nutzen. Verfahrens- und Qualitätshandbücher, sogenannte Bulletin-Boards, Ideenbörsen, Stellenbeschreibungen und -ausschreibungen etc. sind weitere Beispiele, in denen „weiche“ Daten in Groupware-Datenbanken abgelegt und für alle Mitarbeiter zugänglich gemacht werden können. Es gibt Beispiele von großen Organisationen, die in solche Systeme praktisch ihr gesamtes Know-how einstellen, zum Beispiel Beratungsunternehmen, die in solchen Systemen ihre Kundendaten und ihre gesamten Projekterfahrungen speichern. Durch die Recherche-Funktionen sind selbst große Datenbestände nach bestimmten Begriffen bzw. Kombinationen von Begriffen in relativ kurzer Zeit auswertbar. Falls erforderlich, können die Zugriffsrechte aber auch administriert und die Nutzung bestimmter Daten nur auf berechtigte Gruppen oder Personen beschränkt werden.

Workflow-Management

Eng mit dem Begriff der Groupware ist der des Workflow-Management verknüpft. Bei konkreten Softwareprodukten sind die Grenzen fließend, jedoch ist die Grundidee eine völlig andere. Workflow ist die Automatisierung der Ablaufsteuerung von vorgegebenen und wiederholt auftretenden Bearbeitungsvorgängen an verschiedenen, vernetzten Arbeitsplätzen. Standardisierte Dokumente werden aktiv vom System entlang einer vorgegebenen Kette von Benutzern transportiert, die jeweils das Dokument in bestimmter Weise zu bearbeiten haben. Beispiele sind die Bearbeitung von Kredit- oder Versicherungsanträgen und Reisekostenabrechnungen. Bei Groupware hingegen muß der Benutzer aktiv werden, bevor Bearbeitungsvorgänge an andere Mitarbeiter abgegeben werden.

Workflow-Management ist daher keine Technologie, die Lernprozesse von Teams unterstützt, sondern ein Werkzeug zur strukturierten Vorgangsbearbeitung. Dadurch, daß sie von Routinetätigkeiten entlastet, kann sie helfen, die Kapazitäten des Teams für die eigentliche inhaltliche Arbeit freizuhalten.

Internet/Intranet

Das weltweite „Netz der Netze“ (Internet) und die auf dieser nicht-proprietären Technologie aufgebauten Unternehmensnetze (Intranet) bilden eine globale und ständig wachsende Kommunikationsinfrastruktur, die die Zusammenstellung von Teams unabhängig von Standort, Zeitzone und Organisationszugehörigkeit erlaubt. Je nach Bedarf können dabei interne und externe Experten punktuell eingebunden werden. Damit bietet sich Unternehmen mehr noch als bisher die Möglichkeit, für eine bestimmte Aufgabe die jeweils besten oder geeignetsten Mitarbeiter auswählen. „Wenn wir auf einen bug[7] stoßen", so beispielsweise der Vizepräsident des amerikanischen Software-Hauses Caldera, Inc., Bryan Sparks, „heuern wir den Fachmann dafür über das Internet an". Über das Internet können Teams zum Beispiel zwischen Produzenten und Lieferanten, Industrie und Handel, Unternehmen und Beratern auf einfache Weise unternehmensübergreifend etabliert werden, und gemeinsame Projekte mit Universitäten, Forschungseinrichtungen, staatlichen Stellen usw. lassen sich ohne wesentliche technisch-organisatorische Probleme durchführen.

Das Internet-Modell prägt – unter dem Sammelbegriff „Intranet" – zunehmend auch die elektronische Kommunikation innerhalb des Unternehmens. Technisch gesehen sind Intranets Inhouse-Netze auf der Basis des Internet-Standards; funktional setzen sie sich als Angleichung der Arbeitswerkzeuge und Anwenderprogramme für die Kommunikation in lokalen und öffentlichen Netzen durch. E-Mail-Programme, Internet-Browser, Groupware- und Workflow-Produkte stehen durch die Angleichung der Standards sowohl für die interne als auch die externe Zusammenarbeit zur Verfügung, und viele Barrieren, die bisher der Telekooperation über die Unternehmensgrenzen hinaus im Wege standen, werden damit ausgeräumt.

Insbesondere erleichtert dies, vorhandenes Wissen unterschiedlichster Stellen und Herkunft aktiv einzubeziehen. Neben den verfügbaren Datenbanken und elektronischen Bibliotheken kann man durch geschickte Nutzung der Diskussionsforen weitere Informationsquellen erschließen. In der flexiblen Vernetzung von Experten und der Vielfalt der nutzbaren Wissensbestände und -potentiale liegt das besondere Potential dieser Technologie, mit Hilfe derer sich die Lernprozesse von Teams sehr viel effektiver und effizienter gestalten und das Innovationspotential signifikant steigern läßt.

Expertensysteme

Expertensysteme sind dem Bereich der Wissensgenerierung zuzuordnen. Sie dienen Einzelpersonen oder Gruppen als verlängerte Werkbank, indem sie das Wissen von Fachleuten und Spezialisten nachbilden und konservieren – insbesondere deren Entscheidungs- und Beurteilungsregeln. Durch geschick-

7 Software-Fehler oder -Problem.

te Pflege und Entwicklung dieses Wissensbestandes läßt sich individuelles Spezialwissen von Einzelpersonen lösen, sogar das Wissen mehrerer Spezialisten kombinieren und so für spezielle Fachgebiete und Fragestellungen ein abstrakter Super-Experte entwickeln. Dieser kann wiederum von Teams zur eigenen Wissensgenerierung eingesetzt werden. So lassen sich durch mehrstufige Wissensaggregation Synergien realisieren, die mit herkömmlicher Zusammenarbeit in Teams praktisch nicht darstellbar wären.

Data Warehousing

Durch den Aufbau, den Betrieb und die Vernetzung von Informationssystemen in den Unternehmen fallen große Mengen von Daten und Informationen an, die neben dem spezifischen Zweck, für die sie erhoben und gespeichert werden, bisher nur unzureichend das darin liegende Potential zur Unterstützung von Entscheidungsträgern nutzen. Vielfach scheitert die Aufbereitung für Betriebs- und Geschäftsfeldanalysen schon am Zugriff, weil die relevanten Informationen in verschiedenen Formaten auf verteilten und heterogenen Datenbanken vorliegen.

Mit dem Konzept des „Data Warehouse" wird derzeit der Ansatz verfolgt, die im Unternehmen dezentral vorhandenen Datenbestände durch Vernetzung zu einem Pool zusammenzufassen, der sich nach außen hin wie eine einheitliche Bibliothek darstellt, und sie so den Abfrage- und Berichtswerkzeugen für mehrdimensionale Analysen zu erschließen.

Zur Hebung dieser „Schätze" gibt es eine Reihe von als „Data Mining" bezeichneten Verfahren, die sich gewinnbringend einsetzen lassen. Typische Anwendungsfälle sind Trendanalysen, Betrugsaufdeckung, Risikobewertung, Maschinenoptimierung, Kundensegmentierung, Warenkorbanalysen und Ergebniscontrolling. Unter den verschiedensten Blickwinkeln und Fragestellungen lassen sich damit relevante Muster in den betrieblichen Datenbeständen finden und in verständlicher Form aufbereiten („In 80 Prozent der Fälle, in denen Brot und Butter gekauft werden, wird auch Milch gekauft", oder „Bei Verkäufen der Produktgruppe Bohrmaschinen an die Kundengruppe Fachhändler in der Region Südhessen sind die Deckungsbeiträge überdurchschnittlich hoch").

Weil Data Warehouse und Data Mining die Formulierung freier Abfragen über wählbare Zeithorizonte ermöglichen, stellen sie für die Teamarbeit äußerst wertvolle Werkzeuge zur Informationsbeschaffung und -auswertung in Projekten dar, etwa um die Entwicklung einzelner Geschäftssegmente plausibel zu bewerten und zu planen.

Videoconferencing

In einer Videokonferenz können sich die Teilnehmer zugleich hören und sehen; sie ist wie das Telefon eine synchrone Kommunikation. Sie erhöht jedoch gegenüber dem Telefon die Kommunikationsintensität. Videoconferencing hat lange Zeit ein Schattendasein geführt, weil die erforderliche hohe Übertragungsleistung nicht oder nur zu hohen Kosten verfügbar war und ein erheblicher technischer Aufwand die Handhabung schwerfällig und umständlich machte, so daß die Technik ihrer Nutzung eher im Wege stand als sie unterstützte. Diese Probleme gehören inzwischen der Vergangenheit an; heute ist Videoconferencing mit dem PC – mit entsprechender Zusatzausstattung – vom Arbeitsplatz aus selbst mit einfachen ISDN-Basisanschlüssen oder über herkömmliche analoge Telefonverbindungen technisch und wirtschaftlich möglich. Die Kopplung mit dem PC ermöglicht gleichzeitig die gemeinsame Bearbeitung von Dokumenten (zum Beispiel Tabellen). Gruppen, bei denen sich die Teammitglieder an verschiedenen Standorten befinden, können auf diese Weise flexibel Meetings abhalten und – mit gewissen Abstrichen an die Bildqualität – so zusammenarbeiten, als würden sich die Beteiligten bei den Projektbesprechungen im selben Raum aufhalten.

Einbettung in die Lernende Organisation

Es ist ein Wesensmerkmal Lernender Organisationen, sich von traditionellen hierarchischen Strukturen zu lösen und flexible Netze von Knowledge-Workers und Teams zu bilden (Abbildung 5-5). Die Informationsarchitektur muß sich parallel dazu entwickeln und die organisatorischen Änderungen reflektieren.

Von Pyramiden zu Netzen

Hierachien auf den Kopf stellen . . . oder Kompetenzen vernetzen

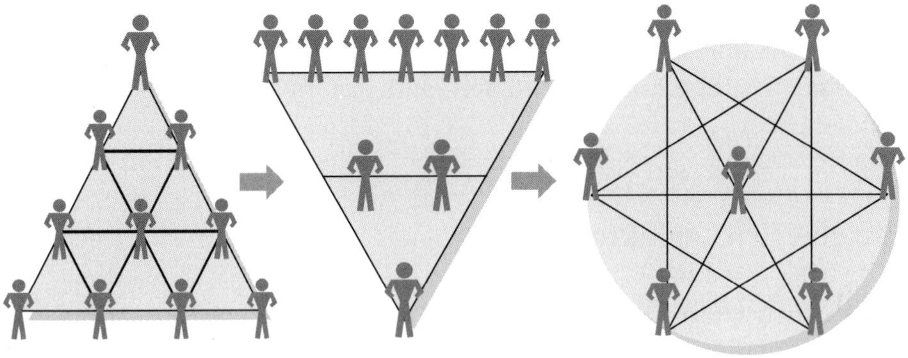

Abbildung 5-5

Die verfügbaren Werkzeuge unterstützen unterschiedliche Komponenten von Lernprozessen

Werkzeuge	Elemente des Lernprozesses			
	Erwerb/ Sammlung	Speicherung/ Organisation	Generierung	Kommunikation
Electronic Mail				■
Groupware	■	■		□
Workflow-Management	□	□		
Intranet/Internet	■			■
Expertensysteme		□	□	
Data Warehousing	■	■	□	
Videoconferencing			□	■

■ = wird besonders gut unterstützt □ = wird auch unterstützt

Abbildung 5-6

Wie in den vorigen Abschnitten ausgeführt wurde, gibt es ein ganzes Spektrum von Werkzeugen, mittels derer sich Mitarbeiter flexibel vernetzen und die Lernprozesse in Teams unterstützten lassen (Abbildung 5-6). In der Praxis kommt es meistens zu einem kombinierten Einsatz. Die einzelnen Produkte sind am Markt verfügbar, und die technische Implementierung stellt keine nennenswerte Hürde dar. Die Kunst des Anwender-Unternehmens liegt aber darin, die informationstechnische Infrastruktur organisch mit der neuen Unternehmensstruktur zu verknüpfen und das richtige Tool-Portfolio zu bestimmen.

Kritische Erfolgsfaktoren

Der erste kritische Erfolgsfaktor für den lernorientierten Einsatz neuer IT-Systeme ist die Berücksichtigung und Beachtung des Entwicklungsstandes, der Interessen und der Wünsche der beteiligten Personen und Gruppen. Während Mitarbeiter vor allem im Dienstleistungsbereich den Einsatz von innovativen Werkzeugen nicht mehr als Bedrohung, sondern schon als Selbstverständlichkeit betrachten, können die Beschäftigten anderer Branchen damit noch völlig überfordert sein. Auch die Haltung der Geschäftsleitung bzw. des Vorstandes spielt eine entscheidende Rolle: Die aktive Beteiligung der Führungskräfte bei der Einführung und die demonstrative Nutzung dieser Werkzeuge, wie zum Beispiel von Groupware-Systemen, setzt ein deutliches Zeichen.

Allein das Zurverfügungstellen der Hard- und Software wird keine oder nur geringe Wirkung zeigen; erst wenn die täglichen Abläufe den Einsatz geradezu erzwingen, werden sich ein ausreichender Nutzungsgrad und die erwünschten Effekte des organisationalen Lernens einstellen. Bei der Neuausrichtung von Geschäftsprozessen sollte darauf geachtet werden, daß in den Systemen keine Medienbrüche auftreten und daß alle Informationen in digitaler Form vorliegen; nur so ist es möglich, daß ein über mehrere Standorte verteiltes Team auf wichtige Informationen in Datenbanken zurückgreifen kann. Bei der Vernetzung geographisch verteilter Gruppen ist es erforderlich, die in der Regel verschieden ausgeprägten Arbeitsabläufe und Prozesse soweit wie möglich zu vereinheitlichen und nur dort, wo notwendig, lokale Ausprägungen zuzulassen.

Ein weiterer Erfolgsfaktor sind ausreichende Systemressourcen in der Gestalt von Bandbreite, Speicher- und Verarbeitungskapazität. Quälend langsame Werkzeuge hemmen nicht nur die Abläufe, wo es gerade auf den Geschwindigkeitsgewinn ankommt, sondern halten die potentiellen Nutzer auch davon ab, die zur Verfügung gestellten Tools überhaupt zu nutzen. Für den Gebrauch bedarf es überdies gewisser Regeln. Spätestens dann, wenn der elektronische Briefkasten eines Nutzers aufgrund von umfangreicher „Junk Mail" überquillt, weil das Weiterleiten und das Vervielfältigen von Nachrichten per Knopfdruck so einfach sind, wird die Effektivität dieses Mediums zum Verhängnis.

Bei der Einführung von Groupware sollten die eingesetzten Datenbanken bereits zu Beginn ausreichend mit Inhalten gefüllt sein; nur so läßt sich sicherstellen, daß aufgrund der Attraktivität schnell eine kritische Masse von Nutzern entsteht. Ist die kritische Masse erst einmal überschritten, dann werden auch die Nachzügler ins Boot gezogen. Zur Pflege und fortlaufenden Aktualisierung bedarf es zum einen einer organisatorisch zuständigen Stelle; zum anderen muß das Anreiz- und Belohnungssystem darauf ausgerichtet werden, daß jeder einzelne Inputs liefert. Dies erfordert ein Umdenken bei den Mitarbeitern, das nicht zu unterschätzen ist, denn bisher (ver-)führen die Belohnungssysteme in Unternehmen häufig dazu, Expertenwissen gegenüber Kolleginnen und Kollegen abzuschotten – im Glauben, dies sichere die eigene Machtbasis und die Erzielung eines höheren Einkommens. Deshalb müssen die Anreiz- und Belohnungssysteme gewährleisten, daß jeder, der sein Wissen in solchen Werkzeugen zur Verfügung stellt, sich dadurch auch besserstellt.

Entscheidend für den Erfolg der oben beschriebenen Werkzeuge ist schließlich, daß sie einfach zu handhaben und flexibel anzupassen sind. Die Nutzer müssen selbst in der Lage sein, neues Wissen einzugeben, individuelle Abfragen durchzuführen oder Abläufe in Workflow-Managementsystemen zu ändern. Müßte man zuvor jeweils Spezifikationen schreiben und Programmierkräfte anfordern, um solche Änderungen vorzunehmen, dann wäre das Wissen bereits veraltet, bevor es genutzt werden könnte.

Auswirkungen

Durch den Einsatz der beschriebenen Werkzeuge wird erreicht, daß relevante Information, die in den Köpfen einzelner gespeichert oder in Datenbanken verschüttet ist, nun allen angeschlossenen Nutzern leichter und schneller zugänglich wird. Damit kann die Generierung neuen Wissens für Innovationsvorhaben auf einem wesentlich höheren Niveau aufsetzen. Die Lernkurve des Sammelns und Auswertens von Erfahrung wird erheblich schneller durchlaufen. Die in der Regel weniger hierarchiebelastete Diskussion führt überdies zu einem Teamgeist, der eine deutliche Steigerung der Produktivität nach sich zieht. Zudem reduziert Wissen, das an allen Stellen der Organisation verfügbar ist, die Notwendigkeit von Kontrollen und gibt deshalb dem einzelnen mehr Freiräume für Kreativität und Eigeninitiative. In einem Groupware-System beispielsweise können sehr leicht Diskussionen geführt werden; entstehen dort innovative Ideen, so können sich diese sehr rasch im Unternehmen verbreiten und auch verantwortliche Stellen erreichen.

Im Endeffekt führt das zu wesentlich besseren Produkten, zu drastisch verkürzten Entwicklungszeiten, zu einer schnelleren Reaktionsfähigkeit auf Marktänderungen und Verringerung der *time-to-market* bei deutlich geringeren Kosten. Auch im normalen operativen Geschäftsbetrieb ergeben sich wesentliche Verbesserungen; so können sich etwa die Sachbearbeiter einer Bank bei der Kreditvergabe mehr um den Kunden kümmern, wenn das unterstützende System eine Bonitätsprüfung aufgrund des gesammelten Wissens vieler Experten vornimmt.

Die deutlichsten Effekte werden sich in den Organisationsstrukturen der Unternehmen zeigen, da nun wieder Kompetenz und Verantwortung in der Person des Entscheiders vor Ort vereinigt werden können. Die Hierarchien werden flacher, und die Rolle von Führungskräften wandeln sich eher in die eines „Support Staff", der einen reibungslosen Ablauf der Prozesse garantiert. Dies wirkt sich gleichermaßen auf die Anforderungen an die Mitarbeiter wie auf die an Führungskräfte aus. Ausschlaggebend wird eine Teamfähigkeit, die (Experten-)Macht zugunsten von (Team-)Wissen aufgibt. Insbesondere für Gesellschaften, deren Kultur vom Individualismus geprägt ist, stellt dies die größte Herausforderung dar.

4. Die Lernende Organisation

Der Prozeß des Lernens umfaßt weit mehr als die Adaption von Wissen. Lernen ist die kreative Anpassung an ein sich veränderndes Umfeld. Die Kosten, die durch Nichtlernen innerhalb eines Unternehmens entstehen, werden üblicherweise nicht erfaßt, und doch stellen sie eines der größten Rationalisierungspotentiale dar, das jeden Controller erregen müßte.

- Ein großes und traditionsreiches deutsches Unternehmen, das unter anderem im Verkehrswesen tätig ist, mußte vor einiger Zeit für die nicht fristgerechte und fehlerfreie Bereitstellung eines Transportsystems an einem deutschen Flughafen eine Konventionalstrafe in der Höhe eines zweistelligen Millionenbetrages zahlen. Zu dieser Summe können in ähnlicher Höhe getrost die internen Kosten der Fehlerbeseitigung gezählt werden: die Überstunden, das zusätzliche Material und die Prioritätenverschiebung zu Lasten anderer Projekte – ganz zu schweigen von den langfristigen Folgekosten des schweren Imageschadens. Dennoch wurde eine Kurzstudie über die Fehlerursachen, zur Vermeidung ähnlicher Pannen in der Zukunft, vom zuständigen Vorstand kurzerhand als „Schnee von gestern" abgelehnt. Unter den Teppich damit.

- Ein weltbekanntes Institut zur Finanzierung und Durchführung von Entwicklungshilfeprojekten läßt eine „cost-efficiency"-Studie erstellen. Die Kostenexperten erfassen auf traditionelle Weise Redundanzen, identifizieren Tätigkeiten von geringem Nutzen und leiten daraus eine prozentuale Kürzung des Globalhaushalts ab. Bei einer Kostenstruktur, die zu 90 Prozent aus Personalaufwendungen besteht, sind erhebliche Freisetzungen und Umschichtungen die zwangsläufige Folge. Die Überraschung des Personals, die Lähmung durch Gerüchte und Diskussionen sowie den offenen und geheimen Widerstand, der prompt einsetzte, lassen sich unschwer nachvollziehen. Dagegen hätte die intensive Einbeziehung der Mitarbeiter bei der Definition der Kernprozesse, die Erarbeitung gemeinsamer Ziele mit Performance-Indikatoren als Lernfaktoren, flankiert mit Ausbildungsmaßnahmen zur Verschiebung der Mitarbeiterrelation zugunsten von Feldeinsätzen in Entwicklungsländern, die Erfolgswahrscheinlichkeit einer nachhaltigen Steigerung der Kosteneffizienz dramatisch erhöht.

- Durch die Privatisierung der ehemaligen Staatsunternehmen Post und Bahn sind Mitarbeiter plötzlich einer neuen und ungewohnten Wettbewerbssituation ausgesetzt. Arbeitsprozesse werden geändert, Reaktionsgeschwindigkeiten erhöht, ein neues Kundenbild geformt. Im Zuge der Umstrukturierungen werden Joint Ventures mit Firmen eingegangen; Mitarbeiter mit langjähriger privatwirtschaftlicher Erfahrung und vormals laufbahnorientierte Angehörige des Öffentlichen Dienstes treffen unvermittelt aufeinander. Den Anforderungen des Verhaltenswandels wird in den Veränderungsprozessen aber kaum Rechnung getragen. Es wird weitgehend erwartet, daß die betroffenen Mitarbeiter von allein umschalten. So erstaunt es kaum, daß der Wandel von vielen Beschäftigten bestenfalls passiv erlebt, nicht aber aktiv getragen wird.

In den letzten fünf Jahren haben weit über tausend Firmenübernahmen und -zusammenschlüsse in der Bundesrepublik Mitarbeiter vor geänderte Arbeitsbedingungen, Kommunikationsmöglichkeiten und Kundenorientierungen gestellt. Das „Sich-einstellen-Können" auf Unvorhergesehenes, erhöhte Aufmerksamkeit für notwendigen Wandel wird mehr und mehr für jeden einzelnen ein kritischer Erfolgsfaktor.

Doch die oben angeführten Beispiele belegen, daß der Unternehmensalltag anders aussieht:

- Fehler verdrängen,
- ungenügendes Einbeziehen von Mitarbeitern für dringende Unternehmensveränderungen,
- mangelndes Verständnis für die Spielregeln von Verhaltenswandel

sind typische Merkmale von nicht-lernenden Organisationen. Auf dramatische Weise werden Chancen verschenkt, innovative Prozesse zu gestalten, aggregiertes Wissen zu nutzen und sich rascher auf neue Wettbewerbsbedingungen einzustellen.

Erfolgreiche Firmen hingegen sind die Meister des Wandels – nicht das Opfer. Sie gestalten die Regeln im Markt. Dazu sind Mitarbeiter nötig, die bereit sind, neue Formen der Zusammenarbeit zu üben, die lernen wollen und die die Kraft zu Veränderungen aus ihrem eigenen emotionalen Engagement schöpfen. Deshalb garantieren „Macher“ in der Firmenspitze heute eher selten den Erfolg; dieser stellt sich weitaus häufiger und nachhaltiger mit Führungskräften ein, deren größtes Talent die Motivations- und Überzeugungskraft ist, mit der sie viele Mitarbeiter zu neuem Verhalten und Handeln führen – gefragt ist *Leadership*.

Lernen in der Organisation

Gruppen und Organisationen sind nicht einfach die Summe ihrer Mitglieder, sondern sie konstituieren sich durch die Beziehungen zwischen den Mitgliedern. Bei Gruppen sind das die Beziehungen zwischen den Individuen, die ihr angehören; bei Organisationen handelt es sich sowohl um die Beziehungen zwischen Einzelpersonen als auch zwischen den Gruppen – beispielsweise Projektteams und Geschäftseinheiten –, aus denen sich die Organisation zusammensetzt.

Da es mühsam ist, die Art der Beziehungen jeden Tag aufs neue aushandeln zu müssen, machen Organisationen ihre Umgangsformen dauerhaft und stützen sie in *Strukturen* ab; sie gießen sie in Hierarchien, Organigramme, Leitlinien, Handbücher, in geschriebene und ungeschriebene Ablauf- und Mitzeichnungsregeln. Aus der Dauerhaftigkeit und Transparenz von Strukturen ziehen die Mitarbeiter einen enormen Entlastungsgewinn: Es gibt weniger Reibungsverluste im Unternehmen, wenn man nicht ständig seine Position rechtfertigen oder Abläufe erkämpfen muß, sondern sie als gegeben betrachten und dann leichter zur Tagesordnung übergehen kann.

Dieser prinzipielle Effizienzgewinn verkehrt sich jedoch in sein Gegenteil, wenn sich die Strukturen verfestigen und sklerotisch werden. Die Entlastung von Reibungsverlusten führt tendenziell zu einer Überstabilisierung der Organisation, in der ein flexibles Reagieren auf veränderte Marktverhältnisse und Kundenbedürfnisse erschwert, wenn nicht gar unmöglich sind.

Ein Manager muß demnach gleichzeitig zwei einander widersprechende Kräfte für und gegeneinander mobilisieren: Das Prinzip der Gruppe gegen die Organisation, und das Prinzip der Organisation gegen die Gruppe. Das Interesse an größtmöglicher Effizienz (im Innern der Gruppe) durch Stabilisierung der Außenbeziehungen ist prinzipiell gegen das Interesse der Organisation an ihrer Innovationsfähigkeit gerichtet, die sich grundsätzlich nur durch Veränderung der Gruppenbeziehungen und -zusammensetzung, durch neue Aufgabenfelder und Rollenverteilungen verwirklichen läßt. In der Handhabung dieses Widerspruches liegt das eigentliche Betätigungsfeld, die Kernkompetenz der Führungskraft.

Die Gratwanderung in dem Spannungsfeld von stabilisierenden und innovierenden Kräften des Unternehmens läßt sich nur durch organisationales Lernen meistern. Es stellt den Schlüssel dar, mit dem sich das schöpferische Potential des Unternehmens wecken und erschließen läßt. Lernen ist mehr als ein Prozeß, bei dem Menschen Wissen schöpfen, adaptieren, anreichern, verteilen und anwenden; organisationales Lernen umfaßt auch mehr als Wissensmanagement; es definiert vielmehr eine Haltung von Mitarbeitern und Unternehmensführung, Ziele gemeinsam zu erarbeiten und daraus folgend das Notwendige zu tun und das Mögliche zu erstreben.

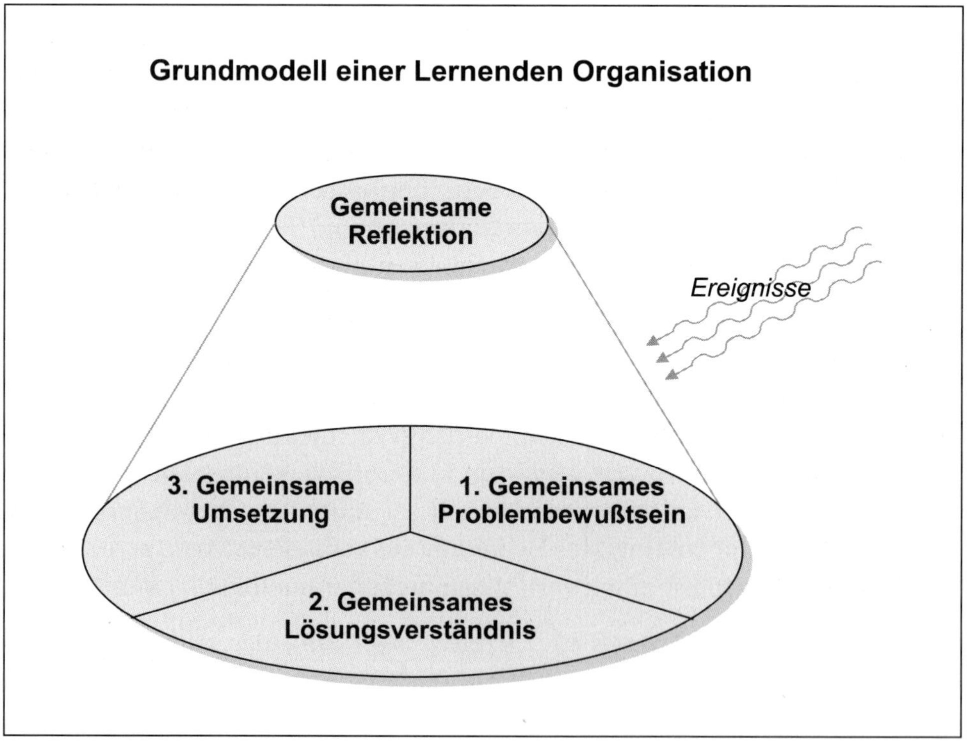

Abbildung 5-7

Führungskräfte müssen ständig davon ausgehen, daß Ereignisse eintreten, die von erheblicher Relevanz für das Unternehmen sind (siehe Abbildung 5-7). Dies können Frühindikatoren sein, wie etwa eine technologische Innovation, angekündigte neue Rechtsvorschriften, oder recht drastische Bedrohungen wie beispielsweise Preisveränderungen, eine Neukonstellation im Wettbewerbsumfeld oder Qualitätsprobleme im eigenen Produkt. Solche Ereignisse treffen die Organisation zu unterschiedlichen Zeiten auf unterschiedlichen Ebenen und mit unterschiedlicher Intensität. Qualitätsprobleme werden im Normalfall zunächst dem Vertrieb, Kundendienst oder Dienstleister vor Ort begegnen, bevor sie zum Produktmanagement, in die Produktion und die Qualitätssicherung gelangen. Fachabteilungen erfahren gewöhnlich durch fachspezifische Literatur oder Kongresse von technologischen Innovationen, die dann gegebenenfalls in Folgeprodukte einfließen können. Ein Merger ist dem Topmanagement durch das „Ohr am Markt" schon in der Frühphase bekannt geworden.

Solche Nachrichten dringen im Regelfall zufällig in die Organisation vor und werden entsprechend ihrer „Bedeutung", also der Interpretation durch die Rezipienten, weitergegeben, erörtert, verdrängt oder überhaupt nicht wahrgenommen. Nur in den seltensten Fällen wird ein gemeinsames Problembewußtsein der Relevanz für das Unternehmen entwickelt; allzu häufig bleiben die Folgerungen dem Zufall überlassen, und wertvolle Zeit für konsequente Antworten, für Innovationen oder für das Nutzen der Chancen verrinnt.

In einer *lernenden Organisation* hingegen starten frühzeitig Aktivitäten, sich mit Plänen, Szenarien, Budgets für Produkte, Prozesse oder, falls notwendig, Gegenmaßnahmen beschäftigen. Dies fällt um so leichter, wenn eine abgestimmte Einschätzung möglichst vieler Betroffener vorliegt. Die gesamte Energie kann sich dann mit maximalem Kreativitätspotential auf eine optimale Lösung konzentrieren: Interdisziplinäre, multifunktionale Arbeitsteams suchen nach Wettbewerbsvorteilen und Prozeßverbesserungen, und das möglichst zusammen mit Partnern in der Wertschöpfungskette, wie zum Beispiel Zulieferanten oder dem Außendienst. Im Idealfall entsteht mit wenig Reibungsverlusten ein mit Zahlen fundiertes Konzept als optimale Antwort auf das Ereignis.

Durch die Mitarbeit in der Konzeptionsphase sind die Beteiligten bereits auf die Umsetzung vorbereitet; sie haben sich ein *mentales Modell* der Zielsetzungen und anstehenden Aktivitäten gebildet und sind sich des eigenen Beitrages bewußt, was wiederum zu einer hohen Akzeptanz der nun folgenden notwendigen Maßnahmen führt. Die positiven Auswirkungen auf Qualität, Termine und Kosten sind offensichtlich.

Was hier als Reaktion auf ein Ereignis durchlaufen wird, ist ein *Lernzyklus*. Die einzelnen Schritte sind das Erkennen, das Bilden von Lösungen und das Umsetzen. Seit dem Tag der Meldung haben viele Gespräche stattgefunden, wurden Daten angesammelt und ausgewertet, sind die Leistungsträger von Prozessen zusammengekommen, wurden neue Ideen generiert, Produkte konzipiert, gerechnet, in Pläne verdichtet, um die beste Lösung gerungen, Maßnahmen umgesetzt, Kommunikationsprogramme gestartet, Trainingsveranstaltungen abgehalten, Incentive-Maßnahmen ausgedacht – kurz, die Vielzahl von Aktivitäten läuft wie eine Welle quer durch die Organisation.

Die Frage nach der Schnelligkeit, den Kosten, der gemeinsamen Überzeugung, der Qualität der Lösung, der Anzahl und dem Engagement der Beteiligten, die Verfügbarkeit der Daten, die Entscheidungsbereitschaft – Abläufe dieser Komplexität müssen beobachtet und beurteilt werden. Dies geschieht in einer Reflexionsphase, die für die Optimierung des Lernzyklus sorgt. Dazu gehört die Prüfung, Bewertung und Verbesserung der Reaktionsgeschwindigkeit des Unternehmens, der Qualität der Lösung und gegebenenfalls der Motivation der Mitarbeiter. Ein solcher Lernzyklus ähnelt im Prinzip dem Verhalten von Individuen. Wir sehen, hören oder lesen, wir werten die Relevanz der Nachricht für die eigene Person und suchen nach Antworten, um sie danach in eine geeignete Aktion umzusetzen. Und natürlich reflektieren wir über unsere Reaktionsgeschwindigkeiten die Angemessenheit unseres Aufwandes und der Reaktion. Die Komplexität, und zugleich Herausforderung, der Übertragung dieses Modells auf die Organisationsdynamik liegt in den Adjektiven: *gemeinsam, geteilt* und *koordiniert.*

Um Lernzyklen erfolgreich handhaben und zielführend steuern zu können, müssen einige wichtige Fragen geklärt sein: Wie können die unterschiedlichen Stakeholder zu einem einheitlichen Problembewußtsein gebracht werden? Wie kann eine Lösung erarbeitet werden, die die kollektive Intelligenz der Organisation darstellt und damit von möglichst vielen getragen wird? Wie kann rasch umgesetzt und vor allem die Innovationskraft der Unternehmung verbessert werden?

Die fünf Disziplinen

Antworten auf die gestellten Fragen geben die fünf Disziplinen nach Peter Senge[8] [9] (siehe Abbildung 5-8). Einige der wesentlichen Elemente sind in den vorangegangenen Abschnitten bereits dargestellt worden.[10] Hier geht es jetzt um die zusammenfassende Gesamtsicht aus der Perspektive der Unternehmensführung.

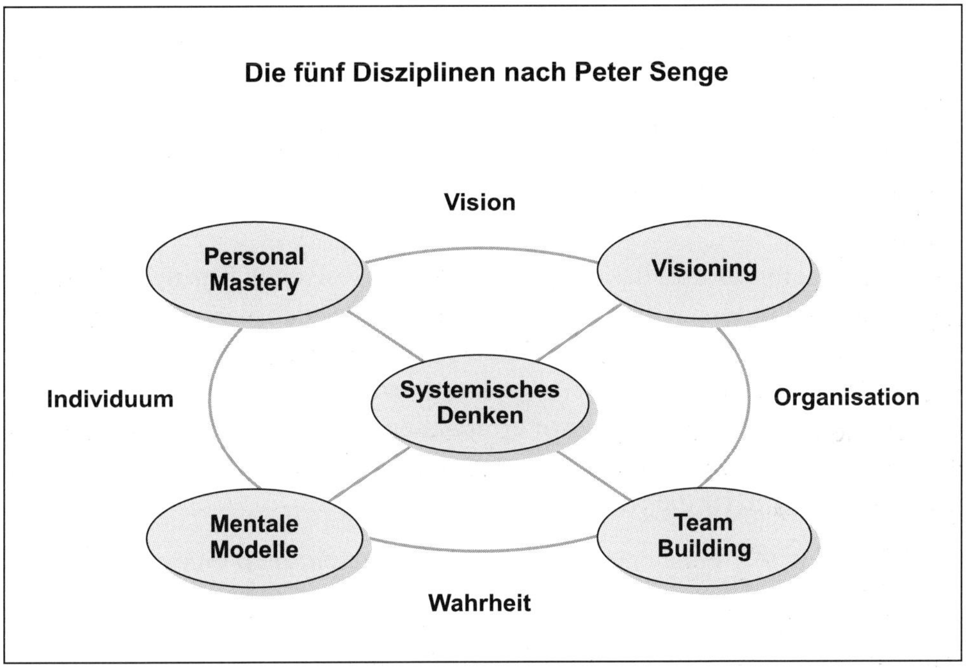

Abbildung 5-8

Erst wenn man ein Mosaik aus einigem Abstand betrachtet, tritt das Bild erkennbar hervor. In ähnlicher Weise wird mit den in Abbildung 5-8 dargestellten fünf Disziplinen das Beziehungsgeflecht von Individuen und Gruppen, das die Organisationsdynamik bestimmt, von einer höheren Warte neu

---

8 Vgl. Senge, P.: Die fünfte Disziplin; Stuttgart 1996; sowie Senge, P., u. a.: Das Fieldbook zur „Fünften Disziplin"; Stuttgart 1996.

9 Die von Senge gegründete Firma Innovation Associates ist ein Tochterunternehmen von Arthur D. Little.

10 Vgl. „Visonen teilen" (s. o.), „In Systemen denken" (s. o.), „Team Learning" (s. o.).

gesehen und geordnet. Es ist ja nicht so, daß in den Unternehmen heute keine Teams gebildet, keine Weiterbildung betrieben oder keine Zielvorstellungen artikuliert würden; auch Ansätze zu einem systemanalytischen Denken sind vielfach schon vorhanden, zumeist in der Form von computergestützten Unternehmenssimulationen und Management-Planspielen.

Nur sind die Beziehungen zwischen diesen Einzelaktivitäten, die sowohl synergistisch als auch hemmend zusammenwirken können, meist nicht explizit: Teambildungen haben Feuerwehr-Charakter, Weiterbildungsmaßnahmen sind abhängig von der Liquiditätslage, Planspiele werden erprobt, wenn gerade ein neues Angebot in aller Munde ist. Aber die Gestaltungsmöglichkeiten, die sich auf dieser höheren Ebene ergeben, werden nicht genutzt. Es ist jedoch gerade das Zusammenspiel und Ineinandergreifen der fünf Disziplinen, mit welchem sich die vorerwähnten Lernzyklen der Unternehmensorganisation effektivieren lassen.

Die Vision liefert hierfür das auf die Zukunft verweisende Bezugssystem. Sie ist von Werthaltungen wie Wahrheit, Offenheit und Transparenz der Wünsche und Bedürfnisse geprägt und gibt die Richtung an. Wo Einzelziele unter Umständen der Opportunität geopfert werden müssen und austauschbar sind, schützt die Stabilität der *Werte* vor erratischen Ausschlägen und Verunsicherung. Der Prozeß des *Visioning*, das kontinuierliche Arbeiten an der Vision, bindet und verbindet die Mitarbeiter.

Er ist vergleichbar einem Aufbruch, einem Überschreiten eines Flusses, auf dessen anderem Ufer sich Menschen zusammenfinden, um das zu tun, was sie eigentlich wollen. Das kann die Neupositionierung des Unternehmens in drei Jahren sein, das Auflösen von vermeintlichen Widersprüchen in der Branche (etwa der Gleichung höhere Qualität = längere Entwicklung = höhere Kosten), von neuen Formen der Zusammenarbeit (möglicherweise sogar mit aktuellen Wettbewerbern). Dazu gehört intern das vorurteilsfreie Akzeptieren von ausgesprochenen Meinungen,[11] das konsequente Umsetzen von Verbesserungspotentialen, das Durchbrechen von obsolet gewordenen Regeln.

Die Analyse der aktuellen Unternehmenssituation liefert hierfür nur ein Referenzsystem. Die „current reality“ dient mehr dazu, als Gegenpol das

---

11 Methodisch zum Beispiel unterstützt durch das Verfahren der „sechs Hüte“; vgl. hierzu den Beitrag E. DeBonos in Kapitel 1.

Spannungsverhältnis zur Vision zu bilden, das kreative Energien freisetzt, vom einen auf das andere Ufer zu gelangen. Doch die fundamentale Voraussetzung für Veränderungen in einem Unternehmen ist die Bereitschaft zu einem ehrlichen und produktiven Dialog und das gegenseitige Mitteilen der eigenen Werte und Vorstellungen.

Dies verstärkt automatisch die Teambildung und fördert die Bereitschaft, gemeinsam ein Ergebnis erreichen zu wollen. Dies schließt durchaus auch das gemeinsame Lernen in Gruppen ein, die traditionell nicht in einer Lerngemeinschaft zusammengeschlossen waren, wie beispielsweise interne und externe Lieferanten, Kunden oder Partner.

Wer je in einer Gruppe den Prozeß des gegenseitigen Mitteilens und Zuhörens von persönlichen Wünschen und Zielen erfahren konnte, kennt die synergetische Kraft der plötzlich vertieften und damit auch verpflichtenden Bindung innerhalb einer Gruppe. Mitarbeiter, die in einem Kernprozeß eines Dienstleistungsunternehmens sich über individuelle Wünsche ihrer Lebensgestaltung und damit auch ihres Arbeitsumfeldes ausgetauscht haben, werden gemeinsam mit großem Elan und hohem Anspruch ihren Arbeitsprozeß neu gestalten und dabei auch an sich arbeiten, um den neuen Anforderungen gerecht zu werden und mit ihnen zu wachsen. Sobald die Vision im Einklang mit den persönlichen Wertvorstellungen steht und als *mentales Modell* verinnerlicht ist, sich die Mitarbeiter über ihre privaten Ziele klargeworden sind, ist die wichtigste Voraussetzung der *Personal Mastery* geschaffen: Die innere Bereitschaft, sich unter Anstrengung persönlich im und mit dem Unternehmen zu entwickeln. Erst mit dieser Bereitschaft fallen Weiterbildungsmaßnahmen auf einen fruchtbaren Boden.

Das Team muß sich in einer Situation befinden, die zum Nachdenken zwingt – in dem gemeinsamen Wunsch, etwas Neues zu gestalten oder neue Beziehungen zu anderen Teilen des Unternehmens zu knüpfen. Dabei wird sich die Gruppe neue Regeln geben, mit denen sie Fakten, Methoden, Ziele und Werte behandelt. Und es wird kollektives Wissen entstehen, das von Individuen weder alleine geschöpft noch gelernt werden könnte.

Das verbindende Element des organisatorischen Lernens ist die Fähigkeit, systemisch zu denken. Sie ist je nach Funktion und Tätigkeitsbereich bei Mitarbeitern und Führungskräften unterschiedlich ausgeprägt, läßt sich aber schulen und entwickeln. Ein System ist ein wahrgenommenes Ganzes, dessen

Elemente „zusammenhängen“, weil sie einander im Laufe der Zeit beeinflussen und auf ein gemeinsames Ziel hinwirken. Beispiele für Systeme sind natürliche Organismen, die Atmosphäre, biologische Nischen, aber auch Familien, politische Einheiten – alle Organisationen. Charakteristisch für das *Denken in Systemen* ist, die in der Regel unsichtbaren Muster der Wechselbeziehungen zwischen den Bestandteilen bewußt und transparent zu machen. Es geht damit weit über ein kategoriales Verständnis von Unternehmensstrukturen hinaus (etwa der Art „Wer ist wem über- oder untergeordnet?“). Strukturen spiegeln stets nur eine statische Bestandsaufnahme wider; Systemdenken zielt auf die den Wandel treibenden inneren und äußeren Kräfte und beschäftigt sich mit der Dynamik der *Veränderung* von Strukturen.

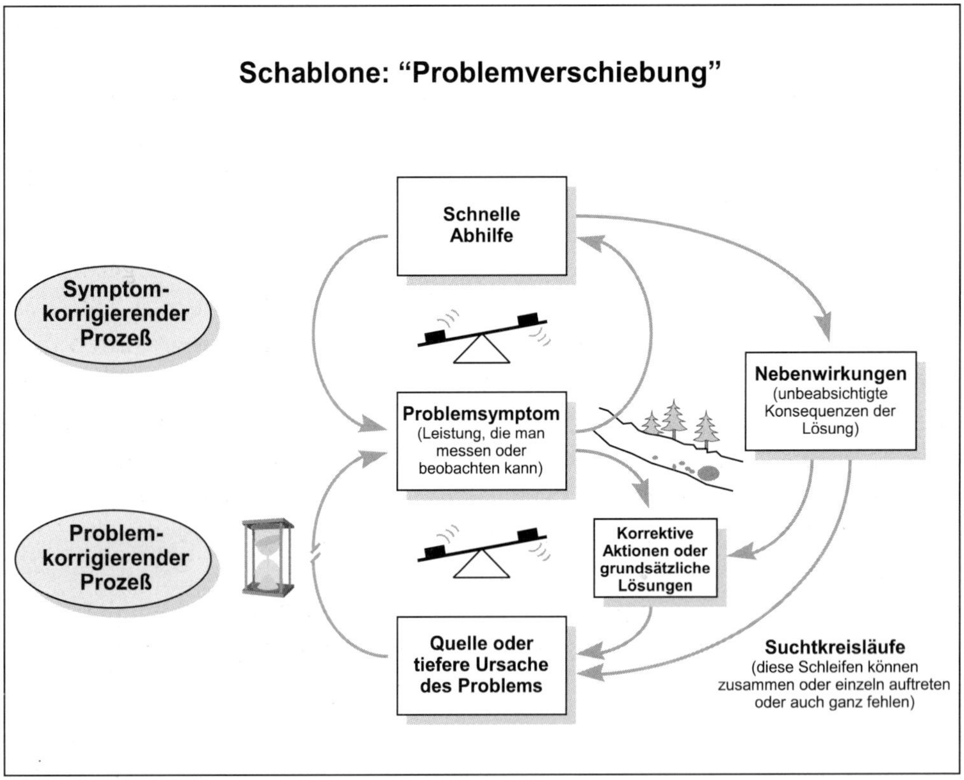

Abbildung 5-9

Um Systemabhängigkeiten zu erkennen, sind gewisse Grundmuster oder Modelle von systemischem Verhalten, sogenannte Archetypen, hilfreich. Ein solches Modell, „Limits to Success“, wurde bereits beschrieben. Ein weiterer Archetypus ist die Problemverschiebung, die in Abbildung 5-9 dargestellt ist. Die Pfeile sind hier jeweils im Sinne einer Verstärkungswirkung zu lesen; wo zwei entgegensetzt gerichtete Pfeile aufeinandertreffen, kommt es zu einer Abschwächung oder Verlangsamung des Prozesses.

Solche Verschiebungen treten in der Regel auf, wenn ein Problem, das tiefere Ursachen hat, Symptome zeitigt, die umgehend beseitigt werden müssen. Die schnelle Abhilfe, der „Quick fix“, leistet scheinbar das Gewünschte und ist billiger als die grundsätzliche Lösung, führt jedoch zu unbeabsichtigten und unerwünschten Nebenwirkungen, die unter Umständen sogar die ursprüngliche Problemlage verschärfen können. Wenn beispielsweise ein Unternehmen auf Umsatzverluste mit stärkeren Vorgaben an den Vertrieb reagiert, die, wenn sie nicht zu erfüllen sind, die Mitarbeiter demotivieren und zu inneren oder tatsächlichen Kündigungen führen, geht der Umsatz weiter zurück. Hätte die Unzufriedenheit des Verkaufs (Kritik am Produkt) gleich zu den notwendigen Produktänderungen geführt – was zwar teurer kommt, doch letztlich ohnehin unvermeidlich ist –, so wäre mit der eigentlichen Problemlösung der Markteinbruch vermieden worden.

Ein anderes Beispiel ist ein Unternehmen, das nicht schnell genug auf Marktveränderungen reagieren kann; hektische Umstrukturierungen, Zukäufe und Umbesetzungen von Führungspositionen wechseln einander ab. Die Nebenwirkung sind verunsicherte Kunden, die zunehmend zweifeln, ob die Lage überhaupt gemeistert werden kann, und verunsicherte Mitarbeiter, die angesichts rasch wechselnder Operationsziele mit jedem Schritt vorsichtiger werden, um nichts falsch zu machen. Beides verschärft die Lage nur noch mehr, weil das Unternehmen nicht weiß, wo es steht und ständig der Entwicklung hinterherläuft. Erschien die grundsätzliche Lösung – eine Änderung der Führungsphilosophie im Sinne der fünf Disziplinen – anfangs zu langfristig und zu teuer, so bleibt sie dennoch unausweichlich, wenn sich das Unternehmen nicht vom Markt verabschieden will.

„Quick fixes“ sind nicht mehr als bestenfalls ein Versuch, Zeit zu gewinnen. Ein im Systemdenken geschultes Management hingegen wird Konzepte, die eine rasche Problemlösung versprechen, stets auf ihren schädlichen Einfluß auf das Gesamtsystem hin überprüfen und damit ihren beschränkten Nutzen richtig einschätzen.

Das Lernen organisieren

Stellen wir uns einen Moment die Reaktionen vor, wenn etwa der Divisionsmanager eines Großkonzerns oder der Forschungs- und Entwicklungschef eines mittelständischen Unternehmens das Modell der Lernenden Organisation einführen möchte und dies auf der jährlichen Führungskräftetagung erstmals ankündigt.

Für Phase eins, das Erkennen von Veränderungen des Marktumfeldes, gibt es doch die Spezialisten im Marketing oder im Vertrieb; warum also die Auswirkung der neuen Preise des Wettbewerbers auf die eigene Firma mit den Verantwortlichen für Logistik, Entwicklung oder Kundendienst besprechen? Die besten Ansätze für Phase zwei, das gemeinsame Lösungsverständnis, werden von den Produktionsexperten entwickelt, denn dort liegt ja sicher das Qualitätsproblem. Warum lange diskutieren beim Umsetzen? Milestones, Kontrolle, Incentives – gelegentlich ein Zeichen setzen und dann ran. Und warum im nachhinein über Fehler sinnieren, eventuell noch unternehmensweit darstellen, wenn das womöglich dem Image schadet?

Die Kräfte der Beharrung sind oftmals stärker als die des Fortschritts, und dies nicht weniger oft um einen hohen Preis. Die beispielhaft angeführten Reaktionen entspringen dem mentalen Modell der Parzellierung, dem Schubladen-Denken, das ein Ausbrechen aus festgefahrenen Regelsystemen und übergreifende, kooperative Lösungen verhindert. Probleme spitzen sich auf diese Weise regelmäßig in Krisen zu, die dann wiederum hektische Notfallreaktionen nach sich ziehen.

Das falsche mentale Modell der Parzellierung ist auch die tiefere Ursache für drei Ausprägungen pathologischer Systeme:

- Die *Überstabilisierung*
  Das Unternehmen wird nicht von einer Vision geleitet, sondern ist vom „Business-as-usual"-Typ; die Organisationseinheiten haben sich weitgehend immunisiert, und jede Initiative zu Veränderungen erzeugt Widerstand.

- Die *Übersteuerung*
  Auf Probleme und Krisen reagiert das Unternehmen mit Feuerwehraktionen, die jeweils abgebrochen oder durch neue ersetzt werden, wenn sich nicht kurzfristig der Erfolg einstellt.

- Die *Überkomplexität*
  Häufig eine Folge raschen und ungesteuerten Wachstums, differenzieren sich die Strukturen, Funktionsabläufe und Geschäftsprozesse übermäßig aus; Organisationen dieses Typs sind schwerfällig und personell meist überbesetzt.

Dem Leser sei anheimgestellt, in welchem der drei Grundmuster er sein Unternehmen wiederfindet. Überschneidungen sind durchaus möglich: Nicht selten steht die gewachsene Komplexität der Abläufe Veränderungen entgegen und bildet stillschweigend die Basis der Autoimmunisierung, mit der sich Geschäftseinheiten gegen notwendige Umorganisationen in einem überstabilisierten Apparat erfolgreich wehren können. Dies wiederum führt im Management, das ja auf veränderte Marktsignale reagieren muß, zu hektischen Vorgaben, die aber in der gegebenen Struktur nicht richtig oder rechtzeitig abgearbeitet werden können.[12] Als schnelle Lösung bieten sich in dieser Situation Zukäufe und Neueinstellungen an, was dann wieder zur Ausdifferenzierung und steigenden Komplexität beiträgt.

Die tiefe Krise, in der sich die Bundesrepublik seit Mitte der neunziger Jahre befindet, liefert ein dramatisches Beispiel für die Abwärtsspirale, die sich einstellt, wenn sich diese drei Systempathologien zugleich einstellen und verstärken. Unternehmen – selbst große –, bei denen sich ähnlich negative Synergien eingestellt haben, befinden sich jedoch vergleichsweise in einer besseren Position, weil ihre Entscheidungswege und Reaktionszeiten immer noch erheblich kürzer sind als die der staatlichen und gesellschaftlichen Akteure.

Die „technische" Seite der Umgestaltung zu einer Lernenden Organisation ist denkbar einfach. Den Keim bildet eine überzeugte Führungsmannschaft, die die Bedeutung der fünf Disziplinen erkannt hat; für die Verbreitung im Unternehmen sorgt die Eigendynamik, die Beispiele lernender Prozeßeinheiten oder Abteilungen entfalten. Legt man ein Unternehmen von 10000 Mitarbeitern zugrunde, so sind es zunächst die drei ersten Führungsebenen (Vorstand plus Leiter der Geschäftseinheiten oder Funktionen plus nächste

---

12 Die Rede ist hier von unternehmensinternen Steuerungsprozessen; übersteuerte Unternehmen können aber auch intern effizient organisiert sein und den *Markt* überfordern. Ein markantes Beispiel liefert die Software-Industrie, wo in einigen Bereichen die neuesten Produktversionen in Vierteljahresabständen lanciert werden.

Ebene), die das Konzept tragen und einheitlich vertreten sollten – insgesamt sind demnach zu Beginn etwa 150 bis 200 Mitarbeiter involviert. Darüber hinaus entsteht bereits in dieser Phase eine kritische Masse, wenn etwa 50 weitere Mitarbeiter eine tiefergehende Ausbildung erhalten, die das Konzept in die ersten Abteilungen oder Prozesse hineintragen. Worauf es jedoch entscheidend ankommt, ist nicht die Form der Einführung, sondern der Inhalt – und ein Paradigmenwechsel in der Unternehmensführung.

Der Paradigmenwechsel

Die Konzentration auf Kernkompetenzen war ein wichtiger Denkanstoß der neuen Managementlehre. Das, was das Unternehmen ausreichend beherrscht, um sich im Wettbewerb erfolgreich und auf Dauer zu differenzieren, verlangt intensive Aufmerksamkeit vom Management. Dies kann besonderes Wissen im Forschungsbereich darstellen, extremes Geschick in der Einbindung von Lieferanten und Kunden, eine neue Produktionsprozeßgestaltung mit optimalem Lagerwesen, oder eine wegweisende Kundentarifgestaltung im Dienstleistungsbereich. Abbildung 5-10 veranschaulicht die ADL-Grundmatrix zur Bestimmung von Kernkompetenzen.

Kernkompetenzen sind demnach Kenntnisse und Fähigkeiten, die eine hohe Wettbewerbsdifferenzierung erlauben und wegen des hohen Kundennutzens vom Markt entsprechend honoriert werden. *Basiskenntnisse* beschreiben demgegenüber notwendige Abläufe oder Strukturen des operativen Geschäfts, die in der Branche zum Beispiel als Industriestandard gelten und im allgemeinen überall verfügbar sind. Dies sind Bereiche, die man zum „Outsourcen" überprüfen sollte, denn kein Unternehmen sollte unnötig Kapital binden. *Schlüsselfähigkeiten* liegen oft in der Ersteinführung von Produkten und Sortimenten – die Einführung von Airbags oder die Gestaltung der Reklamationsbehandlung in einzelnen Dienstleistungsbereichen sind typische Fälle – und haben die Eigenschaft, daß die spezifischen Differenzierungsmerkmale in relativ kurzer Zeit imitiert werden können.

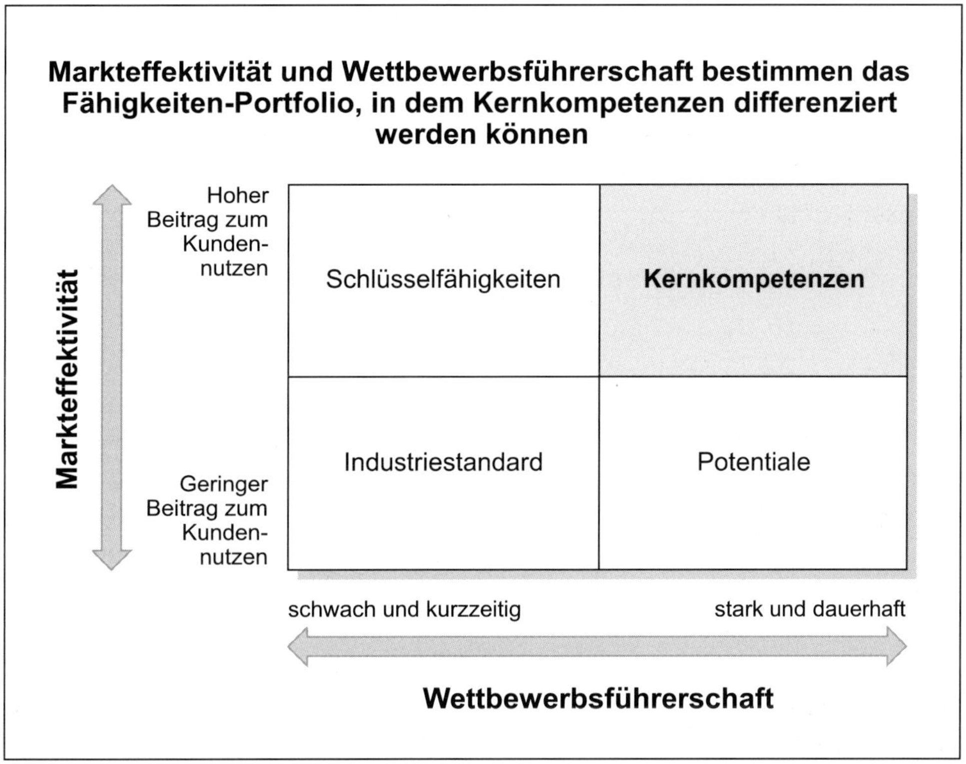

Abbildung 5-10

Bei besonderen Fähigkeiten des Unternehmens, die vom Markt (noch) nicht erkannt oder honoriert werden, aber ein hohes *Potential* zur Differenzierung darstellen, liegt der Fall anders: Hier muß genau geprüft werden, ob es sich um eine „komplexe Spielerei" handelt, die für den Wettbewerb irrelevant ist und damit für die Kostenstruktur des Unternehmens „Ballast" darstellt, oder ob durch geeignete Maßnahmen die Chance einer Anerkennung des Marktes als Kernkompetenz mit einem entsprechenden Return besteht.

Deshalb sollten spezifisches Wissen und Wissensträger systematisch erfaßt werden (siehe Abbildung 5-11). Dies kann in einer groben Kategorisierung entsprechend der Tiefe der Kenntnisse und der Zuordnung zur Kernkompetenzmatrix erfolgen. Vorteilhaft ist die rasche Möglichkeit, Wissensträger innerhalb (bei Zulieferern und Partnern auch außerhalb) des Unternehmens zu identifizieren und in Prozesse, Problemlösungen oder Informationen einzubeziehen. Einzelpersonen oder Teams können mit entsprechenden Kollegen Fachthemen vertiefen, Fragen klären, entsprechende Daten zur Verfügung stellen, Expertisen oder Beurteilungen durchführen. Denn in größeren Firmenkonglomeraten oder Netzen von Unternehmensverflechtungen kann nicht mehr unterstellt werden, daß die Experten sich kennen.

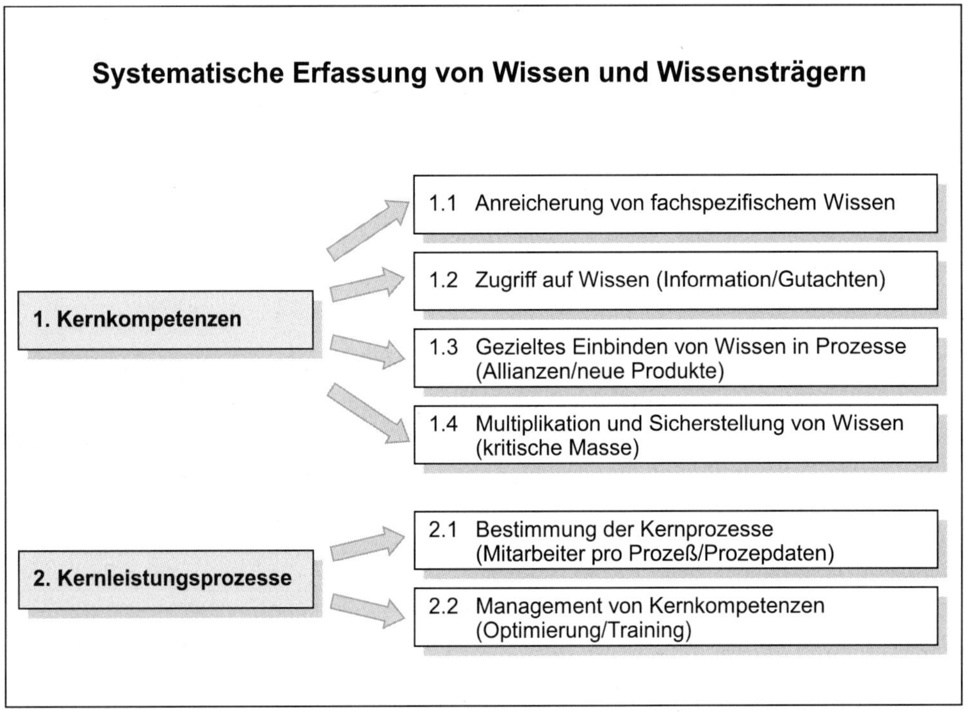

Abbildung 5-11

Die zweite wichtige Komponente ist die Identifizierung der Kernprozesse im Unternehmen, also derjenigen Funktionsabläufe, die strukturelle Voraussetzungen zur Erbringung von Dienstleistungen oder Produkten sind. Sie zu optimieren ist eine Grundvoraussetzung der Wettbewerbsfähigkeit des Unternehmens. Hier geben exzellente Firmen die Branchenregeln vor.

In weiten Kreisen des Managements werden Kernkompetenzen und Kernprozesse generell nur als Schritt auf dem Weg zum schlanken Unternehmen gesehen. Diese Strategie greift jedoch zu kurz, weil sie defensiver Natur ist und zu einem konservativen Operieren am Markt neigt, bei dem das „costcutting“ primäres Ziel bleibt. Notwendig ist daher ein Wechsel des Paradigmas. In dem neuen Leitbild ist das Management von Kernkompetenzen und -prozessen in die Lernende Organisation eingebettet.

Der Erfolg von Unternehmen hängt heute entscheidend von ihren Fähigkeiten ab, auf wichtigen Gebieten rasch und effizient eine Marktdifferenzierung zu erreichen. Das verlangt, Wissen und Lernpotential im Unternehmen möglichst konsequent in Produkte und Dienstleistungen umzusetzen. Die Grundvoraussetzung dafür ist, daß alle Mitarbeiter einschließlich des Managements den Wissensstand kennen, um ihn zu erschließen und kreativ für neue Aufgaben nutzen zu können.

In der Lernenden Organisation ist es daher nicht nur von vitaler Bedeutung, Kernprozesse und die sie tragenden Mitarbeiter zu identifizieren, sondern auch die Lernaktivitäten in den Prozessen zu fördern. Dies kann, wie Abbildung 5-12 zeigt, in Form einer Lernmatrix gezielt gesteuert werden.

Jedem Prozeß kann man in der dargestellten Weise eine Lernmatrix zuordnen, die in Form von „Current Reality“ und „Desired End State“ einerseits den Wissensstatus der am Prozeß beteiligten Mitarbeiter und andererseits das für den Zielprozeß kritische Wissen abbildet. Aus der Wissenslücke werden Lernprogramme definiert, die diese schließen sollen.

Es ist evident, daß der Lernzyklus effizient nur auf Basis von bekannten Wissensstrukturen, Prozessen und Know-how-Trägern verbessert werden kann. Welche Mitarbeiter erkennen die neuen Gegebenheiten? Mit wem ist die einheitliche Einschätzung der neuen Chancen oder Bedrohungen zu erreichen? Wer hilft oder ist direkt an den Antworten in Form von Plänen und Konzepten beteiligt? Wer ist wie zu informieren und einzubeziehen, und wer muß was mit wem umsetzen?

Durch gezieltes Angehen der drei Phasen des organisationalen Lernens – geteiltes Problembewußtsein, gemeinsames Lösungsverständnis und gemeinsame Umsetzung – wird die Transformation vom Status quo zur Vision machbar. In Zukunft werden nur die Firmen einen nachhaltigen Wettbewerbsvorteil erzielen, die solche Transformationen bewußt handhaben können – Unternehmen, die schneller *lernen* als andere.

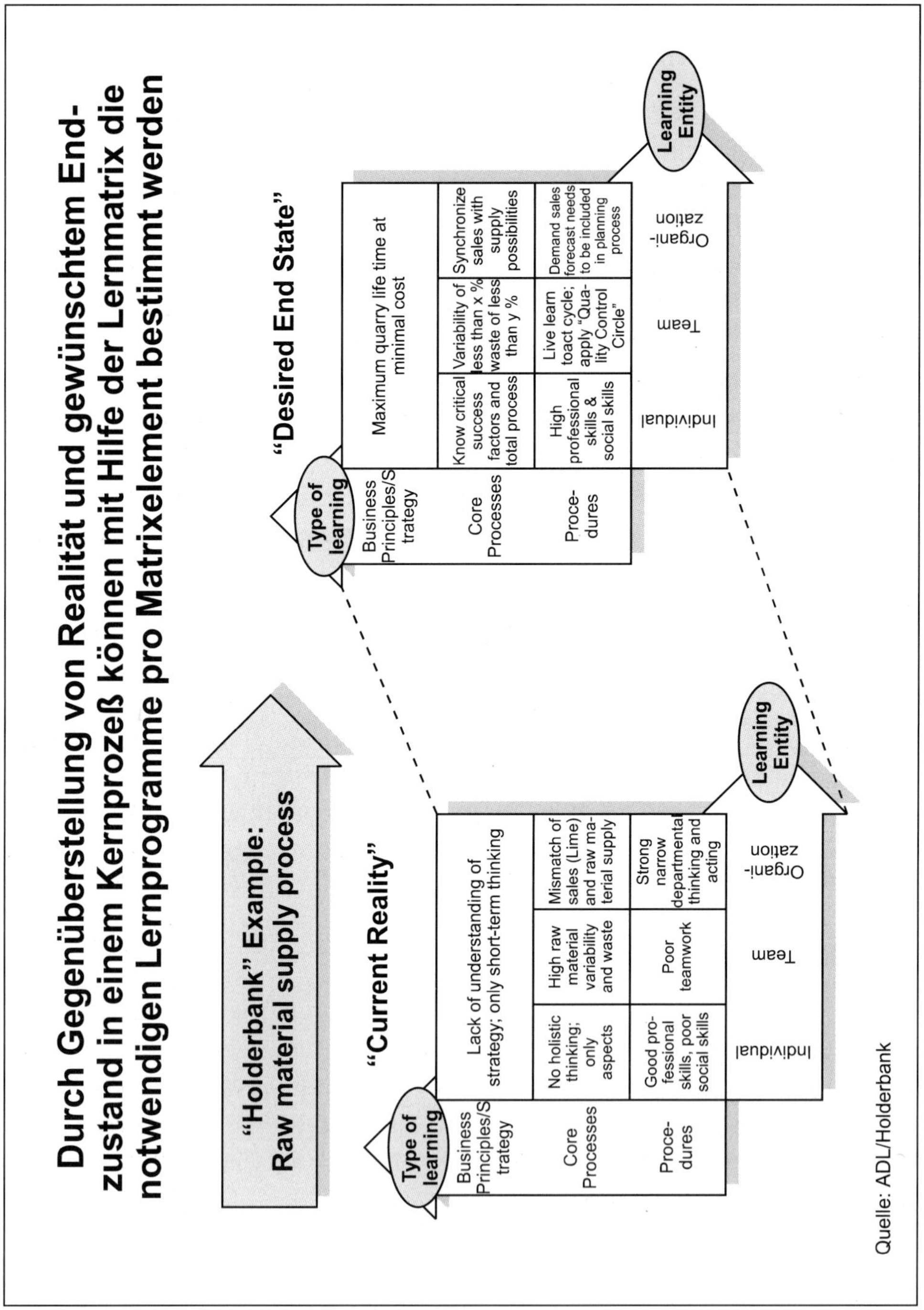

Abbildung 5-12

Leadership

Komplexe Strukturen lassen sich heute nicht mehr im „law-and-order"-Stil führen. Selbst Armeen haben inzwischen moderne Prinzipien der verteilten Führung selbständig abgewickelter Einsätze eingeführt. Der Einsatzauftrag, die „Mission", wird unter ständiger Kommunikation mit dem Lagezentrum von spezialisierten oder örtlichen Einheiten verantwortet, die darauf trainiert sind, sich auf unbekannte Situationen einzustellen. Die hochtechnisierte Kriegführung ist auf soziale Kompetenz und technische Intelligenz angewiesen, und gut ausgebildete Spezialisten lassen sich nicht im berüchtigten „Kasernenhofton" kommandieren.

Noch sehr viel mehr läuft ein „Top-Down-Management" in Wirtschaftsunternehmen Gefahr, kompetente Mitarbeiter – Experten mit Erfahrung und Urteilsvermögen auf ihrem jeweiligen Gebiet – durch Führungsgehabe und Muskelspielereien, Macht- und Statusdemonstrationen vor den Kopf zu stoßen. Macht ist ein schlechter Ratgeber in der Auseinandersetzung mit Kompetenz. Eine auf wenige „Insider" beschränkte Kommunikation, in kleinen Führungszirkeln vollzogene Entscheidungen, Kämpfe um Einflußnahme hinter den Kulissen und ähnliches mehr sind weit verbreitete Mechanismen, die sich frustrierend auf Mitarbeiter auswirken, die ihren Teil beitragen und mitentscheiden wollen – und können. Statt dessen breitet sich Zynismus aus, sind innere Emigration oder gar Obstruktion die Folge und verringern drastisch das Erfolgspotential der Organisation.

Die Lernende Organisation verlangt eine neue Art der Führung. Die traditionelle Vorstellung von Führungskräften als Funktionsträgern, die die Richtung vorgeben, Schlüsselentscheidungen fällen und die Truppen mobilisieren, trägt nicht mehr weit, weil sie stark in einer individualistischen und die Systemzusammenhänge verkennenden Sicht der Dinge verhaftet ist. Der Mythos vom „Macher" hat hierin seine Wurzeln. Tief im Grunde beruht er darauf, daß Mitarbeiter Manövriermasse sind, keine persönlichen Ziele haben und unfähig sind, die nötigen Veränderungen selbständig zu meistern – Defizite, die eben durch die Macher an der Spitze aufgewogen werden müssen, und dies häufig nach außen lärmend nach dem Motto: „Tue Gutes, und rede drüber."

Führung in einer Lernenden Organisation ist anders. Ein Beispiel mag dies verdeutlichen. Der Leiter eines rasch wachsenden Unternehmensbereiches erkennt die Falle, die das Wachstum schleichend zu untergraben droht: Mit der rasant fortschreitenden Geschäftsausweitung nehmen die Stellen im Management zu, äußerst unterschiedliche Führungsstile treffen aufeinander, die nicht nur Reibungskonflikte erzeugen, sondern vor allem auch die Kohärenz der Werte und Politik des Unternehmens auflösen, welche die Kunden schätzen und die den Bereich groß gemacht haben. Der Leiter initiiert ein Assessment-Programm, auf dem die Führungskräfte sich mit den Inkonsistenzen und Widersprüchen der aktuellen Realität und der übergreifenden Vision auseinandersetzen müssen.

Bei explodierender Nachfrage ist das nicht unbedingt die Art von Problem, das traditionelle Führungskräfte als vordringlich einstufen würden und worin sie einen Handlungsbedarf sähen. Nach klassischem Verständnis gibt es weder eine Krise noch überhaupt ein Problem; die Umsätze und Erträge steigen schließlich. Nur – wie lange kann man mit Explosionen leben? Jemand, der vorausschauend die Grundlage für ein *nachhaltiges* Wachstum schafft, bevor die Krise ausbricht, wird selten als Retter in die Unternehmensgeschichte eingehen. Die meisten Manager sehen sich heute eher als Kapitän oder Steuermann am Ruder eines Schiffes, das in den Fährnissen des Marktes auf Kurs zu halten ist. Daß es eigentlich die Konstrukteure sind, die das Schiff entworfen und unwettertauglich gemacht haben und von denen der Erfolg der Mission abhängt, wird oft verkannt.

Das Stichwort in der Arbeitsplatzbeschreibung von Führungskräften in einer Lernenden Organisation heißt *Integration*. So wie für den Erfolg einer Konstruktion nicht nur das Zusammenfügen der besten Einzelkomponenten ausschlaggebend ist, sondern die optimale Integration in das Gesamtsystem, so müssen auch Manager erkennen, welche der fünf Disziplinen (siehe Abbildung 5-8) in der aktuellen Lage des Unternehmens oder des Geschäftsbereiches „mission-critical" sind, und sich ihnen gezielt so widmen, daß dabei das Gesamtsystem optimiert wird. Die Ausgangslage ist in jedem Unternehmen anders. Bei dem einen stimmen die mentalen Modelle nicht; bei dem anderen fristen Unternehmensleitlinien ein Eigenleben ohne Bezug zur aktuellen Realität; bei wieder anderen nutzen die Steuerleute bekannte Grundmuster des Systemdenkens nicht und verkennen die Dynamik langfristig schädlicher Folgewirkungen, die sich aus ihren Entscheidungen ergeben, und verstricken sich in einen Strudel von rasch aufeinanderfolgenden Maßnahmen, Korrekturen und Gegenmaßnahmen.

Worauf es heute aber vor allem ankommt, ist die Fähigkeit, durch Ideen, Vision und Beispiel zu führen. Menschen mit „Leadership“ stehen für Werte, die sich für sie in einem Konzept oder einer Zielvorstellung konkretisieren. Das innere Engagement bei der Verwirklichung und Umsetzung ist spürbar und steckt andere an. Dafür, daß diese Wirkung eintritt, gibt es jedoch kein Rezept, das sich verordnen ließe. Leadership *entsteht*, wenn jemand aus der lähmenden Aktualität Wege in eine Zukunft aufzeigt, die anderen – ausdrücklich oder insgeheim – ebenfalls wünschenswert erscheint; Hoffnungen und Erwartungen werden dann auf diejenigen projiziert, die die Werte, für die das Unternehmen steht, überzeugend verkörpern. Die Kunst liegt darin, die in diesen Hoffnungen steckende Bereitschaft zur Mitwirkung an Veränderungen – bis hin zu der des eigenen Verhaltens innerhalb der Organisation – zu wecken und in kreatives Handeln umzusetzen.

Wenn spürbar wird, daß Manager sich nicht nur um ihre Vision kümmern, sondern auch um die „current reality“ der Mitarbeiter, entsteht die notwendige Verbindung, die die Eigendynamik der plötzlich vervielfachten Initiative in Gang setzt und hält. Es ist eine klare Aufgabe der Führungskräfte, diesen fruchtbaren Dialog einzuleiten und zu strukturieren, um die erwünschte Offenheit, Kreativität und Initiative freizusetzen. „Leadership“ ist die Voraussetzung, damit aus der Umbruchsituation, in der sich die meisten Unternehmen heute befinden, ein Aufbruch wird.

Die Autoren

Grant Barker ist Senior Project Manager bei Arthur D. Little im Bereich Information Management. Seine Beratungsschwerpunkte sind Projekte zur Informatikstrategie und -planung, Auswahl und Implementierung von Informationssystemen sowie Reengineering unter Nutzung moderner Informations- und Kommunikationstechnologien. Im Rahmen seines Studiums an der Curtin University Australien erwarb er den Grad eines Bachelor of Business. Nach seinem Studium schloß er eine Ausbildung zum beeideten Wirtschaftsprüfer erfolgreich ab. Vor seinem Eintritt bei Arthur D. Little war er mehrere Jahre in leitender Position in einer internationalen Wirtschaftsprüfungs- und Beratungsgesellschaft tätig.

Friedrich Bock ist Vice President von Arthur D. Little und weltweit verantwortlich für alle Aktivitäten in den Bereichen Strategie und Organisation. Er war 16 Jahre in der Computer- und Kommunikations-Industrie tätig, zuletzt als Mitglied der Geschäftsleitung eines europäischen Computerherstellers. Seine Schwerpunkte sind Corporate Strategy und Learning Organisation.

Dr. Michael Braun ist als Vice President von Arthur D. Little International verantwortlich für den Geschäftsbereich Technologie- und Innovationsmanagement. In über zehn Jahren Beratungspraxis hat er viele Unternehmen dabei unterstützt, ihre Innovationskraft zu erhöhen und ihre technologischen Kompetenzen und Ressourcen optimal zu nutzen. Vor seinem Eintritt bei Arthur D. Little International war er als Mitarbeiter eines Max-Planck-Instituts in der Laserforschung tätig. Er hat in physikalischer Chemie promoviert und zusätzlich einen MBA am INSEAD (European Institute of Business Administration) erworben.

Dr. Edward DeBono lehrt an den Universitäten Oxford, Cambridge, London und Harvard. Er hielt Vorlesungen in 52 Ländern und ist der Autor von 56 Büchern, die in 34 Sprachen übersetzt wurden. Er ist der Vater des Konzepts des „lateralen Denkens“, durch das Kreativität auf systematische Weise gesteigert werden kann, indem das Gehirn als sich selbst organisierendes System trainiert wird. Auf seine Arbeiten wird im Internet mit vier Millionen Literaturverweisen Bezug genommen. Letztens wurde ein Planet im Weltall nach ihm benannt.

Mathias Entenmann ist als Berater im Bereich Information Management im Global Technology Ventures Büro von Arthur D. Litttle in Palo Alto, Kalifornien, tätig. In seiner dortigen Arbeit beschäftigt er sich mit den Auswirkungen neuer Medien und Technologien, wie z. B. dem Internet, und deren Einsatz in Großunternehmen. Daneben liegen die Schwerpunkte seiner Beratungstätigkeit in der Planung, Konzeption und Realisierung von Informatik-Architekturen auf Basis bestehender und zukünftiger Informationsanforderungen. Vor seiner Tätigkeit bei Arthur D. Little war er bei einem führenden amerikanischen Software-Hersteller in dessen Vertriebsniederlassung in Hongkong beschäftigt.

Dr. Sigvald J. Harryson ist Manager im Geschäftsbereich Technologie- und Innovationsmanagement in Arthur D. Littles Züricher Niederlassung, wo er die lokale TIM-Practice Verantwortung trägt. Die Schwerpunkte seiner Beratungstätigkeit und Erfahrungen hierbei liegen in der Effizienzoptimierung der F&E und der Reduktion der Durchlaufzeiten. Vor seinem Eintritt bei Arthur D. Little war er bei einem internationalen Hersteller für Verpackungsmaschinen in fünf Ländern als Entwicklungsingenieur tätig. Er hat danach Internationales Management an der Universität Lund (S), ESCP (F), HSG (CH), und Sophia Universität in Tokio (J) studiert.

Gerhard Jochum ist Mitglied des Vorstands, seit 12. Dezember 1995 Vorsitzender des Vorstands der Stadtwerke Bremen AG. Zuvor war er bei der Vereinigten Saar-Elektrizitäts-AG und bei der Stadtwerke Saarbrücken AG tätig, ebenso als Geschäftsführer einer Beratungsgesellschaft mit Schwerpunkt im Bereich Strategieentwicklung/Marketing für öffentliche Dienstleistungen. Er ist Dipl.-Kommunikationswirt mit Schwerpunkt im Bereich Absatzwirtschaft/Marketing.

Dr. Norbert Klapper ist als Director bei Arthur D. Little verantwortlich für den Bereich Operations Management in Deutschland, Österreich und der Schweiz. Seine Beratungsschwerpunkte umfassen die Optimierung von Kosten und Leistungen in den Bereichen Distribution, Produktion und Beschaffung. Nach seinem Studium an der TH Darmstadt war er an der Universität Passau und der TU München tätig, wo er zum Thema „Präventive Qualitätssicherung von Logistikleistungen in der Produktion“ promovierte.

Wolfgang Knell ist Consultant im Beratungsbereich Environment, Health and Safety (EHS) im Wiesbadener Büro von Arthur D. Little International, Inc. Seine Beratungsschwerpunkte liegen in den Gebieten Strategie- und Organisationsentwicklung auf Geschäftsfeld- und Unternehmensebene und strategische Markt- und Wettbewerbsanalysen in umweltrelevanten Industrien und Dienstleistungen. Nach einer kaufmännischen Berufsausbildung studierte Herr Knell Betriebswirtschaftslehre in Mainz. Anschließend arbeitete er drei Jahre als Berater für Arthur D. Little International, Inc. Danach absolvierte er ein Aufbaustudium zum Master of Arts (MA) in London, um dann für zwei Jahre als Leiter Strategie und Planung für die deutsche Holding eines französischen Baustoffherstellers in München zu arbeiten.

Dr. Werner Knetsch ist Vice President von Arthur D. Little und Managing Director der Niederlassung Berlin. In seiner Funktion als European Director ist er europaweit verantwortlich für die Beratung von Unternehmen der Telekommunikation, Informationstechnik, Medienindustrie und Elektronik (TIME). Seit Anfang 1995 ist er als Global Practice Manager für die weltweite Koordination der TIME-Beratungsaktivitäten von Arthur D. Little zuständig.

Dr. Martin Kütz ist Project Manager bei Arthur D. Little im Bereich Information Management. Seine Beratungsschwerpunkte sind Organisation von DV-Bereichen, Wirtschaftlichkeit von DV und Business Process Reengineering. Seine Tätigkeit umfaßt auch das Management und die Begleitung von Implementierungsprojekten. Er hat Mathematik an der TU Braunschweig studiert und dort promoviert. Vor seiner Tätigkeit bei Arthur D. Little war er Bereichsleiter für Organisation und Informationsverarbeitung in einer Unternehmensgruppe der Fertigungsindustrie.

Dr. Eberhard Kurz ist bei Arthur D. Little International, Inc., Wiesbaden, als Project Manager im Bereich Informationsmanagement tätig. Die Schwerpunkte seiner Beratungstätigkeit liegen u. a. im Management komplexer DV-Projekte, in der Technologiebewertung und der Entwicklung von Strategien für den Einsatz von Informationstechnologien, der Effizienzsteigerung und dem Kostenmanagement in der Datenverarbeitung sowie der Software-Auswahl und Einführungsunterstützung. Vor seinem Eintritt bei Arthur D. Little International war er stellvertretender Abteilungsleiter beim Fraunhofer-Institut für Arbeitswirtschaft und Organisation, Stuttgart. Er ist Autor von zahlreichen Veröffentlichungen zum Thema Informationsmanagement.

Prof. Dr. Peter Littmann ist Mitglied des Aufsichtsrats der Mercedes-Benz AG sowie Honorarprofessor der Universität Witten-Herdecke. Bis Anfang 1996 war er Vorsitzender des Vorstands der Hugo Boss AG. Davor war er persönlich haftender Gesellschafter, Präsident und CEO bei Vorwerk & Co, Generalbevollmächtigter bei der Rosenthal AG sowie Vorstandsassistent, Prokurist und Direktor bei der Girmes Werke AG.

Prof. Dr. Christoph Loch forscht und lehrt im Fachbereich Operations Management an der privaten europäischen Wirtschaftshochschule INSEAD in Fontainebleau (Frankreich). Sein Spezialinteresse gilt dem Management des Innovationsprozesses bei Produkten, Dienstleistungen und Fertigungsprozessen, von der Ideengenerierung bis zur Markteinführung oder Implementierung. Er hat ein Wirtschaftsingenieur-Diplom der Technischen Hochschule Darmstadt, ein MBA-Diplom von der University of Tennessee in Knoxville und einen Ph. D. in Operations Management von der Stanford University.

Dr. Sabine Löbbe ist bei Arthur D.Little International, Inc., Wiesbaden, als Project Manager im Bereich Energy tätig. Ihre Beratungsbereiche umfassen die Entwicklung von langfristigen Unternehmensstrategien sowie Entwicklung von Kooperations-, Diversifikations- Markteintritts- und Marketingstrategien insbesondere für Unternehmen der Energie- und Versorgungswirtschaft. Vor ihrem Eintritt bei Arthur D. Little war sie als Projektleiterin in der Unternehmensentwicklung bei der Vereinigten Saar-Elektrizitäts-AG (VSE), Saarbrücken, tätig. Sie studierte Betriebswirtschaftslehre und Wirtschaftsmathematik an den Universitäten Trier, Saarbrücken und Lyon.

Gernot Marquardt, Dipl.-Kaufmann, studierte an der Universität Stuttgart technisch orientierte Betriebswirtschaftslehre mit dem Zusatzfach Energietechnik. Zusätzlich absolvierte er ein Teilstudium an der Harvard University in Cambridge, USA. In seiner vierjährigen Beratungstätigkeit für Arthur D. Little spezialisierte er sich auf die funktionalen Bereiche der Strategie- und Organisationsentwicklung. Fragestellungen der spezifischen Fähigkeiten einzelner Unternehmen oder Unternehmensteile standen dabei häufig im Mittelpunkt der Strategieentwicklung für international tätige Unternehmen. Neben seiner Beratungstätigkeit promoviert er zur Zeit an der Universität St. Gallen zum Thema unternehmensindividueller Strategieentwicklung auf der Basis von Kernkompetenzen.

Michael Mollenhauer ist Managing Director von Arthur D. Little Deutschland/Österreich/Schweiz. Er und seine Teams beraten Unternehmen und Konzerne in Fragen der Strategieentwicklung und Organisation. Wie Unternehmen ihre Wettbewerbsfähigkeit im globalen Wettbewerb steigern können sowie das Konzept der lernenden Organisation sind Themen, die er in einer Reihe von Projekten als Aufgabenstellung aufgegriffen hat. Er verfügt über 20 Jahre Berufserfahrung, davon 13 Jahre bei Arthur D. Little. Vor dem Eintritt in die Unternehmensberatung war er mehrere Jahre Führungskraft bei Nestlé. Er hat Betriebswirtschaft studiert.

Dr. Annette Oetzel ist practiceübergreifend in die verschiedensten Beratungsaufgabenstellungen involviert. Vor ihrer Tätigkeit bei Arthur D. Little war sie unter anderem im Wertpapierbereich einer deutschen Großbank tätig. Sie studierte an den Universitäten Frankfurt – wo sie auch promovierte – und Genf. Zur Zeit absolviert sie ein MBA-Programm an der University of Humberside/UK.

Duncan Rooke ist seit 1. März 1994 Direktor Marketing der Ford-Werke AG. Schon vor seiner Ernennung war Rooke 27 Jahre für die Ford-Werke AG und die europäische Ford-Organisation tätig. Erfahrungen im Automobil-Management sammelte Rooke in verschiedenen Funktionen im Teile- und Service-Bereich unter anderem auf dem Marketingsektor und zuletzt als Regional-Verkaufsleiter für Südeuropa (10/82 bis 9/87), Manager Unternehmens- und Marketing-Strategieplanung der Ford-Werke AG (9/87 bis 5/90), Generalbevollmächtigter Vertrieb Ost der Ford-Werke AG (5/90 bis 2/94).

Jörg Schiele ist Senior Project Manager bei Arthur D. Little. Schwerpunkte seiner Tätigkeit sind Strategie- und Organisationsprojekte im Bereich Dienstleistungs- und Konsumgüterindustrie. In diesem Rahmen beschäftigt sich er auch mit Fragen von Veränderungs- und Lernprozessen in Organisationen. Nach seinem betriebswirtschaftlichen Studium an der Universität Mannheim arbeitete er vier Jahre in der Dienstleistungsindustrie, bevor er 1993 zu Arthur D. Little stieß.

Ulrich Schielein ist Consultant bei Arthur D. Little im Bereich Information Management für Dienstleistungsunternehmen und öffentliche Verwaltungen. Schwerpunkt seiner Beratungstätigkeit ist die Unterstützung öffentlicher Unternehmungen bei der Realisierung und Einführung von DV-Systemen. Er hat nach einem Studium der Verwaltungswirtschaft Berufserfahrung im

DV-Bereich einer öffentlichen Verwaltung gesammelt. Zusätzlich hat er Wirtschaftsinformatik an der Universität Bamberg studiert.

Dr.-Ing. Tom Sommerlatte ist Vice President von Arthur D. Little, Inc. Er besitzt eine über 20jährige Erfahrung in der Beratung von Unternehmen in Europa in strategischen und organisatorischen Fragestellungen, wobei er insbesondere die Verbindung von Markt-, Kosten-, Technologie- und Human-Ressourcen-Strategien herstellt. Er studierte Physikalische Chemie und Chemische Verfahrenstechnik an der Freien und Technischen Universität Berlin, an der University of Rochester, New York und an der Université de Paris. Ferner erwarb er den Grad eines Master of Business Administration am Europäischen Institut für Unternehmensführung (INSEAD) in Fontainebleau. Er ist Autor und Ko-Autor zahlreicher Veröffentlichungen und Bücher zu Managementthemen. Als Mitglied von Beiräten und Aufsichtsräten wirkt er bei der Steuerung einer Reihe von deutschen und europäischen Unternehmen mit.

Dr. Gregor Wick ist Senior Project Manager in der Health Care Practice von Arthur D. Little International in München. Er ist promovierter Betriebswirt und war zuvor in den Health Care Practices von Arthur D. Little in London und Wiesbaden tätig. Sein Spezialgebiet sind Strategie- und Organisationsentwicklung sowie Process Redesign.

Dr. Ralf Zeiner ist Mitglied der Geschäftsleitung bei Arthur D. Little International in Wiesbaden und zuständig für den Bereich Marketing und Vertrieb Health Care. Er ist promovierter Biochemiker. Vor seinem Eintritt bei Arthur D. Little war er bei führenden Markenartiklern im Produktmanagement tätig, bei Procter & Gamble, L'Oréal und schließlich als Marketingdirektor bei Benckiser Mass Cosmetics Deutschland. Er hat umfangreiche Beratungserfahrung in den Bereichen Marketing und Vertrieb von OTC-Produkten und RX-to-OTC Switch-Marketing.